Luvit

새로운 웹 개발의 시작
스벨트

LUVIT ♥ 새로운 웹 개발의 시작 스벨트

ⓒ 2025. 오시내 All rights reserved.

1판 1쇄 발행 2025년 2월 14일

지은이 오시내
펴낸이 장성두
펴낸곳 주식회사 제이펍

출판신고 2009년 11월 10일 제406-2009-000087호
주소 경기도 파주시 회동길 159 3층 / **전화** 070-8201-9010 / **팩스** 02-6280-0405
홈페이지 www.jpub.kr / **투고** submit@jpub.kr / **독자문의** help@jpub.kr / **교재문의** textbook@jpub.kr

소통기획부 김정준, 이상복, 안수정, 박재인, 송영화, 김은미, 배인혜, 권유라, 나준섭
소통지원부 민지환, 이승환, 김정미, 서세원 / **디자인부** 이민숙, 최병찬

기획 및 진행 송영화 / **내지 및 표지 디자인** 이민숙
용지 타라유통 / **인쇄** 한길프린테크 / **제본** 일진제책사

ISBN 979-11-93926-99-4 (93000)
책값은 뒤표지에 있습니다.

※ 이 책은 저작권법에 따라 보호를 받는 저작물이므로 무단 전재와 무단 복제를 금지하며,
   이 책 내용의 전부 또는 일부를 이용하려면 반드시 저작권자와 제이펍의 서면 동의를 받아야 합니다.
※ 잘못된 책은 구입하신 서점에서 바꾸어드립니다.

제이펍은 여러분의 아이디어와 원고를 기다리고 있습니다. 책으로 펴내고자 하는 아이디어나 원고가 있는 분께서는
책의 간단한 개요와 차례, 구성과 지은이/옮긴이 약력 등을 메일(submit@jpub.kr)로 보내주세요.

러빗: 배움을 사랑하는

새로운 웹 개발의 시작
스벨트 Svelte

OTT 웹페이지를 만들면서 배우는
쉽고 빠른 웹 개발 프레임워크

오시내 지음

차 례

- 머리말 ... xi
- 베타리더 후기 ... xii
- 이 책을 읽는 법 ... xiv
- 학습 가이드 ... xvi
- 로드맵 ... xviii

PART 1 스벨트 소개 및 개발 환경 구축

CHAPTER 1 스벨트 개요
- 1.1 스벨트의 현 위치와 웹 프레임워크 ... 4
- 1.2 스벨트의 탄생과 철학 ... 5
- 1.3 스벨트의 장점 ... 8
- 돌아보기/쪽지시험 ... 12

CHAPTER 2 스벨트 개발 환경 구축
- 2.1 사이트를 활용한 Playground ... 14
- 2.2 로컬 개발 환경 구축 ... 16
- 2.3 스벨트 프로젝트 설치 ... 19
- 2.4 스벨트 프로젝트 폴더 구조 ... 24
- 돌아보기/쪽지시험 ... 25

PART 2 스벨트 컴포넌트 사용법

CHAPTER 3 컴포넌트 기본 사용법
- 3.1 컴포넌트란? ... 30
- 3.2 컴포넌트 제작 ... 32
- 돌아보기/쪽지시험 ... 36

CHAPTER 4 상탯값 관리
- 4.1 상탯값이란? ... 38
- 4.2 클릭 이벤트를 이용한 상탯값 변경 ... 41
- 4.3 객체 속성을 상탯값으로 활용 ... 43
- 4.4 객체로 이루어진 배열을 이용하여 상탯값 표시 ... 45
- 돌아보기/쪽지시험 ... 47

차례 V

차례

CHAPTER 5 **반응성**
- **5.1** 삼항 연산자를 통한 마크업에서의 반응성 … 51
- **5.2** 스크립트 반응성 코드 … 52
- 돌아보기/쪽지시험 … 57

CHAPTER 6 **스벨트 이벤트**
- **6.1** 이벤트 문법 … 60
- **6.2** 이벤트 수식어 … 65
- 돌아보기/쪽지시험 … 67

CHAPTER 7 **스벨트 props**
- **7.1** props 기본 문법 … 70
- **7.2** props 기본값 설정 … 72
- **7.3** props 데이터 변경 … 74
- **7.4** 스프레드 props … 76
- 돌아보기/쪽지시험 … 78

CHAPTER 8 **스벨트 로직**
- **8.1** 논리 로직: if 블록 … 82
- **8.2** 반복 로직: each 블록 … 86
- 돌아보기/쪽지시험 … 91

PART 3 스벨트 바인딩과 데이터 관리

CHAPTER 9 **폼 관련 요소 바인딩**
- **9.1** 바인딩이란? … 96
- **9.2** 입력 요소 관련 바인딩 … 97
- **9.3** 선택 상자 관련 바인딩 … 102
- 돌아보기/쪽지시험 … 107

CHAPTER 10 **기타 요소 바인딩**
- **10.1** each 블록 바인딩 … 110
- **10.2** 멀티미디어 요소 바인딩 … 116
- **10.3** 공간 바인딩 … 119
- **10.4** bind:this 바인딩 … 121
- **10.5** 컴포넌트 바인딩 … 126
- 돌아보기/쪽지시험 … 129

CHAPTER 11 스벨트 slot

- 11.1 slot 기본 사용법 — 131
- 11.2 fallback slot — 133
- 11.3 slot 이름 설정 — 135
- 11.4 slot props — 138
- 11.5 조건 관련 slot — 141
- 돌아보기/쪽지시험 — 143

CHAPTER 12 라이프 사이클

- 12.1 onMount 함수 — 147
- 12.2 onDestroy 함수 — 150
- 12.3 beforeUpdate와 afterUpdate 함수 — 152
- 12.4 tick 함수 — 156
- 돌아보기/쪽지시험 — 161

CHAPTER 13 Context API

- 13.1 Context API란? — 163
- 13.2 Context API 기본 사용법 — 166
- 13.3 dispatch — 169
- 돌아보기/쪽지시험 — 172

CHAPTER 14 스토어

- 14.1 writable 스토어 — 174
- 14.2 readable 스토어 — 180
- 14.3 derived 스토어 — 182
- 14.4 커스텀 스토어 — 184
- 14.5 스토어 바인딩 — 186
- 돌아보기/쪽지시험 — 188

PART 4 스벨트 스타일과 DOM 제어

CHAPTER 15 스벨트 CSS 제어

- 15.1 스벨트 CSS 기본 사용법 — 192
- 15.2 class: 지시문 — 194
- 15.3 rollup을 통한 Sass 플러그인 설치 — 198
- 돌아보기/쪽지시험 — 201

차례 vii

CHAPTER 16 스벨트 트랜지션

- 16.1 transition: 지시문 — 203
- 16.2 페이드 효과 — 204
- 16.3 블러 효과 — 208
- 16.4 슬라이드 효과 — 211
- 16.5 스케일 효과 — 213
- 16.6 플라이 효과 — 215
- 16.7 그리기 효과 — 217
- 16.8 크로스페이드 효과 — 219
- 16.9 커스텀 트랜지션 만들기 — 225
- 16.10 트랜지션 이벤트 — 230
- 16.11 트랜지션 수식어 — 232
- 돌아보기/쪽지시험 — 234

CHAPTER 17 애니메이션과 모션

- 17.1 animate: 지시문과 flip 효과 — 236
- 17.2 커스텀 애니메이션 만들기 — 239
- 17.3 모션의 tweened 효과 — 241
- 17.4 모션의 spring 효과 — 243
- 돌아보기/쪽지시험 — 246

CHAPTER 18 스벨트 액션

- 18.1 액션의 기본 사용 방법 — 248
- 18.2 액션에 매개변수 전달 — 251
- 18.3 update와 destory — 253
- 18.4 외부 라이브러리를 이용한 액션 — 256
- 돌아보기/쪽지시험 — 258

CHAPTER 19 스벨트 특별 요소

- 19.1 <svelte:self> 요소 — 260
- 19.2 <svelte:component> 요소 — 262
- 19.3 <svelte:element> 요소 — 264
- 19.4 <svelte:window> 요소 — 266
- 19.5 <svelte:document> 요소 — 269
- 19.6 <svelte:body> 요소 — 271
- 19.7 <svelte:head> 요소 — 273
- 19.8 <svelte:options> 요소 — 274
- 19.9 <svelte:fragment> 요소 — 278
- 돌아보기/쪽지시험 — 281

PART 5 심플 프로젝트

CHAPTER 20 심플 프로젝트 1: My Bucket List

- 20.1 프로젝트 생성 및 라이브러리 설치 — 286
- 20.2 컴포넌트 생성 — 288
- 20.3 CSS 설정 — 289
- 20.4 컴포넌트 구성 — 290
- 20.5 데이터 관리 — 294
- 20.6 BucketItem 이벤트 관리 — 299
- 20.7 데이터 추가 — 307
- 20.8 화면전환 효과 추가하기 — 310
- 20.9 스토어를 이용한 리팩터링 — 311

CHAPTER 21 심플 프로젝트 2: Best Tour

- 21.1 프로젝트 생성 및 라이브러리 설치 — 325
- 21.2 컴포넌트 생성 — 326
- 21.3 CSS 설정 — 328
- 21.4 데이터 관리 — 329
- 21.5 컴포넌트 구성 — 331
- 21.6 BestItem 이벤트 관리 — 335
- 21.7 데이터 추가 — 337

PART 6 라우터 및 서버 데이터 통신

CHAPTER 22 라우터

- 22.1 svelte-routing의 기본 사용법 — 346
- 22.2 svelte-routing의 파라미터 — 352
- 22.3 쿼리스트링을 이용한 주소 처리 — 356
- 22.4 Best Tour 여행상품 세부 페이지 제작 — 360
- 돌아보기/쪽지시험 — 366

CHAPTER 23 서버 데이터 통신

- 23.1 REST API — 368
- 23.2 axios 라이브러리 — 369
- 23.3 await 블록을 이용한 통신 제어 — 372
- 돌아보기/쪽지시험 — 375

PART 7 실전 프로젝트

CHAPTER 24 TMDB API
- 24.1 TMDB 소개 및 회원가입 … 380
- 24.2 TMDB API 활용 … 383

CHAPTER 25 SwiperJS 라이브러리
- 25.1 SwiperJS 소개 및 스벨트 버전 … 389
- 25.2 SwiperJS 활용 예제 … 391

CHAPTER 26 OTT 웹 앱 서비스 제작: 무빙
- 26.1 프로젝트 구조 생성 및 라이브러리 설치 … 397
- 26.2 공통 컴포넌트 제작 및 서브페이지 생성 … 401
- 26.3 TMDB에서 가져온 데이터를 스토어에 담기 … 409
- 26.4 Swiper를 통한 메인 이미지 제작 … 414
- 26.5 현재상영작 — 서브페이지 리스트 컴포넌트 제작 … 428
- 26.6 현재상영작 — 리스트별 상세페이지 제작 … 435
- 26.7 인기영화 페이지 제작 … 440
- 26.8 개봉예정작 페이지 제작 … 446
- 26.9 높은평점 페이지 제작 … 451
- 26.10 깃허브 Pages에 배포 … 457

특별부록 스벨트킷

APPENDIX A 스벨트킷 프로젝트
- A.1 스벨트킷 소개 … 472
- A.2 프로젝트 만들기 … 473
- A.3 프로젝트 구조 확인 … 476

APPENDIX B 핵심 개념: 라우팅
- B.1 기본 라우팅 처리 … 479
- B.2 레이아웃 … 482
- B.3 동적 라우팅 … 484
- B.4 스토어 페이지 … 488

찾아보기 … 490

≡ 머리말

약 20년 전, 웹Web에서 동적 언어로 처음 등장한 자바스크립트Javascript는 웹3.0 시대에 들어서며 가장 주목받는 언어로 자리 잡았습니다. 웹1.0 시대에는 간단한 동적 언어로, 웹2.0 시대에는 플래시 액션스크립트에 밀려 한동안 빛을 잃었지만, 약 10년 전부터 모바일 중심의 웹3.0 시대가 열리면서 자바스크립트는 다시금 부상했습니다. 당시 제이쿼리jQuery는 웹의 동적 요소를 담당했으나, 플러그인이 무겁고 DOM 조작이 불편해서 한계가 있었습니다. 그 이후 앵귤러Angular, 리액트React, Vue.js 등 자바스크립트 기반의 수많은 프런트엔드 프레임워크가 등장하며 상황은 급격히 변화했습니다.

이 새로운 웹 프런트엔드 도구들은 빅데이터 시대에 맞춰 대규모 데이터를 처리하며 효율성과 생산성을 높였지만, 배우기는 쉽지 않았습니다. 웹 프런트엔드의 본질은 결국 HTML, CSS, 자바스크립트를 사용해 페이지에 보이는 콘텐츠를 표현하는 것입니다. 하지만 최근 프런트엔드 개발자 중에서는 트렌드 언어인 리액트는 익혔지만, 정작 자바스크립트는 서툴다고 하는 경우가 많습니다. 또는 프런트엔드 개발자임에도 CSS에 자신이 없다고 말하는 분도 있습니다. 이는 그만큼 하나의 프레임워크나 라이브러리만 익히기에도 시간과 노력이 많이 소요되기 때문입니다. 프로젝트를 진행하고 강의를 하면서 많은 개발자들이 복잡한 문법 때문에 포기하는 모습을 지켜봤습니다. 아무리 효율적인 도구라도 습득하기 어렵다면 실무에서 그 효율성을 발휘하기 어렵다는 생각이 들었습니다.

그러던 중 '프레임워크가 없는 프레임워크'라 불리는 스벨트Svelte를 알게 되었고, 자바스크립트에 가까운 언어라는 점에서 저는 큰 매력을 느꼈습니다. 한때 제이쿼리가 주목받았던 이유는 그 단순함에 있었습니다. 스벨트 역시 본질적인 자바스크립트에 가깝고, 다른 웹 프런트엔드 프레임워크보다 이해하기 쉽습니다. 스벨트를 익히면 다른 프런트엔드 기술도 훨씬 쉽게 다가갈 수 있을 것입니다. 이 책을 통해 스벨트를 접하고, 웹 개발의 새로운 가능성을 확인하시기 바랍니다.

오시내

베타리더 후기

김진영

간결한 문법과 적은 코드로 동일한 기능을 구현할 수 있다는 말에 스벨트에 관심을 가지게 되었고, 이 책은 두 번째로 학습하는 스벨트 책입니다. 클론 코딩 부분에 상당한 페이지가 할애된 점이 특히 인상적이었고, 만약 기능 구현을 위해 불필요하게 복잡한 코드를 작성하고 있다는 생각을 해본 적이 있다면, 이 책을 통해 학습할 가치가 충분하다고 생각합니다.

김효진(에스지코드랩)

많은 프런트엔드 개발자들이 '개발자 경험' 측면에서 가장 좋다고 평가하는 스벨트를 기초 기능부터 자세히 설명합니다. 학습한 기능을 하나씩 적용해 다양한 예제를 만들어보고, 처음부터 계획해 다시 만드는 과정을 통해 스벨트에 익숙해지는 과정을 경험하게 됩니다. 이후 트렌드에 맞춘 스벨트킷을 포함해 여러 실전 예제까지 다루며, 이 한 권의 책으로 스벨트의 기초부터 실전까지 모두 익힐 수 있습니다.

이석곤(아이알컴퍼니)

스벨트의 핵심 기능인 컴포넌트, 데이터 바인딩, 스타일링 등을 명쾌하게 설명해 초보자도 쉽게 따라 할 수 있습니다. 특히 실전 프로젝트를 통해 실제 개발 환경에서 스벨트를 어떻게 활용하는지 생생하게 보여줘 매우 유용했습니다. 스벨트를 처음 접하는 분들에게 강력히 추천합니다.

제이펍은 책에 대한 애정과 기술에 대한 열정이 뜨거운 베타리더의 도움으로 출간되는 모든 IT 전문서에 사전 검증을 시행하고 있습니다.

이용진(SAP LABS KOREA)

이 책은 프런트엔드 입문자부터 스벨트를 처음 접하는 프런트엔드 개발자까지 모두에게 폭넓게 도움이 될 만한 내용을 잘 정리해두었습니다. 다른 프레임워크와의 차이점도 명확하게 설명되어 있어 스벨트를 쉽게 이해할 수 있습니다. 스벨트에 대해 알아보고 싶을 때 읽기 좋은 책입니다.

이정훈(SK주식회사)

백엔드 개발자의 관점에서 스벨트를 접했는데, 주변에서 들은 것처럼 리액트나 Vue.js보다 확실히 쉽게 느껴졌고, 왜 요즘 스벨트가 주목받는지 이해할 수 있었습니다. 이 책은 설명과 예제 코드가 잘 조합되어 있어 이해하기 쉽게 구성되어 있습니다. 웹에 대한 기본 지식만 있으면 어렵지 않게 따라갈 수 있을 겁니다. 쉬워 보이더라도 코드는 꼭 직접 타이핑해 보세요. 저도 직접 타이핑하면서 개념을 더 잘 이해하고, 어려운 부분도 자연스럽게 해결할 수 있었습니다.

이한섭(밀리의 서재)

스벨트는 단순함과 성능 최적화로 개발 생산성을 극대화하는 매력적인 프레임워크입니다. 이 책은 스벨트의 핵심 개념을 직관적으로 설명해, 스벨트와 리액트 사이에서 고민하는 개발자나 프런트엔드 개발에 익숙하지 않은 엔지니어에게도 큰 도움이 됩니다. 특히 스벨트만의 경량화 구조 덕분에 배포와 성능 관리 측면에서도 많은 이점을 경험할 수 있었습니다. 초보자부터 리액트에서 스벨트로 전환을 고민하는 현업 개발자까지 모두에게 유용한 책입니다.

이 책을 읽는 법

이 책은 스벨트라는 웹 프런트엔드 언어를 사용하기 위해 개발 환경을 설정하고, 실제 코드를 작성하는 방법을 설명한 기술서입니다. 기본적으로 HTML, CSS, 자바스크립트를 이해하고 있다면 문제없이 내용을 따라갈 수 있으며, 특히 자바스크립트 ES6 ECMAScript 6 문법을 알고 있다면 더욱 쉽게 학습할 수 있습니다. ES6 문법에 익숙하지 않더라도, 책에서 제시하는 가이드를 통해 무리 없이 코드를 이해할 수 있을 것입니다.

이 책은 변화하는 프런트엔드 생태계 속에서 한 단계 더 성장할 수 있도록 도와줄 것입니다. 기존에 웹 퍼블리셔로 일했던 분들에게는 새로운 언어를 습득해 스펙을 쌓을 수 있는 좋은 기회가 될 것입니다. 또한 프로젝트에 참여하거나 개발팀, 웹 앱 에이전시에서 근무한 경험이 있다면, 이 책의 내용을 자신의 경험과 연결해 더욱 깊이 이해할 수 있을 것입니다. 새로운 기술을 기존 지식과 경험에 접목해 학습할 때 그 효과는 배가되며, 이는 이 책이 전하고자 하는 중요한 학습 방식이기도 합니다.

책의 구성

이 책은 총 7부 26장으로 구성되어 있으며, 특별부록으로 스벨트킷 SvelteKit의 기본 사항도 다룹니다. 각 장은 이전 내용을 바탕으로 하므로 순서대로 읽기를 권장합니다. 또한, 각 장에는 독자가 내용을 깊이 이해할 수 있도록 다양한 적용 예제와 실습이 포함되어 있습니다.

스벨트를 효과적으로 습득하려면 꾸준한 연습이 필요합니다. 이 책을 장기적으로 활용하되, 각 장에서 배운 내용을 직접 코드에 적용해본 후 다음 장으로 넘어가는 방식으로 학습하시기 바랍니다.

- ✓ 1부에서는 스벨트의 특징과 장점을 살펴보고, 개발 환경을 구축합니다.
- ✓ 2부에서는 웹 프런트엔드에서 필수적인 컴포넌트 사용법과 스벨트의 기본 구문을 학습합니다.
- ✓ 3부에서는 스벨트의 바인딩과 슬롯 기능, 데이터 관리 방법을 다룹니다.
- ✓ 4부에서는 스벨트에서 스타일 적용법, 애니메이션 효과, DOM 요소 제어 방법을 알아봅니다.
- ✓ 5부에서는 앞서 배운 내용을 활용하여 심플 프로젝트를 만들어봅니다.
- ✓ 6부에서는 라우터로 페이지를 이동하고 서버 데이터를 가져오는 방법을 익힙니다.
- ✓ 7부에서는 OTT 서비스를 모방한 웹 앱 사이트 '무빙'을 실전 프로젝트로 구현합니다.
- ✓ 특별부록에서는 스벨트의 확장 프레임워크인 스벨트킷을 소개합니다.

실습 안내

각 장의 실습 안내에 따라 스벨트 프로젝트를 생성한 후 실습을 진행해주세요. 여러분은 각 장의 실습 코드를 App.svelte 파일에서 테스트할 수 있습니다. 매번 새로운 스벨트 파일을 만드는 대신, App.svelte에서 실습하는 것이 시간 절약에 도움이 됩니다. 완성된 소스 코드는 코드 구분을 위해 Svelte01.svelte, Svelte02.svelte와 같은 형식으로 장별로 나누어 제공됩니다. 코드 실행만 확인하려면 App.svelte에서 import 구문을 통해 각 컴포넌트 파일을 호출하면 됩니다.

학습 자료 안내

동영상 강의

독자의 학습을 돕기 위해 이 책에서 다루는 내용으로 저자가 직접 강의하는 동영상 강의를 제공합니다. 각 장마다 관련 강의로 연결되는 링크가 포함되어 있어, 학습 중 필요할 때 바로 참고할 수 있습니다. 또한, 스벨트 이론과 실습 프로젝트를 효율적으로 학습할 수 있도록 구성된 재생 목록은 다음과 같습니다.

이론
https://bit.ly/luvit_svelte_1

실전
https://bit.ly/luvit_svelte_2

예제 파일 다운로드

이 책에서 다루는 모든 실습 파일은 저자의 깃허브에서 다운로드할 수 있습니다. 깃허브 주소를 통해 필요한 파일을 쉽게 받을 수 있으며, 각 코드 블록의 우측 상단에 표시된 파일명을 참고하여 원하는 코드를 빠르게 찾아 활용해보세요. 실습 파일을 활용해 보다 효율적으로 학습을 진행할 수 있습니다.

깃허브 주소
https://github.com/ossamstudy/svelte

학습 가이드

학습 포인트
해당 장에서 배워야 할 핵심 개념을
요약해 학습 방향을 잡을 수 있습니다.

> **학습 포인트**
> ♥ 상탯값이란 무엇인가?
> ♥ 클릭 이벤트를 이용한 상탯값 변경

동영상 강의
해당 장과 관련된 동영상 강의 링크를
제공합니다.

키워드
학습에 들어가기에 앞서 이 절에서 다루는
중요한 용어를 미리 확인합니다.

> **키워드** ▶▶▶ state, props, 변수, @html

전문가 TIP

기본 개념을 넘어 실무에서 유용하게 활용할 수 있는 고급 팁과 저자의 노하우를 제공하여 깊이 있는 학습을 돕습니다.

돌아보기

이번 장에서 배운 내용을 돌아보고 학습 내용을 점검합니다.

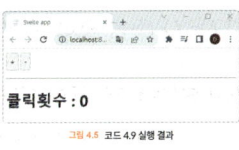

쪽지시험

간단한 문제로 실력을 확인해 학습 효과를 극대화할 수 있도록 돕습니다.

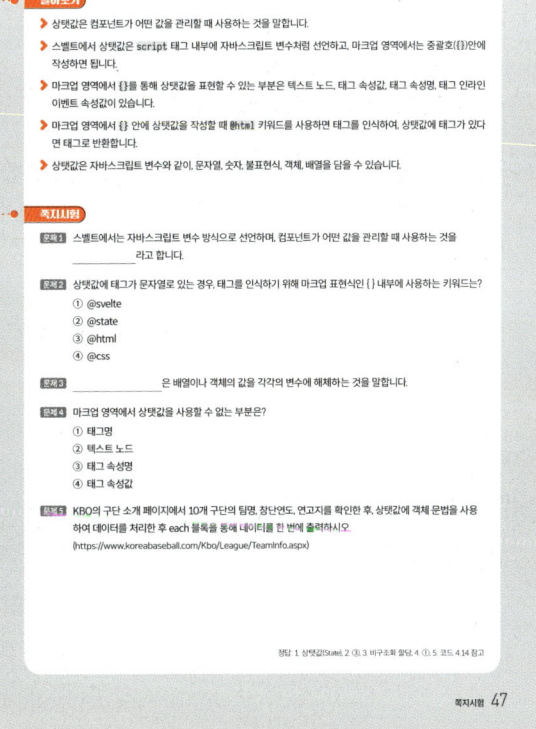

학습 가이드 **XVII**

로드맵

1부 스벨트 소개 및 개발 환경 구축 [1][2]

스벨트의 개요와 개발 환경 구축 방법을 통해 프런트엔드 프레임워크로서의 스벨트를 쉽게 시작할 수 있도록 안내합니다.

1	2	3	4
스벨트 개요	스벨트 개발 환경 구축	컴포넌트 기본 사용법	상탯값 관리

START

4부 스벨트 스타일과 DOM 제어 [15][16][17][18][19]

스벨트를 활용해 웹 애플리케이션의 스타일을 적용하고 다양한 효과를 구현하는 방법과, DOM 요소를 직접 제어하는 기술을 통해 보다 매력적이고 기능적인 웹 앱을 만드는 방법을 배웁니다.

18	17	16	15
스벨트 액션	애니메이션과 모션	스벨트 트랜지션	스벨트 CSS 제어

19 스벨트 특별 요소

5부 심플 프로젝트 [20][21]

지금까지 배운 내용을 바탕으로 두 가지 간단한 프로젝트인 My Bucket List와 Best Tour를 만들어봅니다.

20 심플 프로젝트 1: My Bucket List

21 심플 프로젝트 2: Best Tour

22	23	24
라우터	서버 데이터 통신	TMDB API

6부 라우터 및 서버 데이터 통신 [22][23]

스벨트를 활용한 SPA 개발에서 페이지 이동을 위한 라우터 기술과 서버 데이터 통신하는 방법을 배우며, 비동기 작업을 통해 웹 앱의 데이터 구현을 익힙니다.

2부 스벨트 컴포넌트 사용법 3 4 5 6 7 8

스벨트의 컴포넌트 사용법을 통해 기본 개념부터 상탯값 관리, 반응성, 이벤트, props, 로직까지 다루며, 효율적인 컴포넌트 관리 및 활용 방법을 배웁니다.

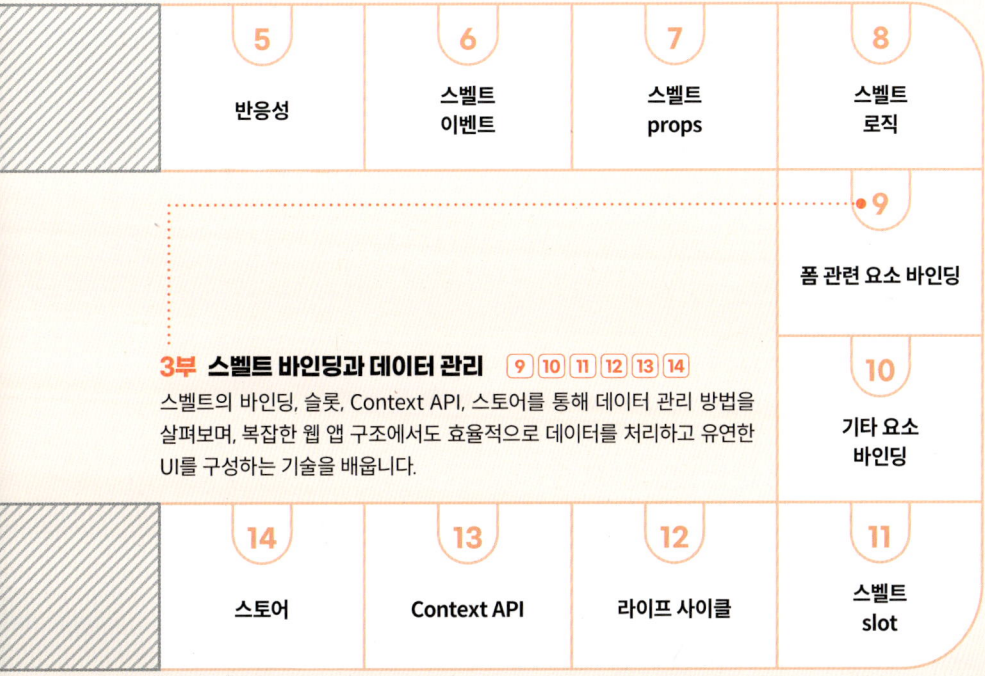

3부 스벨트 바인딩과 데이터 관리 9 10 11 12 13 14

스벨트의 바인딩, 슬롯, Context API, 스토어를 통해 데이터 관리 방법을 살펴보며, 복잡한 웹 앱 구조에서도 효율적으로 데이터를 처리하고 유연한 UI를 구성하는 기술을 배웁니다.

7부 실전 프로젝트 24 25 26

스벨트를 활용하여 대용량 데이터를 효율적으로 처리하는 OTT 서비스인 무빙 사이트를 제작하며, 실제 웹 앱 구축 과정을 경험해보는 시간을 갖습니다.

특별부록 스벨트킷 A B

스벨트를 기반으로 강력하고 성능이 뛰어난 웹 애플리케이션을 신속하게 개발할 수 있는 프레임워크인 스벨트킷의 핵심 개념과 프로젝트 생성 방법에 대해 자세히 살펴봅니다.

러빗: 배움을 사랑하는

러빗 시리즈는 IT를 사랑하게 만드는,
열정과 재미가 가득한 시리즈입니다.

Learn & Understand 기본 개념을 배우고 깊이 이해합니다.
Visualize 그림과 다이어그램을 통해 직관적으로 학습합니다.
Implement 프로젝트 기반 학습으로 실제 코드를 작성하며 문제를 해결합니다.
Take it as your own 학습한 기술을 자신의 것으로 만들어 실무에 활용합니다.

스벨트 소개 및 개발 환경 구축

현재 자바스크립트 웹 개발에서 프레임워크는 빼놓을 수 없는 중요한 요소입니다. 그중에서도 리액트는 npm 트렌드 차트(https://npmtrends.com)에서 독보적인 인기를 자랑하고 있습니다. 그렇다면 왜 스벨트를 배워야 할까요? 그 이유는 바로 'Easy, Easy, Easy' 하기 때문입니다.

많은 프런트엔드 개발자들이 리액트를 배우는 데 어려움을 겪습니다. 웹 프런트엔드를 처음 배우거나 웹 퍼블리셔에서 프런트엔드 개발자로 전환할 때, 리액트가 복잡하고 어렵게 느껴질 수 있습니다. 이때 스벨트는 훨씬 더 쉬운 대안이 될 수 있습니다. 스벨트를 통해 프런트엔드 프레임워크의 기본을 익힌 후, 다른 프레임워크로 넘어가는 것도 좋은 방법입니다.

십여 년 전, 제이쿼리가 대세가 될 수 있었던 이유는 그만큼 배우기 쉽기 때문이었습니다. 마찬가지로 프런트엔드 프레임워크의 세계에서 스벨트가 대세가 될 가능성을 기대하며, 지금부터 스벨트를 시작해보겠습니다.

학습 포인트

- 스벨트의 현 위치와 웹 프레임워크
- 스벨트 소개
- 스벨트 장점 − 보다 적은 코드, 가상 DOM 없이 사용, 진정한 반응성

동영상 강의

https://bit.ly/svelte_01

스벨트 개요

웹 개발에서 자바스크립트 프레임워크는 필수적인 요소입니다. 그중에서도 스벨트는 기존의 다른 프레임워크와는 달리 혁신적인 접근 방식을 채택하여, 더 가볍고 빠른 웹 애플리케이션을 만들 수 있습니다. 스벨트가 다른 프레임워크와 어떻게 차별화되는지, 그리고 어떤 장점이 있는지 함께 살펴보겠습니다. 지금부터 스벨트의 매력적인 세계로 들어가봅시다.

1.1 스벨트의 현 위치와 웹 프레임워크

키워드 ▸▸▸ npm 트렌드, 자바스크립트, 스벨트, 웹 프레임워크

그림 1.1의 npm trends의 그래프를 보면, 현재 웹 프런트엔드 프레임워크의 대세는 리액트임을 알 수 있습니다. 파란색 선으로 표시된 리액트의 조회수가 월등히 높은 것을 확인할 수 있습니다. 하지만 2023년 초에는 Vue.js와 스벨트의 관심이 급증한 것도 눈에 띕니다. 그만큼 연초에 새로운 프레임워크에 대한 관심이 많았던 것으로 보입니다. 아직 스벨트는 리액트나 Vue.js에 비해 인기가 부족하지만, 매우 쉽게 배울 수 있어 관심을 갖는 개발자들이 많습니다. 실제로 제가 운영하는 블로그에서도 스벨트 관련 포스트의 조회수가 해마다 증가하고 있습니다.

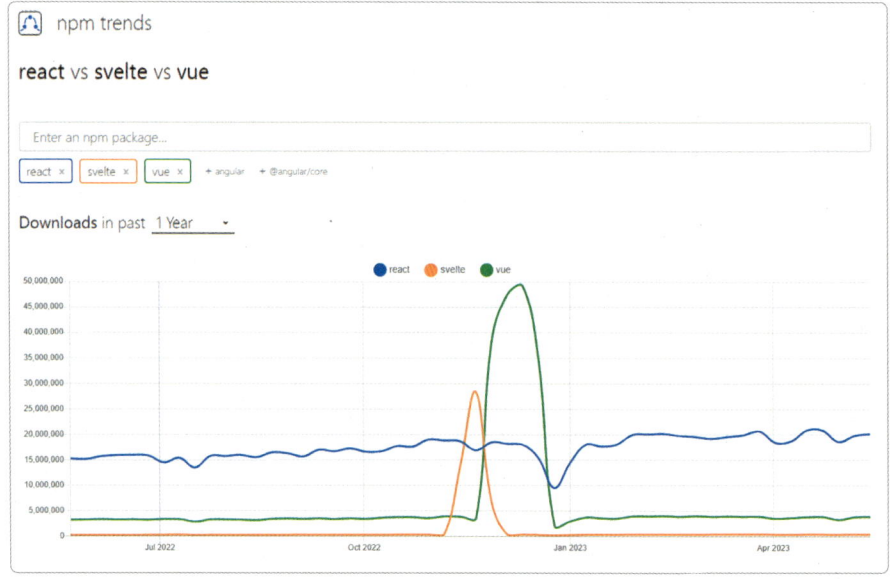

그림 1.1 npm trends의 스벨트 위치(2023년 5월)

프로그래밍 언어를 가르치는 분들이 자주 하는 말이 있습니다. 바로 "트렌드 언어에 혹하지 말라"입니다. 계속 변하는 트렌드 언어보다는 기본 언어에 충실하는 것이 더 중요합니다. 자바스크립트를 잘 공부했다면, 리액트로 하든, Vue.js로 하든 큰 어려움 없이 프로젝트에 적응할 수 있습니다. 특히 스벨트는 다른 프레임워크와 달리 자바스크립트의 기본 문법을 그대로 사용해 코딩할 수 있다는 큰 장점이 있습니다.

1.2 스벨트의 탄생과 철학

키워드 ▶▶▶ 프레임워크, 라이브러리, 가벼운 언어, 진정한 반응성, 가상 DOM

스벨트는 리치 해리스Rich Harris가 2016년 출시한 오픈소스 프런트엔드 웹 프레임워크입니다. 2019년 3번째 버전이 나오면서 주목받기 시작했고, 2021년 리치 해리스가 Next.js 프레임워크로 유명한 독일 기업 Vercel에 합류하면서 스벨트 개발에 더 많은 시간을 할애하겠다고 밝혔습니다. 이는 개발 속도를 높여 스벨트 커뮤니티에 활기를 불어넣을 것으로 기대됩니다.

'svelte'라는 단어는 '날씬한, 호리호리한'이라는 의미를 가지고 있습니다. 기존의 프런트엔드 웹 프레임워크들은 플러그인 설치와 규칙 추가로 인해 코드와 문서가 복잡해지고 무거워졌습니다. 그러나 스벨트는 이러한 복잡성을 제거하고 순수 자바스크립트를 사용하여 가볍게 코딩할 수 있게 한다는 의미를 이름에 담고 있습니다. 스벨트 공식 사이트의 첫 번째 포스트[1]에는 이러한 철학을 반영한 문구가 있습니다.

> "Frameworks without the framework"

'스벨트는 프레임워크가 없는 프레임워크'라는 뜻입니다. 스벨트는 자바스크립트로 웹 개발을 간편하게 할 수 있다는 철학에서 출발했습니다. 저도 이 부분에 깊이 공감합니다. '자바스크립트만으로 충분히 웹을 만들 수 있는데, 굳이 프레임워크를 사용해야 할까?'라는 생각을 저 역시 자주 해왔습니다. 물론 리액트나 Vue.js도 각자의 장점이 있습니다. 하지만 더 가볍고 간편하게 사용할 수 있는 방법이 있다면, 굳이 복잡한 방식을 고집할 필요가 있을까요?

1.2.1 프로그래밍 용어 설명

프레임워크와 라이브러리는 프로그래밍 언어에서 복잡한 개발 작업을 더 쉽게 할 수 있도록 도와주는 도구입니다. 예를 들어, 자바스크립트로 웹을 제작할 때 자바스크립트만으로는 어렵기 때문에, 이를 더 쉽게 작성할 수 있도록 다양한 기능을 제공하는 문서라고 볼 수 있습니다. **라이브러리**library는 여러 기능을 제공하여 개발자가 필요한 기능만 골라서 사용할 수 있는 반면, **프레임워크**framework는 개발을 위한 전체적인 구조를 제공하며, 개발자는 그 틀에 맞춰 작업을 진행해야 합니다.

---

[1] https://svelte.dev/blog/frameworks-without-the-framework

간단하게 설명하면 라이브러리는 캠핑이고, 프레임워크는 글램핑에 비유할 수 있습니다. 캠핑은 산이나 바닷가 등 사용자가 원하는 곳에서 준비한 캠핑 도구를 필요할 때 꺼내서 쓰면 됩니다. 캠핑 도구를 일일이 챙겨야 하는 불편함은 있지만, 언제든지 원하는 대로 캠핑을 즐길 수 있다는 장점이 있습니다. 반면, 글램핑은 업체에서 야영용품과 환경을 미리 준비하여 제공하는 야영입니다. 야영용품 등을 업체가 전부 제공하므로 이용자는 몸만 가면 됩니다. 대신 다른 방식의 야영을 하고 싶어도 틀을 바꾸기는 쉽지 않습니다.

보통 제이쿼리는 라이브러리라고 말하고, 앵귤러나 Vue.js는 프레임워크라고 말합니다. 그럼 리액트는 무엇일까요? 리액트 공식 홈페이지[2]에서는 자신들은 웹 서비스 중에서 사용자 인터페이스 개발을 위해 사용되는 라이브러리라고 말하고 있습니다. 리액트는 UI를 만드는 기능만 제공하기 때문입니다. 하지만 리액트를 사용하려면 개발 환경을 맞춰야 하고, Hook, JSX 등을 사용하기 위한 일정한 규칙과 패턴을 제공합니다. 그래서 저는 프레임워크로 봐도 무방하지 않다고 생각합니다. 하지만 하도 논란이 많아서 공식적으로 리액트는 자바스크립트 라이브러리로 결론을 낸 듯합니다.

표 1.1 프레임워크와 라이브러리 사전적 구분

용어	설명
라이브러리	컴퓨터 프로그램에서 자주 사용되는 부분을 프로그램으로 모아놓은 것(재사용 가능한 명령의 모음)
프레임워크	소프트웨어 애플리케이션이나 솔루션의 개발을 수월하게 하기 위해, 소프트웨어의 구체적 기능들에 해당하는 부분의 설계와 구현을 재사용 가능하도록 협업화된 형태로 제공하는 소프트웨어 환경

1.2.2 프레임워크 없는 프레임워크

리액트는 라이브러리(프레임워크)입니다. Hook, JSX, Redux 등을 사용하기 위해 일정한 규칙과 패턴이 제공됩니다. 그래서 브라우저가 바로 인식할 수 없습니다. 원래 브라우저는 HTML, CSS, 자바스크립트만 인식합니다. 따라서 앞에서 말한 리액트의 기능을 사용하려면 라이브러리(프레임워크) 플러그인을 붙여야 합니다.

코드 1.1 HTML에서 리액트를 사용할 때 붙이는 플러그인 코드

```
<script src="https://unpkg.com/react@18/umd/react.development.js" crossorigin></script>
<script src="https://unpkg.com/react-dom@18/umd/react-dom.development.js" crossorigin></script>
<script src="https://unpkg.com/@babel/standalone/babel.min.js"></script>
```

---

[2] https://ko.legacy.reactjs.org

물론 우리가 리액트를 개발할 때 바벨Babel을 사용하기 때문에 제이쿼리jQuery처럼 직접 스크립트 태그에 문서를 붙이거나 하진 않습니다.

코드 1.2 개발 환경을 구축한 상태에서의 플러그인 코드

```
import React from 'react';
import ReactDOM from 'react-dom';
```

프로젝트를 생성하거나 컴포넌트를 제작할 때 리액트는 코드 1.2와 같은 코드를 붙여야 합니다. 하지만 스벨트는 프레임워크의 틀을 지우는 것부터 시작했습니다. 그래서 외부 CDNcontent delivery network으로 연결하는 방식은 따로 없습니다. 스벨트는 '우리가 자바스크립트를 잘 사용한다면 굳이 규칙과 패턴이 필요할까?'라고 생각한 것 같습니다. 결국 '우리가 사용해야 하는 것은 자바스크립트다!'라고 말하고 있습니다. 그렇다고 스벨트에 비해 리액트나 Vue.js가 나쁘다는 이야기는 아닙니다. 각각의 프레임워크는 저마다 장점을 갖고 있습니다. 개발자는 자신이 맞는 프레임워크를 찾아 프로젝트를 성공적으로 구축하면 됩니다. '스벨트는 프레임워크가 없는 프레임워크다'라는 것만 잘 기억하길 바랍니다.

> **전문가 TIP** 자바스크립트 개발 도구
>
> - **바벨**: 바벨은 ECMAScript 2015+와 같은 최신 자바스크립트 코드를 현재 또는 과거 브라우저와 호환되도록 변환하는 컴파일러입니다. 개발자가 최신 문법을 자유롭게 사용하면서도 다양한 환경에서 안정적으로 작동하는 코드를 생성하는 데 유용합니다.
>   https://babeljs.io/docs/
> - **제이쿼리**: 제이쿼리는 프레임워크가 대중화되기 이전, 빠르고 간결하며 기능이 풍부한 자바스크립트 라이브러리로 큰 인기를 얻었습니다. DOM 조작과 이벤트 처리, 애니메이션 기능을 간편하게 구현할 수 있게 해주며, 여전히 많은 레거시 프로젝트에서 사용되고 있습니다.
>   https://jquery.com/

1.3 스벨트의 장점

키워드 ▸▸▸ 적은 코드, 가상 DOM 없이 구현, 진정한 반응성

그림 1.2는 스벨트 공식 사이트(https://svelte.dev)의 첫 화면을 가져온 것입니다. 첫 화면에 스벨트만의 장점을 잘 설명해놓았습니다.

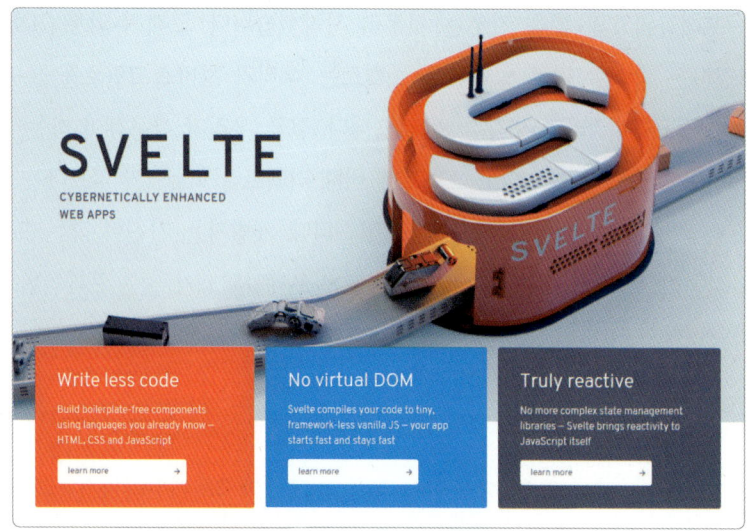

그림 1.2 스벨트 공식 사이트의 메인페이지

- Write less code: 다른 프레임워크보다 적은 코드
- No Virtual DOM: 가상 DOM 없이 구현
- Truly reactive: 진정한 반응성

1.3.1 Write less code: 다른 프레임워크보다 적은 코드

스벨트는 코드가 매우 간결합니다. 여러 가지 이유로 코드를 줄일 수 있지만, 그림 1.3에서 보다시피 스벨트는 변수 선언부터 간결합니다. 그냥 자바스크립트랑 똑같습니다. 리액트는 값을 `useState`를 통해 관리하고, Vue.js는 `data`를 통해 관리하기 때문에 무조건 자바스크립트보다 코드가 깁니다. 그런데 스벨트는 자바스크립트 변수 선언과 같은 방식을 사용하므로 코드가 간결합니다.

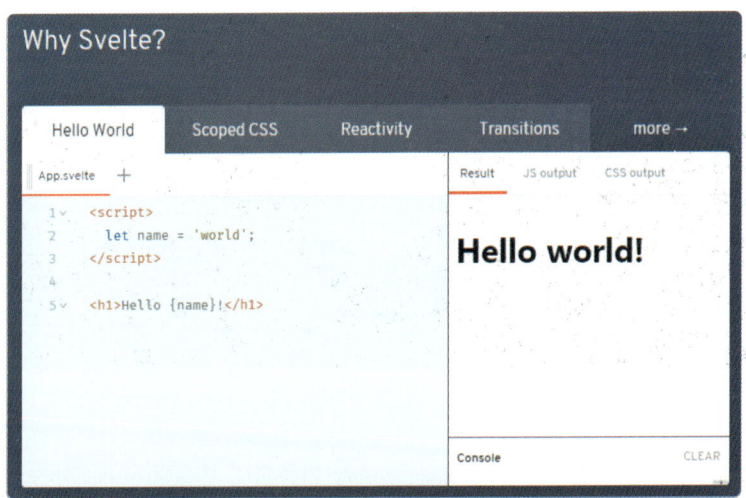

그림 1.3 스벨트 튜토리얼 페이지

3대 프레임워크의 변수 선언을 한눈에 보기 좋게 만들어봤습니다(그림 1.4). 코드를 보니 더 확실하게 스벨트가 간결하다는 것을 알 수 있습니다. 이외에도 많은 코드가 간결한데, 앞으로 차근차근 살펴보겠습니다.

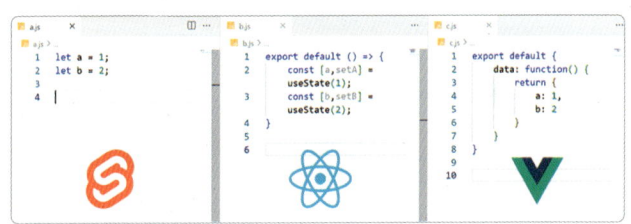

그림 1.4 3대 프레임워크 변수 선언 비교(왼쪽부터 스벨트, 리액트, Vue.js)

1.3.2 No virtual DOM: 가상 DOM 없이 구현

가상 DOMvirtual DOM은 **문서 객체 모델**Document Object Model, DOM[3]에 직접 접근하여 조작하는 것이 아닌, DOM을 자바스크립트 객체 형태로 만들어 메모리에 두고 필요할 때 꺼내서 조작하는 방법을 말합니다. 이 가상 DOM은 리액트가 나오면서 많은 개발자에게 주목을 받은 개념입니다. 가상 DOM을 만들어도 속도가 나쁘지 않고, 리액트나 Vue.js를 사용하다 보면 자연스럽게 받아들이는 개념이라 어렵지 않습니다. 제이쿼리가 DOM을 무겁게 사용하여 다른 프레임워크들이 가상 DOM을 만들어서 더 빠르게 구현한 것입니다. 하지만 가상 DOM 없이 DOM을 무겁지 않게 비슷한 성능과 속도를 낸다면, 과연 가상 DOM을 쓸 필요가 있을까요? 스벨트는 가상 DOM을 사용하지 않고, DOM을 가볍게 제어합니다. 그렇다면 스벨트는 어떻게 DOM을 제어할까요?

---

[3] 프로그램이나 스크립트가 웹페이지 내의 구성 요소들에 접근하여, 내용이나 스타일 등을 변경할 수 있게 해주는 인터페이스입니다. https://en.wikipedia.org/wiki/Document_Object_Model을 참고하세요.

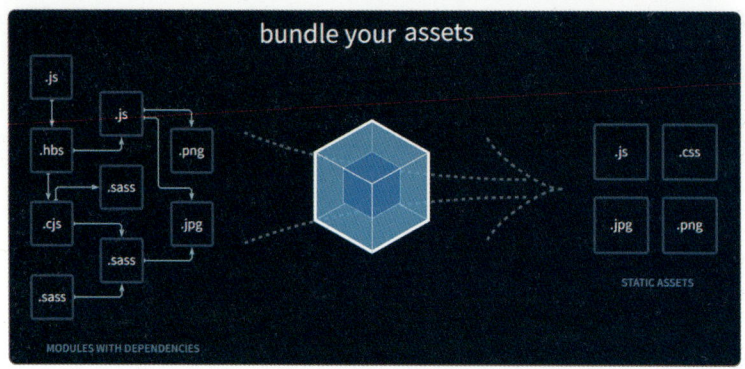

그림 1.5 번들 컴파일 과정

그림 1.5는 최신 프런트엔드 언어들이 **웹팩**webpack[4]을 이용하여 **번들링**bundling하는 과정을 나타낸 것입니다. 번들링이란 복잡한 DOM, CSS, 콘텐츠 요소들을 나눠서 Node.js로 처리한 후, 배포 시 하나의 파일로 합치는 것을 의미합니다. 이 과정에서 여러 .js 파일들은 하나의 .js 파일로 모이고, .sass나 .css 파일은 하나의 .css로 합쳐집니다. 리액트나 Vue.js는 자바스크립트 파일 안에 각 프레임워크의 규칙과 패턴에 따른 코드가 포함되며, 이를 브라우저가 인식할 수 있도록 라이브러리도 함께 추가됩니다. 반면, 스벨트는 이 과정에서 자신의 언어를 컴파일하여 순수 자바스크립트로 변환합니다. 그래서 스벨트는 자신을 프레임워크가 아니라, 최적화된 자바스크립트로 변환하는 컴파일러라고 소개합니다. 또한 라이브러리 없이 순수 자바스크립트로 들어가기 때문에, **빌드**build할 때 파일 크기가 작아지는 장점이 있습니다.

1.3.3 Truly reactive: 진정한 반응성

스벨트의 세 번째 장점은 뛰어난 **반응성**입니다. 프런트엔드 개발에서는 하나의 동작으로 여러 작업을 처리해야 하는 경우가 많습니다. 만약 메인 이벤트가 일어났을 때, 나머지 이벤트들이 자동으로 발생하게 할 수 있다면 개발이 훨씬 편해집니다. 스벨트는 이 작업을 쉽게 하도록 설계되어 있습니다. 코드를 통하여 반응성을 확인해 보겠습니다.

코드 1.3 이벤트 반응성 테스트 코드 — App.svelte

```
<script>
  let num = 0;
  $: square = num * num;
  const incrementCount = () => num = num + 1;
```

---

[4] https://webpack.js.org/

```
</script>

<button on:click={incrementCount}>
  클릭횟수 : {num}
</button>
<p>제곱 값: {square}</p>
```

버튼을 클릭하면 클릭 횟수와 제곱 값이 반응하여 증가하는 것을 확인할 수 있습니다. 스크립트 안의 코드는 단 3줄이면 충분합니다.

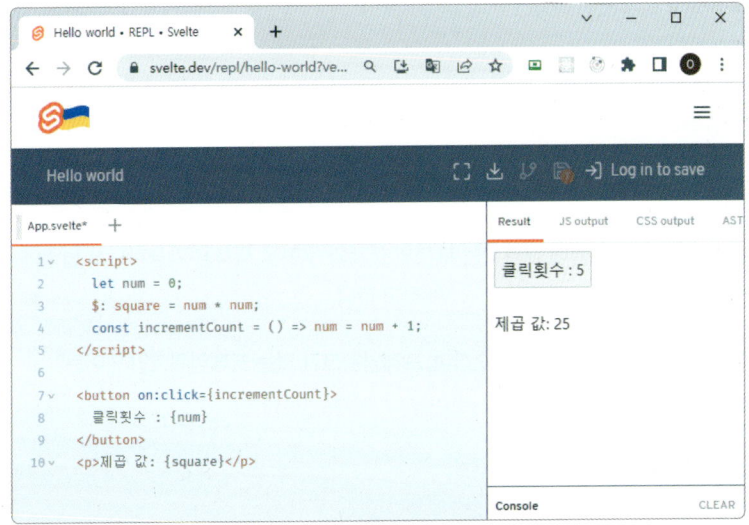

그림 1.6 코드 1.3 실행 결과

스벨트의 3가지 장점을 모두 살펴봤습니다. 다른 프레임워크에 비해 장점이 많다는 것을 알 수 있습니다. 물론, 모든 언어에는 장단점이 있기 때문에 어느 것이 더 좋고 나쁘다고 단정할 수는 없습니다. 스벨트는 아직 사용하고 있는 개발자가 많지 않아서 다양한 소스, **깃**Git, **서드파티 라이브러리** third-party library가 부족하다는 것이 단점일 수 있습니다. 그래도 다른 프레임워크에 비해 쉽기 때문에 프런트엔드 개발에 입문한다면 스벨트로 시작하는 것이 좋은 선택이 될 수 있습니다. 스벨트를 잘 익힌다면 다른 프레임워크도 쉽게 배우지 않을까요? 그리고 이미 다른 프레임워크를 사용해봤다면 스벨트는 더 쉽게 배울 수 있을 것입니다. 빠르게 변화하는 프런트엔드 개발 환경에서, 개발자로서 변화에 지속적인 관심을 갖고 공부하는 것이 중요합니다.

그럼, 이제 새롭고 쉬운 스벨트를 배워봅시다.

돌아보기

▶ 스벨트는 '프레임워크가 없는 프레임워크'로, 다른 프레임워크에 비해 코드가 간결하고 문서의 용량이 가볍습니다.

▶ 스벨트는 가상 DOM을 사용하지 않는다는 점에서 다른 프레임워크와 차별화됩니다.

▶ 스벨트는 반응성 코드를 통해 이벤트를 쉽게 처리합니다.

쪽지시험

문제 1 다음 중 자바스크립트 기반의 프레임워크 혹은 라이브러리가 아닌 것은?
① 리액트(React)
② Vue.js
③ 스프링(Spring)
④ 스벨트(Svelte)

문제 2 _____ 은/는 컴퓨터 프로그램에서 자주 사용되는 부분을 프로그램으로 모아놓은 것이다.

문제 3 소프트웨어의 구체적 기능들에 해당하는 부분의 설계와 구현을 재사용 가능하도록 협업화된 형태로 제공하는 소프트웨어 환경을 _____ (이)라고 한다.

문제 4 다음 중 자바스크립트 언어와 가장 비슷하며, 프레임워크가 없는 프레임워크인 언어는?
① 리액트(React)
② Vue.js
③ 스프링(Spring)
④ 스벨트(Svelte)

문제 5 다음 중 스벨트의 장점이 아닌 것은?
① 다른 프레임워크보다 코드가 적다.
② 규칙이 많아 언어가 무겁다.
③ 가상 DOM 없이 구현한다.
④ 반응성이 좋아 이벤트가 쉽다.

정답: 1. ③, 2. 라이브러리(library), 3. 프레임워크(framework), 4. ④, 5. ②

학습 포인트
- 사이트를 활용한 Playground
- 로컬 개발 환경 구축
- 스벨트 프로젝트 설치
- 스벨트 프로젝트 폴더 구조 확인

동영상 강의

https://bit.ly/svelte_02

스벨트 개발 환경 구축

이 장에서는 스벨트를 활용한 웹 개발을 시작하기 위해 필요한 개발 환경을 구축해보겠습니다. 먼저, 스벨트 공식 사이트에서 제공하는 Playground를 통해 간단하게 스벨트를 체험해보는 방법을 알아봅니다. 이어서 로컬 개발 환경을 설정하고, 스벨트 프로젝트를 설치하는 과정을 단계별로 안내합니다. 마지막으로 생성된 스벨트 프로젝트의 폴더 구조를 살펴보고, 각 폴더와 파일의 역할을 이해합니다. 이러한 내용을 통해 스벨트 개발을 위한 튼튼한 기초를 다질 수 있을 것입니다.

2.1 사이트를 활용한 Playground

키워드 ▸▸▸ Playground, 설치 없이 구현

스벨트는 공식 사이트[1]에서 **Playground**를 통해, 별도의 설치 과정이나 컴파일 없이 코딩하고 바로 결과를 확인할 수 있는 서비스를 제공합니다. 매번 설치할 필요가 없으므로 개발 시간을 단축합니다. 스벨트 홈페이지에 접속하여 오른쪽 상단에 보이는 [Playground]를 클릭하면 테스트해볼 수 있습니다(그림 2.1).

그림 2.1 스벨트 홈페이지 첫페이지

그림 2.2는 Playground 서비스 화면입니다. 왼쪽의 ❶ 구역은 코드 입력창이고, 우측 상단의 ❷ 구역은 코드 실행 화면입니다. 우측 하단의 ❸ 구역은 `console.log()` 결과가 나오는 창입니다. 그림 ❶ 구역의 코드를 바꾸면 바로 실행되는지 테스트해봅시다.

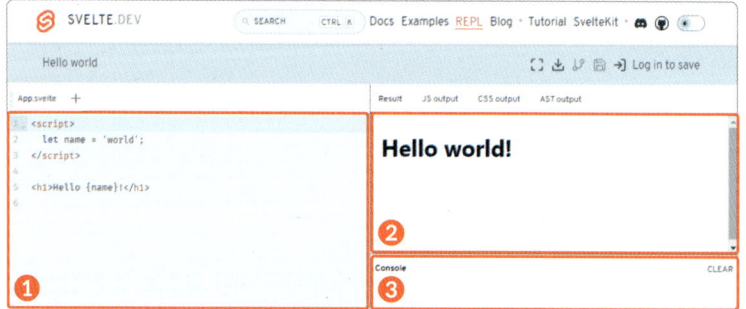

그림 2.2 스벨트 Playground 페이지

---

1 https://svelte.dev

코드 2.1은 2번째 줄의 world를 ossam으로 단어만 변경한 것입니다.

코드 2.1 이벤트 반응성 테스트 코드 — App.svelte

```svelte
<script>
  let name = 'ossam';
</script>

<h1>Hello {name}!</h1>
```

그림 2.3과 같이 'Hello ossam!'으로 결과가 잘 나오는 것을 확인할 수 있습니다. 코드 입력창에 코드를 수정하면 실시간으로 결과 화면이 바뀌니까 매우 편리합니다.

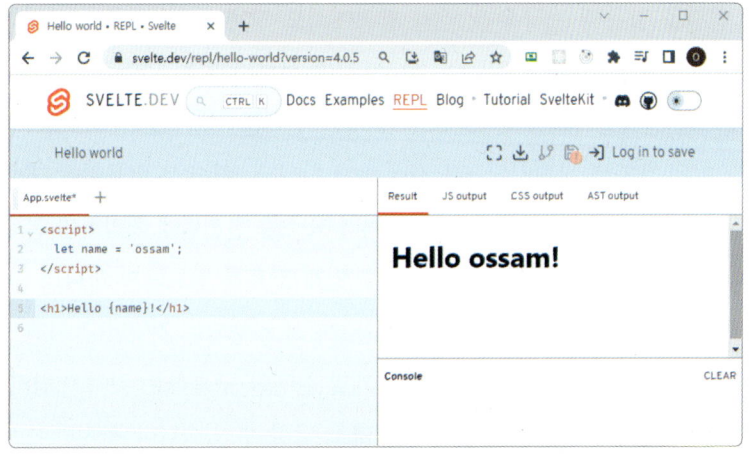

그림 2.3 코드 2.1 실행 결과

2.2 로컬 개발 환경 구축

키워드 ▸▸▸ Node.js, 비주얼 스튜디오 코드, Svelte for VS Code, Svelte 3 Snippets

이번에는 직접 컴퓨터에 개발 환경을 구축해보도록 하겠습니다. 테스트 용도라면 Playground 서비스도 나쁘진 않겠지만, 실제 프로젝트를 작업할 때는 직접 개발자 컴퓨터에 개발 환경을 구축해야 합니다. 개발 환경 구축을 위해 **Node.js**와 **비주얼 스튜디오 코드**Visual Studio Code, VS Code를 설치하겠습니다.

2.2.1 Node.js 환경 설정

Node.js는 V8 엔진을 활용해 브라우저 외의 환경에서도 자바스크립트를 실행할 수 있게 해주는 런타임 도구입니다. 원래 자바스크립트는 브라우저에서 사용되는 언어로, 브라우저는 HTML, CSS, 자바스크립트만 인식합니다. 프런트엔드에서 다른 언어를 사용하려면 HTML 문서의 스크립트 태그에 플러그인을 추가해 프레임워크를 사용해야 합니다. 1장에서 번들링에 대해 설명했듯이, HTML, CSS, 자바스크립트, 플러그인, 이미지 등 여러 요소를 한꺼번에 처리하면 복잡해집니다. 따라서 이를 분리해 작업한 후, 브라우저가 인식할 수 있게 코드를 빌드하여 하나의 파일로 합친 뒤 서버에 배포합니다. 이 모든 과정이 바로 Node.js 환경에서 진행되는 것입니다. 다른 프레임워크(리액트, Vue.js 등)를 사용해본 경험이 있다면 이러한 개발 환경을 구축하는 것이 어렵지 않겠지만, 처음 배우거나 웹 퍼블리싱에 익숙했던 분들에게는 다소 낯설 수 있습니다. 하지만 스벨트를 사용하기 위해 Node.js를 깊이 알아야 하는 것이 아니라, 스벨트가 실행되는 환경에 Node.js가 필요하고 몇 가지 명령어만 기억하면 되는 것이니 걱정하지 마세요.

● Node.JS 설치

Node.js 홈페이지[2]에 들어가서 LTS 버전으로 운영체제에 맞게 다운받고 설치해주세요.

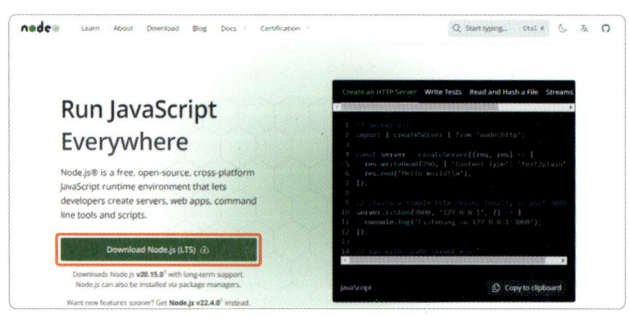

그림 2.4 Node.js 다운로드 페이지(2024년 기준)

---

2 https://nodejs.org

● Node.js 설치 후 버전 확인

설치를 마쳤다면, Node.js가 잘 설치되었는지 확인해보겠습니다. 윈도우 환경이라면 cmd창을, macOS 환경이라면 터미널을 열어서 확인합니다. 다음과 같은 명령어를 입력하면 잘 설치되어 있는지 확인할 수 있습니다.

```
node -v
```

설치가 잘 되었다면, 설치된 Node.js의 버전이 표시될 것입니다.

2.2.2 비주얼 스튜디오 코드 설치

프로그래밍을 돕는 수많은 에디터 툴이 있지만, 이 책에서는 비주얼 스튜디오 코드를 설치하여 사용하도록 하겠습니다. 가장 많은 프런트엔드 개발자들이 사용하는 툴이기도 하고, 많은 확장 플러그인을 설치할 수 있기 때문입니다.

● 비주얼 스튜디오 코드 설치

먼저 비주얼 스튜디오 코드 홈페이지[3]에 접속합니다. 그림 2.5에 보이는 다운로드 버튼을 클릭하면 해당 운영체제에 맞는 프로그램이 다운로드됩니다. 다운로드한 설치 파일을 더블클릭하여 설치합니다.

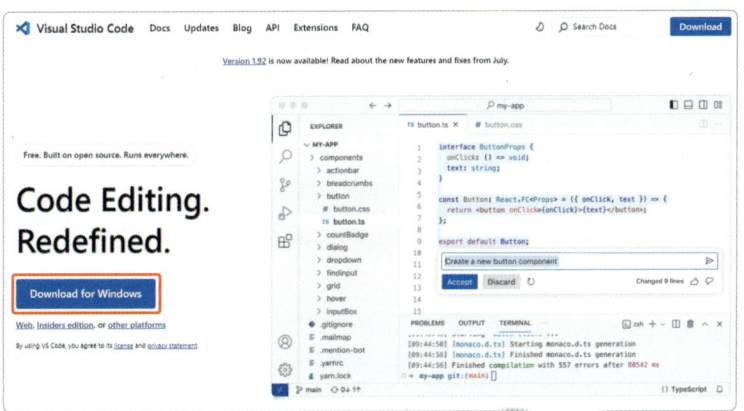

그림 2.5 비주얼 스튜디오 코드 설치 사이트

---

[3] https://code.visualstudio.com

● **스벨트 관련 확장 플러그인 설치**

비주얼 스튜디오 코드에 설치할 수 있는 확장 플러그인은 많지만, 여기서는 2가지만 설치하여 사용하도록 하겠습니다. [Svelte for vs code], [Svelte 3 Snippets]을 설치합니다. 둘 다 스벨트를 더욱 쉽게 작성하도록 도와줍니다.

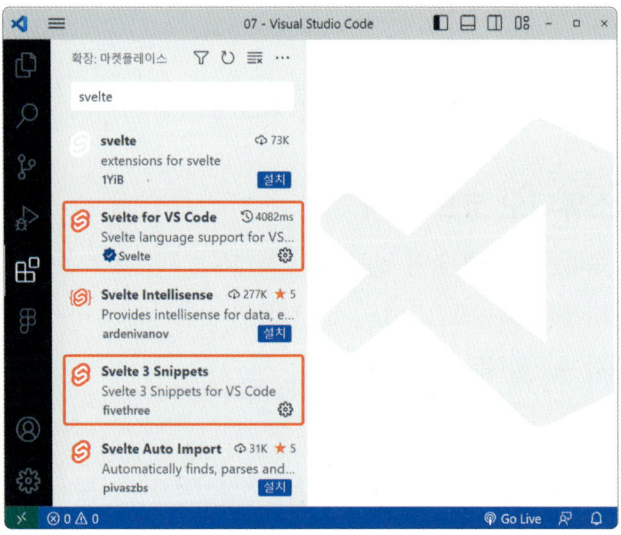

그림 2.6 비주얼 스튜디오 코드의 스벨트 관련 확장 플러그인 설치

> **전문가TIP** 추천 플러그인: Material Icon Theme
> - 비주얼 스튜디오 코드의 파일이나 아이콘을 꾸며주는 확장 플러그인입니다.
> - 개발자들이 공통으로 사용하는 폴더를 구분 지어줘서 매우 편리합니다.

2.3 스벨트 프로젝트 설치

키워드 ▶▶▶ **degit, clone, 스벨트 버전**

스벨트를 사용하기 위한 개발 환경을 모두 구축했다면, 이제 실제 프로젝트를 만들어보겠습니다. 프로젝트를 만드는 방법은 실제 사이트에서 다운로드하여 실행하는 방법과 `degit`을 이용해 터미널에서 설치하는 방법이 있습니다.

2.3.1 사이트에서 다운받아 사용하기

스벨트 사이트의 Playground 페이지에서 도구 아이콘 🔧을 누르고, [Download app]을 선택하면 `svelte-app.zip` 파일이 다운로드됩니다. 이 파일을 프로젝트 폴더로 이동하고 압축을 풀어줍니다.

그림 2.7 스벨트 Playground 페이지 — 다운로드 아이콘

그림 2.8은 `ch02_newproject01`이라는 폴더를 만들고, 그 안에 다운받은 `svelte-app.zip` 파일의 압축을 해제한 상태입니다. 해당 프로젝트 폴더를 루트 폴더로 지정하여 VS Code에서 터미널을 활성화합니다.

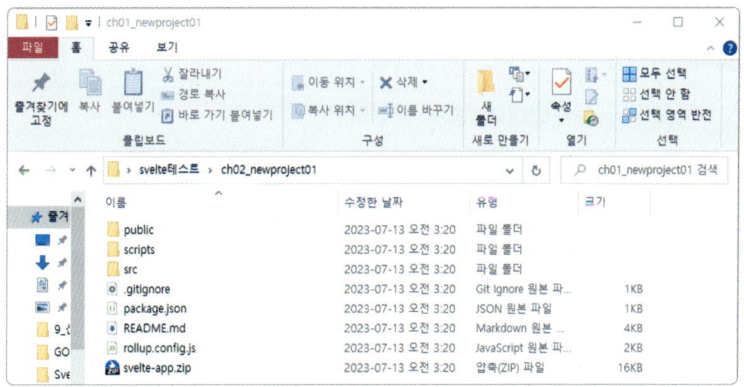

그림 2.8 프로젝트 폴더 생성 후 파일 압축 해제

CHAPTER 2 스벨트 개발 환경 구축

터미널은 그림 2.9와 같이 메뉴의 [터미널] → [새 터미널]을 누르면 하단에 터미널 영역이 열립니다.

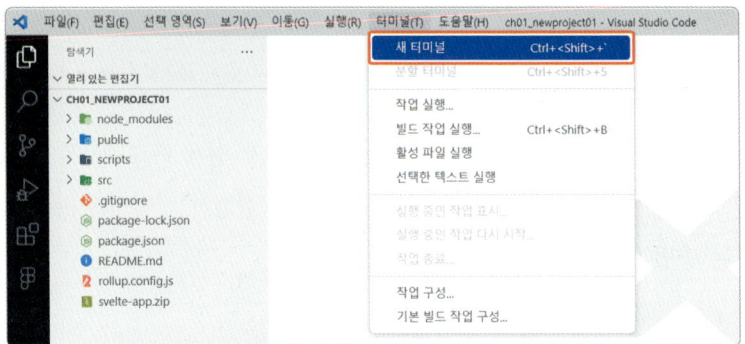

그림 2.9 비주얼 스튜디오 코드에서 터미널 여는 법

터미널이 열리면 해당 프로젝트 폴더에 다음 명령어를 입력하면 `node_modules`이라는 패키지 파일을 담은 폴더가 생성됩니다.

```
npm install
```

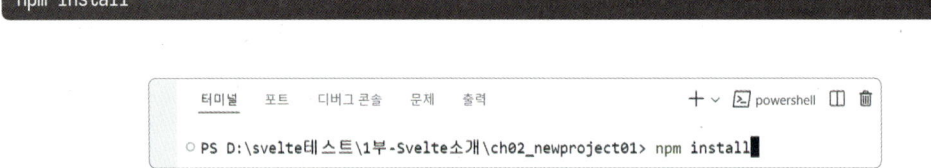

그림 2.10 터미널에 패키지 파일 설치 코드 작성

설치가 다 되었다면 아래 코드를 작성하여 스벨트 프로젝트를 실행합니다.

```
npm run dev
```

스벨트 프로젝트를 실행하면 `Local` 부분에 `http://localhost:8080`이라는 주소가 뜨는데 이것을 Ctrl + 클릭하면 기본 브라우저가 열리면서 스벨트가 실행됩니다. 리액트처럼 자동으로 열리면 좋겠지만, 자동으로 열리지 않기 때문에 클릭하여 열어야 합니다. 그리고 해당 프로젝트에서 벗어나려면 Ctrl + C 를 눌러서 벗어나면 됩니다.

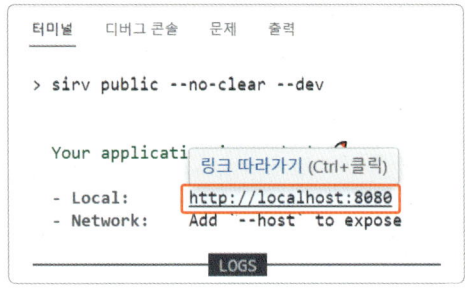

그림 2.11 npm run dev 명령어 실행 후 보이는 화면

> 과거 호스트 주소가 `http://localhost:5000`이었던 것을 보면 변경될 수도 있습니다.

2.3.2 degit을 통한 깃허브 저장소 사용

`degit`은 깃허브GitHub 저장소의 파일들을 입력하고 있는 현재 경로에 **복제**clone하기 위한 명령어입니다. 사이트에서 다운받는 것이 아니라 터미널 자체에서 깃허브에 있는 파일을 프로젝트 폴더에 설치하는 방법입니다. 먼저 `degit`을 전역에서 사용하게 해주는 코드를 터미널에 작성해야 합니다. 이 코드는 한 번만 작성하면 해당 운영체제를 다시 설치하지 않는 한 계속 적용됩니다.

```
npm install -g degit
```

● Bundler 선택하기 – 프로젝트 폴더를 생성하면서 복제 처리

이 명령어를 터미널에 작성하면, 명령어를 입력하고 있는 현재 경로의 하위에 작성한 이름의 폴더가 생성되면서 스벨트 작업에 필요한 파일들을 저장소로부터 복제합니다. 폴더명은 사용할 프로젝트명을 영문으로 작성하면 됩니다.

```
npx degit sveltejs/template 폴더명
```

● Bundler 선택하기 – 현재 폴더에 복제 처리

이 명령어는 하위 폴더가 생성되지 않고 명령어를 입력하고 있는 현재 경로에 바로 파일들을 저장소로부터 복제합니다.

```
npx degit sveltejs/template ./
```

> 이렇게 파일을 복제하여 가져오면 스벨트 버전은 3으로 처리됩니다. 현재 스벨트는 6 버전까지 나와 있습니다.

보통 스벨트 프로젝트 생성 시에는 프로젝트 폴더를 생성하여 진행하기 때문에 첫 번째 방법을 추천합니다. 이렇게 복제해도 해당 프로젝트 폴더에 패키지 파일을 설치해야 합니다. `cd 폴더명` 명령어로 위치를 해당 프로젝트로 이동하고, 패키지 파일을 설치합니다.

```
cd 폴더명
npm install
```

> **전문가 TIP** 또 다른 Bundler 소개
>
> 가끔 앞에서 제시한 코드가 실행되지 않는 경우 아래 코드로 처리합니다.
>
> ```
> npx degit sveltejs/template-webpack 폴더명
> npx degit sveltejs/template-webpack ./
> ```

2.3.3 스벨트 4 버전으로 업그레이드 하기

스벨트는 지속적으로 발전하고 있으며, 2024년 6월 기준 스벨트 최신 버전은 6입니다. 하지만 5 버전과 6 버전은 스벨트킷을 위해 계속 업그레이드되고 있습니다. **스벨트킷**SvelteKit은 스벨트를 사용하여 강력하고 성능이 뛰어난 웹 애플리케이션을 빠르게 개발할 수 있는 프레임워크입니다. 스벨트킷에 대한 자세한 내용은 특별부록에서 살펴보겠습니다.

현재 스벨트에서 최신 버전을 설치하면 스벨트킷이 포함되므로, 일반 스벨트를 사용할 경우 최신 버전으로 설치하지 않는 것이 좋습니다. 특히, 스벨트가 버전업되면서 외부 라이브러리가 스벨트 3에서는 호환되지 않는 경우가 있을 수 있습니다. 따라서 기존 스벨트 3 버전을 먼저 설치한 후, 4 버전으로 업그레이드하는 것을 권장합니다.[4]

기존 `degit`를 통해 스벨트 3 버전을 클론해온 상태에서, 터미널에 다음 명령어를 작성합니다.

```
npx svelte-migrate@latest svelte-4
```

그럼 다음과 같은 문구가 나타나는데 `y`를 입력하여 계속 진행합니다.

```
Need to install the following packages:
svelte-migrate@1.4.2
Ok to proceed? (y)
```

다음과 같은 문구가 나타나면, 또 `y`를 입력하여 진행합니다.

```
This will update files in the current directory
If you're inside a monorepo, don't run this in the root directory, rather run it in all projects
independently.

? Continue? » (y/N)
```

다음과 같은 문구가 나타나면 엔터를 입력합니다.

```
Which folders should be migrated? »
Instructions:
```

---

[4] 2024년 4월 30일 스벨트팀에서 더 안정적인 스벨트 5 버전을 만들겠다고 공지했습니다. 하지만 집필 기준(2024년 6월) 아직 베타 버전으로 서비스하고 있어서, 스벨트 4 버전으로 책을 기술하겠습니다.

```
↑/↓: Highlight option
←/→/[space]: Toggle selection
a: Toggle all
enter/return: Complete answer
(*)    public
(*)    scripts
(*)    src
```

마침내 다음과 같은 문구가 나타나면, y를 입력하면 끝입니다.

```
Add the `|global` modifier to currently global transitions for backwards compatibility? More info
at https://svelte.dev/docs/v4-migration-guide#transitions-are-local-by-default » (Y/n)
```

그러고 나서 `package.json` 파일을 확인하면 스벨트 버전이 4로 업그레이드된 것을 확인할 수 있습니다.

코드 2.1 **package.json 코드**

```
{
    ...
    "scripts": {
        ...
    },
    "devDependencies": {
        ...
        "svelte": "^4.0.0"
    },
    "dependencies": {
        ...
    }
}
```

> **전문가 TIP 스벨트 최신 버전 설치 방법**
>
> 스벨트 최신 버전을 설치하려면 아래의 명령어를 입력하면 됩니다.
>
> ```
> npm install svelte@latest
> ```
>
> 하지만 명령어는 입력하는 때에 따라 다른 버전이 설치됩니다. 이 책에서는 집필 기준 안정적인 버전인 4 버전으로 실습하기 위해 `npx svelte-migrate@latest svelte-4`로 설치했습니다.

2.4 스벨트 프로젝트 폴더 구조

> 키워드 ▸▸▸ 폴더 구조, node_modules, package.json

스벨트 프로젝트의 폴더 구조는 그림 2.12와 같습니다. `public` 폴더는 `src` 폴더의 코드들을 빌드하여 실제로 서버에 올릴 파일들이 생성되는 곳입니다. `package.json` 파일에는 기본적으로 설치된 패키지 정보가 들어 있습니다. 설치 패키지 정보 이외에도 프로젝트의 이름, 버전, 스크립트 옵션 등 다양한 정보를 설정할 수 있습니다. `src` 폴더가 코드를 작성할 파일들을 모아놓은 곳입니다. 대부분의 작업은 `src` 폴더 아래에 문서를 만들어서 작업합니다.

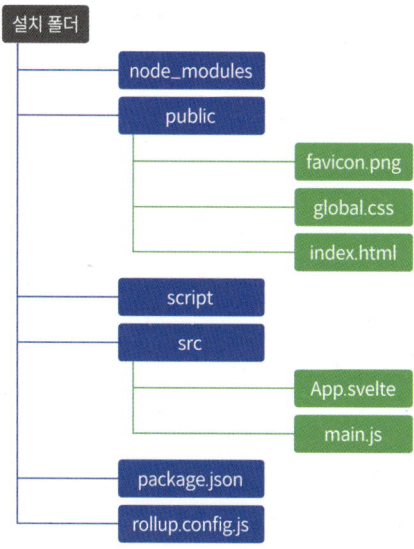

그림 2.12 스벨트 기본 프로젝트 폴더 구조

표 2.1 스벨트 폴더/파일 설명

폴더/파일	설명
`node_modules`	설치된 패키지가 위치한 폴더
`public`	빌드 결과가 위치한 폴더
`script`	typescript 설정 파일이 위치한 폴더
`src`	실제 프로젝트 코드가 들어갈 폴더
`package.json`	설치된 패키지 정보가 들어 있는 파일
`rollup.config.js`	rollup 설정 파일

돌아보기

▶ 스벨트 공식 사이트의 Playground를 사용하면 스벨트 코드를 간단히 테스트할 수 있습니다.

▶ 로컬 환경에서 스벨트 프로젝트를 시작하려면, 먼저 Node.js를 설치한 후, 비주얼 스튜디오 코드_{VS Code}에서 프로젝트를 시작하면 됩니다.

▶ 2024년 6월 기준, 스벨트는 버전 6까지 출시되었습니다. 버전 5와 6은 스벨트킷을 위해 제공되며, 이 책에서는 안정적인 버전 4로 실습하겠습니다.

▶ 스벨트의 폴더 구조는 크게 `node_modules`, `public`, `script`, `src`로 나누어집니다. 이 중 실제로 코드를 수정하는 부분은 `src` 폴더입니다.

▶ `package.json`은 기본적으로 설치된 패키지 정보가 포함되어 있습니다.

쪽지시험

문제 1 스벨트 공식 사이트에서 제공하는 _____ 은 별도의 설치 과정이나 컴파일 없이 코딩하고 바로 결과를 확인할 수 있는 서비스입니다.

문제 2 스벨트 프로젝트를 로컬 환경에서 작업하려면 꼭 설치해야 하는 V8 엔진을 이용해 브라우저 이외의 환경에서도 자바스크립트를 실행할 수 있게 해주는 런타임 도구는?

① React.js
② Vue.js
③ Angular.js
④ Node.js

문제 3 비주얼 스튜디오 코드에서 스벨트 코드 작성을 도와주는 확장 플러그인은 _____, _____ 입니다.

문제 4 깃허브의 파일을 전역으로 복제해오기 위해 사용하는 코드인 _____ 은(는) 비주얼 스튜디오 코드의 터미널에서 설치합니다.

문제 5 스벨트 프로젝트를 설치했을 때 생기는 폴더 구조 중 실제 코드를 수정하는 스벨트 문서가 있는 폴더는?

① node_module
② src
③ script
④ public

정답: 1. Playground, 2. ④, 3. Svelte for VS Code / Svelte 3 Snippets, 4. npm install -g degit, 5. ②

MEMO

PART 2

스벨트 컴포넌트 사용법

스벨트를 포함한 웹 프런트엔드 언어들은 모두 컴포넌트 기반으로 이루어져 있습니다. 따라서 컴포넌트 개념을 반드시 잘 이해해야 합니다. 2부에서는 컴포넌트의 기본적인 사용법, 상탯값 관리, 반응성, 이벤트, props, 로직에 대해 살펴보겠습니다. 이러한 기능들을 이용하여 컴포넌트를 효율적으로 관리하고 활용하는 방법을 배워보도록 하겠습니다.

학습 포인트

- 컴포넌트란 무엇인가?
- 컴포넌트 제작법

동영상 강의

https://bit.ly/svelte_03

컴포넌트 기본 사용법

현재 웹 프런트엔드 개발에서 컴포넌트는 빼놓을 수 없는 중요한 요소입니다. 대부분의 프레임워크는 컴포넌트를 중심으로 작동하므로, 이를 정확히 이해하고 넘어가는 것이 좋습니다. 웹은 재사용 가능한 **사용자 인터페이스**user interface, UI를 컴포넌트 단위로 개발하며, 디자인 툴인 피그마Figma에서도 컴포넌트 개념을 활용하여 디자인합니다. 이 장에서는 컴포넌트 개념을 명확히 이해하고, 스벨트에서 컴포넌트를 어떻게 사용하는지 자세히 살펴보겠습니다.

실습 안내 아래 명령어를 터미널에 작성 후 실습을 진행해주세요.

```
npx degit sveltejs/template ch03_component
cd ch03_component
npx svelte-migrate@latest svelte-4
npm install
npm run dev
```

❤ 브라우저 실행 후 문제가 생겨 터미널을 중단하고 싶다면 Ctrl + C 를 입력하면 됩니다.

3.1 컴포넌트란?

키워드 ▶▶▶ 컴포넌트, 인스턴스

컴포넌트compontent는 재사용 가능한 UI를 말합니다. 재사용 가능한 원본 컴포넌트를 만들어 두고, 필요시 언제든지 복제본인 **인스턴스**instance를 생성해 사용할 수 있습니다. 원본 컴포넌트를 수정하면, 해당 컴포넌트를 기반으로 한 모든 인스턴스도 자동으로 변경되는 구조로 이루어져 있습니다. 현재 대부분의 프런트엔드 언어는 컴포넌트 기반으로 개발합니다. 그렇다면, 왜 재사용 가능한 UI를 사용하는지 살펴보겠습니다.

3.1.1 DOM의 문제점

HTML과 자바스크립트로 하드 코딩할 때의 DOM은 같은 구역이어도 매번 다시 렌더링되는 문제가 있습니다. 이를 해결하기 위해 리액트와 Vue.js는 가상 DOM을 만들어서 사용합니다.

그림 3.1과 같이 메인페이지와 제품페이지가 있다고 가정하겠습니다. HTML로 페이지를 구현할 때, 헤더header와 푸터footer를 반복해서 작성해야 합니다. 페이지가 변경될 때마다 이를 새롭게 구현해야 하므로 작업 속도가 느려질 수 있습니다. 또한, 헤더의 글자 하나만 수정하려 해도 모든 페이지의 헤더를 일일이 변경해야 하는 번거로움이 있습니다. 이러한 문제를 해결하기 위해 스벨트와 같은 프레임워크는 컴포넌트를 사용하여 헤더와 푸터를 재사용하도록 합니다.

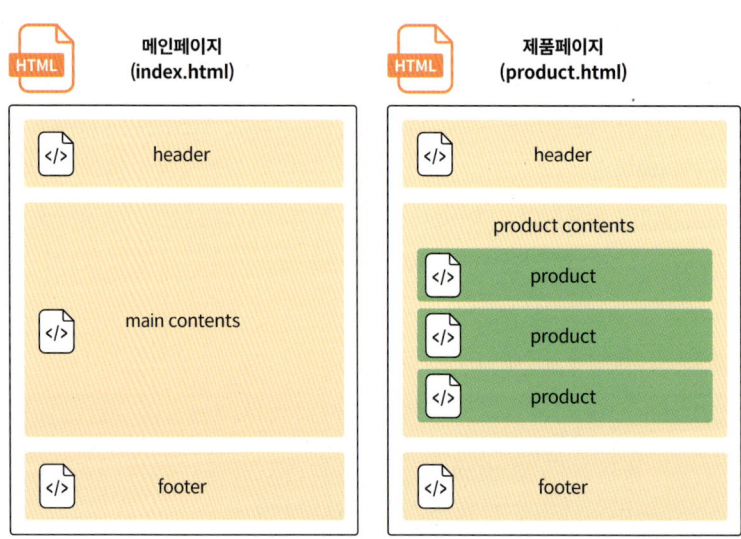

그림 3.1 DOM의 문제점을 확인할 페이지 설명

3.1.2 스벨트 컴포넌트 활용

그림 3.1에서 구성한 페이지를 스벨트에서 제작한다면, 그림 3.2처럼 컴포넌트를 제작하여 만들기 때문에 편리하게 작업할 수 있습니다.

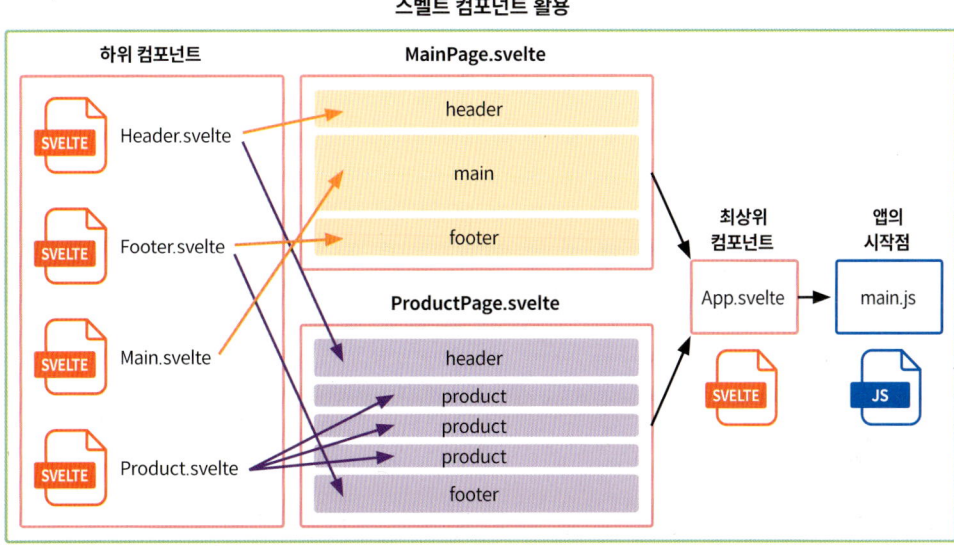

그림 3.2 스벨트 컴포넌트를 통한 페이지 구현 예시

`Header.svelte`처럼 헤더 부분을 별도로 제작하면, 헤더 수정 시 해당 파일만 변경하면 자동으로 `MainPage.svelte`와 `ProductPage.svelte`에도 적용되기 때문에 매우 효율적입니다. 이렇게 하면 클라이언트가 수정 요청을 해도 빠르게 대응할 수 있겠죠?

그럼, 컴포넌트를 사용하는 이유를 정리해봅시다.

- **관리 효율성**: 컴포넌트를 분리하여 쉽게 관리할 수 있습니다.
- **개발 효율성**: 재사용을 통해 개발을 더 효율적으로 진행할 수 있습니다.

예를 들어, `Header.svelte`와 `Footer.svelte`는 분류를 통하여 관리를 쉽게 하기 위한 목적으로 만든 것입니다. 과거의 HTML 작성법이라면, 헤더에서 글자를 하나만 바꾸려 해도 모든 페이지를 수정해야 했지만, 컴포넌트를 이용하면 한 번의 수정으로 모든 페이지에 적용되므로 매우 편리합니다. `Product.svelte`의 경우 리스트 목록 구성이 비슷하다면, 하나의 컴포넌트를 만들어 재사용할 수 있어 개발 효율이 크게 향상됩니다.

3.2 컴포넌트 제작

키워드 ▶▶▶ 모듈화, 상위 컴포넌트, 하위 컴포넌트

컴포넌트는 파일을 `파일명.svelte`로 제작하면 됩니다. 파일명 자체는 첫 글자를 대문자로 작성할 필요는 없지만, 코드 내부에서 하위 컴포넌트를 호출할 때는 첫 글자를 대문자로 작성해야 합니다. 리액트에서도 컴포넌트명은 첫 글자를 대문자로 작성하므로, 혼동을 피하기 위해 우리도 모든 컴포넌트 이름의 첫 글자를 대문자로 통일해서 쓰겠습니다.

코드 3.1 컴포넌트 기본 구조

```
//script 영역
<script>

</script>

//markup 영역
<태그명></태그명>

//style 영역
<style>

</style>
```

컴포넌트는 `script` 영역, `markup` 영역, `style` 영역으로 나눕니다. 이들의 작성 순서는 상관없으며, 세 가지 모두를 반드시 포함할 필요도 없습니다. 단, `script`와 `style`은 해당 태그 안에 작성한다는 것만 잘 기억하세요.

3.2.1 하위 컴포넌트 불러오기

컴포넌트는 재사용을 위해 사용합니다. 그래서 다른 컴포넌트가 하위 컴포넌트를 불러와서 사용하는 형태로 이루어져 있습니다. 지금부터 하위 컴포넌트를 불러오는 방법을 살펴보겠습니다.

코드 3.2 상위 컴포넌트에서 하위 컴포넌트를 불러오는 방법

```
//script
<script>
  import 컴포넌트명 from 'Svelte파일경로';
</script>
```

```
//markup
<컴포넌트명 />
```

`import`는 외부 파일을 불러오는 자바스크립트 문법입니다. ES6의 모듈화 기능을 통해 컴포넌트를 불러오는 방식으로 되어 있습니다.

> **전문가 TIP** 자바스크립트 모듈화
> - 모듈화란 다른 파일의 자바스크립트 기능을 특정 파일에서 사용하는 것을 말합니다.
> - `import` 키워드를 통해 불러오고, `export` 키워드를 통해 내보냅니다.
> - 더 자세한 공부가 필요한 분은 다음 강의를 참고하세요.
>
> 블로그 강의
> https://ossam5.tistory.com/162
>
> 유튜브 강의
> https://youtu.be/sQas-yKY7ZE

3.2.2 기본 컴포넌트 제작하기

이제 그림 3.2를 참고하여 컴포넌트를 제작하겠습니다.

먼저 하위 컴포넌트인 `Header.svelte`, `Footer.svelte`, `Main.svelte`, `Product.svelte`를 만들겠습니다. `src` 폴더에 각각 컴포넌트 이름으로 새 파일을 만들어 저장합니다.

코드 3.3 Header.svelte 코드 File src/Header.svelte
```
<h1>헤더 구역</h1>
```

코드 3.4 Footer.svelte 코드 File src/Footer.svelte
```
<h1>푸터 구역</h1>
```

코드 3.5 Main.svelte 코드 File src/Main.svelte
```
<h1>메인 구역</h1>
```

코드 3.6 Product.svelte 코드 File src/Product.svelte
```
<h3>제품 구역</h3>
```

하위 컴포넌트 파일을 모두 제작했다면, 이번에는 페이지 컴포넌트를 만들겠습니다. `MainPage.svelte`와 `ProductPage.svelte` 파일을 만들어 `src` 폴더에 저장합니다.

각 페이지 컴포넌트에서 하위 컴포넌트를 불러올 때, `import` 뒤에 하위 컴포넌트 이름을 대문자로 작성한 후, 해당 파일 경로를 입력합니다. 예를 들어, `MainPage.svelte`에는 `Header.svelte`, `Footer.svelte`, `Main.svelte`를 불러옵니다.

> 확장 플러그인 'Svelte for vs code'와 'Svelte 3 Snippets'가 설치되어 있다면 자동완성 기능이 적용됩니다.

코드 3.7 MainPage.svelte 코드

File src/MainPage.svelte

```svelte
<script>
  import Header from "./Header.svelte";
  import Footer from "./Footer.svelte";
  import Main from "./Main.svelte";
</script>

<Header />
<Main />
<Footer />
```

`ProductPage.svelte`에는 `Header.svelte`, `Footer.svelte`, `Product.svelte`를 불러오고, `<Product />`는 3개를 불러오겠습니다.

코드 3.8 ProductPage.svelte 코드

File src/ProductPage.svelte

```svelte
<script>
  import Header from "./Header.svelte";
  import Footer from "./Footer.svelte";
  import Product from "./Product.svelte";
</script>

<Header />
<Product />
<Product />
<Product />
<Footer />
```

`App.svelte`는 미리 만들어져 있기 때문에 기존 코드를 삭제하고, 코드 3.9와 같이 작성합니다. 여기서 필요한 것은 페이지 격인 컴포넌트들입니다. 그래서 `MainPage.svelte`와 `ProductPage.svelte`를 불러옵니다.

코드 3.9 App.svelte 코드 　　　　　　　　　　　　　　　　　　　　　　　File src/App.svelte

```svelte
<script>
  import MainPage from "./MainPage.svelte";
  import ProductPage from "./ProductPage.svelte";
</script>

<MainPage />
<hr />
<ProductPage />
```

작업한 파일을 브라우저에서 확인하면 그림 3.3처럼 나타날 것입니다. 이때 변경하고 싶은 내용이 있다면 하위 컴포넌트에서만 수정해보길 바랍니다. 예를 들어 `Product.svelte`에서 '제품'을 'product'로 한 번만 수정해도 결과 페이지의 모든 부분이 'product'로 바뀌는 것을 확인할 수 있습니다. 이렇게 재사용 가능한 UI를 만들기 위해 컴포넌트를 사용합니다.

> 브라우저에서 확인하는 방법은 'npm run dev' 명령어를 사용합니다(20쪽 참고).

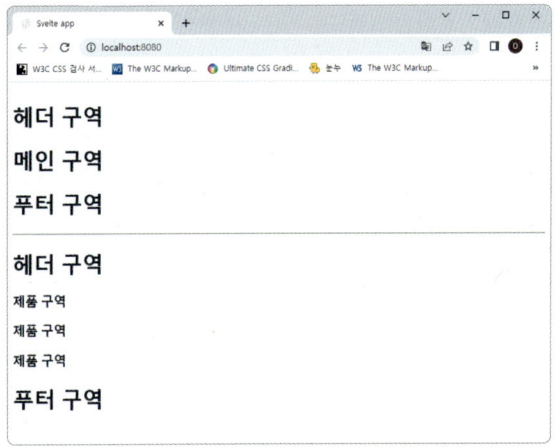

그림 3.3 App.svelte 브라우저 결과 파일

CHAPTER 3 컴포넌트 기본 사용법 35

돌아보기

▶ 컴포넌트는 재사용 가능한 UI로, 여러 복제본인 인스턴스를 만들어 사용합니다.
▶ 스벨트에서 컴포넌트는 `OO.svelte` 파일로 제작합니다.
▶ 상위 컴포넌트가 하위 컴포넌트를 불러올 때 `import` 구문을 작성하는 모듈화 기법을 사용합니다.

쪽지시험

문제 1 스벨트에서는 재사용 가능한 UI를 제작하는 원본은 _____ 라 하고, 원본을 복제한 것은 _____ 라고 합니다.

문제 2 스벨트에서 컴포넌트를 구성하는 파일 확장자로 옳은 것은?
① .js
② .css
③ .svelte
④ .html

문제 3 _____ 란 다른 파일의 자바스크립트 기능을 특정 파일에서 사용하는 것을 말합니다.

문제 4 하위 컴포넌트를 불러올 때 사용하는 키워드로 옳은 것은?
① import
② export
③ else
④ each

문제 5 컴포넌트를 재사용하는 이유는 _____ 을 높이기 위해서며, _____ 을 높이기 위함입니다.

정답: 1. 컴포넌트, 인스턴스, 2. ③, 3. 모듈화, 4. ①, 5. 분류를 통한 관리의 효율성 / 재사용을 통한 개발의 효율성

학습 포인트

♥ 상탯값이란 무엇인가?
♥ 클릭 이벤트를 이용한 상탯값 변경
♥ 객체 속성을 상탯값으로 활용
♥ 객체로 이루어진 배열을 이용하여 상탯값 표시

동영상 강의

https://bit.ly/svelte_04-1

https://bit.ly/svelte_04-2

상탯값 관리

웹 프런트엔드 개발에서는 컴포넌트뿐만 아니라 **상탯값**state 역시 매우 중요한 개념입니다. 상탯값은 컴포넌트가 표현하는 모든 데이터를 의미합니다. 예를 들어, 입력 창에 작성하는 값, 마우스 위치, 스크롤 좌표 등이 모두 상탯값에 해당합니다. 이번 장에서는 상탯값 개념을 명확히 이해하고, 스벨트에서 이를 어떻게 효과적으로 관리하고 사용하는지 살펴보겠습니다.

실습 안내 아래 명령어를 터미널에 작성 후 실습을 진행해주세요.

```
npx degit sveltejs/template ch04_state
cd ch04_state
npx svelte-migrate@latest svelte-4
npm install
npm run dev
```

❶ 브라우저 실행 후 문제가 생겨 터미널을 중단하고 싶다면 Ctrl + C 를 입력하면 됩니다.

4.1 상탯값이란?

키워드 ▶▶▶ state, props, 변수, @html

상탯값state은 컴포넌트가 어떤 값을 관리할 때 사용하는 것을 말합니다. 추후 배울 props와 많이 혼동할 수 있는데, 미리 정리하자면 props는 부모 컴포넌트가 자손 컴포넌트에 내려주는 값이고, 상탯값은 해당 컴포넌트가 자신이 사용할 값을 관리하는 것이라고 이해하면 됩니다. 리액트에서는 `useState()`라는 함수를 통해 값을 관리하는데, 스벨트는 자바스크립트의 변수처럼 사용하여 코드가 훨씬 간결해집니다. 마크업 영역에서는 중괄호(`{}`)를 사용하여 상탯값을 표현합니다.

4.1.1 텍스트 콘텐츠로 처리

상탯값을 텍스트 콘텐츠로 사용하는 방법을 먼저 보도록 하겠습니다.

코드 4.1 State 기본 문법

```
<script>
  let 상태변수 = 값
</script>

<태그> { 상태변수 } </태그>
```

스크립트 영역에서 상태변수 `name`에 상탯값을 담고, 마크업 영역에서 중괄호(`{}`)를 통해 값을 표현한 상태입니다. 이렇게 관리되는 값을 상탯값이라고 합니다.

코드 4.2 State를 텍스트 콘텐츠로 처리 — App.svelte   📄 src/State01.svelte

```
<script>
  let name = 'ossam';
</script>

<h1>Hello {name}!</h1>
```

그림 4.1을 보면 Hello 옆의 글자가 잘 변경되는 것을 확인할 수 있습니다. 이런 식으로 상탯값을 변경하면 됩니다.

그림 4.1 코드 4.2 실행 결과

4.1.2 태그 속성값에 처리

상탯값을 태그의 속성값에도 처리할 수 있습니다. 이번에는 이미지 경로인 `src` 속성에 상탯값을 처리해보겠습니다. `url` 상태변수에 담은 것은 스벨트 로고의 경로입니다.

코드 4.3 State를 태그 속성에 처리 — App.svelte   File src/State02.svelte

```
<script>
  let url ='https://svelte.dev/favicon.png';
</script>

<img src={url} alt="스벨트로고" />
```

그림 4.2와 같이 `url`에 작성한 이미지가 잘 나타난 것을 확인할 수 있습니다. 이때 변수명을 바로 속성명으로 사용할 수 있습니다. 대신 상태변수명의 이름이 속성명과 같아야 합니다. 그래서 코드 4.4와 같이 상태변수명을 'url'로 적지 않고 'src'로 적으면 한 번만 적어도 처리가 가능해집니다.

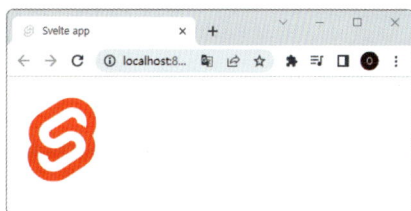

그림 4.2 코드 4.3 실행 결과

코드 4.4 State 변수를 속성명과 같게 처리 — App.svelte   File src/State03.svelte

```
<script>
  let src = 'https://svelte.dev/favicon.png';
</script>

<img {src} alt="스벨트로고" />
```

코드를 보면 상태변수인 `src`를 `img` 태그의 속성에 바로 적용했습니다. 결과는 그림 4.2와 똑같이 나타납니다.

4.1.3 상탯값의 태그 문자열 인식

이번에는 상태변수에 문자열을 주었을 때, 그 문자열에 태그가 있다면 태그를 인식하는 코드를 작성해보겠습니다. `@html` 뒤에 상태변수명을 붙이면 태그로 반환됩니다.

코드 4.5 태그 인식 코드 문법

```
<script>
  let 상태변수명 = 값;
</script>
```

```
<태그명> { @html 변수명 } </태그명>
```

코드 4.6 @html 미사용 코드 — App.svelte 　　　　　　　　　　 File src/State04.svelte

```
<script>
  let str = '안녕하세요! <strong>오쌤의 니가스터디</strong>입니다.';
</script>

<p> { str } </p>
```

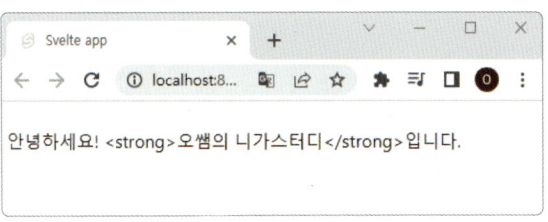

그림 4.3　코드 4.6 코드 결과

`@html`을 작성하지 않으면, `strong` 태그가 그냥 문자열로 반환되는 것이 확인됩니다.

코드 4.7 @html 사용 코드 — App.svelte 　　　　　　　　　　　 File src/State05.svelte

```
<script>
  let str = '안녕하세요! <strong>오쌤의 니가스터디</strong>입니다.';
</script>

<p> { @html str } </p>
```

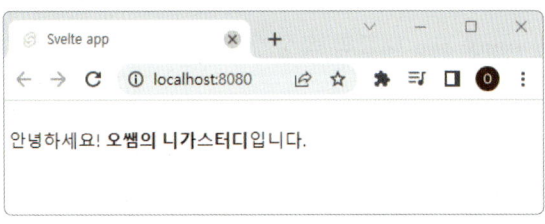

그림 4.4　코드 4.7 코드 결과

`@html`을 작성하면, `strong` 태그를 인식하여 해당 부분만 굵게 처리되는 것이 보입니다.

4.2 클릭 이벤트를 이용한 상태값 변경

키워드 ▶▶▶ 클릭 이벤트, 화살표 함수, 상태값 변경

상태값은 값을 적용하기 위해서만 사용하는 것은 아닙니다. 값 변경을 자유롭게 하기 위해 사용합니다. 이번에는 클릭 이벤트를 이용하여 간단하게 상태값을 변경해보도록 하겠습니다. 카운터 프로그램을 만들어서 상태값이 1씩 증가 혹은 감소하게 처리하는 것을 만들어보겠습니다.

코드 4.8 스벨트 이벤트 사용법

```
<태그 on:이벤트타입명={이벤트명령처리}></태그>
```

여기서는 스벨트 이벤트의 간단한 문법만 살펴보고, 자세한 내용은 6장 '스벨트 이벤트'에서 알아보겠습니다.

코드 4.9 간단한 카운터 프로그램 코드 — App.svelte    src/State06.svelte

```svelte
<script>
  let num = 0; //state(상태값)

  //기존 변수에서 1씩 증가
  const increaseNumber = () => num++;

  //기존 변수에서 1씩 증가
  const decreaseNumber = () => num--;
</script>

<button on:click={increaseNumber}>+</button>
<button on:click={decreaseNumber}>-</button>
<hr />
<h1>클릭횟수 : { num }</h1>
```

스크립트 부분에는 `num`이라는 상태변수를 선언하여 클릭 시 숫자가 증가할 상탯값을 담습니다. 처음에는 기본값으로 0을 담아줍니다. `increaseNumber` 함수는 `num` 변수에 증가 연산자를 입력하여 함수 실행 시, 기존 변숫값에서 1씩 증가합니다. `decreaseNumber` 함수는 `num` 변수에 감소 연산자를 입력하여 함수가 실행 시, 기존 변숫값에서 1씩 감소합니다. 함수는 ES6 화살표 함수를 사용했습니다. 마크업 영역은 `button` 태그 2개를 처리하여 클릭 이벤트에 각각 `increaseNumber`와 `decreaseNumber` 함수를 호출했습니다. `h1` 태그는 숫자의 증감을 받을 상태변수인 `num`을 표현식에 불러왔습니다.

전문가 TIP 자바스크립트 화살표 함수

- 화살표 함수는 자바스크립트 ES6에 새롭게 나온 문법입니다.
- `() => {}`으로 사용하는 것이 기본적인 문법입니다.
- 더 자세한 공부가 필요한 분은 다음 강의를 참고하세요.

블로그 강의
https://ossam5.tistory.com/158

유튜브 강의
https://youtu.be/8SVWsfc1mzI

그림 4.5는 처음 화면입니다. [+] 버튼을 클릭하면 1씩 증가하고, [-] 버튼을 클릭하면 1씩 감소합니다. `h1` 태그 요소에 작성한 `num` 값도 그에 따라 계속 변화하는 것을 확인할 수 있습니다. 즉, 상탯값을 이벤트에 따라 바꿀 수 있습니다. 상탯값인 `num` 값의 변화를 감지하여 변경된 값을 다시 표현합니다.

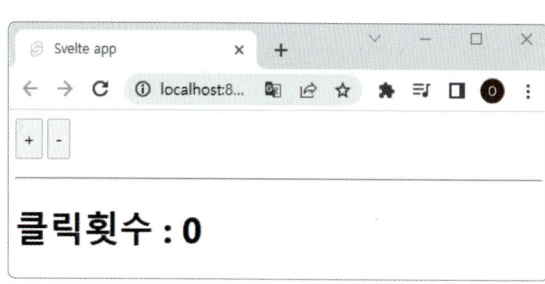

그림 4.5 코드 4.9 실행 결과

4.3 객체 속성을 상탯값으로 활용

키워드 ▶▶▶ 객체 속성, 상탯값, 비구조화 할당

간단하게 값 하나를 관리하는 변수 형태 외에도, 객체 방식으로 데이터값을 상탯값으로 활용할 수 있습니다. 이때 객체값을 호출할 때는 { 객체.속성명 }으로 표현식에 호출하면 됩니다.

코드 4.10 객체 속성을 상탯값으로 활용한 코드 — App.svelte 　　　　　File　src/State07.svelte

```svelte
<script>
  let language = {
    name: '스벨트',
    release: 2016,
    src: 'https://svelte.dev/favicon.png',
  }
</script>

<h3>이름 : { language.name }</h3>
<h3>배포 연도 : { language.release }년</h3>
<img src={ language.src } alt={ language.name } width="100" />
```

이번에는 `language`라는 상태변수에 객체를 선언했습니다. 객체에는 `name`, `release`, `src`를 속성으로 처리했습니다. 마크업 영역에 `h3` 태그 요소를 작성하여 `{ language.name }`의 방식으로 호출합니다.

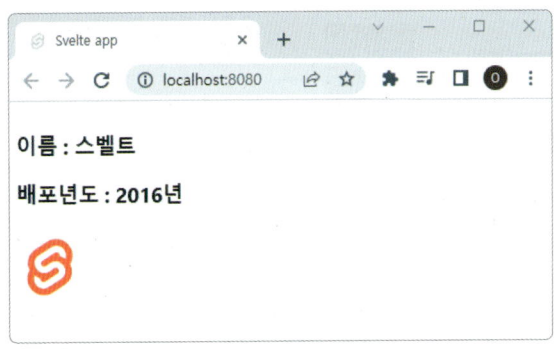

그림 4.6　코드 4.10 실행 결과

그림 4.6에서 각 데이터 결과가 잘 도출되는 것을 확인할 수 있습니다. 코드 4.10을 보면 `language`라는 표현을 여러 번 반복하고 있습니다. 이처럼 코드가 길어질 때는 ES6 문법의 비구조화 할당을 사용하여 객체 속성값을 해체해 각각의 변수를 할당하는 것이 좋습니다.

코드 4.11 객체를 비구조화 할당으로 해체한 코드 — App.svelte 　　　File src/State08.svelte

```svelte
<script>
  let language = {
    name: '스벨트',
    release: 2016,
    src: 'https://svelte.dev/favicon.png',
  }
  let { name, release, src } = language;
</script>

<h3>이름 : { name }</h3>
<h3>배포 년도 : { release }년</h3>
<img { src } alt={ name } width="100" />
```

스크립트 부분에 추가된 `let { name, release, src } = language;`입니다. `{ language.name }`로 작성했던 코드도 `{ name }`으로 간단해지는 것이 보입니다. 비구조화 할당 문법을 사용하면 코드도 간단해지지만, 태그 속성으로 변수를 바로 담을 수 있어서 이미지의 `src` 속성을 역시 간단하게 작성할 수 있습니다.

> **전문가 TIP 자바스크립트 비구조화 할당**
>
> - 비구조화 할당은 자바스크립트 ES6에 새롭게 나온 문법입니다.
> - 배열이나 객체의 값을 각각의 변수에 해체하는 것을 비구조화 할당이라 합니다.
> - 더 자세한 공부가 필요한 분은 다음 강의를 참고하세요.
>
> 블로그 강의
> https://ossam5.tistory.com/161
>
>
> 유튜브 강의
> https://youtu.be/B0ryvDe7-W0
>

4.4 객체로 이루어진 배열을 이용하여 상탯값 표시

키워드 ▸▸▸ **객체 배열, each 블록**

보통 데이터를 하나만 작성하진 않기 때문에, 객체의 데이터를 여러 개 담은 배열로 불러올 수 있습니다. 모든 값을 각각 마크업하면 코드가 길어지기 때문에 스벨트가 내장하고 있는 **each 블록**을 통해 데이터를 한 번에 불러오도록 하겠습니다. each 블록은 상탯값이 배열일 때 반복하여 출력하는 문법입니다.

코드 4.12 each 블록 문법

```svelte
{#each datas as data}
  //반복될 데이터
{/each}
```

코드 4.13 배열 데이터 상탯값 표시 코드 — App.svelte   File src/State09.svelte

```svelte
<script>
  let langs = [
    {
      name: '스벨트(Svelte)',
      release: 2016,
      src: 'https://svelte.dev/favicon.png',
    },
    {
      name: '리액트(React)',
      release: 2013,
      src: 'https://ko.legacy.reactjs.org/favicon.ico',
    },
    {
      name: '뷰(Vue.js)',
      release: 2013,
      src: 'https://v2.ko.vuejs.org/images/logo.png',
    }
  ];
</script>

{#each langs as lang}
  <h3>이름 : { lang.name }</h3>
  <h3>배포 년도 : { lang.release }년</h3>
  <img src={ lang.src } alt={ lang.name } height="50">
  <hr />
{/each}
```

`langs`라는 배열에 프런트엔드 언어 데이터들을 처리했습니다. `{#each}` 내부코드는 `langs` 배열의 값 개수만큼 반환됩니다.

> `each` 블록 문법에 대한 자세한 설명은 8장에서 다시 하겠습니다.

그림 4.11 코드 4.13 실행 결과

각 언어에 대한 정보가 반복적으로 출력된 것을 확인할 수 있습니다. 이 방식을 사용하면 데이터가 많아도 간결한 코드로 출력할 수 있습니다. 이러한 상탯값 관리는 웹 프런트엔드 언어들의 큰 장점 중 하나입니다.

돌아보기

▶ 상탯값은 컴포넌트가 어떤 값을 관리할 때 사용하는 것을 말합니다.

▶ 스벨트에서 상탯값은 `script` 태그 내부에 자바스크립트 변수처럼 선언하고, 마크업 영역에서는 중괄호({})안에 작성하면 됩니다.

▶ 마크업 영역에서 {}를 통해 상탯값을 표현할 수 있는 부분은 텍스트 노드, 태그 속성값, 태그 속성명, 태그 인라인 이벤트 속성값이 있습니다.

▶ 마크업 영역에서 {} 안에 상탯값을 작성할 때 `@html` 키워드를 사용하면 태그를 인식하여, 상탯값에 태그가 있다면 태그로 반환합니다.

▶ 상탯값은 자바스크립트 변수와 같이, 문자열, 숫자, 불표현식, 객체, 배열을 담을 수 있습니다.

쪽지시험

문제 1 스벨트에서는 자바스크립트 변수 방식으로 선언하며, 컴포넌트가 어떤 값을 관리할 때 사용하는 것을 _____ 라고 합니다.

문제 2 상탯값에 태그가 문자열로 있는 경우, 태그를 인식하기 위해 마크업 표현식인 { } 내부에 사용하는 키워드는?
① @svelte
② @state
③ @html
④ @css

문제 3 _____ 은 배열이나 객체의 값을 각각의 변수에 해체하는 것을 말합니다.

문제 4 마크업 영역에서 상탯값을 사용할 수 없는 부분은?
① 태그명
② 텍스트 노드
③ 태그 속성명
④ 태그 속성값

문제 5 KBO의 구단 소개 페이지에서 10개 구단의 팀명, 창단연도, 연고지를 확인한 후, 상탯값에 객체 문법을 사용하여 데이터를 처리한 후 each 블록을 통해 데이터를 한 번에 출력하시오.
(https://www.koreabaseball.com/Kbo/League/TeamInfo.aspx)

정답: 1. 상탯값(State), 2. ③, 3. 비구조화 할당, 4. ①, 5. 코드 4.14 참고

팀명 : LG 트윈스

창단 연도 : 1990

연고지 : 서울

팀명 : KT 위즈

창단 연도 : 2013

연고지 : 수원

그림 4.12 문제 4 정답 예시 이미지

정답코드 **코드 4.14** 확인문제 결과 코드 — App.svelte　　　　　　　　　File　src/Question.svelte

```
<script>
  let clubs = [
    {
      name: 'LG 트윈스',
      founded: 1990,
      hometown: '서울'
    },
    {
      name: 'KT 위즈',
      founded: 2013,
      hometown: '수원'
    },
    {
      name: 'SSG 랜더스',
      founded: 2021,
      hometown: '인천'
    },
    {
      name: 'NC 다이노스',
      founded: 2011,
      hometown: '창원'
    },
    {
      name: '두산 베어스',
      founded: 1982,
      hometown: '서울'
    },
    {
      name: 'KIA 타이거즈',
      founded: 2001,
      hometown: '광주'
    },
```

```
      {
        name: '롯데 자이언츠',
        founded: 1982,
        hometown: '부산'
      },
      {
        name: '삼성 라이온즈',
        founded: 1982,
        hometown: '대구'
      },
      {
        name: '한화 이글스',
        founded: 1986,
        hometown: '대전'
      },
      {
        name: '키움 히어로즈',
        founded: 2008,
        hometown: '서울'
      }
    ];
</script>

{#each clubs as club}
  <h3>팀명 : { club.name }</h3>
  <h3>창단 연도 : { club.founded }</h3>
  <h3>연고지 : { club.hometown }</h3>
  <hr />
{/each}
```

학습 포인트
- 삼항 연산자를 통한 마크업에서의 반응성
- 스크립트 반응성 코드 - $:

동영상 강의

https://bit.ly/svelte_05

반응성

반응성reactivity이란 값이 변할 때 별다른 호출 없이도 관련된 값이 자동으로 갱신되는 것을 말합니다. 당연한 말처럼 들리겠지만, 다른 프레임워크에서는 이 기능을 구현하기 위해 훨씬 복잡한 코드를 작성해야 합니다. 그러나 스벨트에서는 반응성을 매우 간단하게 사용할 수 있습니다. 스벨트는 반응성을 위해 '$:'라는 특별한 문법을 제공합니다. 이번 장에서는 스벨트에서 반응성을 어떻게 효과적으로 사용하는지 자세히 살펴보도록 하겠습니다.

실습 안내 아래 명령어를 터미널에 작성 후 실습을 진행해주세요.

```
npx degit sveltejs/template ch05_reactivity
cd ch05_reactivity
npx svelte-migrate@latest svelte-4
npm install
npm run dev
```

❗ 브라우저 실행 후 문제가 생겨 터미널을 중단하고 싶다면 Ctrl + C 를 입력하면 됩니다.

5.1 삼항 연산자를 통한 마크업에서의 반응성

키워드 ▶▶▶ 삼항 연산자, 반응성

삼항 연산자는 연산되는 피연산자가 3개라는 의미로 삼항 연산자라고 부르지만, 실제로는 조건문입니다. 조건식이 맞으면 참 표현식을 실행하고, 그렇지 않으면 거짓 표현식을 실행합니다.

코드 5.1 삼항 연산자 문법

```
조건식?참 표현식:거짓 표현식
```

버튼을 클릭하면 `count`라는 상태변수의 값을 1씩 증가시켜 보겠습니다. 이때 숫자가 1이면 `time`이라는 문자열을 붙이고, 그렇지 않으면 `times`를 붙이는 프로그램으로, 앞의 숫자에 따라 뒤에 따르는 문자가 반응하는 코드를 만들어보겠습니다.

코드 5.2 삼항 연산자 반응성 코드 — App.svelte   File src/Reactivity01.svelte

```svelte
<script>
  let count = 1;
  const handleClick = () => count++;
</script>

<button on:click={handleClick}>
  클릭 수 : {count} {count === 1 ? 'time' : 'times' }
</button>
```

`count`라는 상태변수에 초깃값을 1로 처리하고, `handleClick`이라는 함수에 기존 상탯값에서 1씩 증가하는 증가 연산자를 사용했습니다. `Button` 태그 요소에 클릭 이벤트로 `handleClick` 함수를 적용했습니다. 버튼 내부에 클릭 수를 표현했는데, 이때 표현식 내부에 삼항 연산자를 사용했습니다.

처음에는 클릭 수 : 1 time이라고 나타나고, 버튼을 클릭할 때마다 숫자는 증가합니다. 숫자 뒤의 문자는 `times`로 변경되어 나타나는 것이 확인됩니다.

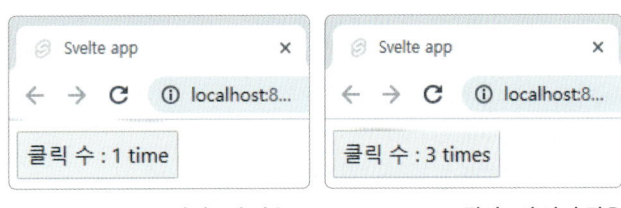

그림 5.1 count값이 1인 경우   그림 5.2 count값이 1이 아닌 경우

5.2 스크립트 반응성 코드

키워드 ▸▸▸ 스크립트 반응성 코드, $:, 그룹화, 조건절

스크립트 반응성 코드는 변수로 선언된 값을 참조하는 새로운 변수를 만들 때 붙이면 됩니다. 이때 var, let, const의 키워드는 쓰지 않습니다. 스크립트 반응성 코드는 변숫값이 변경되면 자동으로 감지하여 함께 변경됩니다.

5.2.1 변수 선언형

변수 선언형은 `$:` 뒤에 반응성 변수를 작성하고, 마크업 영역에서 변수처럼 사용합니다.

코드 5.3 변수 선언형 문법

```
$: 반응성 변수 = 값;
```

버튼을 클릭하면 1씩 증가하는 프로그램을 만들어보겠습니다. 이때 마크업 영역에서 클릭 수에 따른 두 배의 값과 제곱의 값까지 함께 반환해보도록 하겠습니다.

코드 5.4 변수 선언형 반응성 코드 — App.svelte　　　　　　　　　　　File　src/Reactivity02.svelte

```svelte
<script>
  //상태변수 선언
  let count = 1;

  //반응성 변수 선언
  $: doubled = count * 2;
  $: square = count * count;

  const handleClick = () => count++;
</script>

<button on:click={handleClick}>
  클릭 수 : {count}
</button>
<h3>두 배 구하기</h3>
<p>{count} × 2 = {doubled}</p>
<h3>제곱 구하기</h3>
<p>{count} × {count} = {square}</p>
```

이때 `count`에는 기본적인 상탯값을 담고, `doubled`라는 반응형 변수에 두 배의 값을 담아 출력했습니다. `square`라는 반응형 변수에는 제곱한 값을 담아 마크업 영역에서 출력했습니다. `handleClick` 이벤트 함수에는 `count`값이 1씩 증가되게 처리하고, `button` 태그 요소의 클릭 이벤트와 연결한 결과입니다.

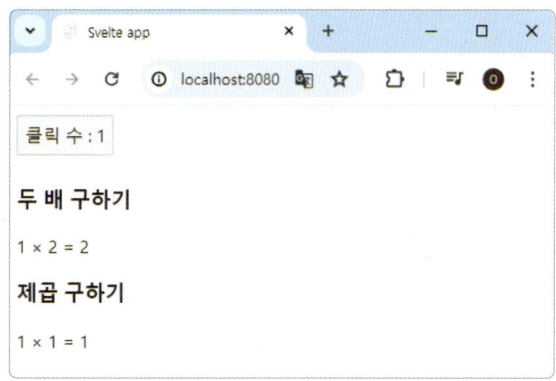

그림 5.3 코드 5.4 실행 결과

버튼을 클릭하면 `count`값에 반응하여 `doubled`와 `square`의 값들도 같이 변경됩니다. 이렇게 상탯값에 반응한다고 하여 반응성 변수라고 부릅니다.

5.2.2 $:의 그룹화

변수 선언형뿐만 아니라 `$:`과 코드 블록(`{}`)을 통해 적용될 코드를 그룹화할 수도 있습니다. 블록으로 감싼 부분도 상탯값이 변경되면 자동으로 호출됩니다.

코드 5.5 $:의 그룹화 문법

```
$: {
  //그룹화할 코드 작성
}
```

그럼 코드 5.4에서 작성했던 코드에 그룹화 코드를 추가해보겠습니다. 콘솔 창에서 두 배 값과 제곱값을 반환해보도록 하겠습니다.

코드 5.6 $:의 그룹화 반응성 코드 — App.svelte   File src/Reactivity03.svelte

```
<script>
  //상태변수 선언
  let count = 1;
```

```
    //반응성 변수 선언
    $: doubled = count * 2;
    $: square = count * count;

    //그룹화된 명령
    $: {
        console.log('두 배 값 : ' + doubled);
        console.log('제곱 값 : ' + square);
    }
    const handleClick = () => count++;
</script>

<button on:click={handleClick}>
    클릭 수 : {count}
</button>
<h3>두 배 구하기</h3>
<p>{count} × 2 = {doubled}</p>
<h3>제곱 구하기</h3>
<p>{count} × {count} = {square}</p>
```

$: { }의 중괄호 안에 그룹화된 명령을 추가로 작성했습니다.

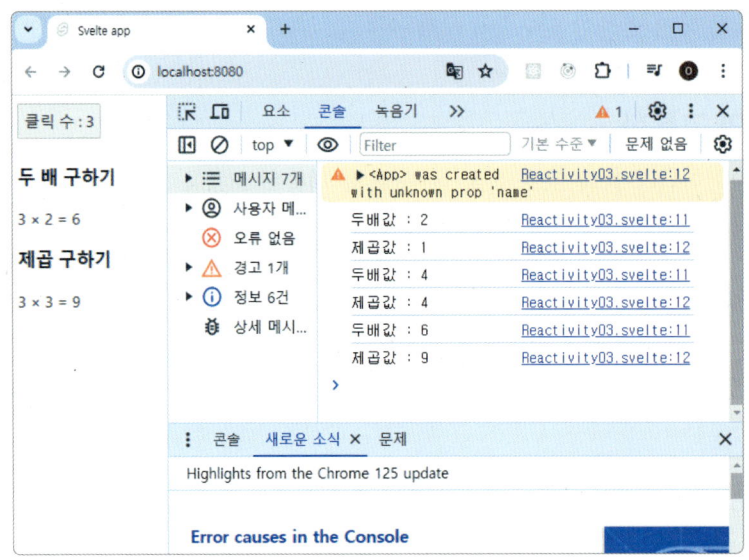

그림 5.4 코드 5.6 코드 결과

버튼을 클릭할 때마다 콘솔 창에도 계속 값들이 추가되어 들어오게 됩니다. 이렇듯 변수로 처리한 것은 아니지만, count라는 값이 변경될 때마다 코드 블록({}) 내부의 코드도 같이 반응하여 실행됩니다.

5.2.3 $: 조건절

반응성 코드 `$:` 뒤에 `if` 문을 붙여서 조건절도 사용할 수 있습니다. 조건이 맞으면 반응하는 코드가 되는 것입니다.

코드 5.7 `$:`조건절 문법

```
$: if(조건식){
  //조건이 맞으면 실행할 코드
}
```

이번에는 물품을 1~9개까지만 구매하는 프로그램을 만들어보겠습니다. [+] 버튼을 누르면 1씩 증가하고, [-] 버튼을 누르면 1씩 감소하게 처리하겠습니다. `count`라는 상태변수를 선언하고 그 값이 10 이상으로 증가하지 못하게 반응성 코드로 경고창과 `count`의 상탯값을 제어하겠습니다. 그리고 0 이하로도 감소하지 못하게 처리해 보겠습니다.

코드 5.8 `$:`조건절을 통한 count 수치를 제어하는 코드 — App.svelte
File src/Reactivity04.svelte

```svelte
<script>
  //변수 선언
  let count = 1;

  //조건절
  $: if(count >= 10){
    alert('10개 이상 구매할 수 없습니다.');
    count = 9;
  }
  $: if(count <= 0){
    alert('최소 구매 개수는 1개입니다.');
    count = 1;
  }

  const plusHandle = () => count++;
  const minusHandle = () => count--;
</script>

<button on:click={minusHandle}>-</button>
<input type="text" value={count} style="width: 25px;">
<button on:click={plusHandle}>+</button>
```

조건절에는 '`$: if(count >= 10){ }`'을 작성하여 10 이상으로 증가할 수 없도록 코드 블록 내부에 코드를 작성합니다. '`$: if(count <= 0){ }`'도 작성하여 0 이하가 되지 않게 코드 블록 내부에 코드를 작성합니다. `plusHandle` 이벤트 함수에는 `count`를 1씩 증가하게 처리하고, `minusHandle` 이벤

트 함수에는 `count`를 1씩 감소하게 처리합니다. 그리고 각각의 `button` 태그 요소에 이벤트를 연결합니다. `input` 태그 요소의 `value` 속성에 `count`값을 연결합니다.

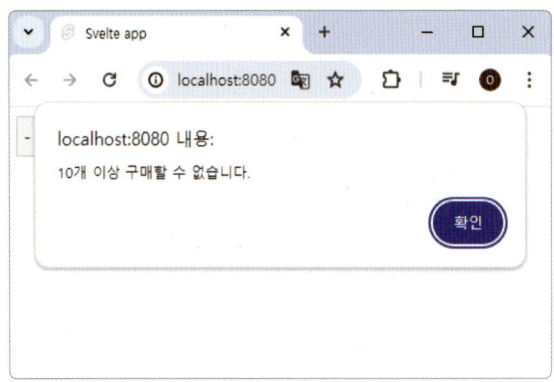

그림 5.5 코드 5.8 실행 결과

입력창 숫자가 9일 때 [+] 버튼을 클릭하면 경고창이 뜨는 것을 확인할 수 있습니다. 마찬가지로 입력창 숫자가 1일 때 [-] 버튼을 클릭해도 경고창이 뜨니 확인해보길 바랍니다.

돌아보기

▶ 반응성reactivity이란 값이 변할 때 별다른 호출 없이 값이 함께 변하는 것을 말합니다.

▶ 스벨트에서는 반응성을 간단하게 처리하는 `$:`라는 코드가 있습니다.

▶ 반응성 코드를 변수 선언형으로 작성하는 문법은 `$: 반응성 변수 = 값;`입니다.

▶ 코드 블록 `{ }`를 통해 적용될 코드를 그룹화할 수도 있습니다. 그룹화 문법은 `$: { //그룹화할 코드 작성 }` 입니다.

▶ 반응성 코드 뒤에 `if` 문을 붙여서 조건절도 사용할 수 있습니다. 조건이 맞으면 반응하는 코드가 되는 것입니다. 조건절 문법은 `$: if(조건식){ //조건이 맞으면 실행할 코드 }`입니다.

쪽지시험

문제 1 스벨트에서 _____ 이란 값이 변할 때 별다른 호출 없이 값이 함께 변하는 것을 말합니다.

문제 2 스벨트의 반응성을 간단하게 처리하는 코드는 무엇일까요?

① @:
② $:
③ #:
④ &:

문제 3 반응성 코드 $: 를 사용하여 구구단을 출력하세요. 버튼을 통해 2단부터 9단까지 단별로 볼 수 있게 처리합니다. $: 조건절을 사용하여 9단을 초과하면 [구구단은 9단을 초과할 수 없습니다.]라는 경고창을 띄우고, 2단보다 작아지면 [구구단은 2단보다 작을 수 없습니다.]라는 경고창을 띄워주세요.

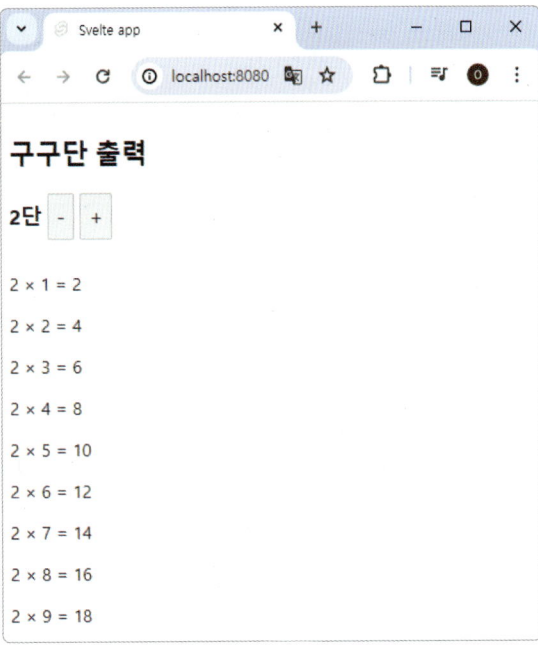

그림 5.6 문제 3 정답 예시 이미지

정답: 1. 반응성(reactivity), 2. ② 3. 코드 5.9 참고

CHAPTER 5 반응성

정답코드 **코드 5.9** 확인 문제 코드 — App.svelte   File src/Question.svelte

```svelte
<script>
  //단 변수선언
  let num = 2;

  //each 블록을 위한 배열
  let numbers = [1,2,3,4,5,6,7,8,9];

  //조건절
  $: if(num >= 10){
    alert('구구단은 9단을 초과할 수 없습니다.');
    num = 9;
  }
  $: if(num <= 1){
    alert('구구단은 2단보다 작을 수 없습니다.');
    num = 2;
  }

  const plusHandle = () => num++;
  const minusHandle = () => num--;
</script>

<h2>구구단 출력</h2>
<h3>
  {num}단
  <button on:click={minusHandle}>-</button>
  <button on:click={plusHandle}>+</button>
</h3>
{#each numbers as number}
  <p>{num} × {number} = {num * number}</p>
{/each}
```

학습 포인트
- 이벤트 문법
- 이벤트 수식어

동영상 강의

https://bit.ly/svelte_06

스벨트 이벤트

스벨트에서의 이벤트 처리는 자바스크립트와 매우 유사합니다. 이벤트는 HTML 요소에 발생하는 '어떤 것'입니다. 이는 브라우저가 수행하는 것일 수도 있고, 사용자가 직접 수행하는 것일 수도 있습니다. 자바스크립트를 사용하면 이벤트가 감지될 때 동적으로 코드가 실행됩니다. 스벨트도 마찬가지로 이벤트가 발생할 때 특정 코드를 실행할 수 있습니다. 이번 장에서는 스벨트에서의 이벤트 처리 방법을 살펴보도록 하겠습니다.

실습 안내 아래 명령어를 터미널에 작성 후 실습을 진행해주세요.

```
npx degit sveltejs/template ch06_event
cd ch06_event
npx svelte-migrate@latest svelte-4
npm install
npm run dev
```

♥ 브라우저 실행 후 문제가 생겨 터미널을 중단하고 싶다면 `Ctrl`+`C`를 입력하면 됩니다.

이벤트 문법

> 키워드 ▸▸▸ 이벤트, 이벤트 문법, 이벤트 종류, 이벤트 함수 매개변수

이벤트event는 자바스크립트가 명령을 주는 시점을 말합니다. 보통 마우스를 클릭했을 때, 키보드를 눌렀을 때, 스크롤바를 움직일 때와 같이 '~했을 때'가 이벤트입니다. 스벨트는 이벤트를 자바스크립트의 인라인 이벤트처럼 태그 요소에 직접 작성합니다.

코드 6.1 스벨트 이벤트 문법

```
<태그 on:이벤트타입명={이벤트함수}></태그>
```

앞에서 클릭 이벤트를 사용해 보았으니, 익숙한 문법일 것입니다. 이번 장에서는 이벤트에 대해 더 자세히 배워보겠습니다.

6.1.1 이벤트의 종류

그림 6.1을 보면 비주얼 스튜디오 코드의 스벨트 확장 플러그인을 통해 'on:'만 작성해도 사용할 수 있는 이벤트들이 모두 **툴팁**tooltip으로 뜹니다. 이벤트 종류가 엄청 많지만, 대부분 자바스크립트 이벤트와 같기 때문에 자바스크립트 공부를 잘 했다면 어렵지 않습니다.

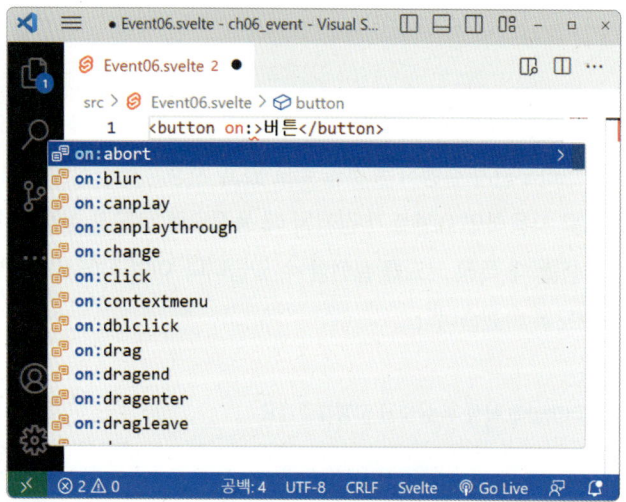

그림 6.1 비주얼 스튜디오 코드에서 이벤트 툴팁

여기서는 꼭 기억해야 할 이벤트를 정리하고 넘어가겠습니다. 많은 이벤트가 있지만 표 6.1에 적힌 이벤트들은 꼭 익히는 것이 좋습니다.

표 6.1 꼭 기억할 스벨트(자바스크립트) 이벤트

이벤트명	설명
click	요소에서 마우스를 클릭했을 때
mouseenter	요소에 마우스가 들어갔을 때
mouseleave	요소에서 마우스가 떠났을 때
mousemove	요소에서 마우스를 움직일 때
keydown	키보드를 눌렀을 때(특수키 인식)
keyup	눌렀던 키에서 뗄 때
scroll	페이지 스크롤바의 이동이 발생되었을 때
resize	브라우저의 창 크기가 변경되었을 때

6.1.2 스벨트 이벤트 사용

클릭 이벤트는 앞에서 해봤으니, 이번에는 요소에서 마우스를 움직였을 때 마우스 좌표를 구하는 프로그램을 만들어보겠습니다.

코드 6.2 mousemove 이벤트 코드 — App.svelte   File src/Event01.svelte

```svelte
<script>
  let m = { x: 0, y: 0 };

  const handleMouseMove = e => {
      m.x = e.clientX;
      m.y = e.clientY;
  }
</script>

<div on:mousemove={handleMouseMove} role="presentation">
  x 좌표 : { m.x } <br>
  y 좌표 : { m.y }
</div>

<style>
  div{ width: 100%; height: 100%; }
</style>
```

> ❗ role="presentation"을 입력하지 않아도 에러는 아니지만, VS Code에서 문제로 인식하므로 작성했습니다. 이는 div 태그가 본래 마우스 이벤트를 받는 요소가 아니기 때문입니다.

m이라는 상태변수에 객체 선언 방식으로 x, y를 작성하고 각각의 초깃값을 0으로 입력했습니다. handleMouseMove 함수에는 이벤트 객체인 e를 매개변수로 작성합니다. x 속성값엔 e.clientX를 담아주는데, clientX는 문서 객체로부터 마우스의 x 좌표를 의미하는 속성입니다. y 속성값엔 e.clientY로 마우스의 y 좌표를 담아줍니다. 그리고 마우스가 움직일 때 좌표를 반환받도록 마크업을 작성했습니다. 스타일에서는 div 태그가 body 영역을 전부 상속받게 처리합니다.

마우스를 움직이면 실시간으로 마우스 포인트의 좌표 수치가 계속 변화되는 것을 확인할 수 있습니다.

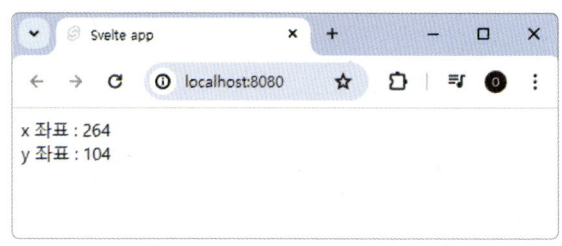

그림 6.2 코드 6.2 실행 결과

6.1.3 인라인 이벤트 사용

보통 이벤트를 제어할 경우에는 함수를 만들어 이벤트와 연동합니다. 하지만 간단한 작업은 화살표 함수를 사용하여 마크업 영역에 인라인inline 형태로 사용할 수 있습니다. 코드 6.2에서 작성한 mousemove 이벤트 코드를 인라인 형태로 작성해보겠습니다.

코드 6.3 mousemove 인라인 이벤트 코드 — App.svelte　　　　　　　　　　File　src/Event02.svelte

```
<script>
  let m = { x: 0, y: 0 };
</script>

<div on:mousemove={e => m = { x: e.clientX, y: e.clientY }} role="presentation">
  x좌표 : { m.x } <br>
  y좌표 : { m.y }
</div>

<style>
  div{ width: 100%; height: 100%; }
</style>
```

먼저 스크립트 영역에 적었던 함수를 지우고, 마크업 영역에 div 태그 요소의 on:mousemove 이벤트에 인라인 형태의 화살표 함수로 대체했습니다. 함수가 간단할 때는 코드를 더 간결하게 작성할 수 있습니다. 하지만 복잡한 코드인 경우는 분리하여 사용해야 합니다.

6.1.4 함수 매개변수 사용

이벤트에 함수를 사용할 때 매개변수가 있다면, 꼭 콜백 함수 `function(){}`를 사용해야 합니다. 콜백 함수는 화살표 함수 `()=>{}`로도 가능합니다. 매개변수가 없다면 함수를 그냥 호출합니다.

코드 6.4 매개변수 유무에 따른 이벤트 문법

```
//매개변수가 없을 경우
<태그 on:이벤트타입명={이벤트함수명}></태그>

//매개변수가 있을 경우
<태그 on:이벤트타입명={() => 이벤트함수명(매개변수)}></태그>
```

코드 6.5 매개변수가 있는 이벤트 코드 — App.svelte　　　　　　　　　　File src/Event03.svelte

```
<script>
  const handleClick01 = text => alert(`${ text } 클릭!`);
  const handleClick02 = text => alert(`${ text } 클릭!`);
</script>

<button on:click={() => handleClick01('1번')}>첫 번째 버튼</button>
<button on:click={() => handleClick02('2번')}>두 번째 버튼</button>
```

함수에 매개변수 `text`를 사용했습니다. 매개변수 `text`를 `alert` 함수에서 문자열로 받아올 때 따옴표가 아닌 **백틱**backtick(`)을 사용했습니다. 문자열에서 변수를 가져올 때 사용하는 템플릿 리터럴 문법입니다. 매개변수를 이벤트로 가져올 때 콜백 함수를 꼭 사용해야 합니다.

코드 6.6 매개변수가 있는 이벤트 코드 비교

```
<button on:click={() => handleClick01('1번')}>첫 번째 버튼</button> //맞는 코드
<button on:click={handleClick01('2번')}>두 번째 버튼</button> //틀린 코드
```

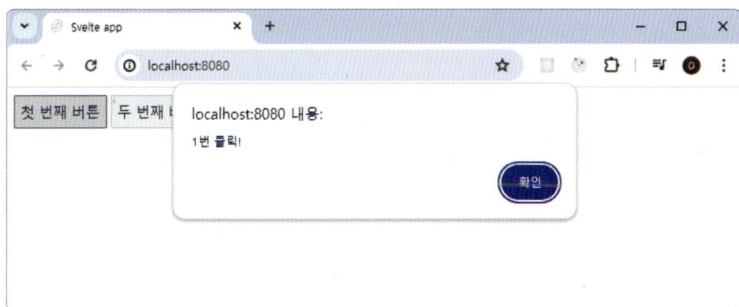

그림 6.3 코드 6.5 실행 결과

첫 번째 버튼을 클릭했을 때 매개변수에 작성했던 1번까지 잘 반환하는 것이 확인됩니다. 두 번째 버튼도 클릭하면 매개변수를 잘 반환하는 것을 확인할 수 있습니다.

> **전문가TIP** 자바스크립트 템플릿 리터럴
>
> - 템플릿 리터럴이란 문자열 작성 시 따옴표가 아닌 백틱(`)을 사용하는 것입니다.
> - 백틱 내부에 변수나 자바스크립트 표현식을 작성할 수 있습니다.
> - 더 자세한 공부가 필요한 분은 다음 강의를 참고하세요.
>
> **블로그 강의**
> https://ossam5.tistory.com/452
>
>
> **유튜브 강의**
> https://youtu.be/0PAXh-6iWQo
>

6.2 이벤트 수식어

키워드 ▶▶▶ 이벤트 수식어, once, preventDefault

스벨트는 이벤트를 제어할 때 조건을 붙이는 **수식어**modifier도 함께 사용할 수 있습니다. 이벤트 타입명 뒤에 파이프 문자 (|)를 통해 수식어를 붙일 수 있습니다. 대표적으로는 once가 있는데, 단어 뜻 그대로 이벤트가 한 번만 발생하도록 합니다.

코드 6.7 이벤트 수식어 문법

```
<태그 on:이벤트타입명|수식어={이벤트함수}></태그>
```

6.2.1 이벤트 수식어의 종류

대표적인 수식어는 아래 표 6.2와 같습니다.

표 6.2 이벤트 수식어의 종류

이벤트 수식어	설명
preventDefault	e.preventDefault()를 호출합니다. 이벤트가 발생한 태그의 기본 이벤트를 막습니다.
stopPropagation	e.stopPropagation()을 호출합니다. 발생한 이벤트가 겹쳐진 상위 요소로 전달되지 않게 막습니다.
passive	터치 혹은 휠 이벤트로 발생하는 스크롤 성능을 향상시킵니다.
capture	버블링 단계가 아닌 캡처 단계에서 이벤트 핸들러를 실행합니다.
once	이벤트 핸들러를 단 한 번만 실행하도록 합니다.
self	e.target과 이벤트 핸들러를 정의한 요소가 같을 때 이벤트 핸들러를 실행하도록 합니다.

6.2.2 once 수식어 사용

once는 설명했다시피, 이벤트를 한 번만 실행시키는 수식어입니다. 클릭 이벤트로 버튼을 클릭했을 때 경고창을 한 번 띄우는 프로그램을 제작해보겠습니다.

코드 6.8 once 수식어를 사용한 코드 — App.svelte　　　　　　　　　　　　　 File src/Event04.svelte

```
<script>
  const handleClick01 = () => alert('클릭은 한 번만 제공합니다.');
  const handleClick02 = () => alert('클릭이 계속 실행됩니다.');
</script>

<button on:click|once={handleClick01}>클릭01</button>
<button on:click={handleClick02}>클릭02</button>
```

마크업 영역에 `button` 태그 요소를 2개 만들어서 첫 번째 버튼은 `on:click|once`를 통해 한 번만 실행하도록 하고, 두 번째 버튼은 계속 실행하도록 처리했습니다.

첫 번째 버튼은 한 번 클릭한 후 다시 클릭했을 때, 경고창이 반환되지 않습니다. 반면, 두 번째 버튼은 클릭할 때마다 계속 경고창이 반환되는 것을 확인할 수 있습니다.

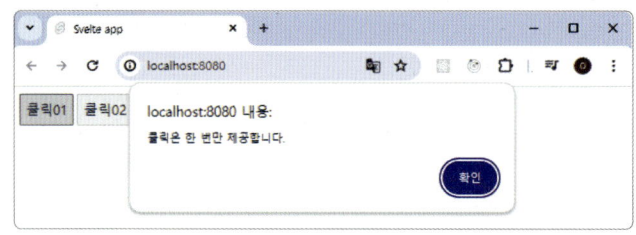

그림 6.4 코드 6.8 실행 결과

6.2.3 preventDefault 수식어 사용

`preventDefault` 수식어는 기본 이벤트를 제거하는 수식어입니다. 자바스크립트에서는 이벤트 객체와 함께 보통 `e.preventDefault();`를 통해 제거했습니다. 기본 이벤트는 태그 요소가 갖고 있는 기본적인 이벤트입니다. 대표적으로 `a` 태그는 페이지를 이동하는 이벤트를 갖고 있습니다. `Form` 태그는 폼 데이터를 전송하는 이벤트를 갖고 있습니다. `preventDefault`를 사용하면 `a` 태그가 페이지 이동이 안 되도록 처리하고, `form` 태그가 폼 데이터 전송을 못 하도록 막을 수 있습니다. 이번에는 `a` 태그를 클릭해도 페이지 이동이 안 되게 처리하고, `confirm` 함수를 통해 [확인] 버튼을 누르면 페이지가 이동되게 처리하겠습니다.

코드 6.9 preventDefault 수식어를 사용한 코드 — App.svelte   (File) src/Event05.svelte

```svelte
<script>
  const handleClick = () => {
    let move = confirm('제이펍 사이트로 이동하시겠습니까?');
    move && location.assign ('http://jpub.kr');
  }
</script>

<h1>
  <a href="http://jpub.kr" on:click|preventDefault={handleClick}>제이펍 출판사</a>
</h1>
```

코드 6.9를 보면 `handleClick` 함수에 제이펍 사이트로 이동하는 명령을 담았습니다. `a` 태그의 이벤트에 `on:click|preventDefault={handleClick}`를 작성하여, 클릭하면 페이지 이동이 바로 처리되지 않고, `confirm` 창이 뜹니다. [취소] 버튼을 누르면 페이지 이동이 안 되고, [확인] 버튼을 누르면 페이지가 이동됩니다.

돌아보기

▶ 이벤트$_{event}$는 자바스크립트가 명령을 주는 시점을 말합니다.

▶ 스벨트는 이벤트를 자바스크립트의 인라인 이벤트처럼 태그 요소에 직접 작성합니다.
`<태그 on:이벤트타입명={이벤트함수}></태그>`

▶ 이벤트 함수에 매개변수가 있다면 코드 블록 내부에 콜백함수를 작성하고 호출해야 합니다.
`<태그 on:이벤트타입명={() => 이벤트함수명(매개변수)}></태그>`

▶ 스벨트는 이벤트를 제어할 때 조건을 붙이는 수식어$_{modifier}$도 함께 사용할 수 있습니다.
`<태그 on:이벤트타입명|수식어={이벤트함수}></태그>`

▶ 자주 사용하는 이벤트 수식어는 이벤트를 한 번만 실행시키는 `once`와 기본 이벤트를 제거하는 `preventDefault` 입니다.

쪽지시험

문제 1 스벨트에서 마크업 영역의 태그에 이벤트를 작성하는 문법을 작성하세요.

_____

문제 2 _____는 자바스크립트가 명령을 주는 시점을 말합니다.

문제 3 _____는 스벨트가 제공하는 이벤트를 한 번만 실행시키는 이벤트 수식어입니다.

문제 4 _____는 스벨트가 제공하는 기본 이벤트를 제거하는 이벤트 수식어입니다.

문제 5 마크업 영역에 a 태그를 작성한 후 [구글 바로가기]라는 텍스트 콘텐츠를 작성한 후, 클릭하면 [구글로 이동하시겠습니까?]라는 확인 창이 뜨는 코드를 작성하세요(단, [확인] 버튼을 누르면 구글로 이동, [취소] 버튼을 누르면 이동되지 않게 처리하세요).

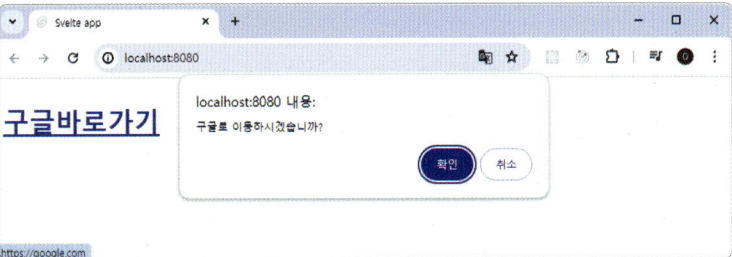

그림 6.5 문제 5 정답 예시 이미지

정답: 1. `<태그 on:이벤트타입명={이벤트함수}></태그>`, 2. 이벤트(event), 3. once, 4. preventDefault, 5. 코드 6.10 참고

정답코드 코드 6.10 확인문제 코드 — **App.svelte**　　　　　File　src/Question.svelte

```svelte
<script>
  const handleClick = () => {
    let move = confirm('구글로 이동하시겠습니까?');
    move && location.assign("https://google.com");
  }
</script>

<h1>
  <a href="https://google.com" on:click|preventDefault={handleClick}>구글바로가기</a>
</h1>
```

학습 포인트
- props 기본 문법
- props 기본값 설정
- props 데이터 변경
- Spread props

동영상 강의

https://bit.ly/svelte_07

스벨트 props

props는 부모 컴포넌트가 자손 컴포넌트에 전달하는 읽기 전용 데이터입니다. 컴포넌트는 일반적으로 상하 관계로 구성되므로 데이터 전달은 수직적으로 이루어집니다. props는 'properties'의 줄임말로, 리액트에서도 같은 용어와 의미를 사용합니다. 이번 장에서는 스벨트에서 props를 어떻게 사용하는지 알아보도록 하겠습니다.

실습 안내 아래 명령어를 터미널에 작성 후 실습을 진행해주세요.

```
npx degit sveltejs/template ch07_props
cd ch07_props
npx svelte-migrate@latest svelte-4
npm install
npm run dev
```

- 브라우저 실행 후 문제가 생겨 터미널을 중단하고 싶다면 Ctrl + C 를 입력하면 됩니다.
- 이번 장은 props를 통해 부모 컴포넌트와 자손 컴포넌트로 나누기 때문에 파일명을 잘 확인하고 제작해주세요.

7.1 props 기본 문법

앞에서도 말했듯이 `props`는 부모 컴포넌트가 자손 컴포넌트에 전달하는 값이므로, 컴포넌트를 상하 구조로 제작해야 합니다. 자손 컴포넌트와 부모 컴포넌트를 제작하여 최종적으로는 `App.svelte` 파일에 연결하도록 하겠습니다.

코드 7.1 props 기본 문법

```
<자손 컴포넌트명 props명={전달값} />
<자손 컴포넌트명 props명="전달값" />
```

props의 기본 문법은 코드 7.1의 두 가지 입력 방법 모두 허용합니다.

코드 7.2 Child01.svelte 코드   (File) src/Child01-1.svelte

```
<script>
  //여기는 자손 컴포넌트
  export let name;
  export let age;
  export let hobby;
</script>

<h3>이름 : { name }</h3>
<h3>나이 : { age }</h3>
<h3>취미 : { hobby }</h3>
<hr>
```

자손 컴포넌트에 이름(name), 나이(age), 취미(hobby) 값이 부모로부터 내려받을 값입니다. 이때 자손 컴포넌트에서 사용한 상탯값은 `export`를 통해 부모 컴포넌트로부터 내려받을 수 있게 처리해야 합니다.

코드 7.3 Parent01.svelte 코드   (File) src/Parent01-1.svelte

```
<script>
  //여기는 부모 컴포넌트
  import Child01 from "./Child01.svelte";
</script>

<Child01 name={'김철수'} age={20} hobby={'축구하기'} />
<Child01 name="이영희" age="21" hobby="넷플릭스 보기" />
```

자손 컴포넌트인 `Child01.svelte`를 `import`로 불러옵니다. 마크업 영역에 `Child01` 컴포넌트를 작성하고 속성으로 `name`, `age`, `hobby`를 props로 작성하여 값을 전달합니다. 보통 하나의 문법을 선택하여 사용하지만, props 문법이 두 가지 모두 사용 가능하다는 것을 보여주기 위해 코드 7.3에서는 두 가지 방법을 모두 작성했습니다.

코드 7.4 **App.svelte 코드** `src/App01.svelte`

```
<script>
  import Parent01 from "./Parent01.svelte";
</script>

<Parent01 />
```

부모 컴포넌트인 `Parent01.svelte`를 `import`로 불러옵니다.

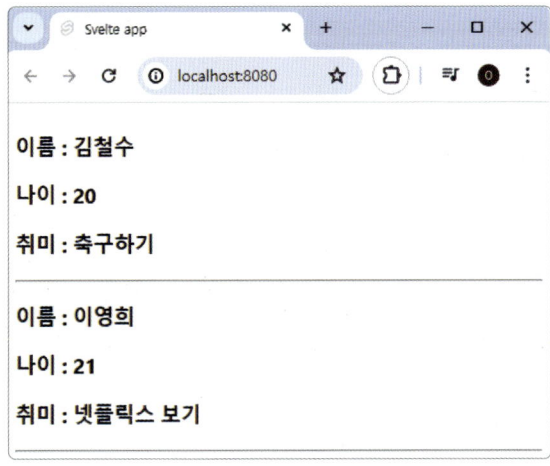

그림 7.1 코드 7.4 실행 결과

브라우저에 결과가 잘 출력되는 것을 확인할 수 있습니다. 이런 방식을 통해 하나의 컴포넌트를 반복하여 사용할 수 있습니다.

7.2 props 기본값 설정

키워드 ▶▶▶ props 기본값

부모 컴포넌트에서 값을 내려주지 않으면 `undefined`로 처리됩니다. 따라서 props로 데이터를 내려주지 않는 경우를 대비해서 기본값을 설정해야 합니다. 기본값을 설정하는 이유는 크게 두 가지로 볼 수 있습니다. 개발자가 깜박하고 props를 내려주지 않는 경우와 값이 동일한 것이 다수인 경우입니다. props 기본 문법에서 사용했던 코드에 기본값을 추가해보겠습니다.

스크립트 영역의 `name`, `age`, `hobby` 부분에 기본값을 작성합니다. 기본값은 자손 컴포넌트의 상탯값에 값을 대입하면 됩니다.

코드 7.5 Child01.svelte 코드   File   src/Child01.svelte

```svelte
<script>
  //여기는 자손 컴포넌트
  export let name = "홍길동";
  export let age = 20;
  export let hobby = "독서";
</script>

<h3>이름 : { name }</h3>
<h3>나이 : { age }</h3>
<h3>취미 : { hobby }</h3>
<hr>
```

마크업 영역 마지막에 props 없이 `<Child />` 컴포넌트를 작성해보겠습니다. 그럼 기본값으로 할당돼서 처리됩니다.

코드 7.6 Parent01.svelte 코드   File   src/Parent01.svelte

```svelte
<script>
  //여기는 부모 컴포넌트
  import Child01 from "./Child01.svelte";
</script>

<Child01 name={'김철수'} age={20} hobby={'축구하기'} />
<Child01 name="이영희" age="21" hobby="넷플릭스 보기" />
<Child01 />
```

그림 7.2의 마지막 부분에 기본값으로 적었던 데이터들이 잘 나오는 것을 확인할 수 있습니다.

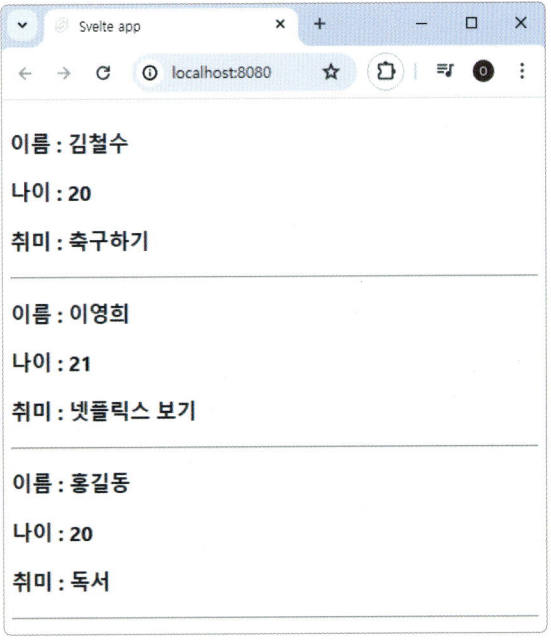

그림 7.2 코드 7.6 실행 결과

7.3 props 데이터 변경

키워드 ▶▶▶ **props 데이터 변경**

props는 부모 컴포넌트가 값을 자손 컴포넌트에 내려줍니다. 즉, 자손 컴포넌트는 전달되는 값을 변경할 수 없고, 오직 부모 컴포넌트에서만 값을 변경할 수 있다는 것을 의미합니다. 그래서 값을 변경할 때는 부모 컴포넌트에서 변경한 후 다시 자손 컴포넌트로 넘기면 됩니다. 그럼, 앞의 코드에서 기존 사람들의 나이를 1씩 감소, 증가하는 프로그램을 만들어보겠습니다.

코드 7.7은 코드 7.5의 `Child01.svelte`의 코드를 그대로 가져왔습니다.

코드 7.7 Child02.svelte 코드   File src/Child02.svelte

```svelte
<script>
  //여기는 자손 컴포넌트
  export let name = "홍길동";
  export let age = 20;
  export let hobby = "독서";
</script>

<h3>이름 : { name }</h3>
<h3>나이 : { age }</h3>
<h3>취미 : { hobby }</h3>
<hr>
```

`age` 값은 `age01`과 `age02`로 값을 할당합니다. 그리고 `agePlus`는 값을 1씩 증가시키는 이벤트 함수로 처리하고, `ageMinus`는 값을 1씩 감소시키는 이벤트 함수로 처리합니다. 이벤트 함수들을 `button` 태그 요소의 클릭 이벤트에 적용합니다.

코드 7.8 Parent02.svelte 코드   File src/Parent02.svelte

```svelte
<script>
  //여기는 부모 컴포넌트
  import Child02 from "./Child02.svelte";
  let age01 = 20;
  let age02 = 21;

  const agePlus = () => {
    age01++;
    age02++;
  }
```

```
  const ageMinus = () => {
    age01--;
    age02--;
  }
</script>

<Child02 name={'김철수'} age={age01} hobby={'축구하기'}  />
<Child02 name="이영희" age={age02} hobby="넷플릭스 보기" />
<button on:click={ageMinus}>나이 감소-</button>
<button on:click={agePlus}>나이 증가+</button>
```

자손 컴포넌트인 `Parent02.svelte`를 `import`로 불러옵니다.

코드 7.9 App.svelte 코드 📄 src/App02.svelte

```
<script>
  import Parent02 from "./Parent02.svelte";
</script>

<Parent02 />
```

[나이 감소-] 버튼을 누르면 두 사람의 나이가 동시에 감소합니다. [나이 증가+] 버튼을 누르면 두 사람의 나이가 동시에 증가합니다. 보이는 것처럼 부모 컴포넌트가 자손 컴포넌트의 값을 제어하면 변경이 가능해집니다. props는 읽기 전용 데이터로 자손 컴포넌트는 값의 수정이 불가능하다는 점을 잘 기억하세요.

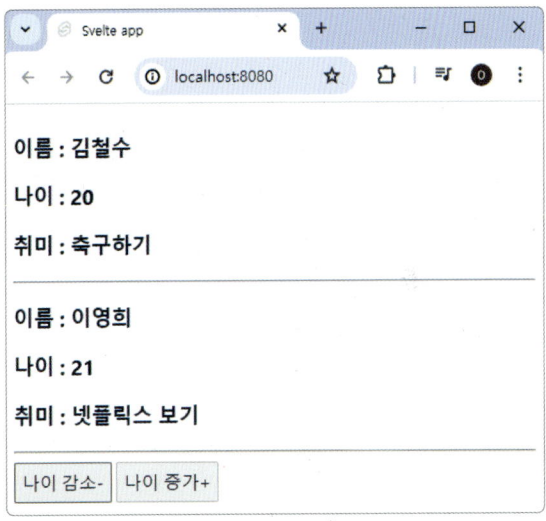

그림 7.3 코드 7.9 실행 결과

7.4 스프레드 props

키워드 ▸▸▸ 스프레드 props, 스프레드 오퍼레이터, 객체값 복제, 배열값 복제

스프레드 props는 스프레드 오퍼레이터spread operator를 props 앞에 사용하는 것입니다. 코드 입력창에는 '...'으로 입력하며, 한글로 번역하자면 펼침 연산자 정도로 말할 수 있습니다.

코드 7.10 자바스크립트 스프레드 오퍼레이터 기본 문법

```
let 새로운 객체명 = {...기존객체명};
let 새로운 배열명 = [...기존배열명];
```

스프레드 오퍼레이터는 객체나 배열 값을 복제하여 새로운 변수에 담는 역할을 합니다. 보통 자바스크립트의 비구조화 할당과 많이 사용됩니다. 스벨트의 스프레드 props도 같은 기능을 한다고 생각하면 됩니다. 코드 7.11은 스프레드 props를 사용하는 기본 문법입니다.

코드 7.11 스벨트 스프레드 props 기본 문법

```
const 객체명 = {
  자손변수: 값  //자손 컴포넌트에서 내보낸 변수를 속성으로 값을 할당
}
<자손 컴포넌트명 { ...객체명 } />
```

코드 7.12 Child03.svelte 코드   File src/Child03.svelte

```
<script>
  export let name;
  export let age;
  export let hobby;
</script>

<h3>이름 : { name }</h3>
<h3>나이 : { age }</h3>
<h3>취미 : { hobby }</h3>
<hr>
```

코드 7.5의 `Child01.svelte`의 코드를 그대로 가져왔습니다. 기본값이 없는 상태입니다.

코드 7.13 Parent03.svelte 코드 　　　　　　　　　　　　　　　　　　(File) src/Parent03.svelte

```svelte
<script>
  import Child03 from "./Child03.svelte";
  const allData01 = {
    name : '김철수',
    age: 20,
    hobby: '축구하기'
  }
  const allData02 = {
    name : '김영희',
    age: 21,
    hobby: '넷플릭스 보기'
  }
</script>

<Child03 {...allData01} />
<Child03 {...allData02} />
```

allData01과 allData02에 객체 방식을 통해 데이터를 모두 작성한 후 `<Child03 />` 컴포넌트에 스프레드 props로 내려줍니다. 그러면 일일이 값을 내려주지 않아도 잘 처리됩니다.

코드 7.14 App.svelte 코드 　　　　　　　　　　　　　　　　　　　(File) src/App03.svelte

```svelte
<script>
  import Parent03 from "./Parent03.svelte";
</script>

<Parent03 />
```

코드 7.8과 결과는 같습니다. 이 기능을 이용하면 추후 서버에서 받는 데이터로 props를 내려줄 수 있게 됩니다.

돌아보기

- props는 부모 컴포넌트가 자손 컴포넌트에 전달하는 값으로 읽기 전용 데이터입니다.
- 컴포넌트는 보통 상하 관계로 되어 있기 때문에 데이터 전달을 수직적으로 처리합니다.
- `<자손 컴포넌트명 props명={전달값} />` 혹은 `<자손 컴포넌트명 props명="전달값" />`로 부모 컴포넌트가 자손 컴포넌트에 props 값을 전달합니다.
- 자손 컴포넌트는 사용한 props 값을 `export`를 통해 부모로부터 내려받을 수 있게 처리합니다. 내려받을 때 해당 변수에 값을 작성하면 props의 기본값으로 설정됩니다.
- 스프레드 props는 객체나 배열의 값을 한번에 props로 내려주는 역할을 합니다.

쪽지시험

문제 1 _____ 은/는 부모 컴포넌트가 자손 컴포넌트에 전달해 주하는 값으로 읽기 전용 데이터입니다.

문제 2 [O× 문제] props는 자손 컴포넌트에 하나씩만 내려줄 수 있습니다. ( )

문제 3 [O× 문제] 부모 컴포넌트로부터 내려받은 props는 자손 컴포넌트가 언제든지 변경가능합니다. ( )

문제 4 4장의 쪽지시험에서 제작했던 KBO 구단 소개를 props와 `each` 블록을 통해 제작하세요. 이때 부모 컴포넌트명은 QuestionParent.svelte로 만들고, 자손 컴포넌트명은 QuestionChild.svelte로 만들어보세요.

정답: 1. props, 2. ×, 3. ×, 4. 코드 7.15, 코드 7.16, 코드 7.17 참고

> **정답코드** 코드 7.15 QuestionParent.svelte 코드   File src/QuestionParent.svelte

```svelte
<script>
import QuestionChild from "./QuestionChild.svelte";
  let clubs = [
    {
      name: 'LG 트윈스',
      founded: 1990,
      hometown: '서울'
    },
    {
      name: 'KT 위즈',
      founded: 2013,
      hometown: '수원'
    },
    {
      name: 'SSG 랜더스',
      founded: 2021,
      hometown: '인천'
    },
    {
      name: 'NC 다이노스',
      founded: 2011,
      hometown: '창원'
    },
    {
      name: '두산 베어스',
      founded: 1982,
      hometown: '서울'
    },
    {
      name: 'KIA 타이거즈',
      founded: 2001,
      hometown: '광주'
    },
    {
      name: '롯데 자이언츠',
      founded: 1982,
      hometown: '부산'
    },
    {
      name: '삼성 라이온즈',
      founded: 1982,
      hometown: '대구'
    },
    {
      name: '한화 이글스',
      founded: 1986,
```

```
      hometown: '대전'
    },
    {
      name: '키움 히어로즈',
      founded: 2008,
      hometown: '서울'
    }
  ];
</script>

{#each clubs as club}
  <QuestionChild {...club} />
  <hr />
{/each}
```

코드 7.16 QuestionChild.svelte 코드   File src/QuestionChild.svelte

```
<script>
  export let name;
  export let founded;
  export let hometown;
</script>
<h3>팀명 : { name }</h3>
<h3>창단 연도 : { founded }</h3>
<h3>연고지 : { hometown }</h3>
```

코드 7.17 App.svelte 코드   File src/App.svelte

```
<script>
  import QuestionParent from "./QuestionParent.svelte";
</script>
<QuestionParent />
```

학습 포인트

♥ 논리 로직: if 블록
♥ 반복 로직: each 블록

동영상 강의

https://bit.ly/svelte_08-1

https://bit.ly/svelte_08-2

스벨트 로직

컴퓨터 프로그램의 기본 구문 중에는 조건문과 반복문이 있습니다. HTML은 이러한 구문을 기본적으로 제공하지 않지만, 자바스크립트는 이 두 가지 구문을 지원합니다. 스벨트는 조건문과 반복문을 마크업 영역에서 사용할 수 있는 로직logic을 제공합니다. 이 장에서는 스벨트의 `if` 블록과 `each` 블록을 어떻게 사용하는지 살펴보도록 하겠습니다.

실습 안내 아래 명령어를 터미널에 작성 후 실습을 진행해주세요.

```
npx degit sveltejs/template ch08_logic
cd ch08_logic
npx svelte-migrate@latest svelte-4
npm install
npm run dev
```

브라우저 실행 후 문제가 생겨 터미널을 중단하고 싶다면 `Ctrl` + `C` 를 입력하면 됩니다.

8.1 논리 로직: if 블록

동영상 강의 https://bit.ly/svelte_08-1

키워드 ▸▸▸ if 블록, else 블록, else if 블록

if 블록은 주어진 조건에 따라 마크업 영역을 표시하는 구문입니다. 이러한 논리 로직은 세 가지 유형으로 나눌 수 있습니다. 첫째, if 블록은 조건이 true인 경우에만 마크업 영역을 표시합니다. 둘째, if else 블록은 조건이 true인 경우와 false인 경우를 나누어 각각에 대해 다른 마크업 영역을 표시합니다. 셋째, if else if 블록은 세 가지 이상의 조건을 순차적으로 검사하며, 첫 번째로 true인 조건에 해당하는 마크업 영역을 표시합니다.

8.1.1 if 블록 기본 문법

먼저 if 블록을 살펴보도록 하겠습니다.

코드 8.1 if 블록 기본 문법

```
{#if 조건}
  <!--조건이 true일 때 마크업 표시-->
{/if}
```

일반적으로 홈페이지에는 로그인/로그아웃 기능이 있습니다. 지금부터 [로그인] 버튼을 클릭하면 [로그아웃]으로 텍스트가 변경되고, [로그아웃] 버튼을 클릭하면 다시 [로그인]으로 변경되는 프로그램을 만들어보겠습니다.

코드 8.2 if 블록 코드 — App.svelte   (File) src/Logic01.svelte

```
<script>
  let user = { loggedState: false };
  const toggle = () => user.loggedState = !user.loggedState;
</script>

{#if user.loggedState}
  <button on:click={toggle}>로그아웃</button>
  <p>현재 로그인 상태입니다.</p>
{/if}
{#if !user.loggedState}
  <button on:click={toggle}>로그인</button>
  <p>현재 로그아웃 상태입니다.</p>
{/if}
```

user 상태변수를 객체로 만들고, 그 안에 loggedState 속성값은 기본값으로 false를 설정합니다. toggle 함수에 기존 user.loggedState 값을 반대로 변경하는 코드를 작성합니다. 마크업 영역에는 if 블록을 사용하여 user.loggedState 값이 true면 '로그인' 상태로, false면 '로그아웃' 상태로 표시되도록 하겠습니다.

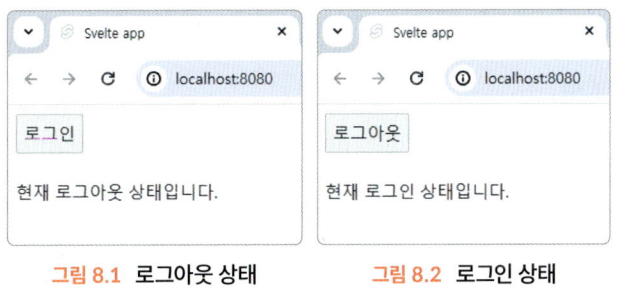

그림 8.1 로그아웃 상태   그림 8.2 로그인 상태

처음에는 로그아웃 상태인데, 버튼을 클릭하면 로그인 상태로 변경되는 것을 확인할 수 있습니다.

8.1.2 else 블록

컴퓨터 언어에서 if 문은 주로 else 키워드와 함께 사용됩니다. if 부분은 보통 true인 경우를 표시하고, else 부분은 false인 경우를 표시합니다. 스벨트에서도 마찬가지로 if else를 지원합니다.

코드 8.3 else 블록 기본 문법

```
{#if 조건}
    <!--조건이 true일 때 마크업 표시-->
{:else}
    <!--조건이 false일 때 마크업 표시-->
{/if}
```

코드 8.2에서는 false인 경우를 표시하기 위해 논리 연산자 중 부정 연산자(!)를 이용하여 false를 사용했습니다. 이번에는 else를 활용하여 로그인/로그아웃 기능을 만들어보겠습니다.

코드 8.4 else 블록 코드 — App.svelte   File src/Logic02.svelte

```
<script>
  let user = { loggedState: false };
  const toggle = () => user.loggedState = !user.loggedState;
</script>
{#if user.loggedState}
  <button on:click={toggle}>로그아웃</button>
  <p>현재 로그인 상태입니다.</p>
{:else}
```

```
  <button on:click={toggle}>로그인</button>
  <p>현재 로그아웃 상태입니다.</p>
{/if}
```

이번에는 `{:else}`를 추가하여 `false`인 경우의 코드를 처리했습니다. 결과는 그림 8.1, 그림 8.2와 같습니다. 이렇게 사용하는 것이 훨씬 편리하죠?

8.1.3 else if 블록

결과가 단순히 `true/false`로만 나뉘는 일은 많이 없습니다. 남/여, 수신/미수신과 같은 예가 있지만, 대부분은 세 가지 이상의 결과로 나뉩니다. 이처럼 다양한 결과를 표현할 수 있는 구문이 바로 `if else if` 문입니다. 이 구문은 여러 개의 `if` 문을 사용하여 조건을 검사하는 방식으로, 다중 `if`라고도 불립니다. 스벨트에서도 `else if` 블록을 지원합니다.

코드 8.5 else if 블록 문법

```
{#if 조건1}
  <!--조건1이 true일 때 마크업 표시-->
{:else if 조건2}
  <!--조건2가 true일 때 마크업 표시-->
{:else}
  <!--조건1과 조건2가 false일 때 마크업 표시-->
{/if}
```

이번에는 `input` 태그 요소에 입력한 숫자가 양수, 음수, 0 혹은 그 외의 값을 적었는지 확인하는 코드를 작성해보도록 하겠습니다.

코드 8.6 else if 블록 코드 – App.svelte 　　　　　　　　　　　File src/Logic03.svelte

```
<script>
  let x = null;
  const numChange = e => x = e.target.value;
</script>

<label for="testBox">양수/음수 테스트</label>
<input type="text" id="testBox" on:keyup={numChange} placeholder="정수를 입력하세요.">
{#if x > 0}
  <p>작성한 숫자는 양수입니다.</p>
{:else if x < 0}
  <p>작성한 숫자는 음수입니다.</p>
{:else if x === '0'}
  <p>작성한 숫자는 0입니다.</p>
```

```
{:else}
    <p>정수로 다시 입력하세요.</p>
{/if}
```

x라는 상태변수를 선언하여 `input` 태그에서 입력한 값을 받도록 `numChange`라는 함수를 작성했습니다. 그리고 `keyup` 이벤트를 통해 키보드를 눌렀다 떼면 바로 결과가 처리되도록 했습니다. `if else if` 블록을 통해 0보다 크면 양수로 처리, 0보다 작으면 음수로 처리, 0과 같으면 0으로 처리하고 나머지는 '정수로 다시 입력하세요'라고 출력되도록 하였습니다.

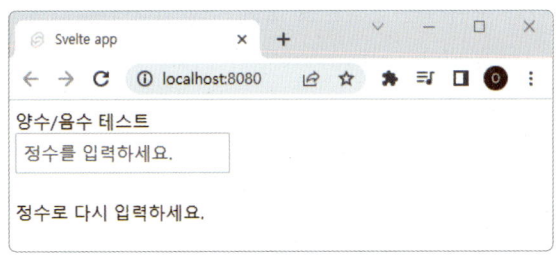

그림 8.3 **코드 8.6 실행 결과**

입력 상자에 문자를 입력하는 것에 따라 결과가 바로 나옵니다. 이렇게 다양한 값을 도출할 때 `if else if` 블록을 사용하면 됩니다.

8.2 반복 로직: each 블록

동영상 강의 https://bit.ly/svelte_08-2

키워드 ▶▶▶ each 블록, 배열반복, 객체반복

이번에는 반복 로직을 살펴보겠습니다. 반복은 컴퓨터가 가장 잘 수행하는 작업 중 하나입니다. 마크업 영역에서도 반복할 일이 매우 많습니다. 예를 들어, 쇼핑몰 사이트의 경우 상품 목록이 많고, OTT 프로그램에서는 영상 관련 정보가 매우 많습니다. 이러한 경우, 각각을 일일이 코딩하는 대신, 하나의 작업만 처리하고 나머지는 반복문을 통해 만들어냅니다. 스벨트에서는 이러한 반복 작업을 할 때 each 블록을 사용합니다.

8.2.1 each 블록 기본 문법

기본적인 each 블록을 통해 간단한 반복부터 해보도록 하겠습니다.

코드 8.7 each 블록 기본 문법

```
{#each datas as data}
  { data } ...
{/each}
```

반복은 반복할 수 있는 배열 데이터를 받아서 처리합니다. 배열은 여러 값을 나열하므로, each 다음에 제시한 datas는 여러 값을 담는 배열을 의미하며 복수 형태라고 보면 됩니다. 그리고 뒤에 있는 data는 그 배열 값 중 하나를 의미하는 단수 형태를 작성합니다. 단어는 datas와 data에 국한되지 않고, 복수형 단어에는 배열명을, 단수형 단어는 임의로 개발자가 작성하면 됩니다. 단수형 단어를 쓰지 않아도 처리는 가능하지만, 보통 단수형 단어를 사용하는 것이 개발자들이 코드를 이해하는 데 도움이 됩니다.

이제 기본 each 블록의 응용 예제로, 요일을 선택할 수 있는 select 태그에 요일을 담는 예제를 살펴보겠습니다.

코드 8.8 each 블록 코드 — 요일을 선택 상자에 처리 — App.svelte   File src/Logic04.svelte

```
<script>
  let weekdays = ['일','월','화','수','목','금','토'];
</script>

<select>
```

```
{#each weekdays as weekday}
    <option>{weekday}요일</option>
{/each}
</select>
```

weekdays에는 요일을 담는 배열을 선언했습니다. each 블록에서 복수형 단어는 배열을 담은 weekdays를 작성했습니다. 단수형 단어는 s를 뺀 weekday라고 설정했습니다. select 태그는 반복하는 요소가 아니므로 each 블록 밖에 작성했고, option 태그는 반복되므로 each 블록 안에 작성했습니다.

결과를 브라우저로 확인해보면 선택 상자에 요일이 잘 담겨 있는 것을 확인할 수 있습니다.

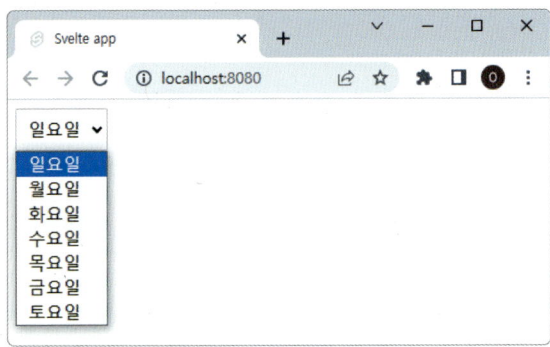

그림 8.4 코드 8.8 실행 결과

8.2.2 each 블록 — 인덱스 제공

배열은 본래 규칙이 없는 데이터들에 규칙을 부여하여 관리합니다. 예를 들어, 학교에 들어가면 개인 번호를 받습니다. 이름이 같은 사람이 있을 수도 있고, 각자에게 번호를 부여하는 것이 관리가 더 편하기 때문입니다. 이와 같이 배열도 값에 번호를 부여하는데, 이 번호를 **인덱스**index 번호라고 합니다. 인덱스 번호는 0부터 시작한다는 점을 기억하세요. each 블록도 배열 데이터를 반복하기 때문에 인덱스 번호를 활용하여 처리할 수 있습니다.

코드 8.9 each 블록에 인덱스가 첨부된 기본 문법

```
{#each datas as data, i}
   { data } ...
{/each}
```

기존 each 블록 문법의 첫 번째 줄 단수형 단어 뒤에 쉼표를 붙이고 인덱스를 의미하는 단어를 작성하면 됩니다. 코드 8.9에서는 'i'라고 작성했는데, 'index'라고 써도 됩니다.

그럼, each 블록에 인덱스를 추가하는 예제 코드를 작성해보겠습니다. 2023년 프로야구 정규리그 순위를 표시하는 프로그램을 만들어보겠습니다.

코드 8.10 each 블록에 인덱스가 첨부된 응용 예제 코드 — App.svelte 　　　　　　　File　src/Logic05.svelte

```svelte
<script>
  let teams = ['LG 트윈스','KT 위즈','SSG 랜더스','NC 다이노스','두산 베어스','KIA 타이거즈','롯데 자이언츠','삼성 라이온즈','한화 이글스','키움 히어로즈'];
</script>

<h3>2023 KBO 정규리그 순위</h3>
{#each teams as team,i}
  <p>{i + 1}위 : {team}</p>
{/each}
```

teams라는 배열을 복수형 단어로 설정하고, 배열에 프로야구 구단들을 순위대로 나열했습니다. 단수형 단어는 team으로 설정하고, team 뒤에 쉼표를 붙여 인덱스 번호를 i로 설정합니다. 인덱스 번호는 0부터 시작하기 때문에 {i + 1}을 통해 1부터 순위가 표시되도록 처리합니다.

그림 8.5의 결과를 보면 인덱스 번호를 통해 순위 표현이 잘 된 것을 확인할 수 있습니다.

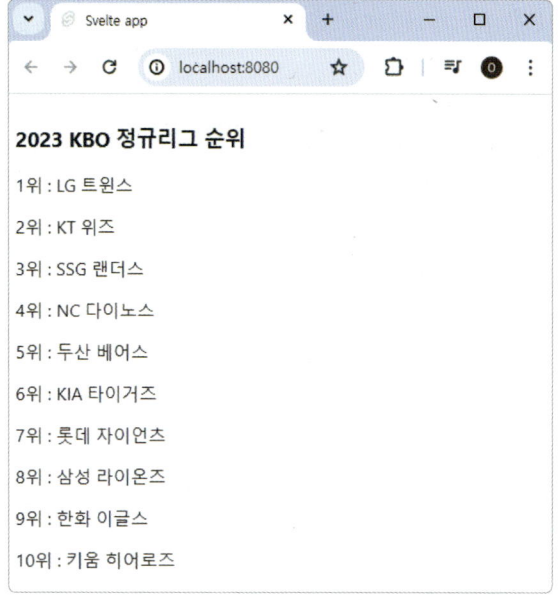

그림 8.5 코드 8.10 실행 결과

8.2.3 객체 데이터 방식을 반복 처리

배열에 객체 데이터를 작성하고 이를 반복해보도록 하겠습니다. 이 데이터 형식은 JSON[1] 데이터와 유사합니다. 서버로부터 받은 데이터들이 대부분 JSON 형식이기 때문에, 이 방식이 가장 비슷하다고 볼 수 있습니다.

코드 8.11의 key는 객체의 속성명을 의미하며, 이를 통해 모든 속성 데이터를 선택할 수 있습니다.

코드 8.11 each 블록의 객체 선택 문법 1

```
{#each datas as data}
  { data.key } ...
{/each}
```

코드 8.12 방식은 객체의 속성명을 직접 가져와서 선택할 수 있습니다. 객체는 구분할 수 있는 primary key를 만들어야 합니다. primary key의 값은 중복되는 데이터가 있으면 안 되며, 데이터를 변경하거나 삭제할 때 고유한 데이터로 식별하기 위해 필요합니다. 보통 ID를 속성명으로 많이 사용합니다. 만약 primary key가 없는 경우, 배열 데이터의 인덱스 번호를 사용하여 대체할 수도 있습니다.

코드 8.12 each 블록의 객체 선택 문법 2

```
{#each datas as (key1, key2, ...)}
  { key1 } ...
{/each}
```

이번에는 객체 데이터 응용을 위해 프런트엔드 언어들의 데이터를 표시해보겠습니다. 사실 이 방식은 코드 4.13에서 상탯값 표시를 위해 사용한 적이 있습니다. 이번에는 정확히 구분해줄 primary key를 만들고 작업해보겠습니다.

코드 8.13 each 블록의 객체 선택 예제 — App.svelte 🗎 src/Logic06.svelte

```
<script>
  let langs = [
    {
      id: 1,
      name: '스벨트(Svelte)',
      release: 2016,
```

---

[1] 데이터 저장 및 전송을 하기 위한 용도로 사용하는 텍스트 형식의 데이터, https://en.wikipedia.org/wiki/JSON 참고

```
      src: 'https://svelte.dev/favicon.png',
    },
    {
      id: 2,
      name: '리액트(React)',
      release: 2013,
      src: 'https://ko.legacy.reactjs.org/favicon.ico',
    },
    {
      id: 3,
      name: '뷰(Vue.js)',
      release: 2013,
      src: 'https://v2.ko.vuejs.org/images/logo.png',
    }
  ];
</script>

<h3>웹 프론트엔드 언어</h3>
{#each langs as lang (lang.id) }
  <div style="border: 2px solid black; width: 200px; padding: 10px;">
    <h4>이름 : { lang.name }</h4>
    <p>배포 년도 : { lang.release }년</p>
    <img src={ lang.src } alt={ lang.name } height="50">
  </div>
{/each}
```

langs라는 배열에 웹 프런트엔드 언어들을 담았습니다. 각각의 데이터는 객체에 담았고, `id` 속성을 primary key로 독자적으로 식별할 수 있게 유일한 값을 담도록 처리했습니다. 그리고 each 블록에 `(lang.id)`를 통해 항목 데이터들을 구분할 수 있게 처리합니다.

그림 8.6과 같이 코드 실행 결과를 보면 언어 목록들이 잘 구현되는 것이 확인할 수 있습니다.

그림 8.6 코드 8.13 실행 결과

돌아보기

▶ 스벨트는 조건문으로서 `if` 블록 로직과 반복문으로서 `each` 블록 로직을 마크업 영역에서 사용할 수 있습니다.

▶ 조건문 로직은 `if` 블록, `else` 블록, `else if` 블록으로 나뉩니다.

▶ `each` 블록은 반복할 수 있는 배열이나 객체 데이터를 받아서 처리합니다.

▶ `each` 블록을 사용 시 객체에는 구분할 수 있는 primary key를 만들어야 합니다. primary key의 값은 중복되는 데이터가 있으면 안 됩니다.

쪽지시험

문제 1 _____ 은 스벨트가 제공하는 반복문을 마크업 영역에서 사용할 수 있는 로직입니다.

문제 2 [O× 문제] `if` 블록와 `else` 블록을 사용하면 `true`와 `false`의 결과를 나눠서 마크업할 수 있습니다. (   )

문제 3 배열은 자신이 갖고 있는 값들에 번호를 주는데, 이때 그 번호를 _____ 번호라고 합니다.

문제 4 _____ 를 사용하는 이유는 데이터를 변경하거나 삭제할 때 고유한 데이터로 인식하기 위해서입니다.

문제 5 휴대폰 첫 번째 자리인 [010, 011, 016, 018, 019]를 `select` 태그에 `option`으로 처리하세요(단, `each` 블록을 사용하여 반복적으로 처리하세요).

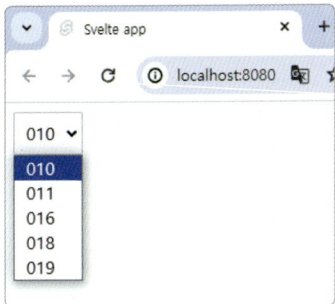

그림 8.7 문제 5 정답 예시 이미지

정답: 1. each 블록, 2. O, 3. 인덱스(index), 4. primary key, 5. 코드 8.14 참고

정답코드 **코드 8.14** 쪽지 시험 코드 — **App.svelte** File src/Question.svelte

```svelte
<script>
  let numbers = ['010','011','016','018','019'];
</script>

<select>
  {#each numbers as number}
    <option>{number}</option>
  {/each}
</select>
```

스벨트 바인딩과 데이터 관리

바인딩binding은 상탯값과 그 값을 제어하는 요소와의 결합을 의미합니다. 이는 주로 다양한 폼 데이터와 함께 사용되어 데이터를 입력하고 관리하는 데 도움을 줍니다. 슬롯slot은 마크업 형태는 그대로 두고 안의 내용만 변경하여 사용할 때 유용한 기능입니다. 스벨트는 이러한 바인딩과 slot 기능을 통해 효율적인 UI 구성 요소 관리를 제공합니다.

컴포넌트 구조가 단순하다면 props를 이용한 데이터 전달만으로도 기본적인 웹 앱을 제작할 수 있습니다. 그러나 웹 앱의 기능이 많아지고 구조가 복잡해지면, 단순히 props로 데이터를 계속 전달하는 것은 효율적이지 않습니다. 이를 props drilling이라고 하며, 이는 컴포넌트를 타고 데이터를 전달하는 방식입니다. 스벨트는 이러한 상황을 대비해 다양한 데이터 관리 방법을 제공합니다.

이 파트에서는 스벨트가 제공하는 바인딩, slot, Context API, 스토어store를 통해 데이터 관리를 어떻게 효율적으로 할 수 있는지 살펴보겠습니다. 이를 통해 보다 유연하고 강력한 웹 앱을 제작하는 방법을 익히게 될 것입니다.

학습 포인트
- 바인딩(binding)이란?
- 입력요소(input) 관련 바인딩
- 선택상자(select) 관련 바인딩

동영상 강의

https://bit.ly/svelte_09-1

https://bit.ly/svelte_09-2

폼 관련 요소 바인딩

바인딩은 상탯값과 그 값을 제어하는 요소를 결합하는 것을 의미합니다. 스벨트에서는 양방향 바인딩을 통해 값이 동시에 변경되도록 처리할 수 있습니다. 다른 요소와도 바인딩이 가능하지만, 이번 장에서는 폼 데이터(input, select, textarea 등)와의 바인딩 방법을 살펴보겠습니다. 8장에서 if 블록으로 양수/음수 테스트를 하며 입력 상자의 값을 처리했던 것을 기억하시나요? 그때는 keyup 이벤트를 통해 값을 강제로 발생시켰지만, 사실 스벨트의 바인딩 기능을 활용하면 더 간단하게 처리할 수 있습니다. 이번 장에서는 스벨트가 폼 데이터와 어떻게 바인딩되는지 자세히 알아보도록 하겠습니다.

> **실습 안내** 아래 명령어를 터미널에 작성 후 실습을 진행해주세요.

```
npx degit sveltejs/template ch09_inputbinding
cd ch09_inputbinding
npx svelte-migrate@latest svelte-4
npm install
npm run dev
```

🔥 브라우저 실행 후 문제가 생겨 터미널을 중단하고 싶다면 Ctrl + C 를 입력하면 됩니다.

 **바인딩이란?**

키워드 ▶▶▶ 바인딩, 양방향 바인딩, 폼 데이터 제어

사용자가 데이터를 직접 입력하는 폼은 대부분 상탯값과 함께 작동합니다. 이때 상탯값과 그 값을 제어하는 요소 간의 결합을 **바인딩**이라고 부릅니다. 바인딩은 크게 단방향 바인딩과 양방향 바인딩으로 나눕니다.

단방향 바인딩은 요소가 상탯값을 직접 변화시키지는 못합니다. 대표적인 예로 props가 있습니다. props는 부모 컴포넌트가 자손 컴포넌트에 내려주는 값으로, 자손 컴포넌트는 읽기만 할 뿐 값을 변경하지는 못 합니다. 이런 형태를 단방향 바인딩이라고 합니다.

양방향 바인딩은 입력과 출력이 동시에 변경되도록 처리합니다. 입력 상자에 값을 입력하면 그와 연결된 값들도 자동으로 업데이트됩니다. 스벨트에서는 폼 데이터를 제어할 때 양방향 바인딩으로 사용합니다. 일반적으로 단방향 바인딩보다 훨씬 편리하게 데이터를 관리할 수 있습니다.

코드 9.1 바인딩 기본 문법

```
<태그 요소 bind:태그속성={상탯값} />
```

9.2 입력 요소 관련 바인딩

> 키워드 ▶▶▶ **value 바인딩, input 바인딩, textarea 바인딩**

입력 요소인 `input` 태그는 다양한 타입(type) 값을 지원합니다. 각 타입에 따라 사용법이 다르기 때문에, 각 타입에 맞는 사용법을 살펴보도록 하겠습니다. `textarea` 태그 역시 데이터를 입력하는 요소이기 때문에 함께 살펴보도록 하겠습니다.

9.2.1 input text value 바인딩

입력 상자에 입력한 값이 다른 태그 요소에 바로 반환되도록 처리해보겠습니다. `value` 바인딩은 `bind:value`를 통해 이루어집니다.

코드 9.2 input text value 코드 — App.svelte ▸ File src/Input01.svelte

```svelte
<script>
  let name = '';
</script>

<input type="text" bind:value={name} placeholder="이름을 입력하세요.">
<p>안녕! {name || '낯선 사람'}!</p>
```

먼저 상탯값을 관리할 `name`이라는 상태변수를 선언했습니다. `input` 태그 요소에 `bind:value`를 통해 상탯값을 연결하고, `p` 태그에도 같은 상태변수를 바인딩합니다. 이때 논리합 연산자(||)를 사용하여, 값이 없으면 '낯선 사람'이라는 기본 텍스트가 표시되도록 하고, 값이 존재하면 `name` 값이 바로 표시됩니다.

처음에는 '낯선 사람'으로 표시되다가, 입력 상자에 글을 쓰면 실시간으로 데이터가 변경되는 것을 확인할 수 있습니다.

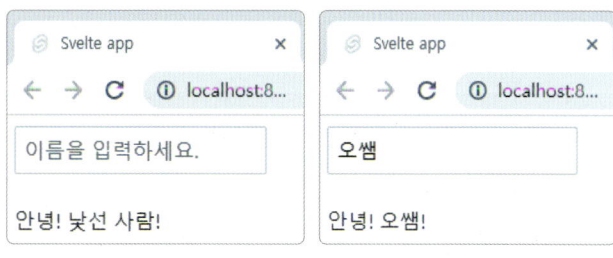

그림 9.1 미입력 상태 　　 그림 9.2 입력 상태

9.2.2 input number/range value 바인딩

이번에는 숫자를 지정하는 `number` 타입과 범위가 결정되는 `range` 타입으로 데이터가 바인딩되는 것을 살펴보도록 하겠습니다.

코드 9.3 input number/range value 코드 — App.svelte 　　　　　　　　File src/Input02.svelte

```svelte
<script>
  let a = 1;
  let b = 2;
</script>

<label>
  <input type="number" bind:value={a} min="0" max="10">
  <input type="range" bind:value={a} min="0" max="10">
</label>

<label>
  <input type="number" bind:value={b} min="0" max="10">
  <input type="range" bind:value={b} min="0" max="10">
</label>

<p>{a} + {b} = {a + b}</p>
```

코드 9.3은 상태변수 `a`와 `b`를 선언하고, 두 개의 합을 도출하는 프로그램입니다. `number` 타입 두 개를 사용하여 각각의 상탯값을 연결했고, 값을 0~10 사이로 변경할 수 있도록 했습니다. `range` 타입 두 개를 이용하여 역시 각각의 상탯값을 연결하고 `number` 타입과 연결했습니다. 그리고 `p` 태그 요소에 두 개의 합을 도출하게 처리했습니다.

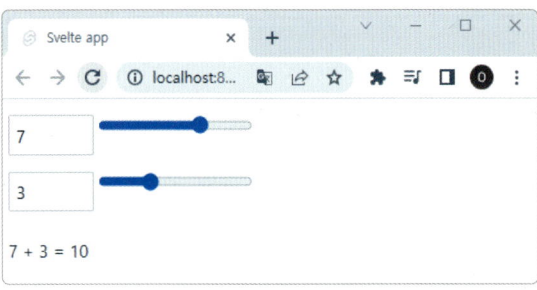

그림 9.3 코드 9.3 실행 결과

코드를 실행하면 `number` 타입에서 숫자를 바꾸거나, `range` 타입에서 슬라이더를 드래그할 때 양방향 바인딩을 통해 값들이 변경되는 것을 확인할 수 있습니다.

9.2.3 input checkbox checked 바인딩

이번에는 input 태그 요소에서 checkbox 타입을 사용해, 체크 여부에 따라 바인딩이 되는 것을 만들어보도록 하겠습니다. 이번에는 bind:checked를 통해 이루어집니다. 체크박스가 선택되면 구독 버튼을 클릭할 수 있게 하고, 선택되지 않으면 버튼을 비활성화하도록 설정하겠습니다.

코드 9.4 input checkbox checked 코드 — App.svelte　　　　　　　　　　File src/Input03.svelte

```svelte
<script>
  let chk = false;
</script>

<label>
  <input type="checkbox" bind:checked={chk}>약관 동의
</label>
{#if chk}
  <p>당신은 약관에 동의했습니다.<br>이제 구독이 가능합니다.</p>
{:else}
  <p>당신은 약관에 동의하지 않았습니다.<br>아직 구독이 불가능합니다.</p>
{/if}
<button disabled={!chk}>구독</button>
```

input 태그 요소에서 checked 속성은 보통 한 번만 작성되며, 스벨트에서는 이를 true/false인 불리언Boolean 표현식으로 처리합니다. 코드 9.4에서는 chk라는 상태변수에 false를 초깃값으로 설정했습니다. 처음에는 체크하지 않고 시작하기 위함입니다. input 태그 요소에 bind:checked에 상탯값을 연결했습니다. if 블록을 통해 chk값이 true일 때는 약관에 동의한 것으로 처리하고, 그렇지 않으면 약관에 동의하지 않은 것으로 처리했습니다.

또한, button 태그 요소에도 disabled 속성을 추가하여, chk값이 true일 때는 버튼이 활성화되고, false일 때는 비활성화되도록 했습니다. disabled 속성은 사용 불가능하게 하는 것이 true이기 때문에 부정연산자(!)를 사용해 반대로 처리합니다.

이 방식으로 체크하지 않았을 때는 구독 버튼을 클릭할 수 없고, 체크하면 구독 버튼을 클릭할 수 있는 것을 확인할 수 있습니다.

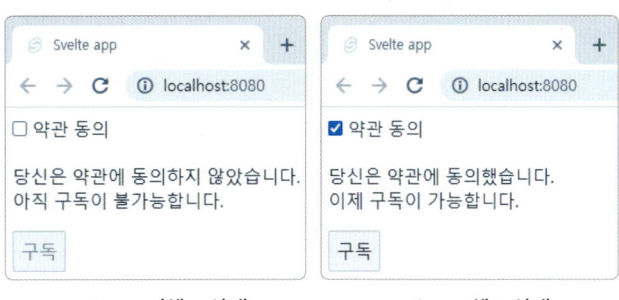

그림 9.4 미체크 상태　　　그림 9.5 체크 상태

9.2.4 input checkbox/radio 그룹 바인딩

보통 타입이 `checkbox`나 `radio`인 경우에는 체크되는 요소가 그룹으로 처리됩니다. 특히, `radio` 같은 경우는 `name` 속성을 통해 하나의 그룹으로 묶을 수 있습니다. 스벨트에서는 `bind:group`을 사용해 이러한 그룹 바인딩을 처리할 수 있으며, 이를 통해 여러 폼 요소가 같은 상탯값을 공유하게 됩니다. 이를 활용하여 커피 사이즈를 선택하는 라디오 버튼을 만들어보겠습니다.

코드 9.5 input radio 그룹 코드 — App.svelte 📄 src/Input04.svelte

```svelte
<script>
  let choiceSize = 0;
  let sizes = ['Tall','Grande','Venti'];
</script>

<h3>사이즈 선택</h3>
{#each sizes as size, i}
  <label>
    <input type="radio" bind:group={choiceSize} value={i}>
    { size }
  </label>
{/each}
<p>고객님은 {sizes[choiceSize]}를 선택하셨습니다.</p>
```

`choiceSize`는 배열의 인덱스 번호를 담을 변수입니다. 보통 처음에는 첫 번째 값이 체크되어 있기 때문에 값은 `0`으로 할당했습니다. `sizes` 배열에는 커피 사이즈인 `Tall`, `Grande`, `Venti`를 담았습니다. `radio` 요소는 이 배열의 항목 개수만큼 반복해서 렌더링하기 위해 `each` 블록을 사용했습니다. 이때 `input` 태그 요소에 `bind:group={choiceSize}`를 사용해 그룹 바인딩을 처리합니다. 그리고 선택된 값을 p 태그 요소에 문자열로 표시하여, 사용자가 선택한 커피 사이즈가 출력되도록 합니다.

초깃값을 `0`으로 처리하여 'Tall'이 선택되어 있는 것을 확인할 수 있습니다. 이후 라디오 버튼을 클릭할 때마다 양방향 바인딩이 잘 작동하는지 확인할 수 있습니다.

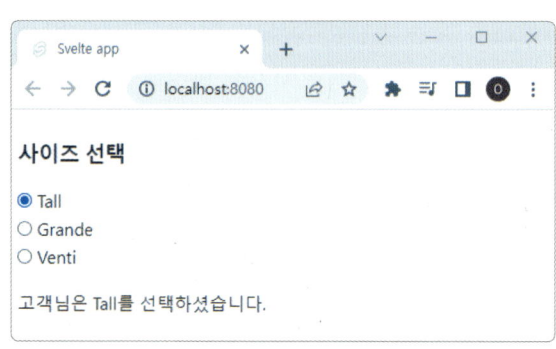

그림 9.6 코드 9.5 실행 결과

9.2.5 textarea 바인딩

textarea 태그 요소는 여러 줄 입력을 받을 수 있는 상자입니다. 원래 HTML에서 입력되는 값을 태그 사이에 텍스트로 작성하지만, 스벨트에서는 input 태그 요소의 text 타입처럼 value 속성을 통해 값을 바인딩합니다. 따라서 bind:value로 값을 연결하면 됩니다.

코드 9.6 textarea binding 코드 — App.svelte   File src/Textarea01.svelte

```svelte
<script>
  let text = '내용을 입력하세요.';
</script>

<textarea bind:value={text} rows="5" />
<p>{text}</p>
```

먼저, text라는 상태변수를 선언하여 문자열을 저장하고, textarea 태그 요소에 bind:value={text}를 통해 값을 연결합니다. p 태그 요소에도 text 상탯값을 연결하여, 입력된 값이 실시간으로 출력되도록 합니다.

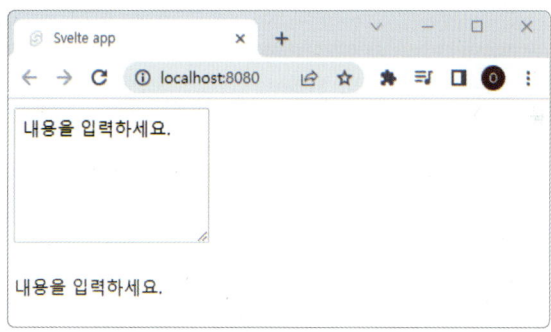

그림 9.7 코드 9.6 실행 결과

그림 9.7과 같이 textarea 요소와 아래 문자열에 모두 잘 반환되는 것을 볼 수 있습니다. textarea 요소의 데이터를 변경하면 양방향 바인딩이 되는 것을 확인할 수 있습니다.

9.3 선택 상자 관련 바인딩

동영상 강의 https://bit.ly/svelte_09-2

키워드 ▶▶▶ select 바인딩, multiple

`select` 태그 요소는 여러 `option` 중 하나의 값을 선택할 수 있는 선택 상자입니다. HTML5에서는 여러 값을 동시에 선택할 수 있는 `multiple`이라는 속성이 추가되었습니다. 그래서 하나만 선택하는 방식과 여러 개를 선택하는 방식을 구분해 살펴보도록 하겠습니다.

9.3.1 select value 바인딩 — 하나만 선택

우선 `select` 태그 요소에서 `option` 중 하나만 선택하는 방식을 살펴보겠습니다. `select` 태그 요소에 `bind:value`를 사용하여 양방향 바인딩을 설정합니다. `select` 태그의 `value`는 `option` 태그 중 사용자가 선택한 값이 `value`로 처리됩니다. `input` 태그 요소와는 사용이 조금 다릅니다.

이제 포털 사이트 목록을 선택한 후, 선택한 사이트를 새 창에서 열어주는 프로그램을 구현해보겠습니다.

코드 9.7 select value 바인딩 — 하나만 선택 — App.svelte   File src/Select01.svelte

```svelte
<script>
  let portals = [
    { name: '사이트선택', url: null },
    { name: '네이버', url: 'https://naver.com' },
    { name: '다음', url: 'https://daum.net' },
    { name: '구글', url: 'https://google.com' }
  ];
  let selected;

  const selectChange = () => {
    if(selected != null){
      window.open(selected);
    }
  }
</script>

<h3>포털 사이트 바로가기</h3>
<select bind:value={selected} on:change={selectChange}>
  {#each portals as portal}
    <option value={portal.url}>{ portal.name }</option>
  {/each}
</select>
```

portals 배열에 객체 형식으로 데이터를 담았습니다. 그중 `name` 속성은 `option` 태그 요소의 텍스트 콘텐츠로 담길 것이고, `url` 속성은 `option` 태그 요소의 `value`의 상탯값으로 처리하겠습니다. `selected`는 `select` 태그 요소가 선택하는 `value`에 담길 상탯값 변수입니다. `selectChange` 함수는 `selected`값이 `null`로 비어 있는 것이 아니라면 선택된 `value`값으로 새 창을 띄울 함수입니다. 이것은 `select` 태그 요소의 `on:change` 이벤트로 적용합니다. `select` 태그 요소는 반복되지 않으므로 `each` 블록 바깥에 작성합니다. `option` 태그 요소들은 `each` 블록을 통해 4개의 포털 사이트 목록을 반복 출력합니다.

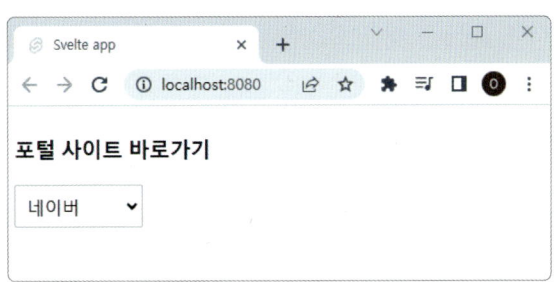

그림 9.8 코드 9.7 실행 결과

선택 상자를 클릭하고 다른 옵션을 선택하면 각 포털 사이트들이 새 창으로 열리는 것이 확인됩니다. 네이버, 다음, 구글 페이지가 새 창에서 정상적으로 뜨는지 확인해보세요.

9.3.2 select value 바인딩 — 여러 개 선택

HTML5 이후, `select` 태그 요소에 `multiple` 속성이 추가되면서 여러 옵션을 동시에 선택할 수 있게 되었습니다. PC 웹에서는 다소 낯설지만, 모바일 웹에서는 여러 옵션이 팝업으로 나타나면서 사용자가 체크할 수 있게 구성됩니다. PC 웹도 여러 옵션을 선택하는 것이 가능하므로 예제를 만들어보겠습니다. 분식점 메뉴를 여러 개 선택하는 프로그램을 제작해보겠습니다. 분식점에서 떡볶이 하나만 먹고 싶은 건 아니잖아요? 다양한 메뉴를 선택할 수 있도록 해보겠습니다.

코드 9.8 select value binding — 여러 개 선택 코드 — App.svelte   File src/Select02.svelte

```svelte
<script>
  let foods = ['떡볶이','순대','오뎅','튀김'];
  let selected = '';
</script>

<h3>OSSAM 분식</h3>
<select multiple bind:value={selected}>
```

```
    {#each foods as food}
      <option value={food}>{ food }</option>
    {/each}
</select>
{#if selected.length === 0}
    <p>주문하실 메뉴를 선택해주세요.</p>
{:else}
    <p>선택 메뉴: {selected}</p>
{/if}
```

foods 배열에 분식집 메뉴들을 입력했습니다. seleted는 상태변수로 선택된 값을 담도록 했고, 현재는 비어 있는 상태입니다. select 태그 요소는 multiple 속성을 사용하여 여러 옵션을 동시에 선택할 수 있도록 합니다. option 태그 요소들은 each 블록을 통해 foods 개수만큼 반복하여 처리합니다.

if 블록을 통해 선택된 메뉴가 없다면 '주문하실 메뉴를 선택해주세요.'라는 문자열을 반환합니다. 선택된 것이 하나라도 있다면 '선택 메뉴:'라는 문자열과 함께 선택된 메뉴도 옆에 보이게 selected로 상탯값을 처리합니다.

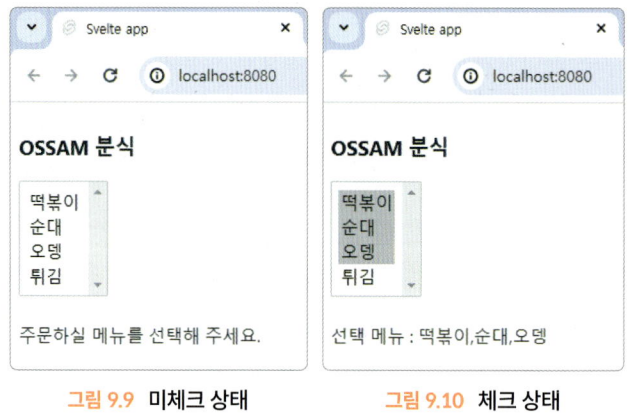

그림 9.9   미체크 상태   그림 9.10   체크 상태

multiple이 들어간 select 태그 요소에서 여러 개의 옵션을 선택할 때는 PC 웹용 브라우저에서 [Ctrl] 키를 누르고 [클릭]해야 합니다. 선택 시 양방향 바인딩이 잘 되는 것을 확인할 수 있습니다. multiple 속성은 모바일 웹에서 주로 사용되며, 모바일 웹 브라우저에서는 팝업을 통해 여러 개의 옵션을 선택할 수 있습니다.

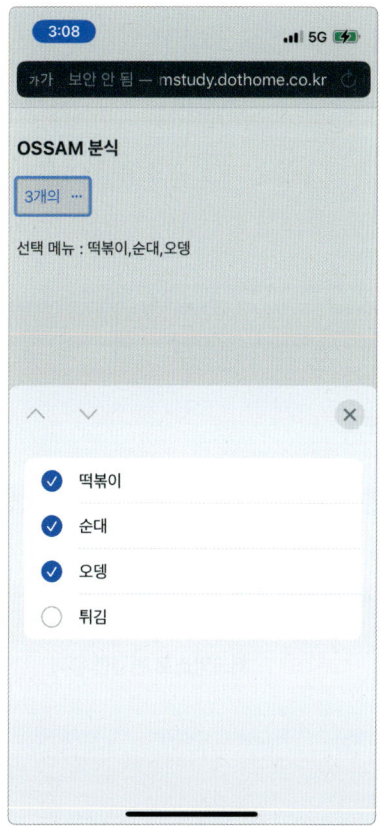

그림 9.11 　모바일웹에서 보는 select 태그의 multiple 속성

하지만 모바일에서도 디자인적 한계가 있기 때문에, 여러 개의 옵션을 선택할 필요가 있는 경우에는 `input` 태그의 `checkbox` 타입을 사용하는 것이 더 효과적일 수 있습니다.

코드 9.9 　select 태그를 checkbox로 변경한 코드 — App.svelte　　　　　File　src/Select03.svelte

```
<script>
  let foods = ['떡볶이','순대','오뎅','튀김'];
  let selected = '';
</script>

<h3>OSSAM 분식</h3>
{#each foods as food}
  <label>
    <input type="checkbox" bind:group={selected} value={food}>
    { food }
  </label>
{/each}
{#if selected.length === 0}
  <p>주문하실 메뉴를 선택해 주세요.</p>
```

```
{:else}
  <p>선택 메뉴 : {selected}</p>
{/if}
```

`checkbox` 타입은 `bind:group`을 통해 `input` 태그 요소들을 그룹화시켜야 합니다.

❸ 선택 메뉴 출력 시 항목 사이에 공백을 주고 싶다면, 배열 데이터 앞에 공백을 주면 됩니다. 기본적으로 공백 없이 붙어서 나옵니다.

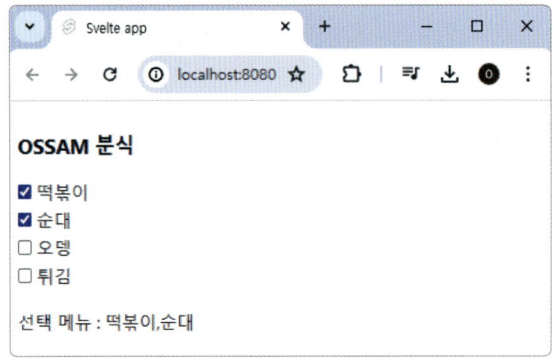

그림 9.12 체크박스로 변경한 결과

돌아보기

▶ 상탯값과 그 값을 제어하는 요소와의 결합을 바인딩이라고 부릅니다.

▶ 스벨트에서는 폼 데이터를 제어할 때, 양방향 바인딩으로 사용합니다. 양방향 바인딩은 값을 입력하는 곳과 받는 곳의 값이 동시에 바뀌도록 처리하는 것입니다.

▶ 폼 데이터를 제어할 때 `input`, `select`, `textarea` 태그에서 `value` 속성을 통해 바인딩을 처리합니다. `<태그명 bind:value={상탯값}>`이 문법입니다.

▶ `select` 태그는 `multiple` 속성을 통해 여러 개의 값을 바인딩할 수 있지만, UI 요소를 꾸미는 작업의 한계가 있기 때문에 권장하지 않습니다.

쪽지시험

문제 1 상탯값과 그 값을 제어하는 요소와의 결합을 _____ (이)라고 부릅니다.

문제 2 폼 데이터에서 value 속성과 값을 바인딩 처리하는 태그 요소가 아닌 것은?
① input
② button
③ select
④ textarea

문제 3 [O× 문제] 스벨트에서 폼 데이터를 제어할 때는 단방향 바인딩을 사용합니다. ( )

문제 4 입력 상자에 점수를 받아 80점 이상이면 [합격입니다.], 그렇지 않으면 [불합격입니다.]라는 문구가 나타나게 코드를 작성하세요(단, `input` 태그 요소의 타입은 `number`로 처리하고 최소값은 0, 최대값은 100으로 처리하세요).

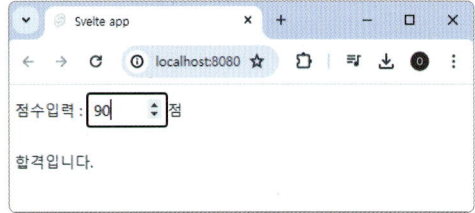

그림 9.13 문제 4 정답 예시 이미지

문제 5 체크박스를 선택하면 기본 배송지가 보이게 코드를 작성하세요.

그림 9.14 문제 5 정답 예시 이미지

정답: 1. 바인딩, 2. ②, 3. ×, 4. 코드 9.11 참고, 5. 코드 9.12 참고

정답코드 코드 9.11 확인문제 4번 코드 — App.svelte　　　　File src/Question01.svelte

```svelte
<script>
  let score = 0;
</script>

점수입력 :
<input type="number" min="0" max="100" bind:value={score} />점
{#if score >= 80}
  <p>합격입니다.</p>
{:else}
  <p>불합격입니다.</p>
{/if}
```

정답코드 코드 9.12 확인문제 5번 코드 — App.svelte　　　　File src/Question02.svelte

```svelte
<script>
  let chk = false;
</script>

<label>
  <input type="checkbox" bind:checked={chk} />
  오늘 드림으로 받아 보시겠어요?
</label>
{#if chk}
  <p>기본 배송지 : 서울시 중구 00로 10길 8</p>
{/if}
```

학습 포인트
- each 블록 바인딩
- 멀티미디어 요소 바인딩
- 공간 바인딩
- bind:this 바인딩
- 컴포넌트 바인딩

동영상 강의

https://bit.ly/svelte_10-1

https://bit.ly/svelte_10-2

https://bit.ly/svelte_10-3

https://bit.ly/svelte_10-4

CHAPTER 10
기타 요소 바인딩

바인딩은 주로 폼 데이터와 많이 사용되지만, 다른 요소들과도 사용할 수 있습니다. 이번 장에서는 폼 관련 요소가 아닌 다른 요소와의 바인딩 방법을 알아보도록 하겠습니다. 바인딩할 수 있는 다양한 요소로는 each 블록, 멀티미디어 요소, 공간 바인딩, bind:this 바인딩, 컴포넌트 바인딩 등이 있습니다. 지금부터 각각의 요소는 어떻게 바인딩이 되는지 살펴보도록 하겠습니다.

> **실습 안내** 아래 명령어를 터미널에 작성 후 실습을 진행해주세요.

```
npx degit sveltejs/template ch10_etcbinding
cd ch10_etcbinding
npx svelte-migrate@latest svelte-4
npm install
npm run dev
```

- 브라우저 실행 후 문제가 생겨 터미널을 중단하고 싶다면 Ctrl + C 를 입력하면 됩니다.
- bind:this 바인딩과 컴포넌트 바인딩에서는 부모 컴포넌트와 자손 컴포넌트 연결이 있으므로 해당 문서의 파일명을 잘 확인해주세요.

10.1 each 블록 바인딩

동영상 강의 https://bit.ly/svelte_10-1

> 키워드 ▶▶▶ **each 블록, 바인딩, 버킷리스트**

이번에는 `each` 블록과 바인딩을 활용하는 방법을 살펴보겠습니다. 앞서 `select` 바인딩을 하면서 `option` 태그 요소들을 반복하는 데 사용한 적이 있습니다. `each` 블록은 데이터를 반복할 때 매우 유용하므로 다시 정리하고 넘어가겠습니다. `each` 블록 실습 예제로 간단한 **버킷 리스트** bucket list를 제작해보겠습니다.

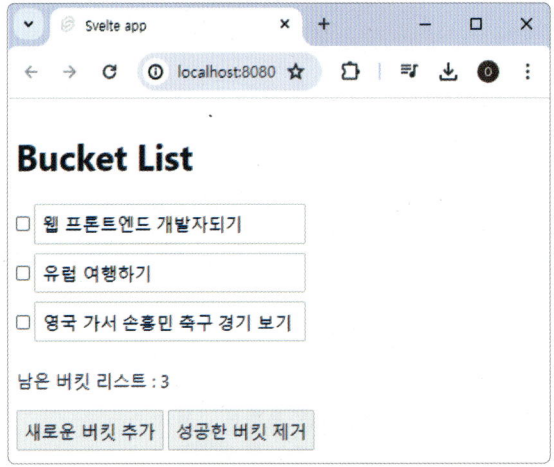

그림 10.1 버킷 리스트 완성 상태

10.1.1 마크업 구조 확인하기

먼저 마크업 구조를 확인해보도록 하겠습니다. 스벨트의 바인딩 기능이 아직 들어가지 않은 상태의 마크업 영역을 코드 10.1을 보면서 살펴보겠습니다.

코드 10.1 버킷 리스트 마크업 구조 — App.svelte

```
<h1>Bucket List</h1>
<!-- 반복될 리스트 구역 -->
<div>
  <input type="checkbox" />
  <input type="text" placeholder="당신의 버킷 리스트는 뭔가요?" value="웹 프런트엔드 개발자되기" style="width: 250px" />
</div>
<!-- 반복될 리스트 구역 -->
```

```
<p>남은 버킷 리스트 : 1</p>
<button>새로운 버킷 추가</button>
<button>성공한 버킷 제거</button>
```

h1 태그 요소에는 타이틀을 작성했습니다. `div` 태그 요소는 배열 데이터만큼 반복할 것입니다. 반복하기 전에 기본 구조를 보기 위해 하나만 작성하고 시작하겠습니다. `input` 태그 요소는 `checkbox` 타입과 `text` 타입으로 나눠서 작업하겠습니다. `checkbox` 타입을 체크하면 버킷 리스트를 달성한 것으로 보겠습니다. `text` 타입의 `value`값은 추후 배열 데이터가 들어갑니다. p 태그 요소는 남은 버킷 리스트의 개수를 반환하도록 하겠습니다. 현재는 숫자 1로 작성해두었지만, 이를 표현식으로 변경하겠습니다. 또한, `button` 태그 요소도 2개를 추가하는데, 첫 번째 버튼은 새로운 버킷 항목을 추가하고, 두 번째 버튼은 성공한 항목을 제거하도록 하겠습니다.

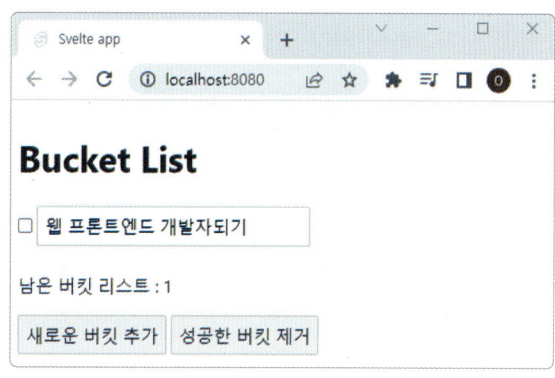

그림 10.2 코드 10.1 실행 결과

마크업 구조가 작성한 대로 잘 나오는 것을 확인할 수 있습니다.

10.1.2 배열 데이터 추가하기

이번에는 배열 데이터를 추가해보겠습니다. 배열 데이터를 스크립트 영역에 정의한 후, 마크업 영역에서는 `each` 블록을 사용하여 `div` 태그 요소가 배열 데이터의 개수만큼 반복되도록 처리하겠습니다. 이를 통해 버킷 리스트 항목을 배열의 개수만큼 추가할 수 있습니다.

코드 10.2 버킷 리스트 — 배열 데이터 추가 — App.svelte

```
<script>
  let buckets = [
    { chk: false, text: '웹 프런트엔드 개발자되기' },
    { chk: false, text: '유럽 여행하기' },
    { chk: false, text: '영국 가서 손흥민 축구 경기 보기' }
```

```
    ];
</script>

<h1>Bucket List</h1>
{#each buckets as bucket}
  <div>
    <input type="checkbox" bind:checked={bucket.chk} />
    <input type="text" placeholder="당신의 버킷 리스트는 뭔가요?" style="width: 250px"
bind:value={bucket.text} disabled={bucket.chk} />
  </div>
{/each}
<p>남은 버킷 리스트 : 1</p>
<button>새로운 버킷 추가</button>
<button>성공한 버킷 제거</button>
```

`buckets`라는 배열 데이터를 만들었습니다. 이 배열의 각 요소는 객체 형태로 데이터를 처리합니다. `h1` 태그 요소 아래 `each` 블록을 처리하여 버킷 리스트를 배열 데이터 개수만큼 반복합니다. `input` 태그 요소 중 `checkbox` 타입에는 `bind:checked={bucket.chk}`를 사용하여 바인딩합니다. 그중 `chk` 속성값이 `true`면 체크되고, `false`면 체크되지 않도록 처리합니다. `input` 태그 요소 중 `text` 타입에는 `bind:value={bucket.text}`를 사용하여 `value`값에 `text` 속성의 문자열이 들어가게 처리합니다. 그리고 `chk` 속성값이 `true`일 때는 `disabled` 속성을 사용하여 입력이 불가능하도록 처리합니다.

그림 10.3과 같이 결과적으로 데이터들이 반복되어 잘 처리되는 것이 확인됩니다.

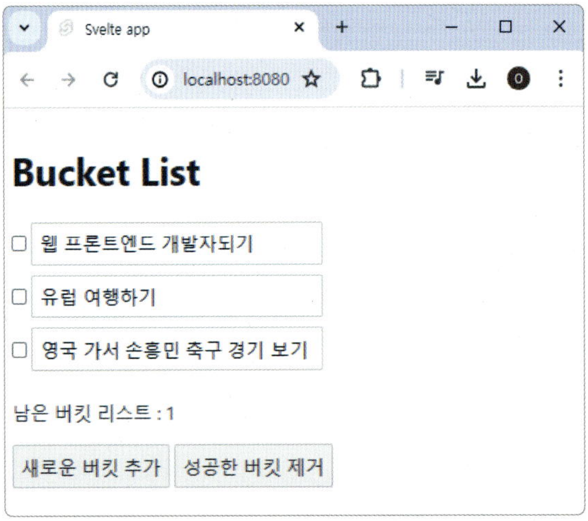

그림 10.3 코드 10.2 실행 결과

10.1.3 남은 버킷 리스트 개수 구하기

남은 버킷 리스트에는 임의로 숫자 1을 작성했습니다. 체크되지 않은 체크박스의 개수에 따라 이 숫자를 동적으로 표시하도록 코드를 수정하겠습니다.

코드 10.3 남은 버킷 리스트 개수 구하는 코드 — App.svelte

```
<script>
  let buckets = [
    { chk: false, text: '웹 프런트엔드 개발자되기' },
    { chk: false, text: '유럽 여행하기' },
    { chk: false, text: '영국 가서 손흥민 축구 경기 보기' }
  ];
  $: remaining = buckets.filter(bucket => !bucket.chk).length;
</script>

<h1>Bucket List</h1>
{#each buckets as bucket}
  <div>
    <input type="checkbox" bind:checked={bucket.chk} />
    <input type="text" placeholder="당신의 버킷 리스트는 뭔가요?" style="width: 250px"
bind:value={bucket.text} disabled={bucket.chk} />
  </div>
{/each}
<p>남은 버킷 리스트 : {remaining}</p>
<button>새로운 버킷 추가</button>
<button>성공한 버킷 제거</button>
```

`$: remaining`은 반응성 코드로 상탯값에 따라 `remaining`의 값도 자동으로 업데이트되도록 설정했습니다. `remaining`은 `chk` 속성값이 `false`인 것의 개수를 담고 있습니다. 자바스크립트의 `filter` 메서드는 배열에서 특정 조건을 만족하는 요소들만을 포함하는 새 배열을 반환합니다. 마크업 영역의 p 태그 요소에 `remaining`을 사용하여 남은 버킷 리스트의 개수를 표시하도록 처리합니다.

전문가TIP 자바스크립트 배열 관련 메서드

- 자바스크립트 `filter` 메서드는 콜백 함수에서 제공하는 테스트를 통과하는 요소로 채워진 새 배열을 만듭니다.
- ES5, 6에 새로 나온 배열 관련 메서드들은 앞으로도 많이 나오니 습득이 필요합니다.
- 더 자세한 공부가 필요한 분은 다음 강의를 참고하세요.

블로그 강의
https://ossam5.tistory.com/163

유튜브 강의
https://youtu.be/5bVpRK-EQ7k

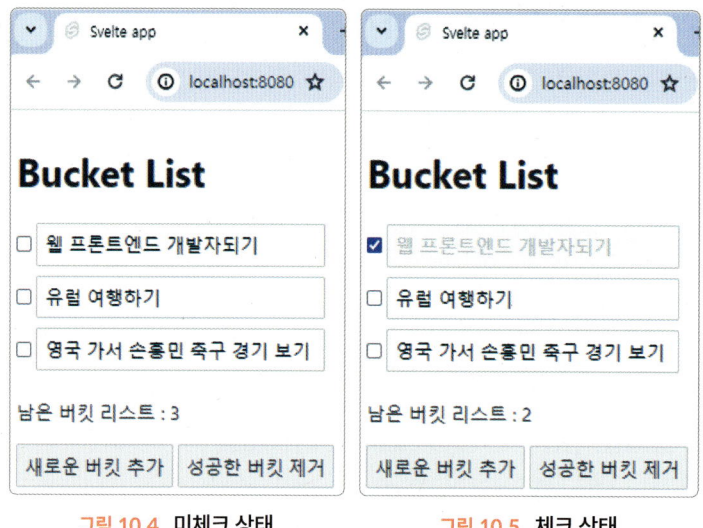

그림 10.4 미체크 상태　　　그림 10.5 체크 상태

초기 실행 시 하나도 체크가 되어있지 않으므로 남은 버킷 리스트는 3개로 처리됩니다. 버킷 리스트 앞의 체크박스를 선택하면 남은 버킷 리스트의 숫자도 자동으로 줄어드는 것이 보이죠?

10.1.4 이벤트 함수 처리

마지막으로 버킷 리스트의 버튼에 이벤트를 처리하는 방법을 설명하겠습니다. 첫 번째 버튼을 클릭하면 새로운 버킷 리스트를 추가하고, 두 번째 버튼을 클릭하면 체크된 버킷 리스트를 제거하는 기능을 만들겠습니다.

코드 10.4 버킷 리스트 버튼 이벤트 처리 코드 — App.svelte　　　File src/Binding01.svelte

```
<script>
  let buckets = [
    { chk: false, text: '웹 프런트엔드 개발자되기' },
    { chk: false, text: '유럽 여행하기' },
    { chk: false, text: '영국 가서 손흥민 축구 경기 보기' }
  ];
  $: remaining = buckets.filter(bucket => !bucket.chk).length;
  const onAdd = () => {
    buckets = buckets.concat({ chk: false, text: '' });
  }
  const onRemove = () => {
    buckets = buckets.filter(bucket => !bucket.chk);
  }
</script>
```

```
<h1>Bucket List</h1>
{#each buckets as bucket}
  <div>
    <input type="checkbox" bind:checked={bucket.chk} />
    <input type="text" placeholder="당신의 버킷 리스트는 뭔가요?" style="width: 250px"
bind:value={bucket.text} disabled={bucket.chk} />
  </div>
{/each}
<p>남은 버킷 리스트 : {remaining}</p>
<button on:click={onAdd}>새로운 버킷 추가</button>
<button on:click={onRemove}>성공한 버킷 제거</button>
```

스크립트 영역에 `onAdd` 함수와 `onRemove` 함수를 추가했습니다. `onAdd` 함수는 새로운 버킷 리스트 항목을 추가하는 코드입니다. 기존 `buckets`에 새로운 배열 데이터를 추가하기 위해 `concat` 메서드를 사용했습니다. 이때 `chk` 속성은 기본적으로 `false`로 설정하여 처음에는 체크되지 않도록 하고, `text` 속성은 빈 문자열로 처리하여 사용자가 값을 입력하도록 했습니다.

`onRemove` 함수는 `filter` 메서드를 사용하여 체크되지 않은 항목만을 반환합니다. 체크된 항목은 이미 완료된 버킷 리스트로 간주하고 삭제됩니다.

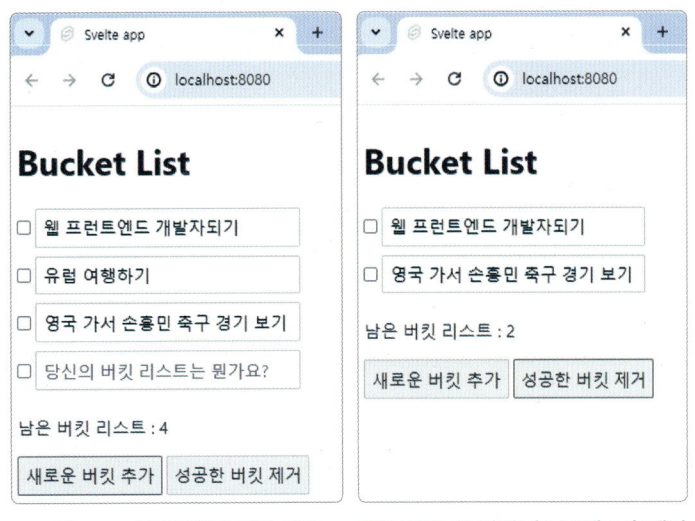

그림 10.6 새로운 버킷 추가 상태   그림 10.7 두 번째 리스트 체크 후 제거

그림 10.6은 [새로운 버킷 추가] 버튼을 누른 상태로, 입력 상자에 값을 입력하면 변경이 가능합니다. 그림 10.7은 두 번째 버킷 리스트를 체크한 후 [성공한 버킷 제거] 버튼을 누른 상태입니다. 체크를 여러 개 해놓고 버튼을 눌러도 모두 제거되는 것이 확인됩니다.

10.2 멀티미디어 요소 바인딩

동영상 강의 https://bit.ly/svelte_10-2

키워드 ▶▶▶ 멀티미디어, 읽기 전용, 읽고 쓰기

스벨트에서는 오디오, 비디오와 같은 멀티미디어 요소multimedia element에 바인딩하는 기능이 있습니다. `audio` 태그 요소와 `video` 태그 요소에 바인딩할 수 있는 몇 가지 속성이 있으며, 이는 읽기 전용 속성과 읽고 쓰기가 가능한 속성으로 나뉩니다.

코드 10.5 멀티미디어 바인딩 속성 기본 문법

```
<태그명 bind:속성명></태그명>
//예시
<video bind:currentTime={time}></video>
```

10.2.1 읽기 전용 속성

먼저 멀티미디어 관련 **읽기 전용**readonly 바인딩 속성들을 살펴보도록 하겠습니다.

표 10.1 멀티미디어 바인딩 읽기 전용 속성

속성	설명
iduration	총 재생 길이(초 단위)
buffered	{start, end} 객체들의 배열로, 버퍼 된 위치를 표시함
seekable	{start, end} 객체들의 배열로, 위치를 찾을 수 있는 범위를 표시함
played	{start, end} 객체들의 배열로, 재생했던 위치들을 표시함
seeking	찾는 중인지를 true/false로 표시
ended	재생이 끝났는지를 true/false로 표시
videoWidth	video 태그의 너비를 나타냄(video만 사용 가능, audio는 사용 불가능)
videoHegiht	video 태그의 높이를 나타냄(video만 사용 가능, audio는 사용 불가능)

10.2.2 읽고 쓰기 속성

이번에는 읽는 것뿐만 아니라 쓰기도 가능하여 상탯값으로 사용할 수 있는 **읽고 쓰기**read and write 속성을 살펴보도록 하겠습니다.

표 10.2 멀티미디어 바인딩 읽고 쓰기 속성

속성	설명
currentTime	현재 재생 위치를 나타냄(초 단위)
playbackRate	재생 속도를 나타냄(normal: 1)
paused	일시 정지됐는지 true/false로 표시
volume	음량의 크기를 나타냄(0과 1 사이의 값)

10.2.3 멀티미디어 요소 바인딩 처리

앞서 살펴본 속성들을 사용하여 멀티미디어 요소의 바인딩 처리를 간단히 실습해보겠습니다. 동영상의 총 재생 길이를 확인하고, 현재 재생 위치를 구하겠습니다. 그리고 버튼을 통해 일시 정지, 재생, 초기화를 구현하겠습니다. 예제에 사용되는 영상은 스벨트 공식 페이지에 있는 영상을 그대로 가져오겠습니다.

코드 10.6 멀티미디어 바인딩 코드 — App.svelte   File src/Binding02.svelte

```svelte
<script>
  let duration;
  let currentTime = 0;
  let paused = true;

  const onPlay = () => paused = false;
  const onPause = () => paused = true;
  const onInitial = () => {
    paused = true;
    currentTime = 0;
  }
</script>

<h1>Caminandes: Llamigos</h1>
<p>From <a href="https://studio.blender.org/films">Blender Studio</a>. CC-BY</p>
<video
  poster="https://sveltejs.github.io/assets/caminandes-llamigos.jpg"
  src="https://sveltejs.github.io/assets/caminandes-llamigos.mp4"
  width="500"
  bind:duration={duration}
  bind:currentTime={currentTime}
  bind:paused={paused}
>
<track kind="captions" />
</video>
<br />
<button on:click={onPlay}>재생</button>
```

```
<button on:click={onPause}>멈춤</button>
<button on:click={onInitial}>초기화</button>
<p>총 재생 시간 : {duration}초</p>
<p>현재 재생 위치 : {currentTime}초</p>
```

상태변수를 `duration`, `currentTime`, `pause`로 선언했습니다. `duration`은 총 재생 시간을 받을 변수입니다. `currentTime`은 현재 재생 시간을 받을 변수입니다. `pause`는 영상이 멈춰 있는지 또는 재생되고 있는지를 `true/false`로 받을 변수입니다. `video` 태그 요소에 `bind:duration`, `bind:currentTime`, `bind:paused`를 바인딩하여 데이터를 연결합니다.

이벤트 함수 `onPlay`, `onPause`, `onInitial`를 정의하여 `button` 태그 요소의 클릭 이벤트와 연결했습니다. `onPlay` 함수는 비디오를 재생하도록 처리했고, `onPause` 함수는 비디오를 일시 정지하도록 처리했습니다. `onInitial` 함수는 일단 비디오를 일시 정지한 후에 재생 시간을 초기 상태인 0초로 돌리는 명령을 담았습니다.

`video` 태그 요소의 자손으로는 `track` 태그 요소를 작성했습니다. `track` 태그 요소는 자막 파일이나 캡션 파일을 명시하는 데 사용됩니다. 스벨트에서는 `track` 태그 요소를 작성하지 않으면 `video` 태그 요소에 에러나 경고가 발생할 수 있으므로 잊지 않고 작성합니다.

코드를 다 작성하면 영상 하단에 총 재생 시간과 현재 재생 위치가 정확히 표시되고, 버튼을 클릭하면 그에 맞는 명령이 잘 실행되는 것을 확인할 수 있습니다.

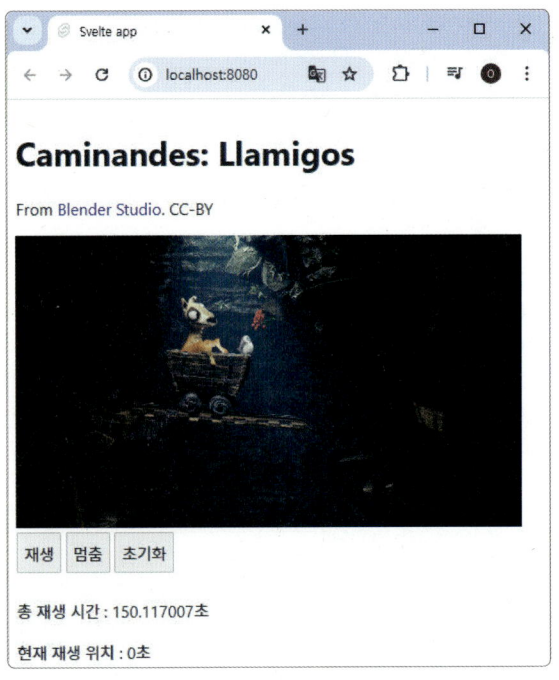

그림 10.8 코드 10.6 실행 결과

10.3 공간 바인딩

동영상 강의 https://bit.ly/svelte_10-3

키워드 ▶▶▶ 공간, 슬라이더

이어서 **공간**dimension 관련 바인딩을 살펴보겠습니다. 블록 레벨의 요소(`div`, `h1` 등)들은 `clientWidth`, `clientHeight`, `offsetWidth`, `offsetHeight`를 읽기 전용으로 바인딩할 수 있습니다. 이러한 값들을 변경해도 `width`와 `height`가 변경되지는 않습니다. 반면, 인라인 레벨들의 요소(`span`, `a` 등)에는 바인딩할 수 없으므로, 이들을 블록 레벨 요소로 감싼 후 해당 블록 레벨 요소에 바인딩해야 합니다. `client` 관련 속성은 테두리를 포함하지 않고, `offset` 관련 속성은 테두리를 포함한다고 이해하면 됩니다.

코드 10.7 공간 바인딩 코드 — App.svelte　　　　　　　　　　　　　　File ▶ src/Binding03.svelte

```svelte
<script>
  let w;
  let h;
  let size = 20;
</script>

<p>슬라이더로 글자 크기를 변경해보세요.</p>
<input type="range" bind:value={size} min="10" max="100" />
<p>글자 크기 : {size}px</p>
<div bind:clientWidth={w} bind:clientHeight={h}>
  <span style="font-size: {size}px">글자</span>
</div>
<ul>
  <li>가로 폭 : {w}</li>
  <li>세로 높이 : {h}</li>
</ul>

<style>
  div{ display: inline-block; border: 3px solid black; }
</style>
```

상태변수는 `w`, `h`, `size`를 선언합니다. `w`는 `div` 태그 요소의 가로 폭을 담을 변수고, `h`는 세로 높이를 담을 변수로 사용합니다. `size`는 글자 크기를 지정할 상탯값으로 초깃값은 20으로 설정합니다. `input` 태그 요소 중 `range` 타입으로 글자 크기를 지정하기 위해 `bind:value={size}`로 `size`를 바인딩합니다. `div` 태그 요소에도 `bind:clientWidth={w} bind:clientHeight={h}`를 설정하여 가로 폭과 세로 높이를 바로 바인딩합니다. `span` 태그 요소에는 스타일 속성으로 글자 크기를 `size`로 상탯값을 연결합니다. `style`에서 `div` 태그 요소를 `inline-block`으로 설정한 것은 가로 폭도 자손인 글자 크기에 맞게 지정되도록 처리했습니다.

그림 10.9 코드 10.7 실행 결과

`range`를 이용한 슬라이더를 당기면 글자 크기가 변화됩니다. 글자 크기에 따라 `div` 태그 요소의 크기도 변화하면서 자동으로 바인딩되는 것이 보이죠?

> 앞에서 설명한 4가지 속성을 모두 바인딩하고 사용하는 것은 성능상 오버헤드가 발생하기 때문에 많은 요소에 사용하는 것은 추천하지 않습니다.

10.4 bind:this 바인딩

키워드 ▶▶▶ bind:this

스벨트의 `bind:this`는 리액트의 `ref`와 유사합니다. 리액트에서 `ref`는 개발자가 특정 DOM을 선택해야 하는 상황이 발생할 때 사용하는 기능입니다. 스벨트의 `bind:this`도 마찬가지로 특정 DOM을 선택할 때 사용한다고 보면 됩니다. 컴포넌트는 재사용 가능한 UI라고 했습니다. 그래서 수많은 인스턴스로 복제될 수 있습니다. 그럼, 특정 DOM이 여러 개 생길 수 있다는 것인데, `bind:this`를 사용하면 모든 인스턴스에서 작동하지 않고, 명령이 발생하는 인스턴스 내부에서만 작동하게 하여 전역에서 처리되는 문제가 발생하지 않습니다.

> **전문가 TIP** 특정 DOM을 꼭 선택해야 하는 경우
> - 특정 `input` 요소에 초점 주기
> - 스크롤바 위치 조작하기
> - Canvas 요소에 그림 그리기

이번에는 특정 `input` 태그 요소에 초점focus을 주는 예제를 실습해보겠습니다. 비밀번호가 '1234'와 같다면 초록색 배경색이 표시되고, 그렇지 않다면 주황색 배경이 나타나게 설정하겠습니다. 비밀번호가 일치하지 않는 경우, `input` 태그 요소에 다시 초점을 주어 사용자가 수정을 쉽게 할 수 있도록 처리합니다.

10.4.1 기본 마크업 구조 짜기

코드 10.8 비밀번호 검증 구조 코드 — This.svelte

```svelte
<script>
  let text = '';
</script>

<form>
  <input type="password" bind:value={text} />
  <button type="submit">검증하기</button>
</form>

<style>
  .success{ background-color: lightgreen; }
  .failure{ background-color: lightcoral; }
</style>
```

input 태그 요소의 value값과 연동될 상태변수를 text라고 선언했습니다. 아래에는 button 태그 요소를 작성했는데, 추후 비밀번호가 '1234'와 같은지 확인해볼 예정입니다. 스타일에는 .success 클래스를 사용하여 성공 시 밝은 녹색 배경을 설정하고, .failure 클래스를 사용하여 실패 시 밝은 주황색 배경을 설정합니다.

코드 10.11 App.svelte

```
<script>
  import This from "./This.svelte";
</script>

<This />
```

This.svelte는 App.svelte에 자손 컴포넌트로 연결합니다.

10.4.2 버튼에 클릭 이벤트 처리

버튼을 클릭했을 때 비밀번호의 숫자가 '1234'와 같으면, input 태그 요소에 success 클래스를 주고, '1234'와 같지 않으면 failure 클래스를 주도록 하겠습니다.

코드 10.9 버튼에 클릭 이벤트를 추가한 코드 — This.svelte

```
<script>
  let text = '';
  let clicked = false;
  let validated = false;

  const onValidatedClick = () => {
    clicked = true;
    validated = text === '1234';
  }
</script>

<form>
  <input
    type="password" bind:value={text}
    class={clicked && (validated ? 'success' : 'failure')}
  />
  <button
    type="submit"
    on:click|preventDefault={onValidatedClick}
  >검증하기</button>
</form>
```

```
<style>
  .success{ background-color: lightgreen; }
  .failure{ background-color: lightcoral; }
</style>
```

상태변수 `clicked`, `validated`를 추가했습니다. `clicked`는 버튼의 클릭 여부를 담는 상태변수로, 초깃값은 `false`로 처리했습니다. `validated`는 비밀번호가 '1234'와 일치하는지 여부를 `true/false`로 저장합니다. 처음에는 비밀번호를 입력하지 않았기 때문에 `false`로 처리했습니다.

`onValidatedClick` 함수를 선언하여 클릭한 상태이므로 `clicked`의 값을 `true`로 변경합니다. `validated`는 비밀번호에 담긴 `text`값이 '1234'와 일치하면 `true`를 반환하고, 그렇지 않으면 `false`를 반환하게 처리합니다. 그리고 나서 `button` 태그 요소의 클릭 이벤트에 `onValidatedClick` 함수를 처리합니다. `button`의 태그 타입은 `submit`로 클릭하면 폼 데이터를 바로 전송하도록 되어 있는데, 그걸 방지하기 위해 이벤트 수식어인 `on:click|preventDefault`를 작성했습니다.

`input` 태그 요소에는 짧은 조건문과 삼항 연산자를 이용하여 `clicked`와 `validated`가 모두 `true`면 `success` 클래스를 적용하고, 그렇지 않으면 `failure` 클래스를 적용하도록 처리했습니다.

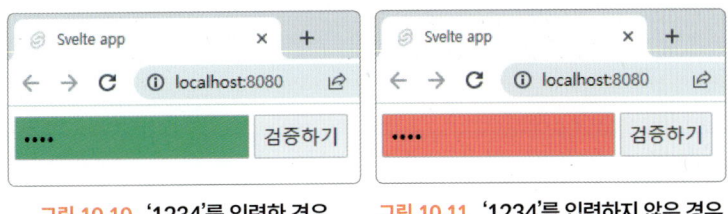

그림 10.10 '1234'를 입력한 경우   그림 10.11 '1234'를 입력하지 않은 경우

그림 10.10은 입력 상자에 '1234'를 입력한 경우라 밝은 녹색이 나타나고, 그림 10.11은 '1111'을 입력하여 밝은 주황색이 나타납니다. 하지만 둘 다 초점을 받은 커서가 보이지 않습니다. 둘 다 초점 받지 않은 상태인 것을 확인할 수 있습니다.

> **전문가TIP 자바스크립트 짧은 조건문**
> - 짧은 조건문은 `&&`과 `||` 연산자를 사용하여 만든 조건문입니다.
> - 보통 참 표현식이나 거짓 표현식 중 하나의 결과만 보고 싶을 때 작성합니다.
> - 문법 사용 예시
>   조건식&&참표현식;
>   조건식||거짓표현식;

10.4.3 bind:this를 통한 특정 DOM 선택

비밀번호가 '1234'가 아닌 경우에는 해당 `input` 태그 요소에 초점을 받도록 처리하겠습니다. 현재는 하나의 요소를 처리했지만, 이 컴포넌트가 여러 개 존재하는 경우에는 `id`로 선택하면 중복으로 인해 에러가 발생할 수 있습니다. 따라서 특정 DOM을 선택할 때는 `bind:this`를 사용하는 것이 유용합니다. `bind:this`를 사용하면 인스턴스별로 특정 DOM을 정확히 선택할 수 있어, 중복 문제를 방지할 수 있습니다.

코드 10.10 This.svelte ⓕ src/This.svelte

```svelte
<script>
  let text = '';
  let clicked = false;
  let validated = false;
  let inputRef;

  const onValidatedClick = () => {
    clicked = true;
    validated = text === '1234';
    if(!validated){
      inputRef.focus();
    }
  }
</script>

<form>
  <input
    type="password" bind:value={text}
    class={clicked && (validated ? 'success' : 'failure')}
    bind:this={inputRef}
  />
  <button
    type="submit"
    on:click|preventDefault={onValidatedClick}
  >검증하기</button>
</form>

<style>
  .success{ background-color: lightgreen; }
  .failure{ background-color: lightcoral; }
</style>
```

상태변수 `inputRef`를 선언하고, `input` 태그 요소에 `bind:this={inputRef}`를 사용해서 연결합니다. `onValidatedClick` 함수에서는 `validated`값이 `false`인 경우, 즉 비밀번호가 '1234'가 아닐 때만 해당 `input` 요소가 초점을 받게 처리합니다.

코드 10.11 App.svelte _{File} src/App.svelte

```
<script>
  import This from "./This.svelte";
</script>

<This />
<This />
<This />
```

`bind:this`를 처리한 코드를 `This.svelte` 파일로 저장하고, 메인 컴포넌트인 `App.svelte`에 연결합니다. `App.svelte`에서는 `This.svelte`를 `import`하여 인스턴스 3개를 호출했습니다. 이렇게 복제했을 때 입력 폼 3개에 동시에 초점을 받을 순 없기 때문에 `bind:this`를 처리한 것입니다.

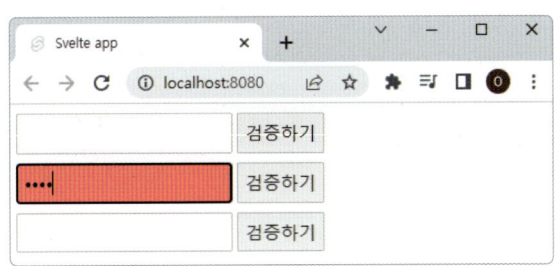

그림 10.12 코드 10.11 실행 결과

두 번째 인스턴스에서 '1111'을 입력하고 [검증하기] 버튼을 클릭하면, 두 번째 입력 상자에만 초점이 가는 것을 확인할 수 있습니다. 이렇게 특정 DOM을 선택하기 위해 `bind:this`를 사용합니다.

10.5 컴포넌트 바인딩

동영상 강의 https://bit.ly/svelte_10-3

키워드 ▶▶▶ 컴포넌트

이번에는 **컴포넌트 바인딩**components binding을 알아보겠습니다. DOM 속성을 바인딩할 수 있는 것처럼 컴포넌트의 props도 바인딩할 수 있습니다. props는 부모 컴포넌트가 자손 컴포넌트에 내려주는 값으로, 기본적으로 단방향 데이터 흐름을 가집니다. 즉, 자손 컴포넌트는 부모로 데이터를 직접 전달하지 못합니다. 그러나 `bind`를 사용하여 부모 컴포넌트의 상태변수와 자손 컴포넌트의 상태변수를 연결할 수 있어, 자손 컴포넌트에서 부모 컴포넌트의 상태를 변경할 수 있습니다. 이는 Vue.js에서 props에 `.sync` 수식어를 선언하는 것과 유사한 개념입니다.

10.5.1 기본적인 props 전달의 문제점

일단 바인딩 기능을 사용하지 않고, 자손 컴포넌트와 부모 컴포넌트를 만들어서 props로 값을 내려보겠습니다. 예제 코드를 통해 지금까지 배웠던 기본적인 props 전달의 문제점을 보겠습니다.

코드 10.12 **Child.svelte**　　　　　　　　　　　　　　　　　　　　　File　src/Child.svelte

```svelte
<script>
  export let childValue;
  const double = () => childValue *= 2;
</script>

<button on:click={double}>두 배 구하기</button>
<p>자손 값 : {childValue}</p>
```

`childValue`는 부모 컴포넌트로부터 받은 props 데이터를 담는 상태변수입니다. `double`은 `childValue` 값을 두 배로 변경하는 이벤트 함수입니다. `button` 태그 요소의 클릭 이벤트에 `double` 함수를 처리하여 버튼 클릭 시 `childValue`를 두 배로 처리합니다.

코드 10.13 **Parent01.svelte**　　　　　　　　　　　　　　　　　　　File　src/Parent01.svelte

```svelte
<script>
  import Child from "./Child.svelte";
  let parentValue = 1;
</script>

<Child childValue={parentValue} />
<p>부모 값 : {parentValue}</p>
```

import를 통해 Child 컴포넌트를 불러왔습니다. parentValue는 부모 컴포넌트가 사용하는 상탯값이고 Child 컴포넌트에 내려주는 props입니다.

코드 10.14 **App.svelte** File src/App01.svelte

```svelte
<script>
  import Parent01 from "./Parent01.svelte";
</script>

<Parent01 />
```

App.svelte에 import를 통해 <Parent01 /> 컴포넌트를 불러왔습니다.

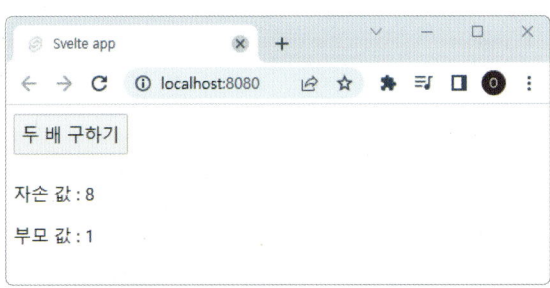

그림 10.13 코드 10.14 실행 결과

그림 10.13에서 보는 것과 같이 자손의 상탯값은 변경되지만, 부모의 상탯값은 변경되지 않습니다. 자손 값은 props로 전달된 데이터를 자체 상태변수에 저장하여 이벤트 함수로 변경할 수 있지만, 부모 컴포넌트의 상탯값은 직접 수정할 수 없습니다. 이 때문에 7장에서 언급한 것처럼 props는 단방향 데이터 흐름을 가진 읽기 전용 데이터입니다. 하지만 부모 쪽에서 이벤트가 발생한다면, 부모와 자식의 상탯값 모두 변경이 가능합니다.

이번에는 부모 쪽에 별도의 이벤트를 처리하지 않고, `bind`를 통해 자손 컴포넌트에서 부모 컴포넌트의 상탯값도 변경할 수 있게 해보겠습니다.

코드 10.15 **Parent02.svelte** File src/Parent02.svelte

```svelte
<script>
  import Child from "./Child.svelte";
  let parentValue = 1;
</script>

<Child bind:childValue={parentValue} />
<p>부모 값 : {parentValue}</p>
```

코드가 변경된 곳은 `<Child />` 컴포넌트의 `bind:childValue={parentValue}` 부분입니다. 이 코드를 통해 `childValue`와 `parentValue`가 바인딩되어 양방향 데이터가 변경 가능해졌습니다.

코드 10.16 App.svelte 　　　　　　　　　　　　　　　　　　　　　　　 File src/App02.svelte

```svelte
<script>
  import Parent02 from "./Parent02.svelte";
</script>

<Parent02 />
```

`App.svelte`에 `import`를 통해 `<Parent02 />` 컴포넌트를 불러왔습니다.

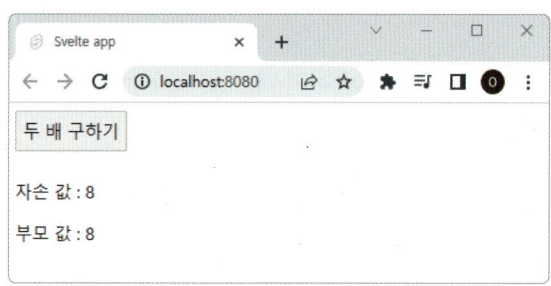

그림 10.14 코드 10.16 실행 결과

자손 컴포넌트와 부모 컴포넌트의 상탯값이 바인딩되어, 버튼을 눌렀을 때 자손 값과 부모 값 모두 변경되는 것이 확인되죠? 이렇게 이용하면 매우 편리합니다.

돌아보기

▶ 스벨트에서는 `audio`와 `video` 태그 요소에 바인딩할 수 있는 멀티미디어 바인딩 속성을 제공합니다.
▶ 블록 레벨의 요소(`div`, `h1` 등)들은 `clientWidth`, `clientHeight`, `offsetWidth`, `offsetHeight`를 읽기 전용으로 바인딩할 수 있습니다.
▶ 스벨트의 `bind:this`는 개발자가 특정 DOM을 선택해야 하는 상황이 발생할 때 사용하는 기능입니다. 컴포넌트로부터 생성되는 모든 인스턴스에 주는 것이 아닌, 명령이 발생하는 인스턴스에서만 작동하게 처리합니다.
▶ 컴포넌트 바인딩은 컴포넌트의 `props`를 바인딩하여 자손 컴포넌트가 부모 컴포넌트의 상탯값을 변경할 수 있습니다.

쪽지시험

문제 1 멀티미디어 바인딩 속성 중 읽고 쓰기가 모두 가능한 속성이 아닌 것은?
① duration
② currentTime
③ playbackRate
④ paused

문제 2 스벨트의 _____ 는 개발자가 특정 DOM을 선택해야 하는 상황이 발생할 때 사용하는 기능입니다.

문제 3 [O× 문제] 컴포넌트 바인딩을 사용하면 자손 컴포넌트가 부모 컴포넌트의 상탯값(state)를 변경할 수 있다.
( )

문제 4 다음 중 `bind:this`를 사용하여 특정 DOM을 꼭 사용해야 하는 경우가 아닌 것은?
① 특정 input에 focus 주기
② 자손 컴포넌트에 값 내려주기
③ 스크롤바 위치 조작하기
④ Canvas 요소에 그림 그리기

문제 5 `clientWidth`, `clientHeight`, `offsetWidth`, `offsetHeight`를 통해 공간 바인딩을 할 수 있는 마크업 요소는?
① 블록 요소
② 인라인 요소
③ 인라인 블록 요소
④ 테이블 요소

정답: 1. ①, 2. bind:this, 3. O, 4. ②, 5. ①

CHAPTER 10 기타 요소 바인딩

학습 포인트
- slot 기본 사용법
- slot fallbacks
- slot 이름 설정
- slot props
- 조건 관련 slot

동영상 강의

https://bit.ly/svelte_11-1

https://bit.ly/svelte_11-2

스벨트 slot

slot은 부모 컴포넌트가 자손 컴포넌트에 콘텐츠를 전달하는 기능입니다. 컴포넌트를 사용할 때, 상탯값과는 별개로 마크업 구조는 그대로 유지하면서 내부 콘텐츠만 변경하고 싶을 때가 있습니다. 이러한 상황에서 slot을 사용하면 효율적으로 콘텐츠를 관리할 수 있습니다. 이 장에서는 스벨트가 slot이란 기능을 어떻게 제공하는지 알아보도록 하겠습니다.

실습 안내 아래 명령어를 터미널에 작성 후 실습을 진행해주세요.

```
npx degit sveltejs/template ch11_slot
cd ch11_slot
npx svelte-migrate@latest svelte-4
npm install
npm run dev
```

- 브라우저 실행 후 문제가 생겨 터미널을 중단하고 싶다면 Ctrl + C 를 입력하면 됩니다.
- 이번 장은 slot를 통해 부모 컴포넌트와 자손 컴포넌트로 나뉘기 때문에 파일명을 잘 확인하고 제작해주세요.

11.1 slot 기본 사용법

props는 속성으로 데이터를 자손에게 전달하는 방식이라면, **slot**은 마크업 형태로 자손에 전달하는 방식이라고 이해하면 됩니다. 직접 사용해보는 것이 이해에 도움이 될 것입니다. 백문이 불여일견이니, 이제 사용법을 확인해보겠습니다.

코드 11.1 slot 기본 문법

```
//부모 컴포넌트
<자손 컴포넌트명>
    <!--마크업 작성-->
</자손 컴포넌트명>

//자손 컴포넌트
<div>
    <slot></slot>
</div>
```

코드 11.2 Child01.svelte　　　　　　　　　　　　　　　　　File　src/Child01.svelte

```
<div class="box">
  <slot />
</div>

<style>
  .box{
      width: 200px; padding: 10px;
      border: 2px solid black; margin-bottom: 20px;
  }
</style>
```

`div` 태그 요소 안에 `<slot />`이라는 요소를 처리했습니다.

코드 11.3 SlotParent01.svelte　　　　　　　　　　　　　　File　src/SlotParent01.svelte

```
<script>
  import Child01 from "./Child01.svelte";
</script>

<Child01>
    <h4>이름 : 스벨트(Svelte)</h4>
```

```
    <p>배포 년도 : 2016년</p>
    <img src="https://svelte.dev/favicon.png" alt="스벨트(Svelte)" height="50" />
</Child01>

<Child01>
    <h4>이름 : 리액트(React)</h4>
    <p>배포 년도 : 2013년</p>
    <img src="https://ko.legacy.reactjs.org/favicon.ico" alt="리액트(React)" height="50" />
</Child01>
```

`import`를 통해 `<Child01 />` 컴포넌트를 불러왔습니다. `<Child01 />` 내부에 각각 태그 요소들을 마크업 요소들로 처리했습니다.

코드 11.4 **App.svelte**　　　　　　　　　　　　　　　　　　　　　　　　　File src/App01.svelte

```
<script>
    import SlotParent01 from "./SlotParent01.svelte";
</script>

<SlotParent01 />
```

`SlotParent01.svelte`를 `import`를 통해 불러왔습니다.

그림 11.1과 같이 각각 처리한 데이터들이 잘 구현된 것이 확인됩니다.

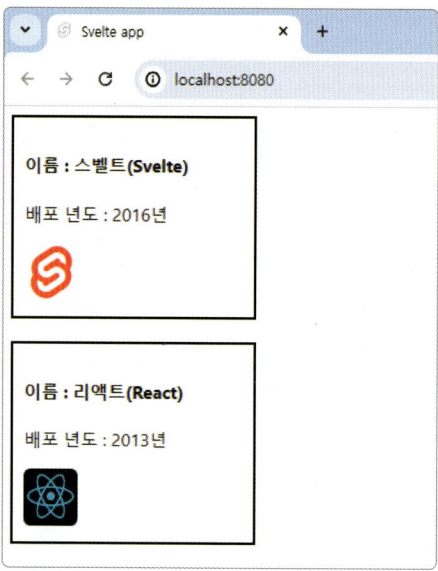

그림 11.1 코드 11.4 실행 결과

11.2 fallback slot

키워드 ▸▸▸ slot, fallback

부모 컴포넌트로부터 전달받은 콘텐츠가 없는 경우 `<slot><!--콘텐츠--></slot>` 사이에 **fallback**을 설정할 수 있습니다. fallback은 대비책이라는 의미로, 기본값default이라고 생각하면 됩니다. 그럼 11.1절의 slot 기본 사용법 코드를 그대로 사용하고, 콘텐츠가 없는 자손 컴포넌트만 추가해보도록 하겠습니다.

코드 11.5 Child02.svelte　　　　　　　　　　　　　　　　　　　　　File　src/Child02.svelte

```svelte
<div class="box">
  <slot>
    <p>입력된 데이터가 없습니다.</p>
  </slot>
</div>

<style>
  .box{
    width: 200px; padding: 10px;
    border: 2px solid black; margin-bottom: 20px;
  }
</style>
```

`<slot></slot>` 내부에 p 태그 요소로 '입력된 데이터가 없습니다.'라고 문자열을 작성했습니다.

코드 11.6 SlotParent02.svelte　　　　　　　　　　　　　　　　　　File　src/SlotParent02.svelte

```svelte
<script>
  import Child02 from "./Child02.svelte";
</script>

<Child02>
  <h4>이름 : 스벨트(Svelte)</h4>
  <p>배포 년도 : 2016년</p>
  <img src="https://svelte.dev/favicon.png" alt="스벨트(Svelte)" height="50" />
</Child02>

<Child02>
  <h4>이름 : 리액트(React)</h4>
  <p>배포 년도 : 2013년</p>
  <img src="https://ko.legacy.reactjs.org/favicon.ico" alt="리액트(React)" height="50" />
```

```
  </Child02>
<Child02></Child02>
```

기존 데이터에서 `<Child02></Child02>`만 추가했습니다.

코드 11.7 App.svelte _{File} src/App02.svelte

```
<script>
  import SlotParent02 from "./SlotParent02.svelte";
</script>

<SlotParent02 />
```

`SlotParent02.svelte`를 `import`를 통해 불러왔습니다.

콘텐츠를 담지 않은 곳에는 '입력된 데이터가 없습니다.'라고 잘 구현이 됩니다.

그림 11.2 코드 11.7 실행 결과

11.3 slot 이름 설정

키워드 ▶▶▶ slot 이름 설정

slot에 이름을 설정하면 부모 컴포넌트가 자손 컴포넌트에 여러 콘텐츠를 한 번에 전달할 수 있습니다. 이를 통해 특정 부분에 특정 데이터를 전달할 수 있게 됩니다. 예를 들어, 코드 11.6에서는 이름, 배포 년도 등 중복 데이터를 반복해서 적었지만, slot에 이름을 설정하면 변경되는 부분만 처리하여 마크업 요소를 더 간결하게 작성할 수 있습니다.

코드 11.8 slot 이름 설정 기본 문법

```
//부모 컴포넌트
<div>
  <태그 요소 slot="slot이름"></태그 요소>
</div>

//자손 컴포넌트
<div>
  <slot name="slot이름"></slot>
</div>
```

코드 11.9 Child03.svelte

File src/Child03.svelte

```
<div class="box">
  <h4>
    이름 :
    <slot name="name">
      전달받은 이름이 없습니다.
    </slot>
  </h4>
  <p>
    배포 년도 :
    <slot name="release">
      전달받은 배포 년도가 없습니다.
    </slot>
  </p>
</div>

<style>
  .box{
    width: 320px; padding: 10px;
    border: 2px solid black;
    margin-bottom: 20px;
```

```
    }
</style>
```

`slot` 요소에 `name` 속성값으로 `name`과 `release`를 처리했습니다. `slot` 내부에 자손으로 설정된 문자열은 기본값인 fallback입니다.

코드 11.10 SlotParent03.svelte \[File\] src/SlotParent03.svelte

```
<script>
    import Child03 from "./Child03.svelte";
</script>

<Child03>
    <span slot="name">스벨트(Svelte)</span>
    <span slot="release">2016</span>
</Child03>

<Child03>
    <span slot="name">리액트(React)</span>
    <span slot="release">2013</span>
</Child03>

<Child03></Child03>
```

태그 구조 및 중복되는 데이터는 작성할 필요가 없이 변경될 데이터만 작성하면 됩니다. `span` 태그 요소의 `slot`이라는 속성에 `name`과 `release`값을 적용하면 그 값이 적용됩니다. 작성하지 않으면 fallback 데이터가 입력됩니다.

코드 11.11 App.svelte \[File\] src/App03.svelte

```
<script>
    import SlotParent03 from "./SlotParent03.svelte";
</script>

<SlotParent03 />
```

`SlotParent03.svelte`를 `import`를 통해 불러왔습니다.

그림 11.3과 같이 결과를 보면 데이터들이 잘 들어가는 것이 확인되죠? 중복되는 것을 반복하여 작성하지 않으니 훨씬 편리하게 작업할 수 있습니다.

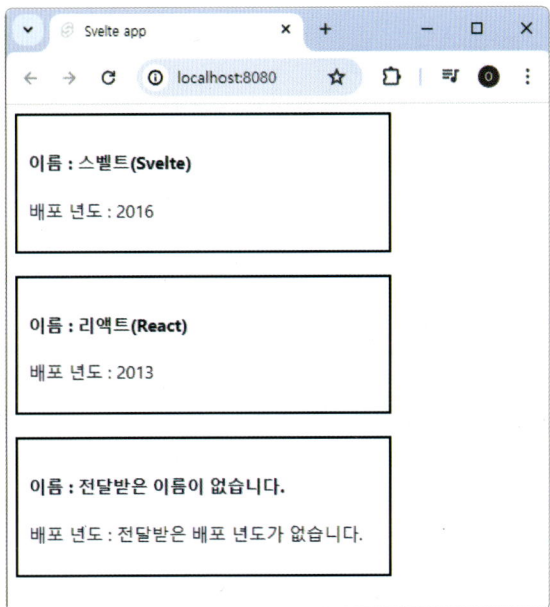

그림 11.3 코드 11.11 실행 결과

11.4 slot props

키워드 ▶▶▶ **slot props**

slot props는 `slot` 요소가 명시된 하위 컴포넌트의 값을 상위 컴포넌트로 전달할 때 사용합니다. 전달된 값은 반드시 slot을 사용하는 컴포넌트 내에서만 사용할 수 있기 때문에, 데이터 흐름을 복잡하게 하지 않고 데이터를 공유할 수 있다는 장점이 있습니다.

코드 11.12 slot props 문법

```svelte
//하위 컴포넌트
<script>
  let slotProps = 값;
</script>
<slot slotProps={slotProps}></slot>

//부모 컴포넌트
<컴포넌트명 let:slotProps={slotPropsValue}>
  <요소>{slotPropsValue}</요소>
</컴포넌트명>
```

코드 11.13 Child04.svelte   📄 src/Child04.svelte

```svelte
<script>
  let hovering;
  const enter = () => hovering = true;
  const leave = () => hovering = false;
</script>

<div class="box">
  <h4 on:mouseenter={enter} on:mouseleave={leave}>
    이름 :
    <slot hovering={hovering}>
      전달받은 이름이 없습니다.
    </slot>
  </h4>
</div>

<style>
  .box{
    width: 320px; padding: 10px;
    border: 2px solid black; margin-bottom: 20px;
  }
</style>
```

hovering이라는 상태변수를 선언하여 이 상탯값을 부모 컴포넌트에 전달할 것입니다. 이 상탯값은 이벤트 함수에 따라 `true/false` 값을 받도록 처리했습니다. h4 태그 요소에 마우스가 들어가면 `enter` 함수가 실행되어 `true`를 받게 처리하고, 마우스가 떠나면 `leave` 함수가 실행되어 `false`를 받게 처리합니다.

코드 11.14 SlotParent04.svelte
File src/SlotParent04.svelte

```svelte
<script>
  import Child04 from "./Child04.svelte";
</script>

<Child04 let:hovering={active}>
  <span class:active={active}>스벨트(Svelte)</span>
</Child04>

<Child04 let:hovering={active}>
  <span class:active={active}>리액트(React)</span>
</Child04>

<style>
  .active{
    background-color: #000;
    color: #fff;
    cursor: pointer;
  }
</style>
```

자손 컴포넌트에 `let` 지시문와 함께 자손으로부터 받은 상탯값 `hovering`을 사용합니다. 값은 `active`라는 slotPropsValue로 설정됩니다. 이 값은 `true/false`를 통해 처리됩니다. 마우스를 첫 번째 구역의 글자 위로 올리면 `span` 태그 요소 범위에 들어가 `active` 클래스가 `true`가 되면서 CSS 변화가 일어납니다. 마우스가 벗어나면 `false`로 처리되어 원래 상태로 돌아옵니다.

코드 11.15 App.svelte
File src/App04.svelte

```svelte
<script>
  import SlotParent04 from "./SlotParent04.svelte";
</script>

<SlotParent04 />
```

SlotParent04.svelte를 `import`를 통해 불러왔습니다.

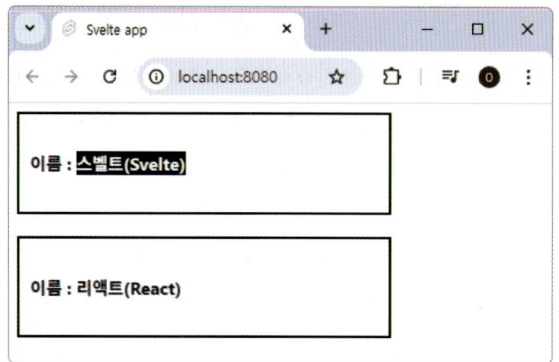

그림 11.4   코드 11.15 실행 결과

그림 11.4와 같이 언어의 이름에 마우스를 올리면 스타일이 변경되는 것이 보이죠? 맨 아래에 기본 값으로 처리한 영역은 `let:hovering`을 적용하지 않았기 때문에 스타일 변경이 일어나지 않습니다.

11.5 조건 관련 slot

 ▶▶▶ **조건 slot, $$slot**

$$slots는 상위 컴포넌트에서 특정 slot의 이름을 사용했는지 여부를 true/false로 반환합니다. 예를 들어 상위 컴포넌트에서 slot을 전달할 때 `<div slot="slot01"></div>`로 되어 있다면, $$slots.slot01은 true값을 반환합니다. $$slots는 슬롯의 존재 여부를 확인하는 데 사용되며, fallback과는 다릅니다. fallback은 없는 값에 대해 기본값을 설정하는 기능인 반면, $$slots는 상위 컴포넌트에서 slot이 사용되지 않는 경우 해당 slot을 구현하지 않기 때문에 성능 최적화에 유용합니다.

코드 11.16 Child05.svelte 코드 `src/Child05.svelte`

```
{#if $$slots.name && $$slots.release}
  <div class="box">
    <h4>
      이름 : <slot name="name"></slot>
    </h4>
    <p>
      배포 년도 : <slot name="release"></slot>
    </p>
  </div>
{/if}

<style>
  .box{
    width: 300px; padding: 10px;
    border: 2px solid black;
    margin-bottom: 20px;
  }
</style>
```

`{#if $$slots.name && $$slots.release}`를 통해 부모 컴포넌트가 `slot="name"`과 `slot="release"`가 모두 없다면 마크업 표시를 하지 않는 것으로 if 블록을 처리했습니다.

코드 11.17 SlotParent05.svelte 코드 `src/SlotParent05.svelte`

```
<script>
  import Child05 from "./Child05.svelte";
</script>
```

```
<Child05>
  <span slot="name">스벨트(Svelte)</span>
  <span slot="release">2016</span>
</Child05>

<Child05>
  <span slot="name">리액트(React)</span>
  <span slot="release">2013</span>
</Child05>
<Child05>
  <span slot="name">뷰(Vue.js)</span>
</Child05>
<Child05></Child05>
```

마지막 부분의 `<Child05 />` 컴포넌트에는 slot이 들어간 요소를 하나도 적지 않았고, 3번째 `<Child05 />` 컴포넌트에는 `slot="name"`만 처리했습니다.

코드 11.18 App.svelte   File src/App05.svelte

```
<script>
  import SlotParent05 from "./SlotParent05.svelte";
</script>

<SlotParent05 />
```

`SlotParent05.svelte`를 `import`를 통해 불러왔습니다.

`slot="name"`과 `slot="release"`가 모두 없다면 브라우저 화면에 표시되지 않는 것을 확인할 수 있습니다.

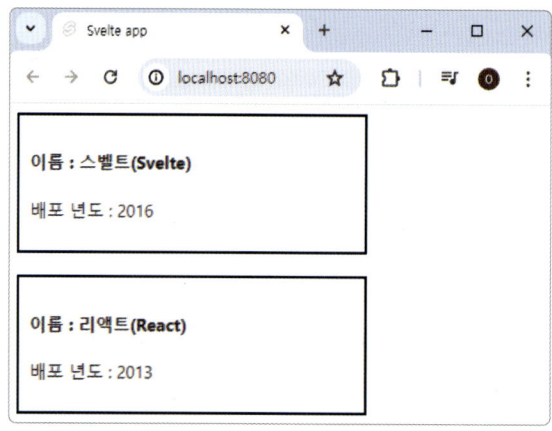

그림 11.5 코드 11.18 실행 결과

돌아보기

▶ slot은 부모 컴포넌트가 자손 컴포넌트에 콘텐츠를 전달하는 기능입니다. props는 속성으로 데이터를 자손에게 전달한다면, slot은 마크업 형태로 자손에 전달한다고 생각하면 이해하기 쉽습니다.

▶ 부모 컴포넌트로부터 전달받은 콘텐츠가 없는 경우 `<slot><!--콘텐츠--></slot>` 사이에 fallback을 설정할 수 있습니다. fallback은 대비책이라는 의미로, 기본값이라고 생각하면 됩니다.

▶ slot에 이름을 설정하여 부모 컴포넌트가 자손 컴포넌트에 여러 콘텐츠를 한 번에 전달할 수 있습니다. 특정 부분에 특정 데이터를 전달할 수 있게 됩니다.

▶ slot props는 `<slot>` 요소가 명시된 하위 컴포넌트의 값을 상위 컴포넌트로 전달할 때 사용합니다.

▶ `$$slots`는 상위 컴포넌트에서 특정 slot의 이름을 사용했는지에 대한 여부를 `true/false`로 반환합니다.

쪽지시험

문제 1 _____ 은 부모 컴포넌트가 자손 컴포넌트에 콘텐츠를 전달하는 기능입니다.

문제 2 부모 컴포넌트로부터 전달받은 콘텐츠가 없는 경우 `<slot><!--콘텐츠--></slot>` 사이에 기본 값인 _____ 을 설정할 수 있습니다.

문제 3 상위 컴포넌트에서 특정 `slot`의 이름을 사용했는지에 대한 여부를 `true/false`로 반환하는 키워드는 무엇일까요?
① @@slot
② %%slot
③ $$slot
④ **slot

문제 4 6장의 쪽지시험에서 제작했던 KBO 구단 소개를 slot 이름 지정을 통해 제작해보세요. 이때 부모 컴포넌트명은 `QuestionParent.svelte`로 제작하고, 자손 컴포넌트명은 `QuestionChild.svelte`로 제작하세요.

정답: 1. slot, 2. fallback, 3. ③, 4. 코드 11.19, 코드 11.20, 코드 11.21 참고

정답코드 코드 11.19 QuestionParent.svelte   File src/QuestionParent.svelte

```svelte
<script>
  import QuestionChild from "./QuestionChild.svelte";
  let clubs = [
    {
      name: 'LG 트윈스',
      founded: 1990,
      hometown: '서울'
    },
    {
      name: 'KT 위즈',
      founded: 2013,
      hometown: '수원'
    },
    {
      name: 'SSG 랜더스',
      founded: 2021,
      hometown: '인천'
    },
    {
      name: 'NC 다이노스',
      founded: 2011,
      hometown: '창원'
    },
    {
      name: '두산 베어스',
      founded: 1982,
      hometown: '서울'
    },
    {
      name: 'KIA 타이거즈',
      founded: 2001,
      hometown: '광주'
    },
    {
      name: '롯데 자이언츠',
      founded: 1982,
      hometown: '부산'
    },
    {
      name: '삼성 라이온즈',
      founded: 1982,
      hometown: '대구'
    },
    {
      name: '한화 이글스',
      founded: 1986,
```

```svelte
      hometown: '대전'
    },
    {
      name: '키움 히어로즈',
      founded: 2008,
      hometown: '서울'
    }
  ];
</script>

{#each clubs as club}
  <QuestionChild>
    <span slot="name">{club.name}</span>
    <span slot="founded">{club.founded}</span>
    <span slot="hometown">{club.hometown}</span>
  </QuestionChild>
{/each}
```

코드 11.20 QuestionChild.svelte — src/QuestionChild.svelte

```svelte
<h3>팀명 : <slot name="name">전달받은 팀명이 없습니다.</slot></h3>
<h3>창단 연도 : <slot name="founded">전달받은 창단 연도가 없습니다.</slot></h3>
<h3>연고지 : <slot name="hometown">전달받은 연고지가 없습니다.</slot></h3>
<hr />
```

코드 11.21 App.svelte — src/App.svelte

```svelte
<script>
  import QuestionParent from "./QuestionParent.svelte";
</script>

<QuestionParent />
```

> **학습 포인트**
> - onMount 함수
> - onDestroy 함수
> - beforeUpdate와 afterUpdate 함수
> - tick 함수

> **동영상 강의**

https://bit.ly/svelte_12-1

https://bit.ly/svelte_12-2

https://bit.ly/svelte_12-3

라이프 사이클

컴포넌트의 **라이프 사이클**life cycle(생명주기)은 컴포넌트가 화면에 마운트(출력)되거나, 업데이트되거나, 언마운트(제거)되는 과정을 말합니다. Vue.js의 경우 beforeCreate, created, beforeMount, mounted, beforeUpdate, updated, beforeDestroy, destroyed의 8가지 라이프 사이클이 있지만, 스벨트는 더 간단하게 onMount, onDestroy, beforeUpdate, afterUpdate의 4가지로 구성되어 있습니다. 또한, 스벨트는 다른 프레임워크와 달리 tick이라는 함수도 제공합니다. 이번 장에서는 스벨트가 컴포넌트 라이프 사이클을 어떻게 관리하는지 알아보도록 하겠습니다.

> **실습 안내** 아래 명령어를 터미널에 작성 후 실습을 진행해주세요.

```
npx degit sveltejs/template ch12_lifecycle
cd ch12_lifecycle
npx svelte-migrate@latest svelte-4
npm install
npm run dev
```

- 브라우저 실행 후 문제가 생겨 터미널을 중단하고 싶다면 Ctrl + C 를 입력하면 됩니다.
- onDestory에서는 부모 컴포넌트와 자손 컴포넌트 연결이 있으므로 해당 문서의 파일명을 잘 확인해주세요.

12.1 onMount 함수

키워드 ▶▶▶ 라이프 사이클, onMount, jsonplaceholder, Fetch API

그림 12.1 컴포넌트 라이프 사이클 진행 순서

라이프 사이클에서 가장 많이 사용되는 함수는 `onMount` 함수입니다. `onMount` 함수는 컴포넌트가 DOM에 마운트(구현)되면 실행됩니다. 보통 네트워크를 통해 데이터를 가져와야 할 때 `onMount`를 사용하는 것이 좋습니다. 그럼 `onMount`를 통해 네트워크 데이터를 가져오기 위해 **jsonplaceholder**라는 사이트를 사용하겠습니다.

> **전문가 TIP   jsonplaceholder**
>
> - JSON 데이터를 테스트 및 프로토타입으로 제작하기 위한 가짜 API를 제공하는 무료 사이트입니다.
>   https://jsonplaceholder.typicode.com/
> - 주소 뒤에 /post, /todos, /albums 등을 작성하면 데이터 소스를 사용할 수 있습니다.
>   예시: https://jsonplaceholder.typicode.com/posts

코드 12.1 onMount를 통해 API 데이터를 불러오는 코드 — App.svelte   　　File　src/OnMount.svelte

```svelte
<script>
  import { onMount } from 'svelte';

  let comments = [];

  onMount(async () => {
    const res = await fetch('https://jsonplaceholder.typicode.com/comments?_limit=21');
    comments = await res.json();
  });
</script>

<style>
  .comments {
    width: 100%;
    display: grid;
    grid-template-columns: repeat(3, 1fr);
    grid-gap: 8px;
  }
```

```svelte
</style>

<h3>회원 정보</h3>

<div class="comments">
  {#each comments as comment}
    <article>
      <h4>이름 : {comment.name}</h4>
      <h4>이메일 주소 : {comment.email}</h4>
    </article>
  {:else}
    <!-- comments의 배열 데이터 개수가 0개인 경우(불러오는 중) -->
    <p>loading...</p>
  {/each}
</div>
```

먼저, 스크립트 영역에서 `onMount` 함수를 스벨트로부터 불러옵니다. `comments`는 외부 오픈 API로부터 불러올 데이터를 담기 위한 빈 배열입니다. `onMount` 함수는 자바스크립트의 Fetch API를 이용하여 `jsonplaceholer`로부터 데이터를 불러와 `comments`에 담아줍니다. 이때 데이터가 너무 많으니 여기서는 21개로 제한하겠습니다. `coments`에 담긴 데이터를 마크업 영역에서 `each` 블록을 사용하여 이름과 이메일 주소를 표시합니다. `each` 블록의 데이터가 비어 있는 경우에는 `else` 블록이 화면에 노출됩니다. 따라서 처음에 데이터가 비동기적으로 로드되므로, 초기에는 'loding...'이 표시됩니다.

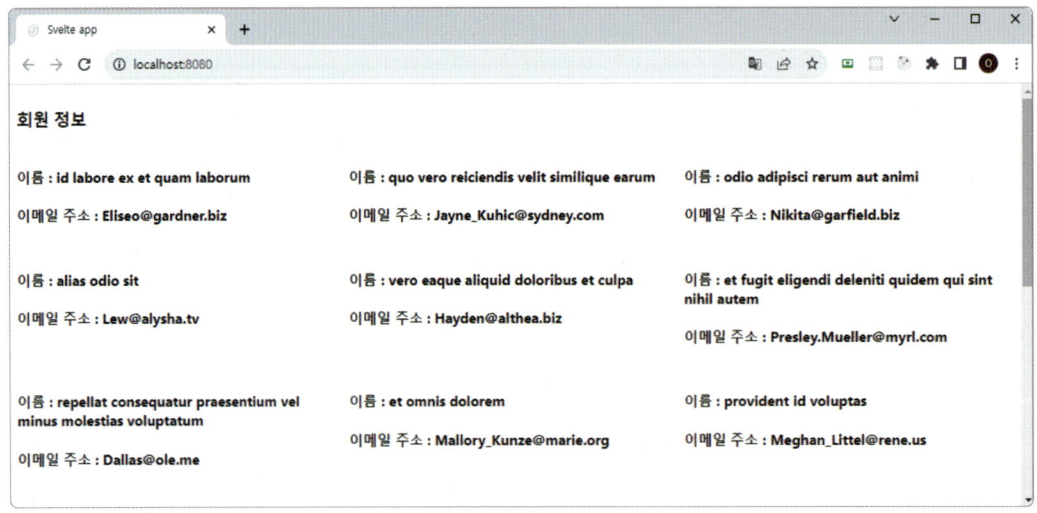

그림 12.2 코드 12.1 실행 결과

그림 12.2와 같이 웹에서 회원 정보가 출력되는 것을 확인할 수 있습니다. 해당 페이지에서 [새로고침]을 누르면 처음에는 데이터가 들어오지 않기 때문에 'loading...'이 표시됩니다. 데이터 양이 많지 않아서 금방 사라지긴 합니다. 네트워크를 통해 데이터를 가져올 때 느리게 데이터가 세팅된다면, onMount 함수를 사용하여 데이터를 비동기적으로 로드하는 것이 좋습니다. **서버 사이드 렌더링** Server-side Rendering 중에는 onDestroy 함수를 제외한 나머지 함수들이 실행되지 않기 때문에 데이터를 가져오는 과정에서 DOM의 느린 마운트를 피할 수 있습니다. 서버 사이드 렌더링은 서버에서 페이지를 렌더링한 후 클라이언트(브라우저)로 전달하여 화면에 표시하는 기법을 의미합니다.

> **전문가TIP** **자바스크립트 Fetch API**
> - Fetch API를 사용하면 웹 브라우저가 웹 서버에 HTTP 요청을 보낼 수 있습니다.
> - async와 await를 통해 비동기 처리도 잘 되기 때문에 데이터를 가져올 때 많이 사용됩니다.
> - 더 자세한 공부가 필요한 분은 다음 강의를 참고하세요.
>
> 블로그 강의
> https://ossam5.tistory.com/590
>
>
> 유튜브 강의
> https://youtu.be/abpd5dE-QbY
>

12.2 onDestroy 함수

키워드 ▶▶▶ onDestory

onDestroy 함수는 컴포넌트가 제거될 때 호출됩니다. 이 함수는 컴포넌트가 받았던 데이터를 정리하거나, 리소스를 해제할 때 사용하는 라이프 사이클입니다. 이번에는 간단한 부모 컴포넌트와 자손 컴포넌트를 만들어 부모 컴포넌트에서 자손 컴포넌트를 활성화하거나 비활성화하는 예제를 살펴보겠습니다. 이 과정에서 onMount 함수와 onDestroy 함수의 동작을 비교해보겠습니다.

코드 12.2 자손 컴포넌트 − Child.svelte　　　　　　　　　　　　　　File　src/Child.svelte

```svelte
<script>
  import { onMount, onDestroy } from 'svelte';
  onMount(() => {
    console.log('onMount()실행');
  });
  onDestroy(() => {
    console.log('onDestroy()실행');
  });
</script>

<div>
  <h3>자손 컴포넌트</h3>
</div>
```

자손 컴포넌트에 onMount와 onDestroy 함수를 추가하여 각각 호출 시 콘솔에 문구가 표시되도록 설정했습니다. 이로 인해 부모 컴포넌트가 자손 컴포넌트를 마운트할 때 onMount 함수가 실행되고, 자손 컴포넌트를 제거할 때 onDestroy 함수가 실행될 예정입니다.

코드 12.3 부모 컴포넌트 − Parent.svelte　　　　　　　　　　　　　　File　src/Parent.svelte

```svelte
<script>
  import Child from "./Child.svelte";

  let isChildElementView = false;

  const handleClick = (bool) => {
    isChildElementView = bool;
  }
</script>

<h2>부모 컴포넌트</h2>
```

```
<button on:click={() => handleClick(true)}>Child 컴포넌트 활성화</button>
<button on:click={() => handleClick(false)}>Child 컴포넌트 비활성화</button>
<hr />
{#if isChildElementView}
  <Child />
{/if}
```

자손 컴포넌트를 불러온 후, `isChildElementView` 변수에는 초깃값으로 `false`를 담았습니다. [Child 컴포넌트 활성화] 버튼을 누르면 `true`로 변경하고, [Child 컴포넌트 비활성화] 버튼을 누르면 `false`로 변경할 것입니다. `handleClick` 이벤트 함수를 통해 클릭 이벤트 시 변경되도록 처리했습니다. 마크업 영역에서는 `isChildElementView`가 `true`인 경우만 자손 컴포넌트가 보이도록 `if` 블록을 사용했습니다.

코드 12.4 **App.svelte**   File src/App.svelte

```
<script>
  import Parent from "./Parent.svelte";
</script>
<Parent />
```

`App.svelte`에 `Parent.svelte`를 불러와서 브라우저에서 확인해보겠습니다.

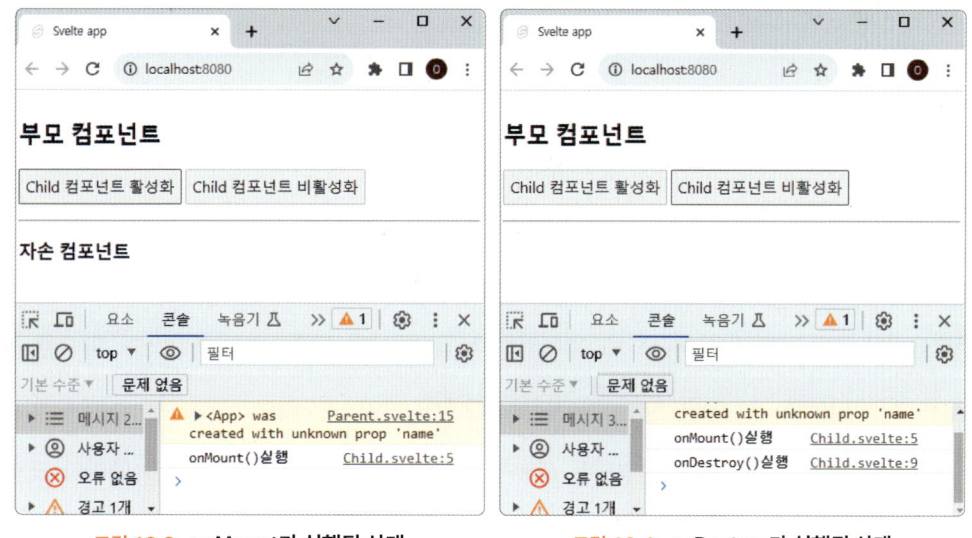

그림 12.3 **onMount가 실행된 상태**   그림 12.4 **onDestroy가 실행된 상태**

그림 12.3, 12.4와 같이 버튼을 누를 때 각각의 상태에 맞게 함수가 실행하는 것을 콘솔 창에서 확인할 수 있습니다.

12.3 beforeUpdate와 afterUpdate 함수

키워드 ▸▸▸ beforeUpdate, afterUpdate, elizabot

`beforeUpdate` 함수는 DOM이 업데이트되기 직전에 호출되는 라이프 사이클 함수입니다. 반면, `afterUpdate` 함수는 DOM이 업데이트된 직후에 호출되는 라이프 사이클 함수입니다. 이번에는 버튼을 클릭하면 숫자가 1씩 증가하는 예제를 만들어보겠습니다.

코드 12.5 업데이트 함수 관련 코드 — App.svelte　　　　　　　　　　File　src/Update01.svelte

```svelte
<script>
  import { beforeUpdate, afterUpdate } from 'svelte';

  let num = 0;

  beforeUpdate(() => {
      console.log('업데이트가 실행되기 전...');
  });
  afterUpdate(() => {
      console.log('업데이트 완료!');
  });

  const handleClick = () => {
      num++;
  }
</script>

<button on:click={handleClick}>숫자 증가</button>
<p>현재 숫자: {num}</p>
```

우선 `beforeUpdate`와 `afterUpdate` 함수를 호출하고, 함수 실행 시 콘솔 창에 문구가 출력되도록 처리했습니다. `num` 변수는 상탯값으로, 업데이트가 처리됩니다. `handleClick` 이벤트 함수를 통해 클릭 할 때마다 `num`값이 1씩 증가하도록 처리했습니다.

현재 p 태그 요소에 값이 계속 변경되는 `num`이 존재하기 때문에 버튼을 클릭할 때마다 `before Update`와 `afterUpdate` 함수가 실행됩니다. 만약 p 태그 요소를 제거한 후 버튼을 클릭하면, 콘솔 창에 더 이상 `console.log()` 값이 추가되지 않고 한 번만 실행됩니다. 이는 DOM 자체에 `num` 값이 없어서 마운트가 발생하지 않고, 업데이트 함수가 실행되지 않기 때문입니다.

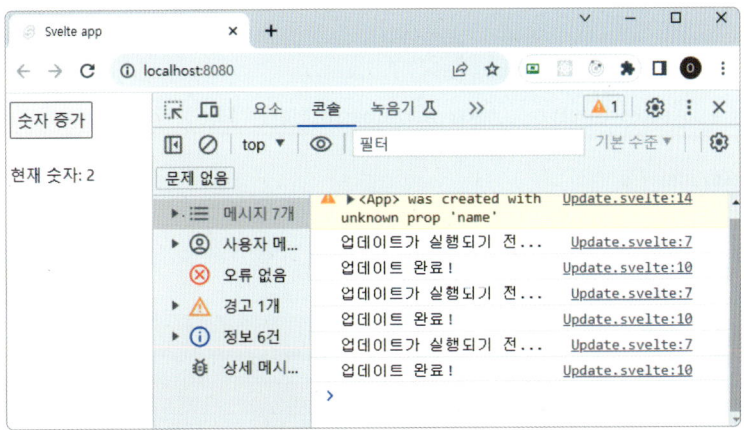

그림 12.5 코드 12.5 실행 결과

이번에는 **elizabot**을 이용하여 채팅 창 형태를 제작해보겠습니다. 채팅 창을 제작하면 대화가 길어질 수 있기 때문에, 채팅 구역에 스크롤바를 추가할 것입니다. 스크롤바가 생기더라도 스크롤바의 위치가 항상 상단에 고정되어 있어 내용을 볼 때 불편할 수 있으므로, DOM 요소가 업데이트될 때마다 스크롤바가 자동으로 맨 아래로 이동하도록 처리할 것입니다. 우선 elizabot을 터미널에 설치하고 시작해야 합니다.

```
npm i elizabot
```

> **전문가 TIP** **elizabot**
>
> ■ Eliza는 가짜 심리치료사입니다. 채팅 봇을 테스트하려고 보통 사용합니다. 자세한 사용법은 사이트를 참고해주세요.
> https://www.npmjs.com/package/elizabot

코드 12.6 elizabot을 이용한 채팅 봇 코드 — App.svelte 　　　　　　　　　　　File src/Update02.svelte

```svelte
<script>
  import Eliza from 'elizabot';
  import { beforeUpdate, afterUpdate } from 'svelte';

  let div;
  let autoscroll;

  beforeUpdate(() => {
    autoscroll = div && div.offsetHeight + div.scrollTop > div.scrollHeight - 20;
  });
  afterUpdate(() => {
    if (autoscroll) div.scrollTo(0, div.scrollHeight);
```

```
    });

    const eliza = new Eliza();
    let comments = [{ author: 'eliza', text: eliza.getInitial() }];

    const handleKeydown = e => {
      ...
    }
</script>

<div class="chat">
  <h1>Eliza</h1>
  <div class="scrollable" bind:this={div}>
    {#each comments as comment}
      <article class={comment.author}>
        <span>{comment.text}</span>
      </article>
    {/each}
  </div>
  <input on:keydown={handleKeydown} />
</div>

<style>
  ...
</style>
```

스타일과 `handleKeydown` 부분은 생략했으니, 자세한 내용은 깃허브의 소스 코드를 확인해주세요. `handleKeydown` 부분은 `elizabot`을 통해 채팅 봇을 만드는 코드입니다.

❗ `handleKeydown` 코드는 제공하는 파일을 참고하세요.

우선 스크립트 영역에서 `elizabot`을 호출합니다. 그리고 `beforeUpdate`와 `afterUpdate` 함수도 호출합니다. `div` 변수는 스크롤바가 생성될 DOM 요소인 `div` 태그에 바인딩할 변수입니다. `autoscroll`은 스크롤의 길이와 좌표를 통해 스크롤바 생성 여부를 확인합니다. 스크롤바가 없다면 위치 이동이 필요하지 않기 때문입니다. `beforeUpdate` 함수에서는 대화가 추가되어 스크롤바가 생기는지를 확인합니다. `afterUpdate` 함수에는 스크롤바가 생겼다면 스크롤의 위치를 맨 아래로 이동시키는 코드를 작성했습니다. 마크업 영역에서는 `scrollable` 클래스를 가진 `div` 태그 요소 안에 `each` 블록을 통해 대화를 담도록 처리합니다. `input` 태그 요소를 통해 키보드 이벤트를 처리했습니다. 테스트는 `beforeUpdate`와 `afterUpdate` 함수를 제거한 경우와 적용한 경우로 비교하여 살펴보겠습니다.

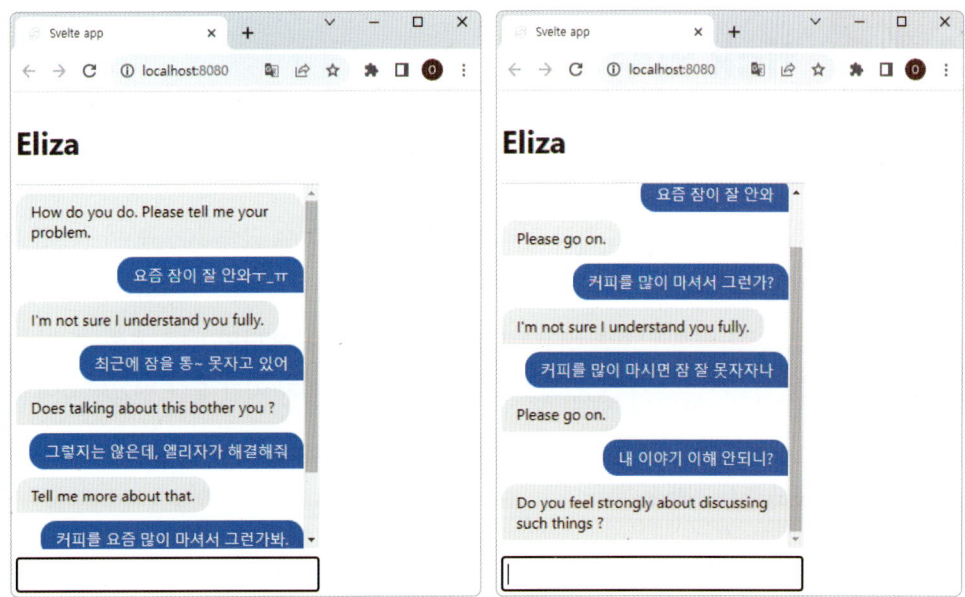

그림 12.6 업데이트 함수 미적용 상태   그림 12.7 업데이트 함수 적용 상태

그림 12.6과 그림 12.7을 보면 업데이트 함수들을 적용하지 않았을 때는 스크롤바가 맨 위로 올라가 있어 아래 대화를 보기 어렵습니다. 업데이트 함수를 적용하면 스크롤바가 맨 아래로 내려가 있기 때문에 마지막 대화들을 볼 수 있습니다. 이처럼 마지막 대화들이 보이는 것이 훨씬 효율적입니다.

12.4 tick 함수

키워드 ▶▶▶ 라이프 사이클 함수, tick

`tick` 함수는 다른 라이프 사이클 함수들과 달리, 언제든지 사용할 수 있습니다. 즉, 마운트할 때도 사용할 수 있고, 언마운트할 때도 사용할 수 있습니다. `tick` 함수는 변경된 내용이 있을 경우, 변경된 내용이 DOM에 반영된 직후에 호출됩니다. 만약 변경된 내용이 없다면 바로 호출됩니다. 스벨트는 상태가 업데이트되더라도 즉시 DOM에 반영되지 않습니다. 일정 시간 동안 변경된 내용을 모아서 한 번에 업데이트합니다. `tick` 함수는 변경된 상탯값이 실제 DOM에 적용된 후 다음 단계를 진행할 수 있도록 도와주는 기능을 합니다.

이제 예제를 통해 자세히 살펴보겠습니다. 버튼을 통해 `input` 태그 요소를 마운트하거나 언마운트하는 동작을 구현하고, 버튼을 클릭하면 해당 `input` 태그 요소에 초점이 가도록 처리하겠습니다.

코드 12.7 tick 적용 전 코드 — App.svelte　　　　　　　　　　File src/Tick01.svelte

```svelte
<script>
  let isElementView = false;
  let input;

  const handleClick = (param) => {
    isElementView = param;
    if(isElementView === true) {
      input.focus();
    }
  }
</script>

<button on:click={() => handleClick(true)}>input 활성화</button>
<button on:click={() => handleClick(false)}>input 비활성화</button>
{#if isElementView}
  <div>
    <input type="text" bind:this={input} />
  </div>
{/if}
```

`isElementView`는 `input` 태그 요소를 표시 여부를 제어하는 상탯값입니다. 처음에는 요소가 보이지 않도록 `false`로 처리했습니다. `input`은 `input` 태그 요소와 바인딩할 변수입니다. `handleClick`은 버튼을 클릭할 때 `input` 태그의 활성화 또는 비활성화를 처리하며, `input`이 활성화되는 경우 해당 요소에 초점을 받게 만들었습니다.

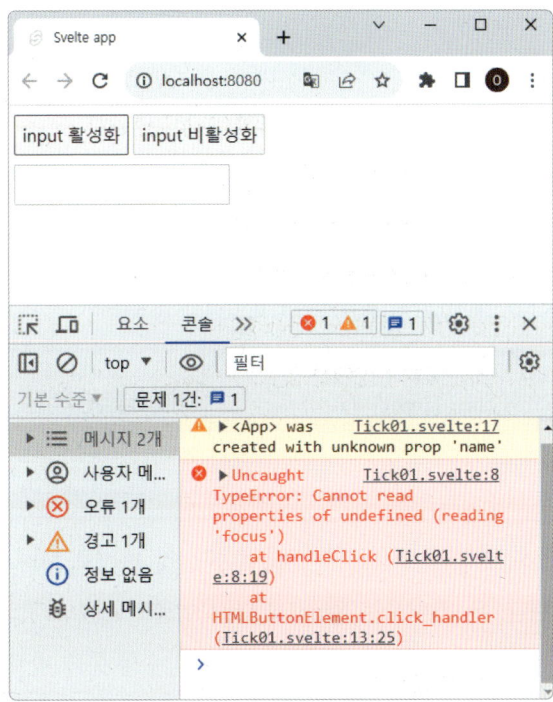

그림 12.8 코드 12.7 실행 결과

활성화 버튼을 누르면 `input` 태그 요소가 활성화되지만, 에러가 발생하는 것이 확인됩니다. 에러가 발생한 이유는 `isElementView`가 변경되어 DOM이 업데이트되기 전에 `input.focus()`가 먼저 실행되었기 때문입니다. 그 결과, `input` 요소가 없다고 판단하기 때문입니다.

이 문제점을 해결하는 방법은 `tick` 함수를 사용하는 것입니다. `tick` 함수를 사용하는 방법은 두 가지가 있는데, 이를 하나씩 차례로 확인해보겠습니다.

12.4.1 tick 함수를 바로 사용

`tick` 함수는 컴포넌트 또는 요소가 DOM에 적용되자마자 `Promise` 객체를 반환합니다. 그렇기 때문에 `then` 함수의 콜백 함수로 명령을 전달하면 됩니다.

코드 12.8 tick 함수 적용 코드 — App.svelte   File src/Tick02.svelte

```
<script>
  import { tick } from 'svelte';

  let isElementView = false;
  let input;
```

```
  const handleClick = (param) => {
    isElementView = param;
    if(isElementView === true) {
      tick().then(()=>input.focus());
    }
  }
</script>

<button on:click={() => handleClick(true)}>input 활성화</button>
<button on:click={() => handleClick(false)}>input 비활성화</button>
{#if isElementView}
  <div>
    <input type="text" bind:this={input} />
  </div>
{/if}
```

코드 12.8이 코드 12.7에서 변경된 부분은 단 2줄입니다. 첫 번째로 `tick` 함수를 호출하기 위해 `import` 구문을 추가합니다. 두 번째로는 `handleClick` 이벤트 함수에서 `if` 문 내부를 `tick().then(() => input.focus());`로 변경합니다. 그러면 `tick` 함수를 통해 바로 `input` 태그 요소를 찾을 수 있습니다.

초기 화면에서는 input 요소가 보이지 않지만, 활성화 버튼을 클릭하면 이번에는 에러 없이 input 태그 요소가 나타나면서 요소에 초점이 이동되는 것을 확인할 수 있습니다.

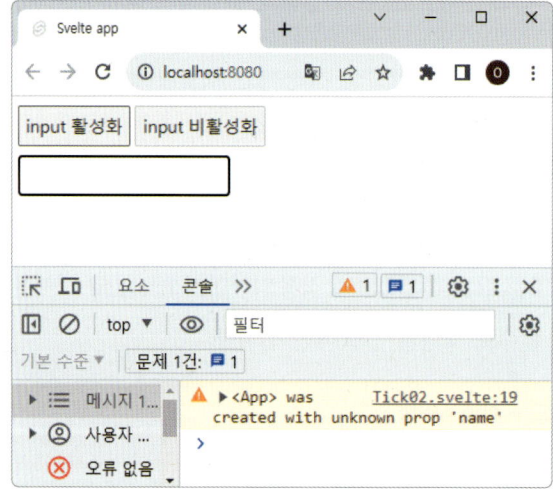

그림 12.9 코드 12.8 실행 결과

> **전문가 TIP** **자바스크립트 Promise**
>
> - Promise는 생성 코드를 통해 성공과 오류 상태를 표시하는 자바스크립트의 객체입니다.
> - 추후 `async`, `await`와도 연결되기 때문에 잘 공부해야 합니다.
> - 더 자세한 공부가 필요한 분은 다음 강의를 참고하세요.
>
> **블로그 강의**
> https://ossam5.tistory.com/367
>
> **유튜브 강의**
> https://youtu.be/w4KfhRXnKCc

12.4.2 tick 함수를 async, await와 함께 사용

이번에는 `then` 함수를 사용하지 않고 `async`와 `await`를 통해 코드를 수정해보겠습니다. 이렇게 비동기 처리를 통해 동기적으로 발생할 수 없었던 문제를 해결할 수 있습니다.

코드 12.9 tick 함수 적용 코드 — App.svelte   File src/Tick03.svelte

```svelte
<script>
  import { tick } from 'svelte';

  let isElementView = false;
  let input;

  const handleClick = async (param) => { //async 추가
    isElementView = param;
    await tick(); //await 추가
    if(isElementView === true) {
      input.focus();
    }
  }
</script>

<button on:click={() => handleClick(true)}>input 활성화</button>
<button on:click={() => handleClick(false)}>input 비활성화</button>
{#if isElementView}
  <div>
    <input type="text" bind:this={input} />
  </div>
{/if}
```

코드 12.9에서 코드 12.8과 달라진 것은 `handleClick` 이벤트 함수 부분입니다. 이벤트 함수를 `async`로 선언하여 비동기적으로 처리했습니다. `await`를 `tick()` 함수 앞에 붙여서 업데이트가 완

료될 때까지 기다린 후, 초점이 이동되도록 처리했습니다. 그 결과 에러 없이 초점 이동이 잘 처리되는 것을 확인할 수 있습니다. 직접 실습해보세요.

> **전문가TIP** **자바스크립트 async/await**
>
> - Promise를 작성하기 쉽게 도와주는 키워드입니다.
> - async는 Promise를 반환하도록 하고, await는 함수가 Promise를 기다리게 합니다.
> - 서버로부터 데이터를 가져올 때는 필요한 문법이므로 잘 공부해두세요.
> - 더 자세한 공부가 필요한 분은 다음 강의를 참고하세요.
>
> **블로그 강의**
> https://ossam5.tistory.com/469
>
>
> **유튜브 강의**
> https://youtu.be/BqmbkwmfMAk
>

돌아보기

▶ 컴포넌트의 라이프 사이클life cycle(생명주기)은 컴포넌트가 화면에 마운트(출력)되거나, 업데이트되거나, 언마운트(제거)되는 과정을 말합니다.

▶ 스벨트는 라이프 사이클 함수는 `onMount`, `onDestroy`, `beforeUpdate`, `afterUpdate`의 4가지 종류가 있습니다.

▶ `onMount` 함수는 컴포넌트가 DOM에 마운트(구현)되면 실행되며, 라이프 사이클에서 가장 많이 사용되는 함수입니다.

▶ `onDestroy` 함수는 컴포넌트가 제거되었을 때 호출됩니다.

▶ `beforeUpdate` 함수는 DOM이 업데이트되기 직전에 호출되는 라이프 사이클 함수고, `afterUpdate` 함수는 DOM이 업데이트된 직후에 호출되는 라이프 사이클 함수입니다.

▶ `tick` 함수는 다른 라이프 사이클 함수들과는 다르게 언제든지 사용할 수 있습니다. 마운트할 때도 사용할 수 있고, 언마운트할 때도 사용할 수 있다는 뜻입니다.

쪽지시험

문제 1 컴포넌트의 _____은/는 컴포넌트가 화면에 마운트(출력)되거나, 업데이트되거나 언마운트(제거)되는 과정을 말합니다.

문제 2 다음 중 스벨트의 라이프 사이클 함수가 아닌 것은?
   ① onMount
   ② onDestroy
   ③ beforeUpdate
   ④ beforeDestroy

문제 3 책에서 언급했던 JSON 데이터를 테스트 및 프로토타입으로 제작하기 위한 무료 가짜 API를 제공하는 무료 사이트는 _____ 입니다.

문제 4 웹 브라우저가 웹 서버에 HTTP 요청을 보낼 때, 과거에는 자바스크립트가 XMLHttpRequest를 사용했으나, 최근에는 _____ 를 통해 요청을 처리합니다.

문제 5 다른 라이프 사이클 함수들과는 다르게 언제든지 사용할 수는 함수는?
   ① tick
   ② bick
   ③ sick
   ④ dick

정답: 1. 생명주기(life cycle), 2. ④, 3. jsonplaceholder, 4. Fetch API, 5. ①

학습 포인트
- Context API란?
- Context API 기본 사용법
- dispatch

동영상 강의

https://bit.ly/svelte_13

Context API

컴포넌트 구조가 단순하다면 props를 이용한 데이터 전달만으로도 기본적인 웹 앱을 제작할 수 있습니다. 하지만 일반적으로 웹 앱을 만들다 보면 기능이 많아지고, 구조도 복잡해집니다. 이런 경우, props만으로 데이터를 전달하는 것은 비효율적입니다. 이를 해결하기 위한 방법 중 하나가 Context API입니다. 이번 장에서는 스벨트가 Context API 기능을 어떻게 제공하는지 살펴보도록 하겠습니다.

실습 안내 아래 명령어를 터미널에 작성 후 실습을 진행해주세요.

```
npx degit sveltejs/template ch13_ContextAPI
cd ch13_ContextAPI
npx svelte-migrate@latest svelte-4
npm install
npm run dev
```

- 브라우저 실행 후 문제가 생겨 터미널을 중단하고 싶다면 `Ctrl` + `C`를 입력하면 됩니다.
- 이번 장은 대부분 자손 컴포넌트와 부모 컴포넌트 관계가 중요합니다. App.svelte에 전부 작성하지 말고, 해당 파일명을 잘 확인해주세요.

13.1 Context API란?

키워드 ▶▶▶ Context API, props drilling

Context API란 최상위 컴포넌트에서 전달하려는 데이터를 콘텍스트 영역에 추가한 후, 자손/후손 컴포넌트들이 이 영역에 접근하여 데이터를 사용하는 방식입니다. 이를 통해 중간 컴포넌트를 거치지 않고도 필요한 데이터를 전달할 수 있어 효율적입니다. 그림 13.1을 보면 props 방식과 Context API 방식의 데이터 흐름을 쉽게 비교할 수 있습니다. 그림에서는 3개 컴포넌트로만 나타냈지만, 많은 컴포넌트가 있다면 Context API를 사용하는 것이 훨씬 더 효율적입니다.

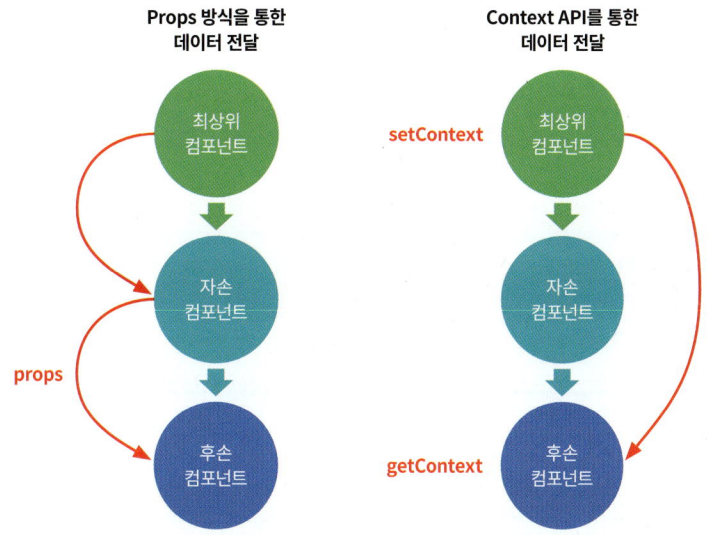

그림 13.1 props 방식과 Context API 방식 비교

그림 13.1의 왼쪽처럼 여러 컴포넌트에 Props를 계속 전달하는 과정을 **props drilling**이라고 합니다. 이는 컴포넌트 구조가 깊어질수록 props를 전달하는 과정이 복잡해지고 유지보수가 어려워지는 문제를 야기할 수 있습니다. 예제를 통해 이러한 props drilling의 문제점을 살펴보겠습니다.

코드 13.1 최상위 컴포넌트 − PropsGrand.svelte   File src/PropsGrand.svelte

```svelte
<script>
  import PropsFather from "./PropsFather.svelte";

  let num = 1;
</script>
```

```svelte
<div>
  <h1>Grand 구역</h1>
  <button on:click={() => num++}>1씩 증가</button>
  <p>기본 숫자 : { num }</p>
  <hr />
  <PropsFather num={num} />
</div>
```

코드 13.1 코드에서 num 상태변수를 선언했습니다. 그리고 num을 자손에게 props를 통해 전달하고 있습니다.

코드 13.2 중간 컴포넌트 – PropsFather.svelte File src/PropsFather.svelte

```svelte
<script>
  import PropsChild from "./PropsChild.svelte";

  export let num;
</script>

<div>
  <h2>Father 구역</h2>
  <hr />
  <PropsChild num={num} />
</div>
```

코드 13.2는 중간 컴포넌트 코드로, 보면 num 상탯값을 사용하고 있지 않지만, 자손 컴포넌트가 사용할 수 있도록 어쩔 수 없이 props를 통해 num을 다시 전달하고 있습니다.

코드 13.3 최하위 자손 컴포넌트 – PropsChild.svelte File src/PropsChild.svelte

```svelte
<script>
  export let num;

  $: square = num * num;
</script>

<div>
  <h3>Child 구역</h3>
  <p>제곱 숫자 : { square }</p>
</div>
```

코드 13.3는 최하위 컴포넌트로, num 상탯값을 이용하여 제곱의 값을 $:square 반응성 변수에 담아줍니다. 그래서 num값이 변하면 $:square도 함께 변경됩니다.

코드 13.4 App.svelte  src/App.svelte

```
<script>
  import PropsGrand from "./PropsGrand.svelte";
</script>

<PropsGrand />
```

보통 `App.svelte`가 최상위 컴포넌트로 사용되지만, 여기서는 이해를 돕기 위해 단순히 불러오는 진입점으로만 사용했습니다. 이렇게 보면 명확하게 문제점이 드러납니다. 중간 컴포넌트는 `num`값을 사용하지 않음에도 불구하고, 자손 컴포넌트를 위해 `num`값을 props로 받고 또 다시 props로 전달해야 합니다. 이는 매우 비효율적입니다. 컴포넌트가 몇 개만 연결되면 문제가 없을 수 있지만, 컴포넌트가 많아지면 매우 불편한 상황이 발생합니다.

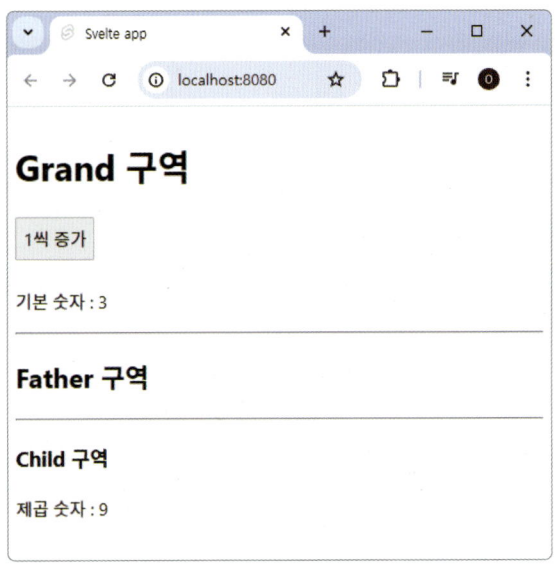

그림 13.2 코드 13.4 실행 결과

Context API 기본 사용법

키워드 ▶▶▶ Context API, setContext, getContext

콘텍스트에서 데이터를 추가하거나 데이터를 가져오기 위해서는 스벨트에 내장되어 있는 함수를 호출하여 사용해야 합니다. 이때 사용하는 것이 `setContext`와 `getContext` 함수입니다.

- `setContext`: 콘텍스트에 데이터를 추가하는 함수입니다. 매개변수에 키와 값을 쌍으로 작성해야 합니다.
- `getContext`: 콘텍스트에 데이터를 가져오는 함수입니다. 키를 매개변수로 전달하여 데이터를 가져옵니다.

콘텍스트 함수를 사용할 때는 특정 조건에 의해 호출되거나 나중에 호출되면 안 됩니다. 컴포넌트가 인스턴스로 생성될 때 즉시 호출되어야 합니다.

이제, 문제점이 있던 위의 코드를 **Context API**를 통해 최상위 컴포넌트에서 최하위 컴포넌트로 바로 전달해보도록 하겠습니다.

코드 13.5 ContextGrand.svelte — 최상위 컴포넌트　　　　　　　　　　File　src/ContextGrand.svelte

```svelte
<script>
  import { setContext, getContext } from "svelte";
  import ContextFather from "./ContextFather.svelte";

  setContext('num',1);
  let num = getContext('num');
</script>

<div>
  <h1>Grand 구역</h1>
  <button on:click={() => num++}>1씩 증가</button>
  <p>기본 숫자 : { num }</p>
  <hr />
  <ContextFather />
</div>
```

최상위 컴포넌트에 `setContext`를 호출하여 `setContext('num',1);`를 통해 콘텍스트를 생성합니다. 해당 컴포넌트에서도 값을 사용해야 하므로 `getContext`를 호출하여 `num` 변수에 값을 담아줍니다. 마크업 영역에서 이전에 자손 컴포넌트에 `props`로 전달했던 코드를 제거합니다.

166　PART 3 스벨트 바인딩과 데이터 관리

코드 13.6 ContextFather.svelte — 중간 컴포넌트 　　　　　　　　　　File src/ContextFather.svelte

```svelte
<script>
  import ContextChild from "./ContextChild.svelte";
</script>

<div>
  <h2>Father 구역</h2>
  <hr />
  <ContextChild />
</div>
```

중간 컴포넌트에서는 더 이상 props를 받거나 전달할 필요가 없습니다.

코드 13.7 ContextChild.svelte — 최하위 자손 컴포넌트 　　　　　　　File src/ContextChild.svelte

```svelte
<script>
  import { getContext } from "svelte";

  let num = getContext('num');

  $:square = num * num;
</script>

<div>
  <h3>Child 구역</h3>
  <p>제곱 숫자 : { square }</p>
</div>
```

최하위 컴포넌트에서는 `getContext`를 통해 콘텍스트를 불러옵니다. `num` 변수에 값을 배당합니다.

코드 13.8 App.svelte 　　　　　　　　　　　　　　　　　　　　　　File src/App01.svelte

```svelte
<script>
  import ContextGrand from "./ContextGrand.svelte";
</script>

<ContextGrand />
```

보통 `App.svelte`가 최상위 컴포넌트 역할을 하지만, 이해를 돕기 위해 여기서는 단순히 진입점으로만 사용했습니다.

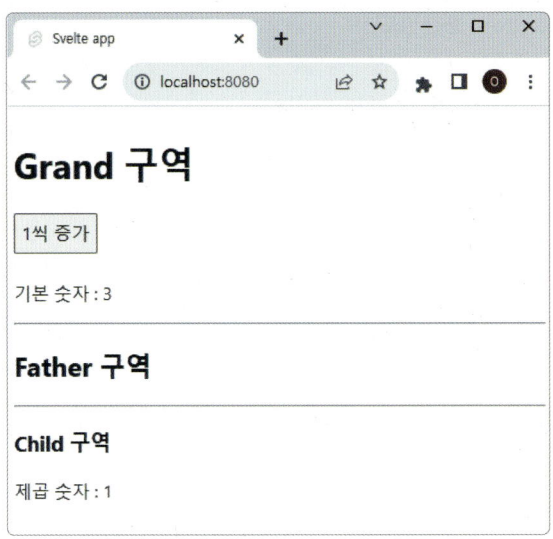

그림 13.3 코드 13.8 실행 결과

코드 13.8을 실행하면 약간의 문제가 발생합니다. Child 구역의 제곱 숫자 값이 증가하지 않는 문제를 확인할 수 있습니다. 그 이유는 콘텍스트 함수 호출 시점이 잘못되었기 때문입니다. 콘텍스트 함수를 사용할 때는 특정 조건에 의해 호출되거나 나중에 호출되면 안 되고, 컴포넌트를 인스턴스로 만들 때 호출되어야 합니다. 현재는 처음 불러온 값으로만 호출되고 그 이후에는 반영되지 않기 때문에, 데이터를 불러올 때는 적절하게 사용해야 합니다.

❶ 14장에서 스토어를 이용해 이러한 문제점을 해결해보도록 하겠습니다.

13.3 dispatch

키워드 ▸▸▸ dispatch, custom event, 이벤트 버블링, 이벤트 캡쳐링

`dispatch`는 이벤트 전달을 위한 방법으로, 하위 컴포넌트에서 생성한 이벤트 함수를 상위 컴포넌트에서 사용할 수 있게 해줍니다. 스벨트는 기본적으로 컴포넌트 간에 **이벤트 버블링**event bubbling이 발생하지 않습니다. 이벤트 버블링이란 하위 요소의 이벤트가 상위 요소로 전달되는 것을 말합니다. 이와 반대되는 개념은 **이벤트 캡쳐링**event capturing이 있습니다. 이벤트 캡쳐링은 상위 요소의 이벤트가 하위 요소로 전달되는 것을 말합니다. 스벨트에서는 props를 통해 데이터를 전달할 수 있으므로, 별도로 이벤트 캡쳐링 기능은 존재하지 않습니다. 그럼 `dispatch`에 대해 자세히 살펴보겠습니다.

코드 13.9 dispatch 기본 문법

```js
import { createEventDispatcher } from 'svelte';
const dispatch = createEventDispatcher();

const 이벤트함수 = () => {
  dispatch('디스패치명', {
    value: 전달할 값,
    message: '전달할 메시지'
  });
}

//마크업
<컴포넌트명 on:디스패치명 />
```

기본 문법은 코드 13.9와 같습니다. 지금부터 실습을 통해 어떤 방식으로 하위 컴포넌트에서 상위 컴포넌트로 이벤트가 전달되는지 살펴보도록 하겠습니다.

코드 13.10 DispatchChild.svelte — 최하위 컴포넌트   File src/DispatchChild.svelte

```svelte
<script>
  import { createEventDispatcher } from 'svelte'

  const dispatch = createEventDispatcher();

  const addAction = param => {
    dispatch('add', {
      value : param,
```

CHAPTER 13 Context API 169

```
      message: param + ' 값 추가'
    });
  }
</script>

<button on:click={() => addAction(1)} >1씩 증가</button>
<button on:click={() => addAction(2)} >2씩 증가</button>
```

createEventDispatcher를 먼저 호출하고, dispatch 변수에 createEventDispatcher 함수를 담습니다. addAction은 버튼에 연결할 이벤트 함수로, 매개변수 param을 받아 dispatch로 전달할 value로 처리합니다. dispatch의 이름은 add라고 명명했습니다.

코드 13.11 DispatchParent.svelte — 중간 컴포넌트   File src/DispatchParent.svelte

```
<script>
  import DispatchChild from "./DispatchChild.svelte";
</script>

<DispatchChild on:add />
```

dispatch는 Context API가 아니기 때문에 중간 컴포넌트를 건너뛰지 못합니다. 그래서 <DispatchChild on:add>를 작성하여 add인 dispatch를 역으로 전달해야 합니다.

코드 13.12 Dispatch.svelte — 최상위 컴포넌트   File src/Dispatch.svelte

```
<script>
  import DispatchParent from "./DispatchParent.svelte";

  let num = 0;

  const handleValueAdd = e => {
    console.log(e.detail.message);
    num = num + e.detail.value;
  }
</script>

<p>num : {num}</p>
<DispatchParent on:add={handleValueAdd} />
```

최상위 컴포넌트에는 num 상태변수를 선언하고, handleValueAdd 이벤트 함수에 dispatch를 이용해 num값에 불러올 value값을 추가합니다. 이때 e.detail.value로 DispatchChild.svelte의 button 요소에서 작성했던 매개변수를 호출합니다. detail은 CustomEvent의 읽기 전용 속성으로 이벤트를 초기화할 때 제공한 데이터를 반환합니다. 자바스크립트에도 있는 기능입니다. 마크업 영역에는 `num` 값을 반환하고, 자손 컴포넌트에 `<DispatchParent on:add={handleValueAdd} />`를 통해 이벤트를 연결합니다.

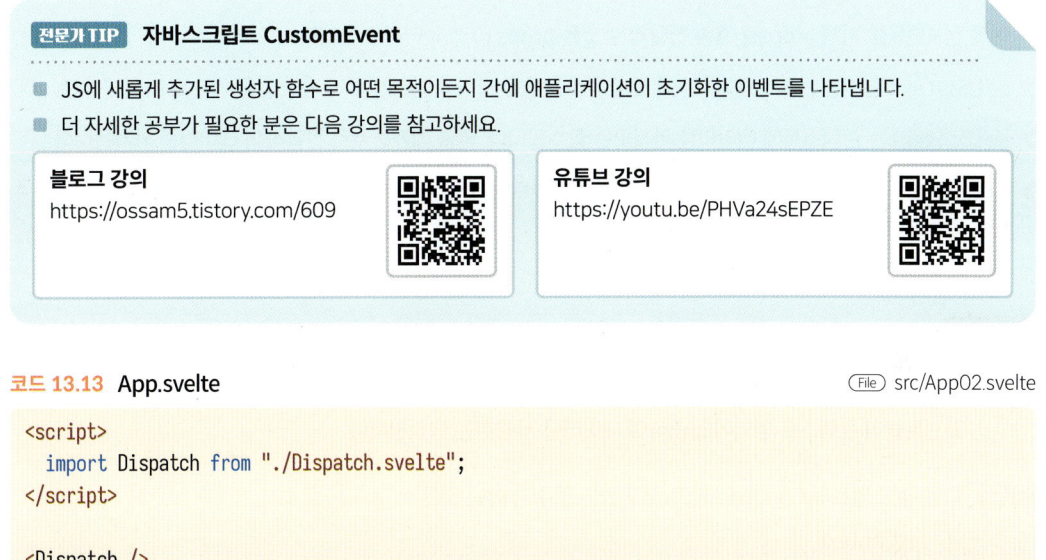

전문가TIP 자바스크립트 CustomEvent
- JS에 새롭게 추가된 생성자 함수로 어떤 목적이든지 간에 애플리케이션이 초기화한 이벤트를 나타냅니다.
- 더 자세한 공부가 필요한 분은 다음 강의를 참고하세요.

블로그 강의
https://ossam5.tistory.com/609

유튜브 강의
https://youtu.be/PHVa24sEPZE

코드 13.13 App.svelte   File src/App02.svelte

```
<script>
  import Dispatch from "./Dispatch.svelte";
</script>

<Dispatch />
```

마지막으로 `App.svelte`에 연결하고 실행 결과를 확인해보겠습니다.

그림 13.3과 같이 이벤트 전달이 잘 되어서 버튼 클릭 시 값이 정상적으로 증가하며, 콘솔 창에도 결과가 잘 출력되는 것을 확인할 수 있습니다.

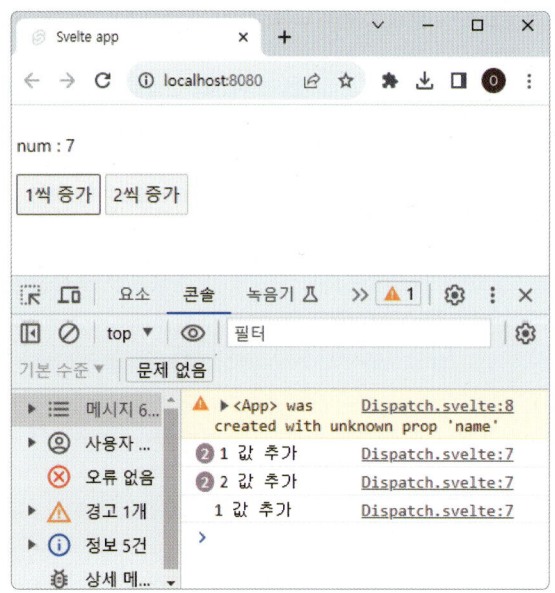

그림 13.4 코드 13.13 실행 결과

돌아보기

▶ Context API란 최상위 컴포넌트에서 전달하려는 데이터를 콘텍스트 영역에 추가하고, 자손/후손 컴포넌트들이 콘텍스트 영역에 접근하여 데이터를 사용하는 방식입니다.

▶ Context API는 중간 컴포넌트에서 props를 통해 전달하지 않아 효과적으로 데이터를 전달할 수 있습니다.

▶ 여러 컴포넌트를 거쳐 props를 계속 전달하는 것을 props drilling이라고 합니다.

▶ `setContext` 함수는 콘텍스트에 데이터를 추가하는 함수입니다. 매개변수에 키와 값을 쌍으로 작성해야 합니다.

▶ `getContext`는 콘텍스트에 데이터를 가져오는 함수입니다. 키를 매개변수로 전달하여 데이터를 가져옵니다.

▶ `dispatch`는 이벤트 전달 방식 중 하나로, 하위 컴포넌트에서 생성한 이벤트 함수를 상위 컴포넌트들이 사용할 수 있도록 해줍니다.

쪽지시험

문제 1 _____ 란 최상위 컴포넌트에서 전달하려는 데이터를 콘텍스트 영역에 추가하고, 자손/후손 컴포넌트들이 콘텍스트 영역에 접근하여 데이터를 사용하는 방식입니다.

문제 2 다음 중 스벨트의 Context API가 갖고 있는 함수가 아닌 것은?
① getContext
② setContext
③ dispatchContext
④ createEventDispatcher

문제 3 [○× 문제] 이벤트 버블링이란 하위 요소의 이벤트가 상위 요소로 전달되는 것을 말합니다. ( )

문제 4 _____ 은/는 이벤트 전달을 위한 방법입니다. 하위 컴포넌트에서 생성한 이벤트 함수를 상위 컴포넌트들이에서 사용할 수 있도록 해줍니다.

문제 5 여러 컴포넌트를 거쳐 props를 계속 전달하는 것을 _____(이)라고 합니다.

정답: 1. Context API, 2. ③, 3. ○, 4. dispatch, 5. props drilling

학습 포인트
- writable 스토어
- readable 스토어
- derived 스토어
- 커스텀 스토어
- 스토어 바인딩

동영상 강의

https://bit.ly/svelte_14-1

https://bit.ly/svelte_14-2

CHAPTER 14 스토어

스토어store는 전역에서 데이터를 전달받고 싶거나, 데이터 변경을 요청할 때 사용합니다. Context API보다 더 효율적으로 데이터 관리를 할 수 있습니다. 그림 14.1은 스토어와 컴포넌트 간의 데이터 전달 흐름을 도식화한 것입니다. Vue.js는 상태 관리 라이브러리로 Vuex를 공식 지원하고, 리액트는 외부 라이브러리인 리덕스를 통해 스토어를 관리합니다. 스벨트는 자체적으로 스토어 기능을 포함하고 있습니다. 이번 장에서는 스벨트가 스토어를 통해 데이터를 어떻게 관리하는지 살펴보도록 하겠습니다.

실습 안내 아래 명령어를 터미널에 작성 후 실습을 진행해주세요.

```
npx degit sveltejs/template ch14_Store
cd ch14_Store
npx svelte-migrate@latest svelte-4
npm install
npm run dev
```

- 브라우저 실행 후 문제가 생겨 터미널을 중단하고 싶다면 Ctrl + C 를 입력하면 됩니다.
- 이번 장은 스토어를 통해 컴포넌트에 데이터 전달을 해야 합니다. 정확한 컴포넌트명을 작성하여 전달하는 것이 중요합니다. App.svelte에 전부 작성하지 말고, 해당 파일명을 잘 확인해주세요.

14.1 writable 스토어

키워드 ▶▶▶ 스토어, writable 스토어, get, set, update, subscribe

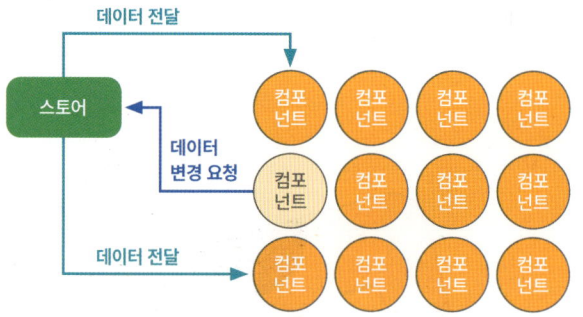

그림 14.1 스토어와 컴포넌트 간의 데이터 전달 흐름

writable 스토어는 읽고 쓰기가 모두 가능한 스토어로, 가장 기본적이며 자주 사용합니다. 스토어는 여러 컴포넌트에서 사용할 수 있으므로, 컴포넌트가 아닌 일반 자바스크립트 문서에 따로 선언합니다.

코드 14.1 writable 스토어 기본 문법

```
import { writable } from 'svelte/store';
export const 스토어명 = writable(기본값);

//마크업
{ $스토어명 }
```

writable이 갖고 있는 메서드는 네 가지 입니다.

- get: 값 가져오기
- set: 값 초기화
- update: 값 수정
- subscribe: 값을 반응성 형태로 조회

14.1.1 카운터 예제

지금부터 카운터 예제를 만들어보겠습니다. 버튼을 '증가', '감소', '초기화' 이렇게 세 가지로 나누고, 각각을 컴포넌트로 분리할 예정입니다. 각각의 컴포넌트가 분리되어 있어도 동일한 값을 공유하는 것을 확인할 수 있습니다.

코드 14.2 **store01.js**   File src/store01.js

```js
import { writable } from 'svelte/store';

export const count = writable(0);
```

스토어는 컴포넌트가 아니기 때문에 일반 자바스크립트 문서에 담습니다. 파일의 확장자는 `.svelte`가 아닌 `.js`로 해야 하며, 전역에서 사용할 `count`라는 변수에 `writable(0);`을 입력해 초깃값을 0으로 지정했습니다.

코드 14.3 **Increment.svelte**   File src/Increment.svelte

```svelte
<script>
  import { count } from './store01';

  const increment = () => {
    count.update((n) => n + 1);
  }
</script>

<button on:click={increment}> + </button>
```

`count`값을 스토어 문서로부터 호출합니다. `increment` 함수는 버튼 클릭 시 값을 1씩 증가시키는 이벤트 함수로 처리했습니다.

코드 14.4 **Decrement.svelte**   File src/Decrement.svelte

```svelte
<script>
  import { count } from './store01';

  const decrement = () => {
    count.update((n) => n - 1);
  }
</script>

<button on:click={decrement}> - </button>
```

count값을 스토어 문서로부터 호출합니다. decrement 함수는 버튼 클릭 시 값을 1씩 감소시키는 이벤트 함수로 처리했습니다.

코드 14.5 Reset.svelte

> File src/Reset.svelte

```svelte
<script>
  import { count } from './store01';

  const reset = () => {
    count.set(0);
  }
</script>

<button on:click={reset}> reset </button>
```

count값을 스토어 문서로부터 호출합니다. reset 함수는 버튼 클릭 시 값을 0으로 초기화하는 이벤트 함수로 처리했습니다.

코드 14.6 Counter01.svelte — 자동 업데이트 코드

> File src/Counter01.svelte

```svelte
<script>
  import { count } from './store01';
  import Increment from './Increment.svelte';
  import Decrement from './Decrement.svelte';
  import Reset from './Reset.svelte';
</script>

<h1>count값:  {$count}</h1>
<Increment />
<Decrement />
<Reset />
```

count값을 스토어 문서로부터 호출합니다. 각각의 버튼 컴포넌트를 모두 불러오고, 마크업 영역에서는 count를 반응성 코드로 불러옵니다. 현재 코드는 자동으로 count값이 반응하여 동작합니다. 추가적으로, subscribe 메서드를 통해 업데이트를 수동으로 처리할 수도 있습니다.

코드 14.7 Counter02.svelte — subscribe

> File src/Counter02.svelte

```svelte
<script>
  import { count } from './store01';
  import Increment from './Increment.svelte';
  import Decrement from './Decrement.svelte';
  import Reset from './Reset.svelte';
```

```
  let countValue;
  const unsubscribe = count.subscribe((value) => {
    countValue = value;
  });
</script>

<h1>count값: {countValue}</h1>
<Increment />
<Decrement />
<Reset />
```

결과는 같지만, 코드는 훨씬 복잡해지는 것을 확인할 수 있습니다.

코드 14.8 **App.svelte** 　　　　　　　　　　　　　　　　　　　　　File src/App.svelte

```
<script>
  import Counter01 from "./Counter01.svelte";
</script>

<Counter01 />
```

최종적으로 `App.svelte`로 불러와 브라우저에서 테스트해보겠습니다. 이때, `<Counter01 />` 컴포넌트를 `<Counter02 />` 컴포넌트로 변경하여 정상적으로 동작하는지 확인해보세요.

그림 14.2 코드 14.8 실행 결과

`count` 수치가 각각 버튼 컴포넌트로도 변경되는 것을 확인할 수 있습니다.

14.1.2 Reactive Context

13장에서 최상위 컴포넌트에서 불러온 Context 값이 자손 컴포넌트에서는 변경되지 않았던 예제를 살펴봤습니다(코드 13.5~13.8). 그 문제를 여기서 해결해보겠습니다.

코드 14.9 ContextGrandStore.svelte — 최상위 컴포넌트   ⓕ src/ContextGrandStore.svelte

```svelte
<script>
  import { writable } from "svelte/store";
  import { setContext } from "svelte";
  import ContextFatherStore from "./ContextFatherStore.svelte";

  let num = writable(1);

  setContext('num',num);
</script>

<div>
  <h1>Grand 구역</h1>
  <button on:click={() => $num++}>1씩 증가</button>
  <p>기본 숫자 : { $num }</p>
  <hr />
  <ContextFatherStore />
</div>
```

원래 스토어는 외부 자바스크립트 문서에 작성하여 여러 컴포넌트가 공유하도록 하는 것이 좋습니다. 하지만 이번 예제에서는 이전에 작성한 Context API 코드의 수정이므로, 최상위 컴포넌트에 스토어를 호출했습니다. `num` 변수에 읽고 쓰기가 가능한 `writable` 함수를 선언하여 기본값을 1로 설정했습니다. 이후 `setContext('num',num);`의 값으로 `num` 변수를 처리합니다. 마크업 영역에서도 데이터를 자동으로 처리할 수 있도록 모든 `num` 변수 참조를 `$num`으로 변경합니다.

코드 14.10 ContextFatherStore.svelte — 중간 컴포넌트   ⓕ src/ContextFatherStore.svelte

```svelte
<script>
  import ContextChildStore from "./ContextChildStore.svelte";
</script>

<div>
  <h2>Father 구역</h2>
  <hr />
  <ContextChildStore />
</div>
```

중간 컴포넌트는 자손 컴포넌트명을 제외하고는 변경되는 코드는 없습니다.

코드 14.11 ContextChildStore.svelte — 최하위 자손 컴포넌트   ⓕ src/ContextChildStore.svelte

```svelte
<script>
  import { getContext } from "svelte";
```

```
  let num = getContext('num');

  $:square = $num * $num;
</script>

<div>
  <h3>Child 구역</h3>
  <p>제곱 숫자 : { square }</p>
</div>
```

최하위 자손 컴포넌트에서는 변수 선언 시에만 제외하고 모두 `$num`으로 변경하면 됩니다.

코드 14.12 App.svelte _{File} src/App01.svelte

```
<script>
  import ContextGrandStore from "./ContextGrandStore.svelte";
</script>

<ContextGrandStore />
```

최종적으로 `App.svelte`로 불러와 브라우저에서 테스트해보겠습니다.

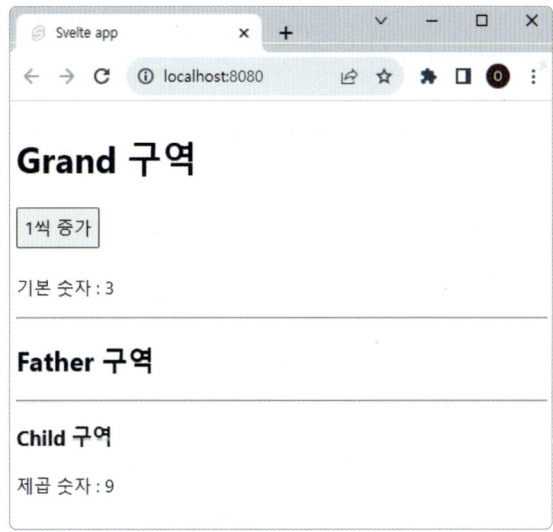

그림 14.3 코드 14.12 실행 결과

이번에는 제곱 숫자까지 잘 변경되는 것이 확인됩니다. 이렇게 Context API와 스토어를 같이 사용하여 전역적으로 값을 효율적으로 관리할 수 있습니다.

14.2 readable 스토어

키워드 ▶▶▶ **readable 스토어**

readable 스토어는 읽기만 가능한 스토어를 지원합니다. 보통 현재 시간, 사용자 위치, 마우스 위치 등 수정이 필요하지 않은 스토어를 선언해야 할 때 readable 스토어를 사용합니다.

코드 14.13 readable 기본 문법

```
readable(초깃값, function start (set) {
  //초기 스토어값 호출 시 코드
  return function stop(){
    //스토어값 제거 시 코드
  };
});
```

문법에서 초깃값이 필요 없는 경우에는 `null`이나 `undefined`를 사용할 수 있습니다. `set`은 관찰되고 있는 값을 변경하는 콜백 함수입니다.

이번에는 시간을 스토어에 담고 호출하는 기능을 만들어보도록 하겠습니다.

코드 14.14 store02.js   File src/store02.js

```
import { readable } from 'svelte/store';

export const time = readable(new Date(), function start(set) {
  const interval = setInterval(() => {
    set(new Date());
  }, 1000);

  return function stop() {
    clearInterval(interval);
  };
});
```

스토어는 컴포넌트가 아니기 때문에 일반 자바스크립트 문서로 제작합니다. 보통 `store.js`로 많이 제작합니다. 일단 `store`에서 `readable` 함수를 호출합니다. `time`이라는 변수에 `readable` 함수를 할당하고, 초깃값은 현재 시간인 `new Date()`로 처리합니다. 1초마다 시간이 변경되도록 `setInterval` 함수를 작성하여 `set(new Date());`로 시간을 업데이트합니다. 시간이 계속 흐르면 메모리를 차지하므로, 스토어값이 사라질 때 `interval` 함수도 사라지게 처리합니다.

코드 14.15 Readable.svelte File src/Readable.svelte

```svelte
<script>
  import { time } from './store02';

  const formatter = new Intl.DateTimeFormat('en', {
    hour12: true,
    hour: 'numeric',
    minute: '2-digit',
    second: '2-digit'
  });
</script>

<h1>현재 시각: {formatter.format($time)}</h1>
```

그럼 `store02.js`에서 `time` 변수를 불러옵니다. 그리고 `formatter` 변수에는 날짜를 시, 분, 초로 간단한 형식으로 변환하는 명령을 작성합니다. 마크업 영역에 호출 시 `$time`으로 반응성 코드로 값을 자동으로 업데이트하도록 처리합니다.

코드 14.16 App.svelte File src/App02.svelte

```svelte
<script>
  import Readable from "./Readable.svelte";
</script>

<Readable />
```

최종적으로 `App.svelte`로 불러와 브라우저에서 테스트해보겠습니다.

그림 14.4와 같이 결과를 보면 브라우저에 현재 시간이 표시되고, 1초마다 시간이 업데이트되는 것을 확인할 수 있습니다.

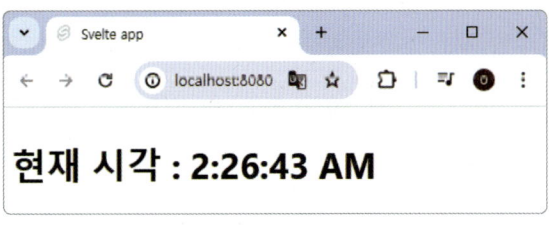

그림 14.4 코드 14.16 실행 결과

14.3 derived 스토어

키워드 ▶▶▶ **derived 스토어**

derived는 영어로 '파생된', '유래된'이라는 뜻을 가지고 있습니다. 이 단어의 의미처럼, **derived 스토어**는 기존의 스토어값에서 파생된 값을 가공하여 사용할 수 있게 해주는 기능을 제공합니다. 즉, 기존 스토어값을 이용하여 새로운 스토어값을 생성하는 기능을 합니다.

코드 14.17 derived 스토어 기본 문법

```
import { 다른 스토어, derived } from 'svelte/store';

export const derived명 = derived(기존 스토어명, $기존 스토어명 => $기존 스토어명(변경 코드 반환));
```

이번에는 코드 14.14~14.16까지 작성했던 시간 반환 코드에 페이지가 열린 시간을 초 단위로 반환하는 예제를 추가해보겠습니다.

코드 14.18 store03.js

File src/store03.js

```
import { readable, derived } from 'svelte/store';

export const time = readable(new Date(), function start(set) {
  const interval = setInterval(() => {
    set(new Date());
  }, 1000);

  return function stop() {
    clearInterval(interval);
  };
});
const start = new Date();

export const elapsed = derived(time, ($time) => Math.round(($time - start) / 1000));
```

첫 번째 코드에 `derived`를 추가로 호출합니다. 기존 코드에서 아래 두 줄만 추가되었습니다. `start`는 페이지가 처음 열린 시간을 담는 변수입니다. `time` 변수는 1초마다 시간이 변경되기 때문에, 페이지가 처음 열렸던 시간을 기준으로 삼기 위해 필요합니다. `elapsed`에는 `derived` 함수를 통해 현재 시간에서 처음 열린 시간을 빼고, 1000으로 나눈 값이 담기도록 처리했습니다. 따라서 `elapsed`는 초 단위로 반환됩니다.

코드 14.19 Derived.svelte   File src/Derived.svelte

```svelte
<script>
  import { time, elapsed } from './store03';

  const formatter = new Intl.DateTimeFormat('en', {
    hour12: true,
    hour: 'numeric',
    minute: '2-digit',
    second: '2-digit'
  });
</script>

<h1>현재 시각: {formatter.format($time)}</h1>
<p>현재 페이지가 열린지 {$elapsed}초가 지났습니다.</p>
```

두 번째 줄에 `elapsed` 스토어를 추가로 호출합니다. 그리고 마지막 줄에 `p` 태그를 추가하여, 값이 변경될 때 자동으로 업데이트되도록 `{$elapsed}`로 반환합니다.

코드 14.20 App.svelte   File src/App03.svelte

```svelte
<script>
  import Derived from "./Derived.svelte";
</script>

<Derived />
```

최종적으로 `App.svelte`로 불러와 브라우저에서 테스트해보겠습니다.

그림 14.5를 보면 화면 하단에 문단이 추가되었고, 1초마다 초가 증가하는 것을 확인할 수 있습니다.

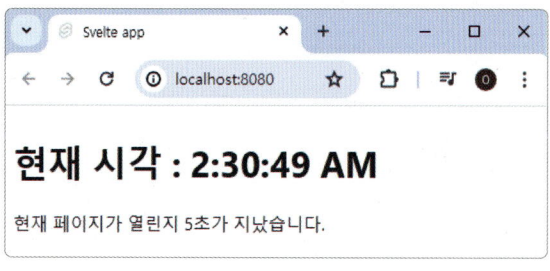

그림 14.5 코드 14.20 실행 결과

14.4 커스텀 스토어

키워드 ▶▶▶ 커스텀 스토어, subscribe

이번에는 개발자가 직접 만드는 **커스텀 스토어**를 만들어보겠습니다. `subscribe`가 구현된 객체를 만들면 커스텀 스토어가 됩니다. 기존의 카운터 예제를 커스텀 스토어로 변경해보겠습니다.

코드 14.21 **store04.js** `File` src/store04.js

```js
import { writable } from 'svelte/store';

const createCount = () => {
  const { subscribe, set, update } = writable(0);

  return {
    subscribe,
    increment: () => update(n => n + 1),
    decrement: () => update(n => n - 1),
    reset: () => set(0)
  };
}

export const count = createCount();
```

카운터 예제는 읽고 쓰기가 모두 가능한 `writable`를 호출합니다. `createCount` 함수에 custom 스토어를 생성해보겠습니다. 먼저 `writable`이 가진 모든 메서드를 비구조화 할당으로 각각 담습니다. 그리고 객체를 `return`하는데 `subscribe`가 구현되어 있으면 모두 `store`로 처리됩니다. 그래서 `count`는 `subscribe`, `increment`, `decrement`, `reset` 함수를 가지는 새로운 커스텀 스토어가 됩니다.

코드 14.22 **Custom.svelte** `File` src/Custom.svelte

```svelte
<script>
  import { count } from './store04';
</script>

<h1>현재 값: {$count}</h1>

<button on:click={count.increment}>+</button>
<button on:click={count.decrement}>-</button>
<button on:click={count.reset}>reset</button>
```

스토어로부터 `count`를 호출하면, `count`에는 모든 커스텀 스토어의 함수들이 포함되어 있습니다. 따라서 버튼 요소에 이벤트로 각각 할당하면 됩니다. 이렇게 하면 이전의 `writable` 예제보다 훨씬 간단하게 구현할 수 있습니다.

코드 14.23 App.svelte　　　　　　　　　　　　　　　　　　　　　File　src/App04.svelte

```svelte
<script>
  import Custom from "./Custom.svelte";
</script>

<Custom />
```

최종적으로 `App.svelte`로 불러와 브라우저에서 테스트하면, 버튼 클릭에 따라 수치가 정상적으로 변경되는 것을 확인할 수 있습니다.

14.5 스토어 바인딩

키워드 ▶▶▶ 스토어 바인딩, writable 스토어

스토어에서도 바인딩 기능을 사용할 수 있습니다. 바인딩을 위해서는 `writable` 스토어를 사용해야 하며, 이때 `set` 함수가 필요합니다. `set` 함수가 없으면 바인딩 처리가 되지 않습니다. 바인딩 방법은 일반적인 바인딩 방식과 크게 다르지 않습니다.

코드 14.24 store05.js `File` src/store05.js

```js
import { writable, derived } from 'svelte/store';

export const name = writable('홍길동');
export const greeting = derived(
  name,
  $name => `안녕~ ${$name}!`
);
```

우선 `writable`, `derived`를 호출합니다. `name`이라는 스토어 변수에 기본값을 '홍길동'으로 처리합니다. 그리고 `greeting` 변수는 기존 `name`값을 이용해 새로운 스토어를 만든 것입니다.

코드 14.25 Binding.svelte `File` src/Binding.svelte

```svelte
<script>
  import { name, greeting } from './store05';
</script>

<h1>{$greeting}</h1>
<input bind:value={$name}>
```

스토어로부터 `name`, `greeting`을 호출합니다. 그리고 `input` 태그 요소에 `bind:value={$name}`로 `name`값을 바인딩합니다.

코드 14.26 App.svelte `File` src/App05.svelte

```svelte
<script>
  import Binding from "./Binding.svelte";
</script>

<Binding />
```

최종적으로 App.svelte로 불러와 브라우저에서 테스트해보겠습니다.

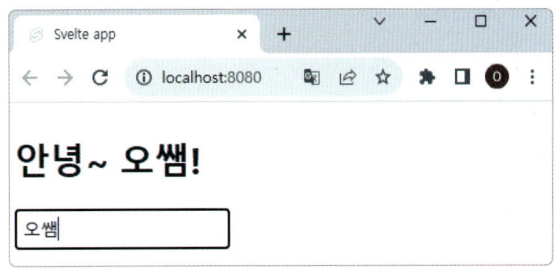

그림 14.6 코드 14.26 실행 결과

input 태그 요소에서 입력한 글자를 변경하면 상단 화면에서도 따라서 변경되는 것이 확인됩니다. 이와 같이 스토어값도 바인딩 처리하여 사용할 수 있습니다.

돌아보기

▶ 스토어store는 전역에서 데이터를 전달받고 싶거나, 데이터 변경을 요청할 때 사용합니다.
▶ 스토어는 writable 스토어, readable 스토어, derived 스토어, 커스텀 스토어 이상 4가지로 구성됩니다.
▶ writable 스토어는 읽고 쓰기가 모두 가능한 스토어로, 가장 기본이 되고 많이 사용합니다.
▶ readable 스토어는 읽기만 가능한 스토어를 지원합니다.
▶ derived 스토어는 기존에 있는 스토어값에서 파생된 값을 가공하여 사용할 수 있게 하는 기능입니다.
▶ 커스텀 스토어는 개발자가 직접 만들어서 사용하는 스토어입니다.
▶ 스토어도 바인딩 기능이 가능합니다. 단, 바인딩하려면 writable 스토어로 처리해야 합니다.

쪽지시험

문제 1 _____ 은/는 전역에서 데이터를 전달받고 싶거나, 데이터 변경을 요청할 때 사용합니다.

문제 2 다음 중 스토어의 종류가 아닌 것은?
  ① Writable
  ② Readable
  ③ Derived
  ④ Context

문제 3 writable 스토어가 갖고 있는 메서드가 아닌 것은?
  ① set
  ② get
  ③ derived
  ④ subscribe

문제 4 readable 스토어가 지원하는 읽기만 가능한 기능이 아닌 것은?
  ① 현재 시간
  ② 컴포넌트 props값
  ③ 사용자 위치
  ④ 마우스 위치

문제 5 [○✕ 문제] 스토어는 바인딩이 불가능합니다.   (   )

정답: 1. 스토어(store), 2. ④, 3. ③, 4. ②, 5. ✕

스벨트 스타일과 DOM 제어

웹 앱을 만들 때 스타일과 효과는 매우 중요합니다. 소개팅을 예로 들어보면, 사람들은 내면이 중요하다고 말하지만, 짧은 만남에서 그 사람의 내면을 깊이 알기는 어렵습니다. 아무리 내면이 좋은 사람이라도 첫 만남에서 외모에 신경 쓰지 않으면 호감을 주기 힘들 것입니다. 웹 앱도 마찬가지입니다. 콘텐츠가 아무리 좋더라도 스타일이 부족하면 사용자는 쉽게 떠날 수 있습니다. 앞에서 내면을 다지는 콘텐츠 구조를 배웠다면, 4부에서는 콘텐츠를 더 매력적으로 보이게 꾸미는 스타일 적용법과 스벨트의 다양한 내장 효과를 살펴보겠습니다.

또한, 웹 개발에서 DOM을 직접적으로 제어해야 하는 상황이 종종 발생합니다. 이를 위해 스벨트는 특별한 동작을 제작할 수 있는 액션 기능을 제공하며, 컴포넌트가 자기 자신이나, window, document 객체를 직접적으로 선택할 수 있는 특별한 요소를 지원합니다. 3부에서는 스벨트가 다른 웹 프런트엔드 언어와는 어떻게 다르게 DOM 요소를 제어하는지 살펴보겠습니다.

이제 스벨트의 스타일과 효과, DOM 제어 방법을 통해 더욱 매력적이고 기능적인 웹 애플리케이션을 만들어봅시다.

학습 포인트
- 스벨트 CSS 기본 사용법
- class: 지시문(directive)
- rollup을 통한 Sass 플러그인 설치

동영상 강의

https://bit.ly/svelte_15-1

https://bit.ly/svelte_15-2

CHAPTER 15
스벨트 CSS 제어

웹 개발에서 스타일링은 단순히 멋을 내는 것을 넘어 사용자 경험을 향상시키는 중요한 요소입니다. 스벨트는 CSS를 작성하는 전통적인 방법 외에도, 컴포넌트의 상태와 연동하여 스타일을 동적으로 제어할 수 있는 class: 지시문directive을 제공합니다. 이를 통해 상태에 따라 스타일을 쉽게 변경할 수 있습니다. 또한, 스벨트에서는 기본적으로 Sass를 지원하지 않기 때문에, Sass를 사용하려면 별도의 플러그인을 설치해야 합니다. 이번 장에서는 스벨트에서 스타일을 어떻게 제공하고 활용할 수 있는지, 그리고 Sass와 같은 도구를 통합하는 방법에 대해 자세히 알아보겠습니다.

> **실습 안내** 아래 명령어를 터미널에 작성 후 실습을 진행해주세요.

```
npx degit sveltejs/template ch15_SvelteCSS
cd ch15_SvelteCSS
npx svelte-migrate@latest svelte-4
npm install
npm run dev
```

⚠ 브라우저 실행 후 문제가 생겨 터미널을 중단하고 싶다면 `Ctrl` + `C`를 입력하면 됩니다.

15.1 스벨트 CSS 기본 사용법

키워드 ▶▶▶ 스벨트CSS, style태그, 상탯값CSS

2부 '스벨트 컴포넌트 사용법'에서 CSS를 어디에 작성하는지 살펴보았습니다. 바로 `style` 태그 내부에 CSS 언어를 작성하면 됩니다. 태그 선택자를 통해 스타일을 적용할 수도 있지만, 다른 컴포넌트의 스타일과 겹치지 않도록 하기 위해 보통 `class` 속성을 많이 사용합니다.

코드 15.1 컴포넌트 기본 구조

```
//script 영역
<script>
</script>

//markup 영역
<태그명></태그명>

//style 영역
<style>
</style>
```

컴포넌트는 스크립트, 마크업, 스타일의 3가지 영역으로 나눕니다. 이 3개 영역의 작성 순서는 관계없으며, 3개 모두 없어도 됩니다. 중요한 점은 스크립트와 스타일을 각각 해당 태그 안에 작성해야 한다는 것입니다. 그럼, 태그들을 작성한 후 스타일이 잘 적용되는지 확인해보겠습니다.

코드 15.2 CSS 적용 코드 – App.svelte   File src/Css01.svelte

```
<script>
  let color01 = 'pink';
</script>

<h1>제목 태그1</h1>
<h2 class="title02">제목 태그2</h2>
<h3 style="color: {color01}">{color01}</h3>

<style>
  h1{ background-color: black; color: pink; }
  .title02{ background-color: black; color: yellow; }
</style>
```

스크립트 영역에서 작성한 상탯값을 스타일 영역에는 적용할 수 없습니다. 하지만 마크업 영역에서 태그의 `style` 속성에는 적용이 가능합니다. 이를 확인하기 위해 h3 태그 요소에 `style` 속성을 사용했습니다.

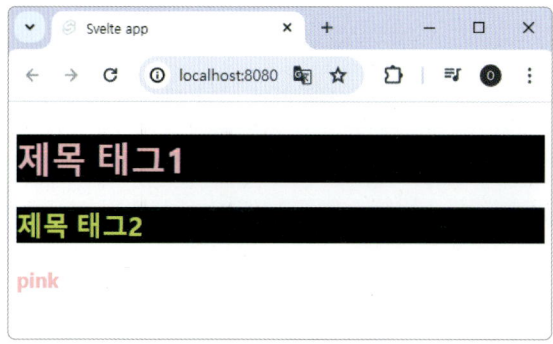

그림 15.1　코드 15.2 실행 결과

15.2 class: 지시문

키워드 ▶▶▶ class: 지시문

스벨트에서는 `class:` 지시문directive[1]을 통해 상탯값과 연동하여 콘텐츠를 제어할 수 있습니다. 스벨트에서의 지시문은 원래 HTML이 갖고 있는 것이 아닌 특정 기능을 위해 스벨트가 태그에 제공합니다. 11장에서도 `let:` 지시문을 사용한 적이 있습니다.

코드 15.3 class: 지시문 기본 문법

```
<태그명 class:css클래스명={상탯값} />
```

코드 15.3의 기본 문법을 보면, 문서 객체에 상탯값이 `true`와 같다면 해당 CSS 클래스를 적용하라는 의미입니다. 대표적으로 CSS를 적용할 때 활성화 상태를 의미하는 `active` 클래스가 있습니다. 이 `active` 클래스는 CSS에서 기본적으로 제공되는 것이 아니고, 보통 개발자들이 활성 상태를 표시하기 위해 많이 사용하는 클래스입니다. 따라서 `active` 클래스를 통해 버튼 요소를 활성화해보겠습니다.

코드 15.4 class: 지시문을 이용한 버튼 활성 처리 코드 — App.svelte   File src/Class01.svelte

```svelte
<script>
  let current = 'first';
</script>

<button class:active={current === 'first'} on:click={() => current = 'first'}>첫 번째 버튼
</button>
<button class:active={current === 'second'} on:click={() => current = 'second'}>두 번째 버튼</button>
<button class:active={current === 'third'} on:click={() => current = 'third'}>세 번째 버튼 </button>

<style>
  button{
    border: none; border-radius: 5px; background-color: #ededed;
    padding: 5px 20px; cursor: pointer;
  }
  button::after{ content: ' - 비활성'; }
```

---

[1] 컴퓨터 프로그래밍에서 지시문은 컴파일러가 입력을 처리하는 방법을 지정하는 언어 구성입니다. 지시문은 각 언어마다 다를 수 있습니다. https://en.wikipedia.org/wiki/Directive_(programming)

```
    .active{ background-color: cornflowerblue; color: white; }
    .active::after{ content: ' - 활성'; }
</style>
```

코드 15.4에서는 current라는 상탯값을 선언했습니다. 이 상탯값을 비교 연산하여 true면 active 클래스를 적용하도록 했습니다. current값은 클릭 이벤트를 통해 클릭 시 각각의 버튼의 순서 값으로 변하게 되며, 이를 통해 버튼을 클릭하면 해당 버튼에 active 클래스가 적용됩니다.

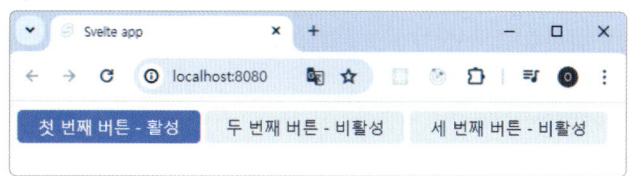

그림 15.2 코드 15.4 실행 결과

초기 상태에서는 current의 값이 first이기 때문에 첫 번째 버튼이 활성화 처리됩니다. 다른 버튼을 클릭하면 해당 버튼이 활성화되는 것을 확인할 수 있습니다.

이번에는 체크박스의 바인딩을 통해 클래스를 연결해보겠습니다. 체크박스를 선택하면 버튼에 실선이 들어가고, 선택하지 않으면 실선이 들어가지 않도록 설정할 것입니다.

코드 15.5 class: 지시문과 바인딩을 통한 버튼 선처리 코드 — App.svelte　　　File　src/Class02.svelte

```
<script>
  let border;
</script>

<h3>테두리 선택</h3>
<label>
  <input type="checkbox" bind:checked={border}> 실선
</label>
<hr />
<button class:border>버튼</button>

<style>
  button{
    border: none; border-radius: 5px; background-color: #ededed;
    padding: 5px 20px; cursor: pointer;
  }
  .border{ border: 3px solid green; }
</style>
```

먼저 `border` 상탯값을 선언하여 체크박스가 선택되면 `true`를 받도록 처리했습니다. 그리고 스타일 영역에 `border` 클래스를 통해 테두리를 처리했습니다. 버튼에는 `class:border`를 통해 `border`가 `true`면 해당 클래스를 적용하도록 설정했습니다.

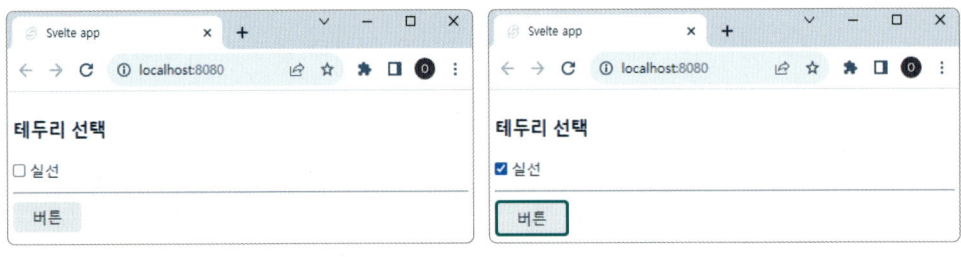

그림 15.3 선택하지 않은 경우   그림 15.4 선택한 경우

초기 상태는 체크박스가 선택되지 않았으므로 버튼에 테두리가 없습니다. 체크박스를 선택하면 버튼에 테두리가 생기는 것을 확인할 수 있습니다.

이번에는 좀 더 세부적인 선택을 위해 radio 버튼을 이용하여 실선, 점선, 두 줄로 표시하는 기능을 구현해보겠습니다. 이전에 배운 `if` 블록, `each` 블록, 바인딩 등을 활용하면 어렵지 않은 코드입니다.

코드 15.6 class: 지시문과 바인딩을 통한 버튼 선 종류 고르기 코드 — App.svelte   File src/Class03.svelte

```svelte
<script>
  let choice = 0;
  let borders = ['실선','점선','두줄'];
</script>

<h3>테두리 선택</h3>
{#each borders as border, i}
  <label>
    <input type="radio" bind:group={choice} value={i}>
    { border }
  </label>
{/each}
<hr />
{#if choice === 0}
  <button class:borderSolid={true}>버튼</button>
{:else if choice === 1}
  <button class:borderDashed={true}>버튼</button>
{:else if choice === 2}
  <button class:borderDouble={true}>버튼</button>
{/if}
```

```
<style>
  button{
    border: none; border-radius: 5px; background-color: #ededed;
    padding: 5px 20px; cursor: pointer;
  }
  .borderSolid{ border: 3px solid green; }
  .borderDashed{ border: 3px dashed green; }
  .borderDouble{ border: 3px double green; }
</style>
```

`choice` 상탯값은 `input` 태그 요소와 바인딩되어 있습니다. 이 값이 `0`이면 첫 번째 `input` 태그 요소에 체크가 되고, `1`이면 두 번째 `input` 태그 요소에 체크가 되고, `2`이면 세 번째 `input` 태그 요소에 체크가 됩니다. 각 체크박스는 `borderSolid`, `borderDashed`, `borderDouble` 클래스명과 연동되어 있으며, 이 값들이 `true`가 되면 `button` 태그 요소에 해당 클래스가 적용되도록 처리했습니다. `each` 블록을 통해 `input` 태그 요소를 반복하여 구현했고, `if` 블록을 통해 `choice`값에 따라 어떤 클래스를 가진 버튼이 표시될지 결정합니다.

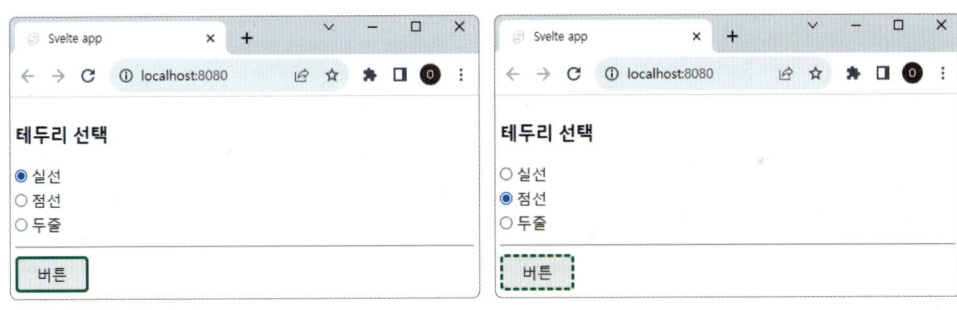

그림 15.5 초기 실선 상태   그림 15.6 점선으로 선택한 경우

결과 그림은 초기 상태와 점선 체크만 보여주고 있지만, 두 줄을 체크하는 경우 테두리가 두 줄로 나오는 것도 확인할 수 있습니다.

15.3 rollup을 통한 Sass 플러그인 설치

키워드 ››› Sass, SCSS, rollup, webpack, Sass 플러그인,, svelte-preprocess-sass

rollup은 **webpack**과 같은 **번들러**bundler입니다. webpack은 초기부터 사용된 번들러로 여러 단점이 있어, 최근 스벨트는 rollup을 많이 사용하는 추세입니다. 물론 webpack도 이에 맞게 단점을 보완해 나가고 있습니다. 스벨트 초기 세팅을 완료하면 `rollup.config.js` 파일이 생성됩니다. 그래서 rollup을 통한 번들링이 가능합니다. 두 번들러 모두 지원하므로, 외부 플러그인을 설치할 때 webpack 방식인지, rollup 방식인지 확인해야 합니다. 대부분의 외부 플러그인 제공 사이트에서는 명령어를 설명해주므로, 해당 문서를 참고하여 명령어를 입력하면 됩니다.

앞에서는 CSS와 `class:` 지시문을 통해 스타일을 설정하는 방법을 배웠습니다. 그러나 실제 프로젝트에서는 CSS 전처리기인 **Sass**syntactically awesome stylesheets[2]를 훨씬 더 많이 사용합니다. Sass는 CSS처럼 바로 명령어를 작성할 수 없기 때문에 외부 플러그인을 설치해야 합니다. 이건 리액트나 Vue.js에서도 마찬가지입니다. 이번에 사용하는 Sass 외부 플러그인은 rollup 방식을 사용하므로, rollup에 대해 간단히 설명했습니다.

15.3.1 svelte-preprocess-sass 플러그인

구글에 **svelte-preprocess-sass**를 검색하거나 svelte-preprocess-sass npm 사이트[3]로 접속하면 해당 플러그인의 설치법과 사용법이 나옵니다.

먼저 터미널에 다음 명령어를 입력합니다. 그림 15.7의 사이트에서도 복사할 수 있습니다. Sass를 사용할 프로젝트 폴더에는 매번 설치를 따로 해야 합니다.

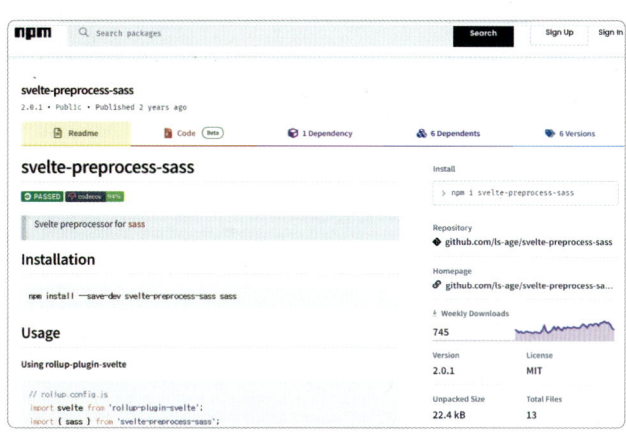

그림 15.7 svelte-preprocess-sass npm 사이트

---

[2] CSS의 단점을 보완하기 위해 만든 CSS 전처리기 https://en.wikipedia.org/wiki/Sass_(style_sheet_language)
[3] https://www.npmjs.com/package/svelte-preprocess-sass?activeTab=readme

```
npm i svelte-preprocess-sass
```

설치 후 `rollup.config.js`에 코드를 추가해야 합니다. 이 플러그인은 rollup 번들러를 사용한 플러그인입니다.

코드 15.7 rollup.config.js 코드 작성   File rollup.config.js

```
import svelte from 'rollup-plugin-svelte';
import { sass } from 'svelte-preprocess-sass';
...

export default {
  ...
  plugins: [
    ...
    svelte({
      preprocess: {
        style: sass(),
      },
    }),
  ],
};
```

첫 번째 `import` 구문은 원래 작성이 되어 있습니다. 두 번째 `import` 구문만 추가로 작성하면 됩니다. 역시 `svelte()`는 작성되어 있고 그 안의 `preprocess` 속성 부분만 작성하면 됩니다.

15.3.2 Sass 적용하기

이제 실제 Sass 문법이 잘 적용되는지 실습해보겠습니다. 이때 `style` 태그에는 `type` 속성이나 `lang` 속성을 사용하여 Sass나 SCSS_{Sassy CSS}를 사용한다고 표시해야 합니다. 하지만 `lang` 속성으로 작성 시 실제 코드는 에러가 없지만 비주얼 스튜디오 코드에서 오류로 표시되는 문제가 있을 수 있으므로, 여기서는 `type` 속성을 사용하여 Sass를 적용하겠습니다.

코드 15.8 Sass 작성 시 코드

```
<style type="text/sass">
</style>
//혹은
<style lang="sass">
</style>
```

코드 15.9 SCSS 작성 시 코드

```
<style type="text/scss">
</style>
//혹은
<style lang="scss">
</style>
```

실무에서는 Sass보다는 SCSS를 더 많이 사용하는 추세이므로, 이 책에서는 SCSS로만 실습하겠습니다. 그럼 SCSS 변수를 사용해 버튼의 글자색을 변경해보겠습니다.

코드 15.10 SCSS 적용 코드 — App.svelte   File src/Sass01.svelte

```
<button>Click me</button>

<style type="text/scss">
  $primary: red;

  button {
    color: $primary;
  }
</style>
```

`primary`라는 변수에 빨간색을 적용하고, 버튼의 글자색으로 설정하였습니다.

Sass는 현재 실무 프로젝트에서 널리 사용되고 있으며, 프런트엔드 개발자라면 이를 습득함으로써 다양한 언어와의 협업에 능숙해질 수 있습니다.

그림 15.8 코드 15.10 실행 결과

전문가 TIP Sass 공부하기

Sass를 쉽게 공부할 수 있는 블로그와 유튜브를 제공합니다.

블로그 강의
https://bit.ly/svelte_15-3

유튜브 강의
https://bit.ly/svelte_15-5

돌아보기

▶ 컴포넌트의 영역은 스크립트, 마크업, 스타일로 나뉘는데, 스타일은 `style` 태그 내부에 작성하면 됩니다.

▶ 스크립트 영역에서 사용한 상태변수를 요소에 작성할 때는 `<태그요소 style="CSS속성명: {상태변수명}">`으로 작성합니다.

▶ 스벨트는 `class:` 지시문을 통해 상탯값과 연동하여 콘텐츠를 제어할 수 있습니다.

▶ rollup은 webpack과 같은 번들러입니다.

▶ webpack 같은 경우는 초기에 나온 번들러로 여러 단점이 있어 최근 스벨트는 rollup을 많이 사용하는 추세입니다.

▶ Sass를 지원하는 플러그인인 svelte-preprocess-sass는 rollup 방식으로 사용합니다.

쪽지시험

문제 1 스벨트에서 컴포넌트 내부에 스타일을 사용하는 경우 작성하는 태그는 _____ 태그입니다.

문제 2 [OX퀴즈] 스크립트 영역에서 작성한 상태변수는 마크업 요소의 style 속성에서 사용할 수 없다. (   )

문제 3 스벨트에서 상탯값과 연동하여 콘텐츠를 제어하는 지시문은?
① let
② class
③ in
④ out

문제 4 [OX퀴즈] 스벨트는 별도의 플러그인 없이 SASS를 인식한다. (   )

문제 5 _____ 같은 경우는 초기에 나온 번들러로 여러 단점이 있어 최근 스벨트는 rollup을 많이 사용하는 추세입니다.

정답: 1. style, 2. ×, 3. ②, 4. ×, 5. webpack

학습 포인트

- transition: 지시문
- fadeIn/fadeOut 효과, blur 효과
- slide 효과, scale 효과, fly 효과
- draw 효과, crossfade 효과

동영상 강의

https://bit.ly/svelte_16-1

https://bit.ly/svelte_16-3

https://bit.ly/svelte_16-2

https://bit.ly/svelte_16-4

https://bit.ly/svelte_16-5

https://bit.ly/svelte_16-6

CHAPTER 16
스벨트 트랜지션

스벨트는 transition: 지시문을 이용해 콘텐츠 요소의 화면전환 효과를 만듭니다. **화면전환 효과**란 보통 요소가 나타나거나 사라지는 것을 의미하며, 이 전환의 모양도 다양합니다. 제이쿼리를 배웠다면 fadeIn/fadeOut, slideDown/slideUp 등의 화면전환 메서드를 기억할 것입니다. 스벨트도 이와 유사한 기능을 제공합니다. 이번 장에서는 스벨트가 다른 언어와는 달리 어떻게 화면전환을 제공하는지 살펴보도록 하겠습니다.

실습 안내 아래 명령어를 터미널에 작성 후 실습을 진행해주세요.

```
npx degit sveltejs/template ch16_transition
cd ch16_transition
npx svelte-migrate@latest svelte-4
npm install
npm run dev
```

⊙ 브라우저 실행 후 문제가 생겨 터미널을 중단하고 싶다면 Ctrl + C 를 입력하면 됩니다.

16.1 transition: 지시문

동영상 강의 https://bit.ly/svelte_16-1

키워드 ▸▸▸ transition, 화면전환

transition:은 앞에서 bind:나 let: 혹은 class: 같이 사용되는 지시문입니다. 지시문은 특정 명령을 저장하고 있는 것인데, transition:은 나타나고 사라지는 화면전환을 요청합니다.

코드 16.1 transition: 기본 문법

```
<script>
  import { 트랜지션명 } from 'svelte/transition';
</script>
<태그 요소 transition:트랜지션명={파라미터} />
```

기본적인 문법은 코드 16.1과 같습니다. transition:을 사용하려면 해당 트랜지션명을 먼저 import를 통해 호출해야 합니다. 먼저 트랜지션명에는 어떤 것들이 있는지 표 16.1을 보면서 정리하겠습니다.

표 16.1 스벨트 transition의 종류

트랜지션명	설명
fade	요소의 투명도를 이용해 애니메이션화합니다.
blur	요소의 불투명도와 함께 흐림필터를 애니메이션에 적용합니다.
slide	요소를 상단 혹은 좌측 기준으로 나타나거나 사라지게 합니다.
scale	요소의 불투명도와 크기에 애니메이션을 적용합니다.
fly	요소의 x, y 위치와 불투명도에 애니메이션을 전환합니다.
draw	SVG 요소에 애니메이션을 적용합니다.
crossfade	두 개의 요소 간 화면전환 효과를 만듭니다.

CHAPTER 16 스벨트 트랜지션 **203**

16.2 페이드 효과

키워드 ▸▸▸ fade, in: 지시문, out: 지시문

페이드fade 효과는 요소의 투명도를 이용해 애니메이션을 진행합니다. 간단하게 `fade`로 호출할 수도 있고, 파라미터를 통해 세부적으로 조정할 수도 있습니다. 그리고 `in:`과 `out:` 지시문을 이용하여 다양한 효과를 적용할 수 있습니다.

16.2.1 간단한 페이드 효과

여기서는 간단하게 지시문 옆에 `fade`를 작성하여, 체크박스를 선택하면 요소가 보이도록 처리하고, 선택하지 않으면 요소가 보이지 않게 만들어보겠습니다.

코드 16.2 transition:fade 문법 — App.svelte  src/Fade01.svelte

```svelte
<script>
  import { fade } from 'svelte/transition';
  let visible = false;
</script>

<label>
  <input type="checkbox" bind:checked={visible} /> 보임
</label>

{#if visible}
  <p transition:fade>Svelte Fade Effect</p>
{/if}
```

우선적으로 `import`를 통해 `fade`를 호출합니다. `visible`의 상탯값을 `false`로 설정하고, 체크박스에 `bind:checked`를 통해 선택과 미선택 상태를 확인합니다. `if` 블록을 통해 `visible`값이 `true`면 p 태그 요소를 보이게 처리합니다.

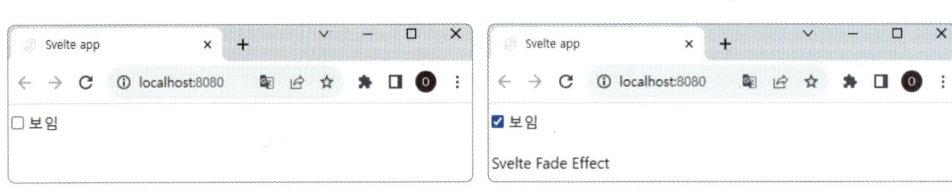

그림 16.1 초기 선택하지 않은 상태   그림 16.2 선택한 상태

초기 실행에서는 `false`로 설정되어 있어서 요소가 보이지 않지만, 체크박스를 선택하면 자연스럽게 시간차를 주고 나타나는 것이 확인됩니다. 기본 파라미터가 자동으로 적용되기 때문에 추가적인 설정 없이도 페이드 효과가 적용됩니다.

16.2.2 fade의 파라미터

그럼 이번에는 `fade`의 파라미터의 종류를 알아보고 지정해보는 실습을 진행하겠습니다. 파라미터는 객체로 처리되므로 중괄호를 두 번 작성해야 합니다.

코드 16.3 transition:fade 파라미터 기본 문법 완서파일 : src/Fade02.svelte

```
<태그 요소 transition:fade={{ 파라미터처리 }}>
```

표 16.2 transition:fade 파라미터의 종류

파라미터명	설명
delay	효과를 지연시키는 속성입니다. 기본값은 0이고, 숫자로 작성하면 됩니다. 단위는 밀리초 단위입니다.
duration	변화가 일어나는 시간입니다. 기본값은 400이고, 숫자로 작성하면 됩니다. 단위는 밀리초 단위입니다.
easing	변화에 속도감을 주는 속성입니다. `easing` 함수명을 작성하면 됩니다. 기본값은 `linear`입니다. 사용하려면 `easing` 플러그인을 붙여 줘야 합니다.

> **전문가TIP** 자세한 스벨트 `easing` 함수 확인하기(https://svelte.dev/docs/svelte-easing)
>
> - 스벨트가 제공하는 `easing` 함수를 확인해보세요. 제이쿼리에서 `easing` 플러그인을 공부해본 적이 있다면 어렵지 않습니다.
> - `easing` 효과는 말로 설명하는 것보다 눈으로 직접 봐야 이해가 더 빠릅니다. 종류를 확인하고 많은 실습을 해보시길 바랍니다.

코드 16.3 transition:fade 파라미터 문법 — App.svelte File src/Fade02.svelte

```svelte
<script>
  import { fade } from 'svelte/transition';
  import { elasticInOut } from 'svelte/easing';
  let visible = false;
</script>

<label>
  <input type="checkbox" bind:checked={visible} /> 보임
</label>

{#if visible}
  <p transition:fade={{
```

```
        delay: 500, duration: 1000, easing: elasticInOut
    }}>Svelte Fade Effect</p>
{/if}

<style>
    p{ height: 100px; background-color: orange; }
</style>
```

이번에는 p 태그 요소가 나타나거나 사라질 때 시간차를 파라미터로 지정합니다. 그래서 `style` 영역에 p 태그 요소의 크기를 지정해줬습니다. `delay` 속성을 통해 나타나거나 사라지는 시간을 0.5초 지연시켰습니다. `duration` 속성을 통해 나타나거나 사라지는 시간은 1초로 처리했습니다. `easing` 속성을 통해 변화에 속도감을 주었으며, 이를 위해 `import { easing함수명 } from 'svelte/easing';`로 easing 플러그인을 호출했습니다.

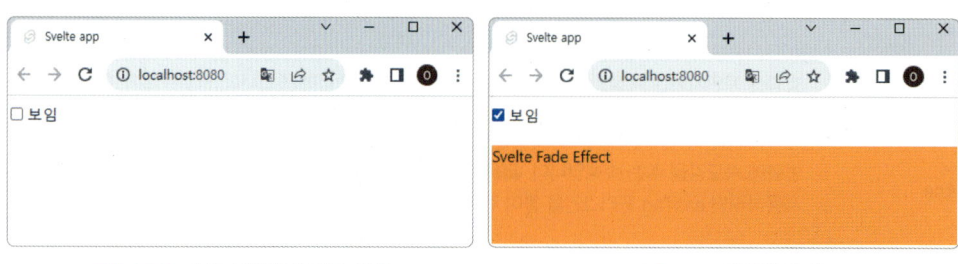

그림 16.3 초기 선택하지 않은 상태   그림 16.4 선택한 상태

책에서는 시간의 흐름이나 속도감을 직접적으로 보여줄 수 없지만, 실제로 테스트해보면 요소가 바로 나타나는 것이 아니라 시간이 지연된 후에 나타나는 것을 확인할 수 있습니다. 또한, 요소가 나타날 때 평소와는 달리 깜빡이는 현상이 발생하는데, 이는 바로 `easing` 효과 때문입니다.

16.2.3 in:과 out: 지시문을 사용

이번에는 `in:`과 `out:` 지시문을 사용하여 나타날 때와 사라질 때의 세부적인 파라미터를 다르게 설정해보도록 하겠습니다.

코드 16.4 in과 out을 다르게 처리한 코드 — App.svelte   File src/Fade03.svelte

```
<script>
    import { fade } from 'svelte/transition';
    let visible = false;
</script>

<label>
```

```svelte
    <input type="checkbox" bind:checked={visible} /> 보임
</label>

{#if visible}
  <p
    in:fade={{ duration: 400 }}
    out:fade={{ duration: 0 }}
  >Svelte Fade Effect</p>
{/if}

<style>
  p{ height: 100px; background-color: orange; }
</style>
```

`in:` 지시문을 사용해 요소가 나타날 때는 0.4초의 시간이 걸리도록 처리했고, `out:` 지시문을 통해 사라질 때는 시간차 없이 즉시 사라지도록 처리했습니다. 화면상 보이는 결과는 코드 16.3과 다르지 않아서 따로 보여드리진 않겠습니다. 하지만 직접 테스트해보면, 요소가 나타날 때는 시간차가 있지만, 사라질 때는 즉시 사라지는 것을 확인할 수 있습니다.

16.3 블러 효과

동영상 강의 https://bit.ly/svelte_16-2

키워드 ▸▸▸ blur, in:지시문, out:지시문

블러blur 효과는 요소의 불투명도와 함께 흐림 필터를 애니메이션에 적용하는 기능입니다. 페이드 효과처럼 `blur`로 간단히 호출할 수 있으며, 파라미터를 통해 세부적으로 조정할 수도 있습니다. 또한 `in:`과 `out:` 지시문을 사용하여 다양한 효과를 줄 수 있습니다.

16.3.1 간단한 블러 효과

코드 16.5 간단한 블러 효과 코드 — App.svelte   File src/Blur01.svelte

```svelte
<script>
  import { blur } from 'svelte/transition';
  let visible = false;
</script>

<label>
  <input type="checkbox" bind:checked={visible} /> 보임
</label>

{#if visible}
  <p transition:blur>Svelte Blur Effect</p>
{/if}

<style>
  p{ height: 100px; background-color: orange; }
</style>
```

페이드 효과에서 작성했던 코드와 크게 다르지 않습니다. 대신 `transition:blur`로 블러 효과를 적용했습니다. 역시 결과는 직접 확인해야 합니다. 체크하면 아웃포커싱 같은 흐림 효과가 나타나는 것을 확인할 수 있습니다.

16.3.2 blur의 파라미터

이번에는 `blur`의 파라미터의 종류를 알아보고 지정해보겠습니다. 파라미터는 객체 형태로 작성되며, 중괄호를 두 번 사용합니다. `delay`, `duration`, `easing` 외에도 `opacity`와 `amount`가 추가됩니다.

코드 16.6 transition:blur 파라미터 처리

```
<태그 요소 transition:blur ={{ 파라미터처리 }}>
```

표 16.3 transition:blur 파라미터의 종류

파라미터명	설명
delay	효과를 지연시키는 속성입니다. 기본값은 0이고, 숫자로 작성하면 됩니다. 단위는 밀리초 단위입니다.
duration	변화가 일어나는 시간입니다. 기본값은 400이고, 숫자로 작성하면 됩니다. 단위는 밀리초 단위입니다.
easing	변화에 속도감을 주는 속성입니다. easing 함수명을 작성하면 됩니다. 기본값은 cubicInOut 입니다. 사용하려면 easing 플러그인을 붙여 줘야 합니다.
opacity	애니메이션의 투명도 값을 지정할 수 있습니다. 기본 값은 0입니다.
amount	blur의 번짐 크기를 지정합니다. 기본 값은 5입니다. 일반적으로는 수치로 지정하지만 CSS의 단위를 사용하면 문자열이라 따옴표 내부에 사용합니다.

코드 16.5에서 p 태그 요소에 파라미터만 추가하겠습니다. 그래서 아래 코드는 `if` 블록만 표시하겠습니다.

코드 16.7 blur에 파라미터를 적용한 코드 — App.svelte   📄 src/Blur02.svelte

```svelte
{#if visible}
  <p transition:blur={{ amount: 20 }}>Svelte Blur Effect</p>
{/if}
```

`transition:blur={{ amount: 20 }}`로 `amount` 속성만 추가했습니다. 기본값이 5이기 때문에 훨씬 더 강한 흐림 효과가 적용됩니다. 독자 분들은 수치를 변경하면서 테스트해보세요.

16.3.3 in:과 out: 지시문을 사용

이번에도 페이드 효과처럼 `in:`과 `out:` 지시문을 사용하여 나타날 때와 사라질 때의 각각 다른 파라미터를 설정해보겠습니다. 역시 `if` 블록 안의 코드만 변경됩니다.

코드 16.8 blur에 in과 out을 다르게 처리한 코드 — App.svelte   📄 src/Blur03.svelte

```svelte
{#if visible}
  <p
    in:blur={{ amount: 20 }}
    out:blur={{ amount: 0 }}
  >Svelte Blur Effect</p>
{/if}
```

`in:` 지시문일 때 `amout` 속성을 `20`으로 설정하여 흐림 효과를 크게 주고, `out:` 지시문일 때는 `amout` 속성을 0으로 설정했습니다. 결과를 확인해보면 나타날 때는 흐림 효과가 크게 나타나지만, 사라질 때는 흐림 효과가 없는 것이 확인됩니다.

16.4 슬라이드 효과

> 키워드 ▶▶▶ slide, in:지시문, out:지시문

슬라이드slide 효과는 요소를 상단 혹은 좌측 기준으로 나타나거나 사라지게 합니다. 페이드 효과처럼 간단하게 `slide`로만 호출할 수도 있고, 파라미터를 통해 세부적으로 조정할 수도 있습니다. 그리고 `in:`과 `out:` 지시문을 이용해서 다양한 효과를 줄 수 있습니다.

16.4.1 간단한 슬라이드 효과

코드 16.9 간단한 슬라이드 효과 코드 — App.svelte　　　　　　　　　　　File: src/Slide01.svelte

```svelte
<script>
  import { slide } from 'svelte/transition';
  let visible = false;
</script>

<label>
  <input type="checkbox" bind:checked={visible} /> 보임
</label>

{#if visible}
  <p transition:slide>Svelte Slide Effect</p>
{/if}

<style>
  p{ height: 100px; background-color: orange; }
</style>
```

코드 16.9는 코드 16.5와 크게 다르지 않습니다. `import { slide } from 'svelte/transition';`를 통해 `slide` 효과를 호출했습니다. `p` 태그 요소에 `transition:slide`로 `slide` 효과를 적용했습니다. 나타나거나 사라질 때 상단을 기준으로 효과가 진행되는 것을 확인할 수 있습니다.

16.4.2 slide의 파라미터

이번에는 `slide`의 파라미터의 종류를 알아보고 지정해보겠습니다. 파라미터는 객체 형태로 처리되며, 중괄호를 두 번 작성해야 합니다. `delay`, `duration`, `easing` 외에도 `axis`가 추가됩니다. 앞에서 다른 속성들을 설명했으므로 `axis`만 따로 설명하도록 하겠습니다. `axis`는 전환이 발생되는 축입니다.

기본값은 y로 상단에서부터 나타납니다. 값은 x 혹은 y로 줄 수 있고 문자열이므로 따옴표 안에 작성해야 합니다.

이번에는 x축을 기본으로 변경하겠습니다. 코드 16.9와 유사하나 `if` 블록 내부의 `p` 태그 요소만 다르게 처리됩니다.

코드 16.10 slide 파라미터 코드 — App.svelte File src/Slide02.svelte

```
{#if visible}
  <p transition:slide={{ axis: 'x' }}>Svelte Slide Effect</p>
{/if}
```

코드 16.10은 코드 16.9와 다르게 x축을 기준으로 좌측에서 나타나고 사라지는 것을 확인할 수 있습니다.

16.4.3 in:과 out: 지시문을 사용

이번에도 페이드 효과처럼 `in:`과 `out:` 지시문을 사용하여 나타날 때와 사라질 때의 세부적인 파라미터를 다르게 설정해보겠습니다. 역시 `if` 블록 안의 코드만 변경됩니다.

코드 16.11 in과 out을 다르게 처리한 코드 — App.svelte File src/Slide03.svelte

```
{#if visible}
  <p
    in:slide={{ axis: 'y' }}
    out:slide={{ axis: 'x' }}
  >Svelte Slide Effect</p>
{/if}
```

`in:` 지시문일 때 `axis` 속성을 y로 주고, `out:` 지시문일 때는 `axis` 속성은 x로 설정했습니다. 나타날 때는 상단 기준으로 나타나고, 사라질 때는 좌측 기준으로 사라지게 됩니다.

16.5 스케일 효과

동영상 강의 https://bit.ly/svelte_16-3

키워드 ▶▶▶ scale, in:지시문, out:지시문

스케일scale 효과는 요소의 불투명도와 크기에 애니메이션을 적용합니다. 이때 크기 변형의 중심점은 중앙center입니다. 페이드 효과처럼 간단하게 `scale`로만 호출할 수도 있고, 파라미터를 통해 세부적으로 표현할 수도 있습니다. 그리고 `in:`과 `out:` 지시문을 이용해서도 다양한 효과를 줄 수 있습니다.

16.5.1 간단한 스케일 효과

코드 16.12 간단한 스케일 효과 — App.svelte　　　　　　　　　　　　　File　src/Scale01.svelte

```svelte
<script>
  import { scale } from 'svelte/transition';
  let visible = false;
</script>

<label>
  <input type="checkbox" bind:checked={visible} /> 보임
</label>

{#if visible}
  <p transition:scale>Svelte Scale Effect</p>
{/if}

<style>
  p{ height: 100px; background-color: orange; }
</style>
```

코드 16.12는 코드 16.5와 크게 다르지 않습니다. `import { scale } from 'svelte/transition';`를 통해 스케일 효과를 호출했습니다. `p` 태그 요소에 `transition:scale`로 스케일 효과를 적용했습니다. 나타나거나 사라질 때 가운데를 기준으로 크기 변환 효과도 진행되는 것을 확인할 수 있습니다.

16.5.2 scale의 파라미터

이번에는 `scale`의 파라미터의 종류를 알아보고 지정해보겠습니다. 파라미터는 객체 형태로 처리되며, 중괄호를 두 번 작성해야 합니다. `delay`, `duration`, `easing`, `opacity` 외에도 `start`가 추가됩니다. 앞에서 다른 속성들은 설명이 모두 있으므로 `start`만 따로 설명하도록 하겠습니다. `start`는 최소로 작아지는 크기를 지정합니다. 기본값은 0이고, 0~1 사이의 값을 입력하면 됩니다.

이번에는 절반만큼 작아지도록 변경하겠습니다. 코드 16.12와 유사하나 `if` 블록 내부의 `p` 태그 요소만 다르게 처리됩니다.

코드 16.13 slide 파라미터 코드 — App.svelte   File   src/Scale02.svelte

```svelte
{#if visible}
  <p transition:scale={{ start: 0.5 }}>Svelte Scale Effect</p>
{/if}
```

`start: 0.5`로 처리했습니다. 나타날 때도 50%부터 100%로 커지고, 사라질 때도 100%에서 50%로 사라지는 것이 확인됩니다.

16.5.3 in:과 out: 지시문을 사용

이번에도 페이드 효과처럼 `in:`과 `out:` 지시문을 사용하여 나타날 때와 사라질 때의 세부적인 파라미터를 다르게 설정해보겠습니다. 역시 `if` 블록 안의 코드만 변경됩니다.

코드 16.14 in과 out을 다르게 처리한 코드 — App.svelte   File   src/Scale03.svelte

```svelte
{#if visible}
  <p
    in:scale={{ start: 0 }}
    out:scale={{ start: 0.5 }}
  >Svelte Scale Effect</p>
{/if}
```

`in:` 지시문일 때 `start` 속성을 `0`으로 주고, `out:` 지시문일 때는 `start` 속성은 `0.5`로 설정했습니다. 나타날 때는 0%~100%로 커지고, 사라질 때는 100%~50%으로 사라지게 됩니다. 그러다 보니 실제 시간은 같으나 나타날 때 더 빨리 나타나는 것 같은 착시효과도 생깁니다.

16.6 플라이 효과

> 키워드 ▶▶▶ fly, in:지시문, out:지시문

플라이fly 효과는 요소의 x, y 위치와 불투명도를 조정하는 애니메이션 전환 효과입니다. 이를 통해 움직임을 부여할 수 있습니다. 페이드 효과처럼 간단하게 `fly`로만 호출할 수도 있고, 파라미터를 통해 세부적으로 설정할 수도 있습니다. 그리고 `in:`과 `out:` 지시문을 이용해서 다양한 효과를 줄 수 있습니다.

16.6.1 간단한 플라이 효과

코드 16.15 간단한 플라이 효과 코드 — App.svelte   File src/Fly01.svelte

```svelte
<script>
  import { fly } from 'svelte/transition';
  let visible = false;
</script>

<label>
  <input type="checkbox" bind:checked={visible} /> 보임
</label>

{#if visible}
  <p transition:fly>Svelte Fly Effect</p>
{/if}

<style>
  p{ height: 100px; background-color: orange; }
</style>
```

코드 16.15는 코드 16.12와 크게 다르지 않습니다. `import { fly } from 'svelte/transition';`를 통해 플라이 효과를 호출했습니다. p 태그 요소에 `transition:fly`로 플라이 효과를 적용했습니다. 하지만 위치 이동이 없으므로, 페이드 효과와 별 차이가 없어 보입니다. 이는 위치 파라미터의 기본값이 0이기 때문에 위치 이동이 되지 않아서 그렇습니다.

16.6.2 fly의 파라미터

이번에는 `fly`의 파라미터의 종류를 알아보고 지정해보겠습니다. 파라미터는 객체 형태로 처리되며, 중괄호를 두 번 작성해야 합니다. `delay`, `duration`, `easing`, `opacity` 외에도 `x`, `y`가 추가됩니다. 앞

에서 살펴본 속성 외에 추가된 속성만 따로 설명하도록 하겠습니다. `x`는 요소의 x 오프셋offset값입니다. 기본값은 0이어서 속성값을 변화하지 않으면 움직이지 않습니다. `y`는 요소의 y 오프셋값입니다. 기본값은 0이어서 역시 속성값을 변화하지 않으면 움직이지 않습니다.

이번에는 `p` 태그 요소의 크기를 작게 변경하고 위치도 함께 이동해보겠습니다. 코드 16.15와 유사하나 `if` 블록 내부의 `p` 태그 요소와 스타일 부분이 다르게 처리됩니다.

코드 16.16 fly 파라미터 코드 — App.svelte　　　　　　　　　　　　　File src/Fly02.svelte

```
{#if visible}
  <p transition:fly={{ x: 200, y: 200 }}>Svelte Fly Effect</p>
{/if}

<style>
  p{ width: 100px; height: 100px; background-color: orange; }
</style>
```

`transition:fly={{ x: 200, y: 200 }}`를 통해 x축을 200px만큼 이동했고, y축도 200px만큼 이동했습니다. 그리고 `p` 태그 요소의 크기로 가로세로 전부 100px로 변경했습니다. 체크박스를 클릭하면 우측 하단에서 올라오는 모습이 확인됩니다. 사라질 때도 우측 하단을 향해 사라지는 것이 보입니다.

16.6.3 `in:`과 `out:` 지시문을 사용

이번에도 페이드 효과처럼 `in:`과 `out:` 지시문을 사용하여 나타날 때와 사라질 때의 세부적인 파라미터를 다르게 설정해보도록 하겠습니다. 역시 코드 16.16에서 `if` 블록 안의 코드만 변경됩니다.

코드 16.17 in과 out을 다르게 처리한 코드 — App.svelte　　　　　　　　　File src/Fly03.svelte

```
{#if visible}
  <p
    in:fly={{ y: 200 }}
    out:fly={{ y: 0 }}
  >Svelte Fly Effect</p>
{/if}
```

`in:`지시문일 때 `y` 속성을 `200`으로 주고, `out:` 지시문일 때는 `y` 속성은 `0`으로 줬습니다. 나타날 때는 아래서 위로 올라오지만, 사라질 때는 제자리에서 사라지게 됩니다.

16.7 그리기 효과

키워드 ▶▶▶ draw, svg 요소 애니메이션

그리기draw 효과는 SVG 요소에 애니메이션을 적용하여 마치 그림을 그리는 것과 같은 효과를 나타내는 기능입니다. 다른 프레임워크들은 이 효과를 주려면 외부 플러그인을 설치해야 하지만, 스벨트는 이 기능을 내장하고 있어 편리합니다.

이번에는 파라미터들도 함께 살펴보겠습니다. `delay`, `duration`, `easing` 외에도 `speed`가 추가됩니다. `speed`는 그려지는 속도를 의미하며, 기본값은 없습니다. SVG 요소의 전체 픽셀 수를 알 수 없기 때문에 기본값이 지정되어 있지 않습니다. `speed`값은 **길이/속도** 비율로 해석할 수 있습니다. 예를 들어 `speed`값을 1로 설정하면 1000px의 경로는 1000ms에 그려지게 됩니다. `speed`값을 0.5로 설정하면 1000px을 그리는데 2000ms로 늘어나고, 2로 설정하면 500ms로 줄어 듭니다. 다소 수학적일 수 있지만, 실습을 통해 여러 수치를 시도해보면 속도 차이를 쉽게 이해할 수 있습니다. 다만, 전체 애니메이션 시간은 `duration`에 의해 결정되므로, 초반에 속도가 빠르면 후반에는 느려질 수 있습니다. 지금부터 실습을 통해 자세히 살펴보도록 하겠습니다. 실습에 사용하는 SVG 요소는 십자가 형태입니다.

코드 16.18 십자가 형태의 SVG를 그리는 코드 — App.svelte File src/Draw.svelte

```svelte
<script>
  import { draw } from 'svelte/transition';
  import { quintOut } from 'svelte/easing';

  let visible = false;
</script>

<label>
  <input type="checkbox" bind:checked={visible} /> 보임
</label>
<svg viewBox="0 0 5 5" xmlns="http://www.w3.org/2000/svg">
  {#if visible}
    <path
      transition:draw={{ duration: 5000, delay: 500, easing: quintOut }}
      d="M2 1 h1 v1 h1 v1 h-1 v1 h-1 v-1 h-1 v-1 h1 z"
      fill="none"
      stroke="cornflowerblue"
      stroke-width="0.1px"
      stroke-linejoin="round"
```

```
        />
    {/if}
</svg>
```

svg 태그 요소를 통해 십자가 형태의 그림을 그려놨습니다. 처음에는 `path` 요소를 `if` 블록을 통해 안보이게 처리했습니다. 체크박스를 클릭하면 `visible` 상탯값이 `true`로 바뀌면서 `path` 요소를 그리기 시작합니다. `transition:draw={{ duration: 5000, delay: 500, easing: quintOut }}`을 통해 그림을 그리는 시간은 전체 5초로 지정했습니다.

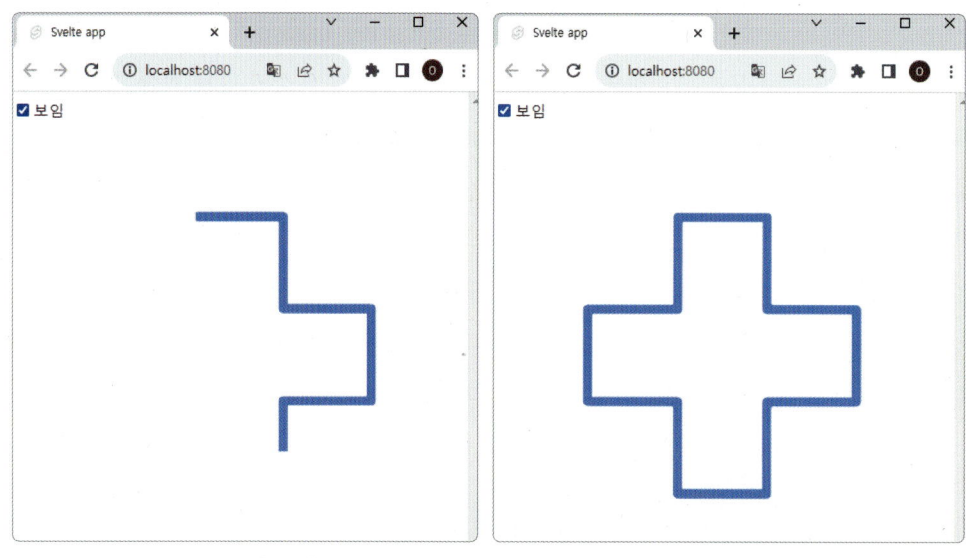

그림 16.5 체크 후 그리는 과정   그림 16.6 전부 완료된 상태

초기 상태에는 체크박스가 해제되어 있는데, 체크박스를 선택하면 십자가 모양을 그려 나가는 것을 확인할 수 있습니다.

16.8 크로스페이드 효과

크로스페이드crossfade는 일반적인 트랜지션과는 다른 효과를 가진 기능입니다. 지금까지 살펴본 기능은 `transition:` 지시문을 받은 요소가 나타나거나 사라지는 효과를 주는 반면, 크로스페이드는 두 개의 요소 간의 화면전환 효과를 만듭니다. A와 B라는 두 영역이 있다고 가정할 때, 크로스페이드는 A에서 B로 해당 요소를 전송합니다. 전송과 수신이라는 두 단계를 거쳐 요소의 위치가 변경될 때 화면전환 효과를 나타내는 기능입니다.

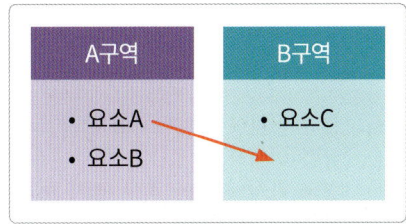

그림 16.7 크로스페이드 이해도

그림 16.7처럼 A구역에 있던 요소가 B구역으로 이동할 때 이동하는 과정에서 트랜지션 효과가 나타나는 것을 의미합니다.

코드 16.19 crossfade 기본 문법

```
<script>
  import { crossfade } from 'svelte/transition';
  const [send, receive] = crossfade({ 파라미터처리 });
</script>
<A구역 요소 out:send={{key}}></A구역 요소>
<B구역 요소 in:receive={{key}}></B구역 요소>
```

먼저 `import { crossfade } from 'svelte/transition';`로 crossfade 효과를 불러옵니다. `const [send, receive]`는 비구조화 할당을 통해 `crossfade()` 내부에서 보내는 효과를 `send`에, 받을 때의 효과를 `receive`에 할당합니다. A구역에서 B구역으로 요소가 이동할 때, A구역에서 사라지는 효과를 적용하려면 `out:send={{key}}`로 처리하고, 이 때 `key`는 A구역의 요소들 중 이동하는 요소를 식별하는 데 사용됩니다. B구역은 요소가 나타나기 때문에 `in:receive={{key}}`로 처리합니다. 만약 A구역과 B구역의 요소가 서로 이동을 할 때는 `out:send`와 `in:receive`를 A구역과 B구역에 모두 적용하면 됩니다.

`crossfade`의 파라미터의 종류를 살펴보겠습니다. `delay`, `duration`, `easing` 외에도 `fallback`이 추가됩니다. `fallback`은 이동할 대상이 없는 경우 실행되는 트랜지션을 정의합니다. `fallback` 속성을 사용하려면 커스텀 트랜지션에 대한 공부가 필요하므로 16.9절 이후에 자세히 알아보도록 하겠습니다.

그럼 크로스페이드 기능을 이해하기 위해 바인딩에서 다뤘던 버킷 리스트 예제를 구현해보도록 하겠습니다.

코드 16.20 BucketList 기본 코드 — App.svelte `src/CrossFadeBasic.svelte`

```svelte
<script>
  //미완료 버킷 리스트
  let bid = 1;
  let buckets = [
    { id: bid++, chk: false, text: '웹 프런트엔드 개발자되기' },
    { id: bid++, chk: false, text: '유럽 여행하기' },
    { id: bid++, chk: false, text: '영국 가서 손흥민 축구 경기 보기' }
  ];
  //남은 버킷개수
  $: remainingBuckets = buckets.filter(bucket => !bucket.chk).length;

  //완료 버킷 리스트
  let finished = [];
  //완료된 버킷 개수
  $: finishedBuckets = finished.filter(bucket => bucket.chk).length;

  //버킷 리스트 추가 이벤트 함수
  const onAdd = () => {
    buckets = buckets.concat({ id: bid++, chk: false, text: '' });
  }
</script>

<h1>Bucket List</h1>
<div class="bucketBlock">
  <!-- 미완료 구역 -->
  <div class="unfinished">
    <h2>Unfinished Buckets</h2>
    {#each buckets as bucket (bucket.id)}
      <div>
        <input type="checkbox" bind:checked={bucket.chk} />
        <input type="text" placeholder="당신의 버킷 리스트는 뭔가요?" style="width: 250px"
bind:value={bucket.text} disabled={bucket.chk} />
      </div>
```

```
      {/each}
      <p>남은 버킷 리스트 : {remainingBuckets}</p>
      <button on:click={onAdd}>새로운 버킷 추가</button>
  </div>
  <!-- 완료 구역 -->
  <div class="finished">
    <h2>Finished Buckets</h2>
    {#each finished as bucket (bucket.id)}
      <div>
        <input type="checkbox" bind:checked={bucket.chk} />
        <input type="text" placeholder="당신의 버킷 리스트는 뭔가요?" style="width: 250px"
bind:value={bucket.text} disabled={bucket.chk} />
      </div>
    {/each}
    <p>완료된 버킷 리스트 : {finishedBuckets}</p>
  </div>
</div>

<style>
  .bucketBlock{ display: flex; }
  .unfinished{ margin-right: 40px; }
</style>
```

코드 10.4에서 구현했던 버킷 리스트 예제와 크게 다르지 않습니다. 추가된 것이 있다면 `<script>` 영역에 완료된 항목을 담기 위한 빈 배열인 `let finished = [];`를 선언한 점입니다. 완료된 항목은 `buckets` 배열에 있던 데이터의 일부 값이 `finished` 배열로 옮겨집니다. 또한, 반응성 코드로 `$: finishedBuckets`를 선언하여 완료된 버킷 리스트의 개수를 계산했습니다. 기존의 삭제 관련 이벤트 함수는 제거하고, 추가 관련 이벤트 함수인 `onAdd`만 작성했습니다.

마크업 영역에는 두 개의 구역을 추가했습니다. `<div class="unfinished"></div>`는 미완료 항목들이 표시되는 구역으로, 체크되지 않은 버킷 리스트가 여기에 나타납니다. 이 구역은 그림 16.7의 A구역이라고 보면 되겠습니다. `buckets` 배열 데이터들을 `each` 블록을 통해 반복하여 보여줍니다. `<button on:click={onAdd}>새로운 버킷 추가</button>`를 클릭 시 새로운 버킷 리스트를 추가할 수 있습니다. `<div class="finished"></div>`는 완료 구역으로 그림 16.7의 B구역에 해당합니다. 완료된 항목들이 `finished` 배열에 저장되고, 이를 `each` 블록을 통해 반복하여 보여줍니다. 현재는 체크한 것이 없으므로 아무것도 표시되지 않습니다. `{#each buckets as bucket (bucket.id)}` 코드를 보면 `(bucket.id)`는 배열의 인덱스 번호 대신 `key`로 사용하는 속성입니다. 이 `key`는 요소가 추가, 삭제, 변경될 때 요소를 정확하게 식별하기 위해 필요합니다. 배열의 인덱스 번호는 정확한 식별이 어려울 수 있기 때문입니다. 이후 `out:send={{key}}`나 `in:receive={{key}}`로 적용시킬 `key` 값이기도 합니다.

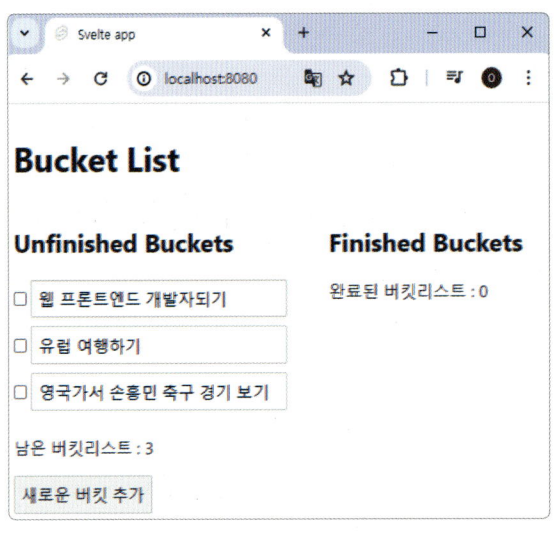

그림 16.8 　코드 16.20 실행 결과

현재 버킷 리스트는 화면의 왼쪽인 A구역에만 구현된 것을 확인할 수 있습니다. 체크박스를 클릭하여 선택하면 화면의 오른쪽인 B구역으로 이동하고, 체크를 해제하면 A구역으로 다시 이동하게 처리해보겠습니다.

코드 16.21　BucketList crossfade 완성 예제 – App.svelte　　　　　　　　　　File　src/CrossFade.svelte

```svelte
<script>
  //crossfade 호출
  import { crossfade } from 'svelte/transition';
  import { quintOut } from 'svelte/easing';

  //crossfade() 내부 값 비구조화 할당
  const [send, receive] = crossfade({
    duration: 400, //보내고 받을 때의 시간 지정
    easing: quintOut //보내고 받을 때의 easing 함수 지정
  });
  let bid = 1;
  let buckets = [
    { id: bid++, chk: false, text: '웹 프런트엔드 개발자되기' },
    { id: bid++, chk: false, text: '유럽 여행하기' },
    { id: bid++, chk: false, text: '영국 가서 손흥민 축구 경기 보기' }
  ];
  $: remainingBuckets = buckets.filter(bucket => !bucket.chk).length;
```

```
    let finished = [];
    $: finishedBuckets = finished.filter(bucket => bucket.chk).length;

    const onAdd = () => {
        buckets = buckets.concat({ id: bid++, chk: false, text: '' });
    }

    //배열 데이터를 이동하는 함수 선언
    const move = (item, from, to) => {
        //item : 선택된 요소, from : 요소의 현재 배열, to: 이동할 배열
        to.push(item);
        return [from.filter(i => i !== item), to];
    }

    //B영역의 요소를 A영역으로 보내는 함수 선언
    const moveLeft = item => {
        [finished, buckets] = move(item, finished, buckets);
    }

    //A영역의 요소를 B영역으로 보내는 함수 선언
    const moveRight = item => {
        [buckets, finished] = move(item, buckets, finished);
    }
</script>

<h1>Bucket List</h1>
<div class="bucketBlock">
    <!-- 미완료 구역 -->
    <div class="unfinished">
        <h2>Unfinished Buckets</h2>
        {#each buckets as bucket (bucket.id)}
            <div in:receive={{key: bucket.id}} out:send={{key: bucket.id}}>
                <input type="checkbox" bind:checked={bucket.chk} on:change={() => moveRight(bucket)} />
                <input type="text" placeholder="당신의 버킷 리스트는 뭔가요?" style="width: 250px" bind:value={bucket.text} disabled={bucket.chk} />
            </div>
        {/each}
        <p>남은 버킷 리스트 : {remainingBuckets}</p>
        <button on:click={onAdd}>새로운 버킷 추가</button>
    </div>
    <!-- 완료 구역 -->
    <div class="finished">
        <h2>Finished Buckets</h2>
        {#each finished as bucket (bucket.id)}
            <div in:receive={{key: bucket.id}} out:send={{key: bucket.id}}>
                <input type="checkbox" bind:checked={bucket.chk} on:change={() => moveLeft(bucket)} />
                <input ype="text" placeholder="당신의 버킷 리스트는 뭔가요?" style="width: 250px" bind:value={bucket.text} disabled={bucket.chk} />
```

```
        </div>
    {/each}
    <p>완료된 버킷 리스트 : {finishedBuckets}</p>
  </div>
</div>

<style>
  .bucketBlock{ display: flex; }
  .unfinished{ margin-right: 40px; }
</style>
```

스크립트 영역에서 추가된 부분은 주석으로 설명해두었으니 확인하시기 바랍니다. 우선 `crossfade`를 호출해야 사용할 수 있습니다. `const [send, receive] = crossfade({});`를 통해 `crossfade()` 함수에서 반환하는 값을 `send`와 `receive`에 각각 담아주는 비구조화 할당 문법을 사용했습니다. `crossfade()` 함수 내부에는 파라미터로 이동 시간을 조정하는 `duration`과 `easing` 함수를 설정할 수 있습니다. 또한, `move` 함수는 요소를 기존 배열에서 다른 배열로 이동하는 함수로, `moveLeft`는 B구역에서 A구역으로 `bucket` 요소를 이동시키며, 반대로 `moveRight`는 A구역에서 B구역으로 `bucket` 요소를 이동시킵니다. 말 그대로 요소가 좌우로 이동하는 것처럼 동작합니다.

마크업 영역에서는 `each` 블록 내부의 `div` 태그 요소에 `in:receive={{key: bucket.id}} out:send={{key: bucket.id}}`를 모두 적용했습니다. 이는 `bucket` 요소가 A구역에서 B구역으로, 혹은 B구역에서 A구역으로도 이동할 수 있기 때문입니다. `bucket` 요소의 이동은 체크박스의 선택 상태에 따라 이루어지며, `change` 이벤트에 처리하면 됩니다. 그래서 A구역의 체크박스에는 `on:change={() => moveRight(bucket)}`를, B구역의 체크박스에는 `on:change={() => moveLeft(bucket)}`를 처리하면 됩니다.

그림 16.9와 같이 체크박스 선택 여부에 따라 해당 요소가 부드럽게 이동되는 것을 확인할 수 있습니다.

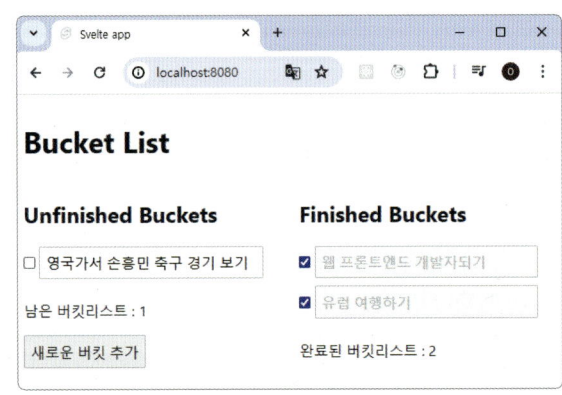

그림 16.9 코드 16.21 실행 결과

16.9 커스텀 트랜지션 만들기

동영상 강의 https://bit.ly/svelte_16-5

키워드 ▶▶▶ 커스텀 트랜지션, CSS 트랜지션, tick 함수 트랜지션, crossfade

스벨트에서 제공하는 트랜지션 외의 다른 형태의 트랜지션이 필요할 때, 개발자가 스스로 제작할 수 있습니다. 커스텀 트랜지션은 CSS와 자바스크립트를 활용해 다양한 애니메이션 효과를 추가할 수 있습니다. 앞서 만든 크로스페이드 예제에도 커스텀 트랜지션을 추가할 수 있습니다.

16.9.1 트랜지션 함수

우선, 트랜지션을 커스텀할 수 있는 함수의 문법을 먼저 알아보도록 하겠습니다.

코드 16.22 커스텀 트랜지션 함수 기본 문법

```
function 트랜지션함수명(요소, {트랜지션파라미터} ){
  return {
    트랜지션파라미터,
    css: () => {},
    tick: () => {},
  }
}
```

트랜지션 함수의 첫 번째 매개변수는 트랜지션이 적용되는 HTML 요소로, 보통 `node`라고 명명합니다. 두 번째 매개변수는 트랜지션에 사용될 파라미터들로, 주로 `delay`, `duration`, `easing`등이 포함됩니다. 반환되는 객체에는 `css`와 `tick`이라는 속성이 있습니다. `css`는 css 트랜지션을 정의할 때 사용되며, 트랜지션의 각 단계마다 호출되어 애니메이션을 적용합니다. `tick`은 자바스크립트 트랜지션을 정의할 때 사용되며, 각 `tick`마다 호출되어 원하는 로직을 처리할 수 있습니다.

16.9.2 CSS로 트랜지션

코드 16.23 css속성 문법

```
css: (t, u) => { //css코드리턴 },
```

CSS 속성에는 콜백 함수를 작성합니다. 이때 `t`는 0에서 1 사이의 값을 가지며, 요소가 추가될 때 `t`는 0에서 1로 증가하고, 요소가 사라질 때는 1에서 0으로 감소합니다. `u`는 `u === 1 - t`로 계산되며, 반대의 방향성을 가집니다. 이를 바탕으로 효소가 추가될 때 회전하면서 나타나는 커스텀 트랜지션을 만들어보겠습니다.

코드 16.24 커스텀 CSS 트랜지션 코드 — App.svelte (File) src/Cutsom01.svelte

```svelte
<script>
  import { fade } from 'svelte/transition';
  import { elasticOut } from 'svelte/easing';

  let visible = false;

  function spin(node, { duration }){
    return {
      duration,
      css: (t) => {
        const eased = elasticOut(t);
        return `
          transform: scale(${eased}) rotate(${eased * 1080}deg);
        `;
      }
    }
  }
</script>

<label>
  <input type="checkbox" bind:checked={visible} /> 보임
</label>
{#if visible}
  <div class="centered" in:spin={{ duration: 8000 }} out:fade>
    <span>transitions!</span>
  </div>
{/if}

<style>
  .centered {
    position: absolute; left: 50%; top: 50%;
    transform: translate(-50%, -50%);
  }
  span {
    position: absolute; font-size: 4em;
    transform: translate(-50%, -50%);
  }
</style>
```

`out:fade`를 통해 사라질 때는 회전 효과 없이 단순히 사라지도록 설정했습니다. `spin` 함수는 커스텀 트랜지션으로, CSS 변화는 `transform`을 통해 크기와 회전을 처리했습니다. `t`값을 통해 점진적으로 변화시키고, `easing` 함수를 통해 속도감을 주었습니다.

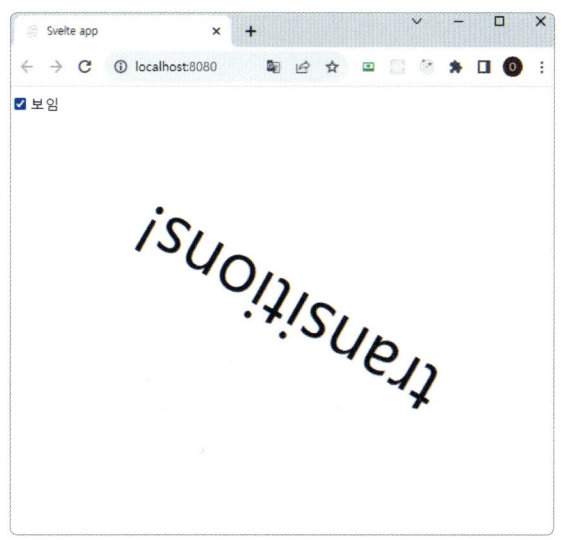

그림 16.10 코드 16.24 실행 결과

결과를 확인해보면 글자가 나타날 때는 속도감 있게 커지며 회전하는 것을 확인할 수 있습니다. 사라질 때는 `fade`를 적용하여 기본값인 0.4초 후 사라지게 됩니다.

16.9.3 tick을 통한 자바스크립트 트랜지션 처리

코드 16.25 tick 속성 문법

```
tick: (t, u) => { 자바스크립트 코드리턴 },
```

`tick` 속성에는 콜백 함수를 작성합니다. 이때 `t`는 0~1사이 값이고, `u`는 `u === 1 - t`입니다. 요소가 추가될 때 `t`는 0에서 1로 증가되는 형태고, 요소가 사라질 때는 1에서 0으로 감소합니다. 이 함수는 매 `tick`마다 호출되는 콜백 함수입니다. 이번에는 자바스크립트를 통해 요소의 글자가 한 개씩 나타나거나 사라지게 하는 커스텀 트랜지션을 만들어보겠습니다.

코드 16.26 커스텀 자바스크립트 트랜지션 코드 — App.svelte   File src/Cutsom02.svelte

```svelte
<script>
  import { fade } from 'svelte/transition';

  let visible = false;

  function typewriter(node, { speed = 1 }) {
    const valid = node.childNodes.length === 1 && node.childNodes[0].nodeType === Node.TEXT_NODE;

    if (!valid) {
```

```
      throw new Error(`이 전환은 자손으로 텍스트 노드가 혼자있는 요소에서만 작동합니다.`);
    }

    const text = node.textContent;
    const duration = text.length / (speed * 0.01);

    return {
      duration,
      tick: (t) => {
        const i = ~~(text.length * t);
        node.textContent = text.slice(0, i);
      }
    };
  }
</script>

<label>
  <input type="checkbox" bind:checked={visible} /> 보임
</label>

{#if visible}
  <p in:typewriter out:fade>안녕하세요!!! 오쌤의 니가스터디입니다.</p>
{/if}
```

이번에는 `typewriter`라는 커스텀 트랜지션 함수를 선언했습니다. `valid`는 이 함수가 적용될 조건을 정의한 것으로, 자손이 하나인 텍스트 노드에만 트랜지션이 가능하도록 설정했습니다. 그리고 `valid`의 조건에 맞지 않으면 강제 에러가 발생됩니다. `tick`은 매번 호출될 때마다 0에서 1까지 증가하며, `const i = ~~(text.length * t);`로 처리하여 텍스트 길이에 맞춰 한 글자씩 나타나게 했습니다. 앞에 붙은 `~~`은 **틸트**tilt 연산자인데, 소수점은 버리고 정수로 반환하는 역할을 하므로 한 글자씩 나타나는 것입니다. 그리고 p 태그 요소에 나타날 때는 `typewriter`라는 커스텀 트랜지션을 실행시켰고, 사라질 때는 `fade`로 한 번에 사라지게 처리했습니다. 결과를 확인해보면 한 글자씩 나타나는 것을 확인할 수 있습니다.

> **전문가 TIP** **틸트 연산자 ─ ~**
>
> 틸트 연산자는 하나를 쓰는 경우와 두 개를 쓰는 경우가 다릅니다.
>
> - `~~`: `Math.floor()`와 동등하게 사용되는 연산자로, 소수점을 버리고 정수로 내립니다. `let num = 55.345; console.log(~~num); //55반환`
> - `~`: `~str.indexOf(val)`와 같이 사용되는 연산자로, 문자열에 해당 `val` 값이 있다면 값을 반환하고 없다면 0을 반환합니다.

16.9.4 crossfade에 fallback 처리

코드 16.21에서 크로스페이드를 이용한 버킷 리스트를 제작했습니다. 크로스페이드는 리스트가 구역 간에 이동될 때 전환 효과를 주지만, 리스트가 추가될 때는 효과가 적용되지 않습니다. 이때 `fallback`을 사용하여 추가 시에도 커스텀 트랜지션을 적용할 수 있습니다. 따라서 이번에는 `fallback`을 이용하여 버킷 리스트가 추가될 때 커스텀 트랜지션을 적용하는 방법을 알아보겠습니다.

코드 16.27 fallback 문법

```
fallback(요소, {트랜지션파라미터} ){
  return {
    트랜지션파라미터,
    css: () => {},
    tick: () => {},
  }
}
```

먼저 문법을 살펴보면 커스텀 트랜지션 함수와 거의 같습니다.

코드 16.28 BucketList crossfade fallback 처리 예제 — App.svelte ⧉ src/Cutsom03.svelte

```svelte
<script>
  ...

  //기존 코드에서 변경되고 추가된 부분
  const [send, receive] = crossfade({
    duration: 400,
    easing: quintOut,
    //fallback 추가
    fallback(node, params) {
      return{
        duration: 300,
        easing: quintOut,
        css: t => `
          transform: scale(${t}); //크기 변화 추가
          opacity: ${␣}; //투명도 추가
        `
      }
    }
  });
  ...
```

추가된 부분은 코드 16.28의 `const [send, receive] = crossfade({ });`에서, 내부의 `fallback`만 변경되었습니다. `fallback`에서 리턴된 `css`는 크기와 투명도가 0에서 1로 변화되도록 처리되었습니다. 이를 통해 리스트를 추가 시 제자리에서 커지면서 나타나는 효과를 볼 수 있습니다.

16.10 트랜지션 이벤트

동영상 강의 https://bit.ly/svelte_16-6

키워드 ▶▶▶ 트랜지션 이벤트, introstart, introend, outrostart, outroend

스벨트는 자바스크립트에는 없는 **트랜지션 이벤트**transition event를 제공합니다. 트랜지션 이벤트는 트랜지션의 시작과 끝을 알려줍니다. 사용 방법은 DOM 요소에 이벤트를 작성하는 방식과 동일합니다.

표 16.4 트랜지션 이벤트의 종류

이벤트명	설명
introstart	요소가 나타나는 트랜지션의 시작 이벤트입니다.
introend	요소가 나타나는 트랜지션의 종료 이벤트입니다.
outrostart	요소가 사라지는 트랜지션의 시작 이벤트입니다.
outroend	요소가 사라지는 트랜지션의 종료 이벤트입니다.

코드 16.29 트랜지션 이벤트 예제 코드 — App.svelte　　　　　　　　　　File　src/Event.svelte

```svelte
<script>
  import { fly } from 'svelte/transition';

  let visible = false;
  let status = '준비 중...';
</script>

<p>status: {status}</p>

<label>
  <input type="checkbox" bind:checked={visible}> 보임
</label>

{#if visible}
  <p
    transition:fly="{{ y: 200, duration: 2000 }}"
    on:introstart="{() => status = '요소가 나타나기 시작~~'}"
    on:outrostart="{() => status = '요소가 사라지기 시작~~'}"
    on:introend="{() => status = '요소가 다 나타남!'}"
    on:outroend="{() => status = '요소가 다 사라짐!'}"
  >Svelte Transition Event</p>
{/if}
```

이벤트 변화를 확인하기 위해 `fly` 효과를 사용했습니다. 위치가 변화하며 트랜지션이 적용되는 과정이 더 명확히 드러나기 때문입니다. 초기 상태는 '준비 중...'으로 설정하고, 트랜지션 이벤트가 발생될 때마다 문구를 변경해봤습니다. VS Code에서 `on:`을 작성한 후 확인해보면 해당 이벤트들을 자동 완성으로 확인할 수 있습니다.

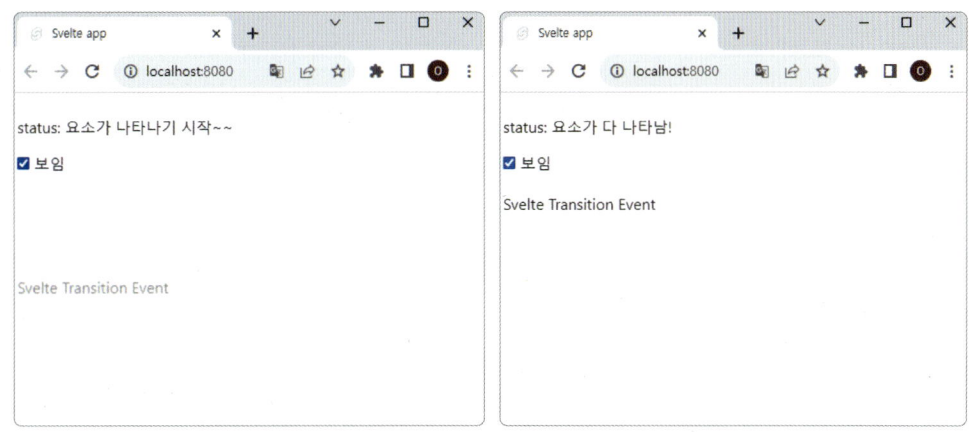

그림 16.11 요소가 나타나고 있는 과정   그림 16.12 요소가 모두 나타난 상태

두 가지 상태만 결과로 보여드렸지만, 사라질 때도 정상적으로 작동하는 것을 확인할 수 있습니다. 이렇게 이벤트의 진행 상황에 따라 명령을 따로 줄 수 있습니다.

16.11 트랜지션 수식어

키워드 ▶▶▶ 수식어, 트랜지션 수식어, local

수식어modifier라는 개념은 이벤트에서 본 적이 있을 것입니다. 이벤트 뒤에 파이프 문자(|)를 붙이고 수식어를 붙입니다. 트랜지션에도 수식어가 있는데, 그중 하나가 `local`입니다.

코드 16.30 이벤트 수식어 기본 문법

```
<태그 transition:효과명|local></태그>
```

`local` 수식어는 상위 요소가 변할 때만 트랜지션이 동작합니다. 이해하기 쉽게 예제를 통해 살펴보겠습니다. 배열 리스트를 만들어 체크박스가 선택되면 리스트가 모두 나타나거나 사라지게 하고, `input` 요소 중 `range` 타입으로 슬라이드바를 조정할 때 트랜지션이 적용되도록 하겠습니다.

코드 16.31 트랜지션 수식어 예제 코드 - App.svelte   File src/Modifiers.svelte

```svelte
<script>
  import { slide } from 'svelte/transition';

  let showItems = true;
  let i = 5;
  let items = ['첫', '두', '세', '네', '다섯'];
</script>

<label>
  <input type="checkbox" bind:checked={showItems}>전부 보이게 처리
</label>

<label>
  <input type="range" bind:value={i} max=5>
</label>

{#if showItems}
  {#each items.slice(0, i) as item}
    <div transition:slide|local>{item}번째 리스트</div>
  {/each}
{/if}

<style>
  div{ padding: 15px 0; border-top: 1px solid #ccc; }
  div:last-child{ border-bottom: 1px solid #ccc; }
</style>
```

먼저 slide 효과를 불러왔습니다. showItems이 true면 리스트들을 전부 보이게 처리하고, false 면 전부 숨기도록 처리합니다. 체크박스에 bind:checked={showItems}을 적용해 체크와 미체크 상태에 따라 리스트가 보이거나 숨겨지는 것을 실습할 것입니다.

input 요소 중 range 타입을 통해 슬라이더를 움직일 때, 그 수치에 맞게 리스트들이 보이거나 사라지도록 설정했습니다. 현재 div 태그 요소는 each 블록을 통해 배열 개수만큼 반복돼서 처리됩니다. <div transition:slide|local>을 보면 트랜지션이 있고 수식어인 local도 붙어 있습니다. local이 적용되면 요소 자신은 트랜지션 효과를 받지만 상위 요소는 트랜지션 효과가 적용되지 않습니다. 즉, div 태그 요소를 모두 선택하고 있는 each 블록이 상위 요소로 처리됩니다. 그래서 local이 있으면 슬라이더를 당길 때 각각의 요소에는 트랜지션 효과가 일어나지만, 체크박스 클릭 시 트랜지션 효과는 일어나지 않습니다.

코드 16.31에서 local 수식어를 제거하면 체크박스를 클릭할 때도 모든 요소에 slide 트랜지션 효과가 적용되는 것을 확인할 수 있습니다.

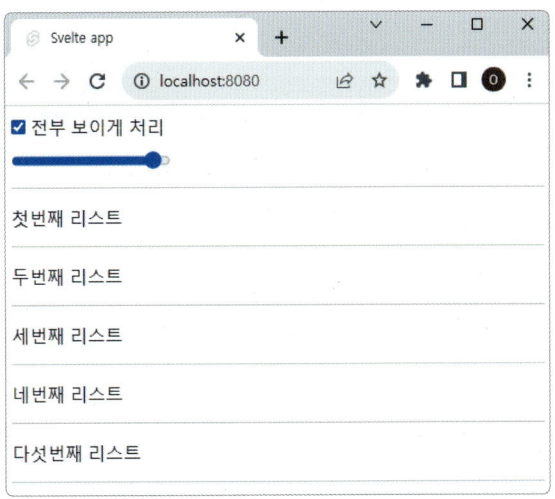

그림 16.13 코드 16.31 실행 결과

돌아보기

- `transition:`은 나타나고 사라지는 화면전환을 요청하는 명령을 갖고 있습니다.
- `transition:`의 종류는 `fade`, `blur`, `slide`, `scale`, `fly`, `draw`, `crossfade`로 나뉘며, 개발자가 커스텀 트랜지션을 만들 수 있습니다.
- 각각의 트랜지션 효과는 효과에 맞는 파라미터를 갖고 있습니다.
- `in:` 지시문은 효과가 나타날 때의 파라미터를 세부적으로 지정하고, `out:` 지시문은 효과가 사라질 때의 파라미터를 세부적으로 지정합니다.
- `draw`는 SVG 요소에 애니메이션을 적용합니다.
- `crossfade`는 전송과 수신이라는 한 쌍의 화면전환 효과가 일어납니다. 요소가 영역에서 이동될 때 화면전환 효과를 줍니다.
- 커스텀 트랜지션은 CSS 트랜지션과 `tick` 함수 트랜지션으로 나뉩니다.
- 스벨트는 트랜지션에서 사용할 수 있는 이벤트를 제공합니다. `introstart`, `introend`, `outrostart`, `outroend` 4가지로 구성되어 있습니다.
- 트랜지션 효과에 `local` 수식어를 사용하면 상위 블록에 요소가 추가될 경우에만 트랜지션이 동작합니다.

쪽지시험

문제 1 _____ 은 나타나고 사라지는 화면전환을 요청하는 명령을 갖고 있는 지시문입니다.

문제 2 다음 중 스벨트가 내장하고 있는 트랜지션 효과의 종류가 아닌 것은?
  ① fade   ② flip   ③ slide   ④ fly

문제 3 다음 중 트랜지션 효과들이 공통적으로 갖고 있는 파라미터가 아닌 것은?
  ① delay   ② duration   ③ easing   ④ opacity

문제 4 스벨트 트랜지션 효과는 효과가 나타날 때의 파라미터를 세부적으로 지정하는 _____ 과 효과가 사라질 때의 파라미터를 세부적으로 지정하는 _____ 을 갖고 있습니다.

문제 5 다음 중 트랜지션 효과 중 SVG에 애니메이션 효과를 적용하는 것은?
  ① slide   ② draw   ③ blur   ④ scale

문제 6 [O× 문제] 트랜지션 효과는 스벨트가 제공하는 것만 사용할 수 있습니다. (   )

문제 7 트랜지션 효과에 _____ 를 사용하면 상위 블록에 요소가 추가될 경우에만 트랜지션이 동작합니다.

정답: 1. transition:, 2. ②, 3. ④, 4. in:지시문, out:지시문, 5. ②, 6. ×, 7. local 수식어

> **학습 포인트**
> - ♥ animate: 지시문과 flip 효과
> - ♥ 커스텀 애니메이션 만들기
> - ♥ motion의 tweened 효과
> - ♥ motion의 spring 효과

> **동영상 강의**
>
>
> https://bit.ly/svelte_17-1
>
>
> https://bit.ly/svelte_17-2

CHAPTER 17
애니메이션과 모션

스벨트는 **animate:** 지시문을 이용해 **애니메이션**animation 효과를 간편하게 사용할 수 있도록 합니다. 기본적으로 flip이라는 효과를 지원하며, 개발자가 원하는 대로 애니메이션을 제작할 수도 있습니다. 또한, 상탯값이 업데이트될 때 애니메이션을 적용할 수 있는 **모션**motion 기능도 제공합니다. 이번 장에서는 스벨트가 제공하는 애니메이션과 모션의 사용법을 살펴보도록 하겠습니다.

> **실습 안내** 아래 명령어를 터미널에 작성 후 실습을 진행해주세요.

```
npx degit sveltejs/template ch17_animationmotion
cd ch17_animationmotion
npx svelte-migrate@latest svelte-4
npm install
npm run dev
```

> ⓘ 브라우저 실행 후 문제가 생겨 터미널을 중단하고 싶다면 `Ctrl`+`C`를 입력하면 됩니다.

17.1 animate: 지시문과 flip 효과

동영상 강의 https://bit.ly/svelte_17-1

키워드 ▶▶▶ **animate: 지시문**, **flip**

`animate:` 지시문은 `transition:` 지시문처럼 사용되는데, 애니메이션 효과를 나타냅니다.

코드 17.1 animate: 기본 문법

```
<script>
  import { 애니메이션명 } from 'svelte/animate';
</script>
<태그 요소 animate:트랜지션명={파라미터} />
```

트랜지션은 다양한 효과를 제공하지만, 애니메이션은 **flip** 효과만 지원합니다. **flip**은 First, Last, Invert, Play의 약자로, 시작 위치와 끝 위치를 계산한 후 x와 y 좌표를 반환하여 애니메이션을 적용하는 기법입니다. 쉽게 말해, 요소가 한 위치에서 다른 위치로 이동하는 과정을 애니메이션으로 부드럽게 처리하는 것입니다.

표 17.1 flip 파라미터의 종류

파라미터명	설명
delay	애니메이션을 지연시키는 속성입니다. 기본값은 0이고, 숫자로 작성하면 됩니다. 단위는 밀리초 단위입니다.
duration	애니메이션이 발생되는 일어나는 시간입니다. 기본값은 `d => Math.sqrt(d) * 120`이고, 함수나 숫자로 작성하면 됩니다. 단위는 밀리초 단위입니다.
easing	변화에 속도감을 주는 속성입니다. `easing` 함수명을 작성하면 됩니다. 기본값은 `linear`입니다. 사용하려면 `easing` 플러그인을 붙여야 합니다.

이번 실습에서는 숫자 1부터 3까지의 요소를 나열하고, [순환] 버튼을 누르면 버튼의 위치가 바뀌는 것을 실습해보도록 하겠습니다.

코드 17.2 flip 예제 코드 — App.svelte   📄 src/Animate01.svelte

```
<script>
  import { flip } from 'svelte/animate';

  let items = [1, 2, 3];
  const shuffle = () => {
    items = items.sort(() => Math.random() - 0.5);
  }
</script>
```

```
{#each items as item (item)}
  <div class="item" animate:flip>
    {item}
  </div>
{/each}
<hr />
<button on:click={shuffle}>순환</button>

<style>
  .item {
    padding: 10px; margin: 5px;
    background-color: #f0f0f0;
    border: 1px solid #ccc;
    display: inline-block;
  }
</style>
```

우선, `flip` 효과를 호출하고, `items` 배열에 1~3까지 숫자를 담아 `each` 블록을 통해 반복 처리했습니다. `shuffle` 이벤트 함수를 통해 배열을 임의로 정렬하도록 처리했습니다. 마크업 영역에 트랜지션 효과가 없고, 스타일 영역에도 `transtion` 속성이 없음에도 불구하고 이동될 때 자연스럽게 이동되는 것을 확인할 수 있습니다.

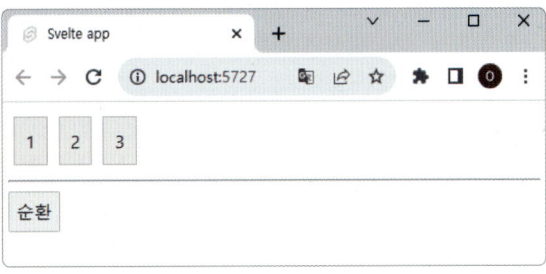

그림 17.1 코드 17.2의 실행 결과

`crossfade` 효과에서 다른 구역으로 이동 시, 아래 있던 버킷 리스트가 위로 올라올 때 너무 딱딱하게 올라옵니다. 이는 적용된 효과가 없기 때문입니다. 여기에 `flip` 효과를 주면 부드럽게 올라오는 것을 확인할 수 있습니다. 앞에서 실습한 코드 16.21을 수정해보도록 하겠습니다.

코드 17.3 BucketList에 flip 처리한 코드 — App.svelte   File src/Animate02.svelte

```
<script>
  import { crossfade } from 'svelte/transition';
  import { quintOut } from 'svelte/easing';
  import { flip } from 'svelte/animate'; //추가된 코드
```

```svelte
  ...
</script>

<h1>Bucket List</h1>
<div class="bucketBlock">
  <!-- 미완료 구역 -->
  <div class="unfinished">
    <h2>Unfinished Buckets</h2>
    {#each buckets as bucket (bucket.id)}
      <!-- animate:flip 만 추가 -->
      <div in:receive={{key: bucket.id}} out:send={{key: bucket.id}} animate:flip>
        <input type="checkbox" bind:checked={bucket.chk} on:change={() => moveRight(bucket)} />
        <input type="text" placeholder="당신의 버킷 리스트는 뭔가요?" style="width: 250px" bind:value={bucket.text} disabled={bucket.chk} />
      </div>
    {/each}
    <p>남은 버킷 리스트 : {remainingBuckets}</p>
    <button on:click={onAdd}>새로운 버킷 추가</button>
  </div>
  <!-- 완료 구역 -->
  <div class="finished">
    <h2>Finished Buckets</h2>
    {#each finished as bucket (bucket.id)}
      <!-- animate:flip 만 추가 -->
      <div in:receive={{key: bucket.id}} out:send={{key: bucket.id}} animate:flip>
        <input type="checkbox" bind:checked={bucket.chk} on:change={() => moveLeft(bucket)} />
        <input type="text" placeholder="당신의 버킷 리스트는 뭔가요?" style="width: 250px" bind:value={bucket.text} disabled={bucket.chk} />
      </div>
    {/each}
    <p>완료된 버킷 리스트 : {finishedBuckets}</p>
  </div>
</div>

<style>
  .bucketBlock{ display: flex; }
  .unfinished{ margin-right: 40px; }
</style>
```

기존 코드에서 `each` 블록 아래에 있는 `div` 태그 요소에 `animate:flip`만 추가했습니다. 구역 이동 시 아래 있던 버킷 리스트도 시간차를 갖고 부드럽게 움직이는 것을 확인할 수 있습니다.

17.2 커스텀 애니메이션 만들기

> 키워드 ▶▶▶ 커스텀 애니메이션, css 트랜지션, tick 함수 트랜지션

애니메이션 역시 트랜지션처럼 커스텀 애니메이션을 만들 수 있습니다. 문법 역시 트랜지션과 크게 다르지 않습니다. 코드 17.4를 보면 코드 16.22 문법과 크게 다르지 않은 것을 확인할 수 있습니다.

코드 17.4 커스텀 트랜지션 함수 기본 문법

```
function 애니메이션명(요소, {트랜지션파라미터} ){
  return {
    트랜지션파라미터,
    css: () => {},
    tick: () => {},
  }
}
```

그럼, 코드 17.2에 커스텀 애니메이션을 적용해보도록 하겠습니다. 배열의 재정렬을 회전하면서 바꾸게 해보겠습니다.

코드 17.5 커스텀 애니메이션 예제 코드 — App.svelte 📄 src/Animate03.svelte

```svelte
<script>
  import { elasticOut } from 'svelte/easing';

  let items = [1, 2, 3];
  const shuffle = () => {
    items = items.sort(() => Math.random() - 0.5);
  }

  function spinFlip(node, { duration }){
    return {
      duration: 500,
      css: (t) => {
        const eased = elasticOut(t);
        return `
          transform: scale(${eased}) rotate(${eased * 1080}deg);
        `;
      }
    }
  }
</script>
```

CHAPTER 17 애니메이션과 모션 **239**

```
{#each items as item (item)}
  <div class="item" animate:spinFlip>
    {item}
  </div>
{/each}
<hr />
<button on:click={shuffle}>순환</button>

<style>
  .item {
    padding: 10px; margin: 5px;
    background-color: #f0f0f0;
    border: 1px solid #ccc;
    display: inline-block;
  }
</style>
```

추가된 코드는 `spinFlip` 함수만 추가되었습니다. 결과를 확인해보면 회전하면서 수치만 바뀌는 듯한 느낌을 주는 것을 확인할 수 있습니다.

> **전문가 TIP** 애니메이션 사용 시 주의 사항
>
> - key가 있는 `each` 블록의 안에서만 사용이 가능합니다.
> - `each` 블록의 배열이 재정렬될 때에만 애니메이션이 동작됩니다.
> - `each` 블록의 바로 직계 자손요소에만 적용이 가능합니다.

17.3 모션의 tweened 효과

동영상 강의 https://bit.ly/svelte_17-2

키워드 ▶▶▶ 모션, tweened

스벨트의 변수는 상탯값이기 때문에 DOM이 업데이트될 때 자동으로 변숫값이 업데이트됩니다. 스벨트는 변숫값이 변경될 때 애니메이션을 사용할 수 있는 **모션**motion 기능을 제공합니다. 이때, 모션은 모두 **스토어**store를 기반으로 작동한다는 점을 기억해주세요. 모션은 주로 `tweend` 함수와 `spring` 함수로 나뉘며, 먼저 `tweened` 함수부터 살펴보겠습니다.

코드 17.6 tweened 함수 기본 문법

```
const 스토어명 = tweened(값, 옵션);
```

`tweened` 함수는 두 개의 매개변수를 갖습니다. 첫 번째 매개변수는 변경될 값으로, 초깃값을 지정합니다. 두 번째 매개변수는 옵션 객체로, 각 파라미터를 설정할 수 있습니다. 이때 `store.set()`과 `store.update()`를 통해 옵션을 전달하고 값을 업데이트할 수 있습니다.

표 17.2 tweened 옵션의 파라미터 종류

파라미터명	설명
`delay`	효과를 지연시키는 속성입니다. 기본값은 0이고, 숫자로 작성하면 됩니다. 단위는 밀리초 단위입니다.
`duration`	변화가 일어나는 시간입니다. 기본값은 400이고, 숫자로 작성하면 됩니다. 단위는 밀리초 단위입니다.
`easing`	변화에 속도감을 주는 속성입니다. `easing` 함수명을 작성하면 됩니다. 기본값은 `cubicInOut` 입니다. 사용하려면 `easing` 플러그인을 붙여 줘야 합니다.
`interpolate`	두 값 사이를 보간하여 좀 더 부드럽게 보여주기 위해서 사용되는 옵션입니다. .

코드 17.7 tweened 예제 — App.svelte   File src/Tweened.svelte

```
<script>
  import { tweened } from 'svelte/motion';
  import { cubicOut } from 'svelte/easing';

  const progress = tweened(0, {
    duration: 400,
    easing: cubicOut
  });
</script>

<progress value={$progress} />
<button on:click={() => progress.set(0)}> 0% </button>
```

```
<button on:click={() => progress.set(0.25)}> 25% </button>
<button on:click={() => progress.set(0.5)}> 50% </button>
<button on:click={() => progress.set(0.75)}> 75% </button>
<button on:click={() => progress.set(1)}> 100% </button>

<style>
  progress { display: block; width: 100%; }
</style>
```

우선 스크립트 영역에는 `tweened`를 `motion`으로부터 호출해옵니다. `progress` 변수는 `tweened`값으로, 스토어 변수를 통해 관리됩니다. 기본 값은 0으로 처리하고, 변화가 일어날 때 시간을 0.4초가 걸리게 처리했습니다.

마크업 영역에는 `progress` 태그 요소를 작성하고 `value` 속성이 `progress` 스토어값을 처리합니다. 버튼 요소들에는 `progress.set()`을 통해 값을 초기화합니다.

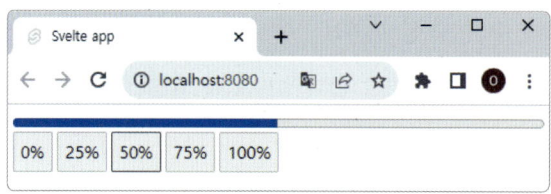

그림 17.2 코드 17.7 실행 결과

버튼을 클릭할 때마다 스토어값으로 처리된 `value`가 새로운 값으로 초기화됩니다. 이때 변화에 시간차가 일어나 부드럽게 처리된다는 점이 `tweened` 효과의 핵심입니다.

17.4 모션의 spring 효과

키워드 ▶▶▶ 모션, spring

spring 함수는 값이 변경될 때 스프링처럼 관성을 이용하여 움직이는 모션을 갖고 있습니다. spring 효과는 자주 변경되는 값에 설정하는 것이 효과적입니다.

코드 17.8 spring 함수 기본 문법

```
const 스토어명 = spring(값, 옵션);
```

spring은 2개의 매개변수를 갖습니다. 첫 번째는 변경될 값인데, 초깃값을 지정합니다. 옵션은 객체방식을 사용하여 각각의 파라미터들을 지정하면 됩니다. `store.set()`과 `store.update()`를 통해 두 번째 매개변수의 옵션을 전달할 수 있습니다.

표 17.2 spring 옵션의 파라미터의 종류

파라미터명	설명
stiffness	관성이라는 뜻으로 수치가 높을수록 뻣뻣함이 사라져 모션이 반영됩니다. 움직임의 기본 값은 0.15이고, 0~1 사이 숫자로 작성하면 됩니다.
damping	스프링처럼 튕기는 모션 범위입니다. 값이 낮을수록 범위가 넓어집니다. 기본값은 0.8이고, , 0~1 사이 숫자로 작성하면 됩니다.
precision	스프링처럼 튕기는 동작이 정착된 것으로 간주하는 값입니다. 값이 클수록 스프링처럼 튕기는 횟수가 줄어듭니다. 기본값은 0.01입니다.

파라미터에 대한 설명이 조금 어려울 수 있습니다. 예제를 통해 살펴보도록 하겠습니다. 우선 마우스 커서를 따라다니는 원을 만들어보겠습니다.

코드 17.9 원이 마우스 커서 따라다니는 예제 — App.svelte   📄 src/SpringBasic.svelte

```
<script>
  let x, y;
</script>

<svg on:mousemove={(e) => { x = e.clientX; y = e.clientY; }}>
  <circle cx={x} cy={y} r="10" />
</svg>

<style>
  svg{ width: 100%; height: 100%; margin: -8px; }
```

```
  circle{ fill: #ff3e00; }
</style>
```

`svg` 태그 요소에 `mousemove` 이벤트를 지정하여 `circle` 태그 요소가 마우스를 따라다니도록 처리했습니다.

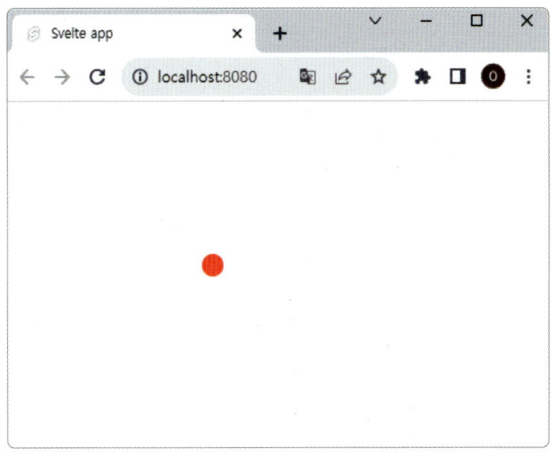

그림 17.3 코드 17.9 실행 결과

현재는 `spring` 함수를 적용하지 않았기 때문에 마우스를 따라다닐 뿐 모션 효과는 없습니다.

코드 17.10 spring효과를 추가한 예제 — App.svelte　　　　　　　　　　File src/Spring.svelte

```
<script>
  import { spring } from 'svelte/motion';

  let coords = spring(
    { x: 50, y: 50 },
    {
      stiffness: 0.1,
      damping: 0.25
    }
  );
</script>

<svg on:mousemove={(e) => coords.set({ x: e.clientX, y: e.clientY })}>
  <circle cx={$coords.x} cy={$coords.y} r="10" />
</svg>

<style>
  svg{ width: 100%; height: 100%; margin: -8px; }
  circle{ fill: #ff3e00; }
</style>
```

우선 `spring` 효과를 호출했습니다. `coords` 스토어 변수에 `spring` 함수를 적용하고, 좌표를 객체화시켜서 작성합니다. 이로 인해 기존의 `x`, `y` 변수는 삭제하고 객체 속성으로 대체했습니다. 그리고 `spring` 함수가 원래 갖고 있던 옵션인 `stiffness`와 `damping`에도 수치를 지정해 모션을 조정했습니다.

마크업 영역에서는 `mousemove` 이벤트에 `coods.set()`을 통해 마우스 커서의 좌표가 변경될 때마다 `coords`의 좌표도 실시간으로 업데이트되도록 처리했습니다. `circle` 태그 요소에 `cx={$coords.x} cy={$coords.y}`를 설정하여, 마우스 커서를 따라다니는 원을 만들었습니다. 결과를 보면 기존 예제처럼 딱딱하게 움직이지 않고 스프링이 튕기는 듯한 모션을 주는 것을 확인할 수 있습니다.

`stiffness`와 `damping`의 수치를 변경해보면서 다양한 움직임을 확인해보세요.

돌아보기

▶ `animate:` 지시문은 스벨트가 지원하는 애니메이션 효과를 사용할 수 있습니다.
▶ 트랜지션은 매우 많은 효과를 지원했지만, 애니메이션은 `flip` 효과만 지원합니다.
▶ `flip`이 갖고 있는 파라미터는 `delay`, `duration`, `easing`입니다.
▶ 애니메이션 역시 트랜지션처럼 커스텀 애니메이션을 만들 수 있습니다.
▶ 커스텀 애니메이션은 CSS 트랜지션과 `tick` 함수 트랜지션으로 나뉩니다.
▶ 스벨트는 변수의 값이 업데이트될 때 애니메이션을 사용할 수 있는 모션 기능을 제공합니다.
▶ 모션은 `tweened`와 `spring`으로 나뉘어 제공됩니다.

쪽지시험

문제 1 _____은 스벨트가 지원하는 애니메이션 효과를 사용할 수 있습니다.

문제 2 다음 중 flip 효과들이 공통적으로 갖고 있는 파라미터가 아닌 것은?
① delay
② duration
③ easing
④ opacity

문제 3 커스텀 애니메이션은 _____ 와/과 _____ 으로 나뉩니다.

문제 4 스벨트는 변수의 값이 업데이트될 때 애니메이션을 사용할 수 있는 _____ 을/를 제공합니다.

문제 5 _____은 값이 변경될 때 스프링처럼 관성을 이용하여 움직이는 모션을 갖고 있습니다.

정답: 1. animate: 지시문, 2. ④, 3. CSS 트랜지션 / tick 함수 트랜지션, 4. 모션 기능, 5. spring

학습 포인트
- 액션의 기본 사용 방법
- 액션 함수 — update와 destroy
- 액션을 이용한 외부 라이브러리

동영상 강의

https://bit.ly/svelte_18-1

https://bit.ly/svelte_18-2

스벨트 액션

스벨트에서 DOM을 직접적으로 제어해야 하는 경우가 있습니다. 예를 들어, 요소가 없는 곳을 클릭했을 때 특정 동작을 실행하거나, input 요소에 자동으로 초점을 맞추고 싶을 때, 또는 기본 기능 외에 HTML 요소에 특별한 동작을 추가하고 싶을 때가 있습니다. 이럴 때 스벨트의 액션 기능을 사용하면 개발자가 원하는 특별한 동작을 제작할 수 있습니다. 또한, 스벨트를 통해 외부 라이브러리와의 통합도 가능합니다. 이번 장에서는 스벨트가 제공하는 액션 기능을 어떻게 사용하는지 알아보겠습니다.

실습 안내 아래 명령어를 터미널에 작성 후 실습을 진행해주세요.

```
npx degit sveltejs/template ch18_action
cd ch18_action
npx svelte-migrate@latest svelte-4
npm install
npm run dev
```

⚠ 브라우저 실행 후 문제가 생겨 터미널을 중단하고 싶다면 Ctrl + C 를 입력하면 됩니다.

18.1 액션의 기본 사용 방법

키워드 ▶▶▶ 액션

액션action은 DOM 요소가 DOM에 추가될 때 실행하는 함수를 말합니다. 결국 DOM에 적용되는 함수라고 생각하면 편합니다. 그리고 DOM 요소에는 `use:` 지시문을 이용하여 함수 명령을 받습니다.

코드 18.1 액션 기본 문법

```
const 액션명 = (매개변수) => {
  //실행 명령
}

//마크업
<요소 use:액션명 />
```

액션에 적용되는 첫 번째 매개변수는 요소입니다. 즉, 액션을 함수로 작성하고, 요소에 `use:액션명`을 추가하면 해당 액션이 적용됩니다. 그럼, 예제로 액션을 이용해 요소의 글자를 빨간색으로 변경해보겠습니다.

코드 18.2 액션 기본 문법 예제 — App.svelte　　　　　　　　　　　　　File src/Action01.svelte

```
<script>
  const colorChange = (node) => {
    node.style.color = 'red';
  }
</script>

<h1 use:colorChange>제목 태그1</h1>
<h1 use:colorChange>제목 태그2</h1>
<h1>제목 태그3</h1>
```

`colorChange`라는 함수에 `node` 매개변수를 작성했습니다. `node`는 요소를 의미하는 매개변수로 사용하겠습니다. `node`의 글자색을 빨간색으로 처리한 후에 `h1` 태그 요소 위의 2개에만 `use:colorChange`를 처리하여 액션을 적용했습니다.

그림 18.1처럼 위의 2개의 텍스트만 빨간색이 적용됩니다. `use:colorChange`를 받지 않은 마지막 요소에는 적용되지 않습니다.

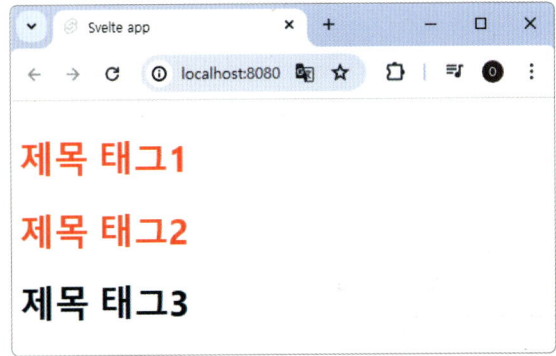

그림 18.1 코드 18.2 실행 결과

액션은 DOM 요소가 나타날 때 실행되는 함수이므로, 이번에는 입력 상자 2개를 처리하고, 버튼을 누르면 해당 요소가 나타나면서 초점을 자동으로 받는 명령을 처리해보도록 하겠습니다.

코드 18.3 DOM 활성 액션 예제 코드 — App.svelte `File` src/Action02.svelte

```svelte
<script>
  let isInput01 = false;
  let isInput02 = false;

  const handleClick01 = () => {
    isInput01 = true;
  }
  const handleClick02 = () => {
    isInput02 = true;
  }

  const inputFocus = (node) => {
    node.focus();
  }
</script>

<button on:click={handleClick01}>첫 번째 입력 요소 활성</button>
{#if isInput01}
  <input type="text" placeholder="첫 번째" use:inputFocus />
{/if}
<hr />
<button on:click={handleClick02}>두 번째 입력 요소 활성</button>
{#if isInput02}
  <input type="text" placeholder="두 번째" use:inputFocus />
{/if}
```

`isInput01`과 `isInput02`는 `input` 요소의 표시 여부를 결정하는 변수로, 처음에는 `false`로 설정해 보이지 않게 처리합니다. `handleClick01`과 `handleClick02`는 각각의 변숫값을 `true`로 변경하는 함수로, `button` 요소의 클릭 이벤트에 연결합니다. `inputFocus` 함수는 액션 함수로 `node`에 해당하는 요소에 초점이 가게 처리합니다.

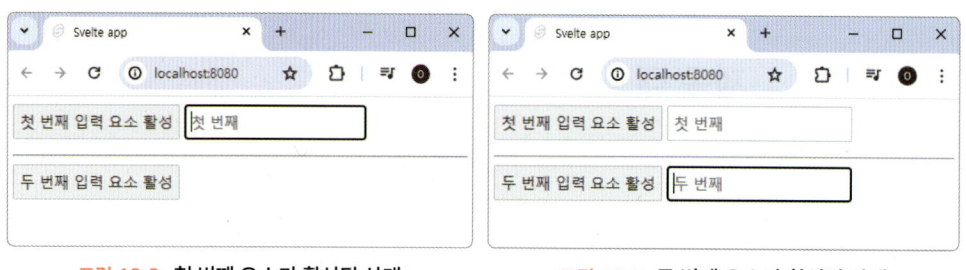

그림 18.2 첫 번째 요소가 활성된 상태   그림 18.3 두 번째 요소가 활성된 상태

첫 번째 버튼을 누르면 첫 번째 `input` 요소가 나타나면서 초점을 받습니다. 두 번째 버튼을 누르면 두 번째 `input` 요소가 나타나면서 초점이 이동됩니다.

18.2 액션에 매개변수 전달

키워드 ▶▶▶ 액션 매개변수, use:지시문

액션 함수에 `node`라고 적었던 요소 선택 외에도 매개변수를 추가할 수 있습니다. 매개변수를 이용하여 다양한 결과를 도출할 수 있습니다.

코드 18.4 액션 매개변수 기본 문법

```
const 액션명 = (요소매개변수, 추가매개변수) => {
  //실행 명령
}

//마크업
<요소 use:액션명={적용값} />
```

이번에는 앞에서 작성했던 `input` 요소의 `value` 속성값을 할당해보도록 하겠습니다.

코드 18.5 액션 매개변수 예제 코드 — App.svelte　　　　　　　　　　　File src/Action03.svelte

```
<script>
  let isInput01 = false;
  let isInput02 = false;

  const handleClick01 = () => {
    isInput01 = true;
  }
  const handleClick02 = () => {
    isInput02 = true;
  }

  const inputFocus = (node, inputValue) => {
    node.focus();
    node.value = inputValue;
  }
</script>

<button on:click={handleClick01}>첫 번째 입력 요소 활성</button>
{#if isInput01}
  <input type="text" placeholder="첫 번째" use:inputFocus={'값처리01'} />
{/if}<hr />
<button on:click={handleClick02}>두 번째 입력 요소 활성</button>
{#if isInput02}
  <input type="text" placeholder="두 번째" use:inputFocus={'값처리02'} />
{/if}
```

inputFocus 액션 함수의 두 번째 매개변수에 inputValue를 추가합니다. 액션 함수의 내부에 node.value = inputValue;를 통해 요소의 value 속성의 값까지 변경해보도록 하겠습니다. input 태그 요소에 use: 지시문에 적용될 값을 use:inputFocus={}의 중괄호 내부에 작성했습니다.

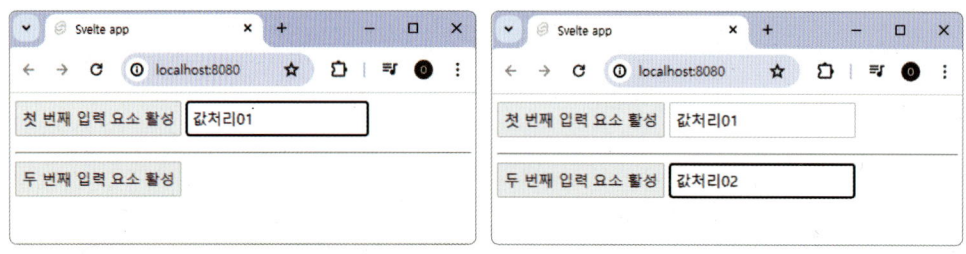

그림 18.4 첫 번째 요소가 활성된 상태   그림 18.5 두 번째 요소가 활성된 상태

첫 번째 버튼을 누르면 첫 번째 input 요소가 나타나면서 초점을 받습니다. 활성 시 값처리01로 value값이 지정됩니다. 두 번째 버튼을 누르면 두 번째 input 요소가 나타나면서 초점이 이동됩니다. 활성 시 값처리02로 value값이 지정됩니다.

18.3 update와 destory

키워드 ▶▶▶ 라이프 사이클, update, destory

update와 destory 함수는 액션 함수의 라이프 사이클과 관련되며, `return` 문에 작성합니다. `update`는 해당 액션이 사용하는 곳에서 값이 변경될 때 사용합니다. `destroy`는 해당 DOM 요소가 사라질 때 호출됩니다.

이번에는 버튼을 활성과 비활성으로 나누겠습니다. 그래야 DOM 요소가 사라지는 여부를 확인할 수 있습니다. 버튼을 통해 `input` 태그 요소를 보이거나 사라지게 처리하겠습니다.

코드 18.6 update와 destroy를 사용하지 않은 코드 — App.svelte   File ▶ src/Action04.svelte

```svelte
<script>
  let isInput = false;
  let inputValue = '아직 없음';

  const handleClick = (param) => {
    isInput = param;
  }

  const inputFocus = (node, value) => {
    node.focus();
    node.value = value;
  }
</script>

<button on:click={() => handleClick(true)}>활성</button>
<button on:click={() => handleClick(false)}>비활성</button>
<hr />
{#if isInput}
  <input type="text" bind:value={inputValue} use:inputFocus={inputValue} />
{/if}
<h3>입력값 : {inputValue}</h3>
```

이번에는 `isInput` 변수에 `false`를 초기 설정하여, `handleClick` 이벤트 함수를 통해 활성 버튼을 누르면 `input` 태그 요소가 보이게 처리하고, 비활성 버튼을 누르면 보이지 않게 처리하겠습니다. `inputValue`에는 '아직 없음'이라는 문자열을 초깃값으로 할당합니다. `inputFocus` 액션 함수에는 해당 태그 요소에 초점이 가도록 처리하고, `value`라는 매개변수로 해당 태그 요소의 `value` 속성값으로 처리했습니다. use:inputFocus={inputValue}를 통해 직접 값을 작성하지 않고, inputValue를 할당합니다. h3 태그 요소에 inputValue가 반환되도록 처리해보겠습니다.

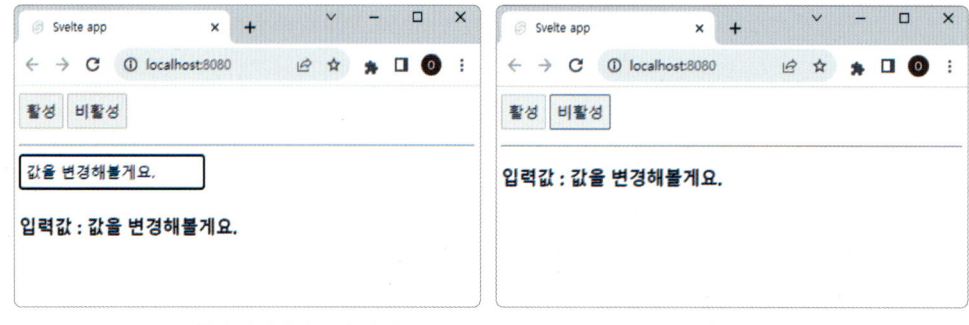

그림 18.6 활성 상태에서 글자 변경   그림 18.7 비활성 버튼 클릭 상태

활성 버튼을 누르고 input 태그 요소에 글자를 작성하면 하단에 동일한 글자가 표시됩니다. 비활성 버튼을 누르면 input 태그 요소는 사라지는데 입력 값은 그대로 남아 있습니다. 이렇게 사용할 일은 없겠지만 값이 남아 있으면 메모리를 차지하게 되므로, 메모리 사용을 줄이기 위해 입력 값을 초기화하는 것이 좋습니다.

코드 18.7 update와 destroy를 사용한 코드 — App.svelte   File src/Action05.svelte

```svelte
<script>
  let isInput = false;
  let inputValue = '아직 없음';

  const handleClick = (param) => {
    isInput = param;
  }

  const inputFocus = (node, value) => {
    node.focus();
    node.value = value;
    return {
      update: (newValue) => {
        node.value = newValue;
      },
      destroy: () => {
        inputValue = '없음';
      }
    }
  }
</script>
```

```
<button on:click={() => handleClick(true)}>활성</button>
<button on:click={() => handleClick(false)}>비활성</button>
<hr />
{#if isInput}
  <input type="text" bind:value={inputValue} use:inputFocus={inputValue} />
{/if}
<h3>입력값 : {inputValue}</h3>
```

코드 18.6과 대부분 비슷하지만, 액션 함수인 `inputFocus`에 `return`으로 추가한 객체의 메서드로 `update`와 `destroy`를 사용했습니다. 특히, `destroy` 함수에 `inputValue = '없음';`을 처리하여 `input` 태그 요소가 사라지는 경우를 대비했습니다.

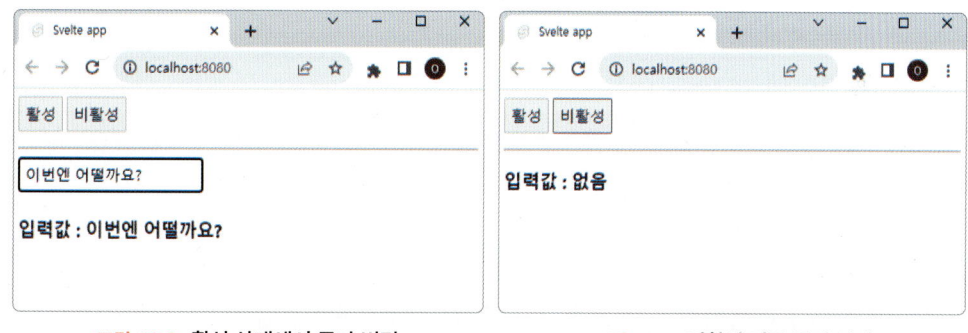

그림 18.8 활성 상태에서 글자 변경   그림 18.9 비활성 버튼 클릭 상태

이번에는 비활성버튼을 클릭하면 입력 값은 없음으로 변경되는 것이 확인됩니다. 현재는 시각적으로 표시하기 위해 글자를 입력하지만, 일반적으로는 값을 제거하는 것이 바람직합니다.

18.4 외부 라이브러리를 이용한 액션

동영상 강의 https://bit.ly/svelte_18-2

키워드 ▶▶▶ 외부 액션 라이브러리, svelte-dnd-actions

액션을 이용한 함수는 우리가 직접 작성할 수도 있지만, 다른 개발자가 만든 외부 라이브러리를 불러와서 사용할 수도 있습니다. 이번에는 `svelte-dnd-actions`이라는 것을 사용해보겠습니다. 이 라이브러리는 요소를 드래그 앤 드롭하는 기능을 제공합니다. 이 책을 읽고 있는 독자분들께도 다양한 외부 액션 라이브러리를 활용해보길 권장합니다.

> **전문가TIP svelte-dnd-actions 라이브러리 설치**
>
> ■ 터미널에 다음 명령어를 작성하세요.
>
> ```
> npm i svelte-dnd-action
> ```
>
> ■ 자세한 내용은 다음 페이지를 참고하세요.
> https://www.npmjs.com/package/svelte-dnd-action

이 라이브러리를 사용하여 드래그 앤 드롭 기능을 실습해보도록 하겠습니다.

코드 18.8 svelte-dnd-actions 코드 — App.svelte   File src/Action06.svelte

```svelte
<script>
  import {flip} from "svelte/animate";
  import {dndzone} from "svelte-dnd-action";
  let items = [
    {id: 1, name: "item1"},
    {id: 2, name: "item2"},
    {id: 3, name: "item3"},
    {id: 4, name: "item4"}
  ];
  const flipDurationMs = 300;
  function handleDndConsider(e) {
    items = e.detail.items;
  }
  function handleDndFinalize(e) {
    items = e.detail.items;
  }
</script>

<section use:dndzone="{{items, flipDurationMs}}" on:consider="{handleDndConsider}" on:finalize="{handleDndFinalize}">
```

```
    {#each items as item(item.id)}
      <div animate:flip="{{duration: flipDurationMs}}">{item.name}</div>
    {/each}
</section>

<style>
  section {
    width: 50%; padding: 0.3em;
    border: 1px solid black;
    overflow: scroll; height: 200px;
  }
  div {
    width: 50%; padding: 0.2em; margin: 0.15em 0;
    background-color: blue; color: white;
  }
</style>
```

코드 18.8은 사이트에서 제공하는 기본 코드를 복사했습니다. `dndzone`을 `svelte-dnd-action`로부터 불러옵니다. `items` 배열에 드래그 앤 드롭할 요소를 담아 `each` 블록을 통해 반복 처리합니다. `flipDurationMs`은 드래그 앤 드롭이 일어날 시간입니다. `section` 태그 요소에 적힌 `on:consider`과 `on:finalize`는 `svelte-dnd-action`이 제작한 커스텀 이벤트입니다. `consider`는 드래그 앤 드롭이 시작될 때의 이벤트고, `finalize`는 드래그 앤 드롭이 끝날 때의 이벤트입니다. 요소의 움직임은 스벨트의 내장된 `flip` 효과로 처리합니다.

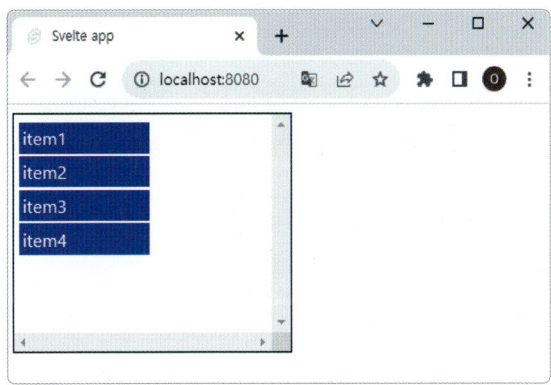

그림 18.10 코드 18.8 실행 결과

아이템들을 각각 드래그 앤 드롭하면 위치가 이동되는 것을 확인할 수 있습니다.

돌아보기

▶ 액션action은 스벨트에서 DOM을 직접적으로 제어해야 하는 경우, 개발자가 특별한 동적을 할 수 있게 제공하는 기능입니다.

▶ 액션은 결과적으로 함수로 액션을 제작하고, 마크업 영역의 요소에 `use:` 액션명을 작성하면 처리됩니다.

▶ `update`와 `destory` 함수는 라이프 사이클과와 관련된 함수로 액션 함수의 `return` 문에 작성합니다.

▶ 액션을 이용한 함수는 우리가 직접 작성할 수도 있겠지만, 다른 개발자가 만든 외부 라이브러리도 불러올 수 있습니다.

쪽지시험

문제 1 _____ 은/는 스벨트에서 DOM을 직접적으로 제어해야 하는 경우, 개발자가 특별한 동적을 할 수 있게 제공해주는 기능입니다.

문제 2 액션 함수를 마크업 영역의 요소에 지정해주는 지시문은?

① let
② use
③ in
④ out

문제 3 update와 destory 함수는 라이프 사이클과 관련된 함수로 액션 함수의 _____ 문에 작성합니다.

문제 4 [○× 문제] 스벨트는 다른 개발자가 만든 외부 라이브러리를 액션으로 사용할 수 있다. ( )

정답: 1. 액션(action), 2. ②, 3. return, 4. ○

학습 포인트
- `<svelte:self>` 요소
- `<svelte:component>` 요소
- `<svelte:element>` 요소
- `<svelte:window>` 요소
- `<svelte:document>` 요소
- `<svelte:body>` 요소
- `<svelte:head>` 요소
- `<svelte:options>` 요소
- `<svelte:fragment>` 요소

동영상 강의

https://bit.ly/svelte_19-1

https://bit.ly/svelte_19-2

https://bit.ly/svelte_19-3

CHAPTER 19
스벨트 특별 요소

스벨트는 특별한 요소를 지원하여 개발자에게 강력한 도구를 제공합니다. 예를 들어, 컴포넌트가 자기 자신을 선택하거나, window나 document 객체를 직접적으로 제어할 수 있습니다. 이러한 특별 요소들은 복잡한 코드를 간결하게 처리할 수 있게 도와줍니다. 이번 장에서는 스벨트가 제공하는 특별 요소 special element 를 어떻게 사용하는지 알아보고, 이를 통해 개발 효율성을 극대화하는 방법을 탐구해보겠습니다.

실습 안내 아래 명령어를 터미널에 작성 후 실습을 진행해주세요.

```
npx degit sveltejs/template ch19_specialelement
cd ch19_specialelement
npx svelte-migrate@latest svelte-4
npm install
npm run dev
```

- 브라우저 실행 후 문제가 생겨 터미널을 중단하고 싶다면 `Ctrl`+`C`를 입력하면 됩니다.
- 이번 장에서는 부모 컴포넌트와 자손 컴포넌트 연결이 있으므로 해당 문서의 파일명을 잘 확인해주세요.

19.1 <svelte:self> 요소

동영상 강의 https://bit.ly/svelte_19-1

키워드 ▶▶▶ <svelte:self>

`<svelte:self>` 요소를 사용하면 컴포넌트가 자기 자신을 재귀적으로 포함할 수 있습니다. 이 요소는 마크업 영역의 최상위 수준에는 사용할 수 없습니다. 자기 자신이 계속 나타나게 되는 무한 루프를 방지하려면 `if` 블록이나 `each` 블록의 내부에 있거나 컴포넌트의 `slot`에 전달되어야 합니다.

코드 19.1 Self.svelte 코드   File src/Self.svelte

```svelte
<script>
  export let count;
</script>

{#if count > 0}
  <p>카운트다운... {count}</p>
  <svelte:self count={count - 1} />
{:else}
  <p>발사!</p>
{/if}
```

부모 컴포넌트로부터 `count`를 props로 받습니다. `if` 블록을 통해 `count`가 `0`보다 크면 카운트다운을 담은 `p` 태그 요소와 `Self` 컴포넌트인 자기 자신 컴포넌트를 또 반환합니다. 이때 `count`를 1씩 감소하여 props 값을 변경해야 무한 루프가 발생되지 않습니다. 만약 `count`가 `0`보다 크지 않다면 '발사!'라는 텍스트를 담은 `p` 태그 요소를 반환하고, 이번에는 자기 자신을 반환하지 않습니다.

코드 19.2 App.svelte 코드   File src/App01.svelte

```svelte
<script>
  import Self from "./Self.svelte";
</script>

<Self count="5" />
```

`Self` 컴포넌트를 자손 컴포넌트로 불러오고 `count="5"`로 props 값을 5로 내려줍니다.

그러면 카운트다운이 5에서 1까지 하나씩 감소되어 처리된 후에 발사! 텍스트가 반환되는 것을 확인할 수 있습니다.

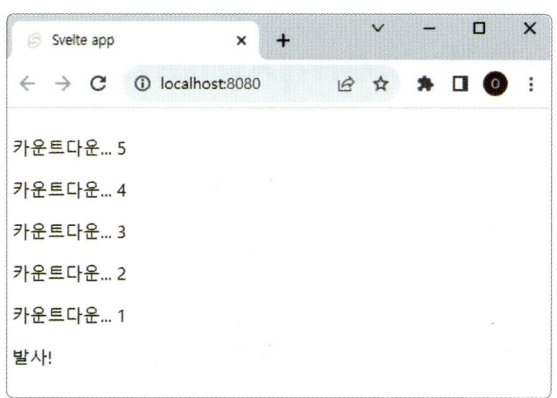

그림 19.1   코드 19.2 실행 결과

19.2 <svelte:component> 요소

`<svelte:component>` 요소는 `this` 속성으로 지정된 컴포넌트 속성을 사용하여 컴포넌트를 동적으로 구현합니다. 속성이 변경되면 구성 요소가 삭제되고 다시 생성됩니다.

코드 19.2 `<svelte:component>` 기본 문법

```
<svelte:component this={JS표현식} />
```

만일 `this`값이 거짓이면 컴포넌트를 반환하지 않습니다. 선택 상자를 제작하고, 선택 상자를 선택 시 각각에 해당하는 컴포넌트를 반환하는 예제를 구현해보도록 하겠습니다.

코드 19.3 Food01.svelte 코드   File src/Food01.svelte

```
<h3>햄버거를 선택했습니다.</h3>
```

코드 19.4 Food02.svelte 코드   File src/Food02.svelte

```
<h3>피자를 선택했습니다.</h3>
```

코드 19.5 Food03.svelte 코드   File src/Food03.svelte

```
<h3>치킨을 선택했습니다.</h3>
```

코드 19.6 App.svelte 코드   File src/App02.svelte

```
<script>
  import Food01 from './Food01.svelte';
  import Food02 from './Food02.svelte';
  import Food03 from './Food03.svelte';

  const options = [
    { name: '햄버거', component: Food01 },
    { name: '피자', component: Food02 },
    { name: '치킨', component: Food03 }
  ];

  let selected = options[0];
</script>
```

```
<h2>음식을 선택하세요.</h2>
<select bind:value={selected}>
  {#each options as option}
    <option value={option}>{option.name}</option>
  {/each}
</select>

<svelte:component this={selected.component} />
```

Food01~Food03까지 3개 컴포넌트를 제작한 후 불러옵니다. `options`라는 배열에는 음식의 이름을 담는 `name` 속성과 각각의 컴포넌트를 담는 `component` 속성을 포함했습니다. 그리고 `selected` 변수에는 `options[0]`를 담아 첫 번째 값을 기본으로 선택했습니다.

`select` 태그 요소에는 `bind:value={selected}`로 `value`값을 `selected`를 연결합니다. `select` 태그 요소 안에는 `each` 블록을 작성하여 `option` 태그 요소를 반복하여 담습니다. 마지막 줄에는 `<svelte:component />`를 작성하여 `this={selected.component}`로 선택된 컴포넌트가 반환되도록 처리합니다.

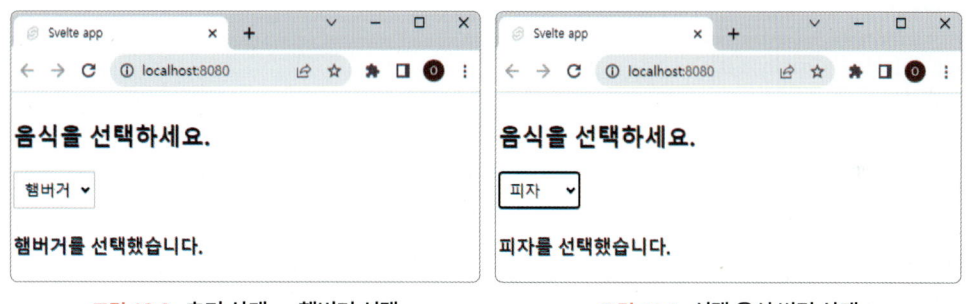

그림 19.2 초기 상태 – 햄버거 선택 　　　　그림 19.3 선택 옵션 변경 상태

19.3 <svelte:element> 요소

키워드 ▶▶▶ <svelte:element>

`<svelte:element>` 요소를 사용하면 동적으로 지정된 유형의 요소(태그)를 구현할 수 있습니다.

코드 19.7 `<svelte:element>` 기본 문법

```
<svelte:element this={JS표현식} />
```

유일하게 지원되는 바인딩은 `bind:this`입니다. 스벨트가 빌드 시 수행하는 요소 유형별 바인딩(예: 입력 요소에 대한 `bind:value`)은 동적 태그 유형에서 작동하지 않기 때문입니다. `this`에 `null` 값이 있으면 요소와 해당 하위 요소가 구현되지 않습니다. 이번에는 선택상자에서 태그명을 선택하면 해당 태그 요소로 반환되도록 해보겠습니다.

코드 19.8 `<svelte:element>` 코드 — App.svelte

File src/Element.svelte

```
<script>
  const options = ['h1', 'h3', 'p'];
  let selected = options[0];
</script>

<select bind:value={selected}>
  {#each options as option}
    <option value={option}>{option}</option>
  {/each}
</select>

<svelte:element this={selected}>현재 요소는 {selected} 태그입니다.</svelte:element>
```

`options` 배열에는 각각의 태그명을 문자열로 담았습니다. 그리고 `selected` 변수에는 `options[0]`를 담아 첫 번째 값을 선택했습니다.

`select` 태그 요소에는 `bind:value={selected}`로 `value`값을 `selected`를 연결합니다. `select` 태그 요소 안에는 `each` 블록을 작성하여 `option` 태그 요소를 반복하여 담아줍니다. 마지막 줄에는 `<svelte:element this={selected}>` 요소를 사용하여 선택된 값으로 요소를 처리합니다.

그림 19.4 초기 상태 — h1 선택

그림 19.5 선택 옵션 변경 상태

CHAPTER 19 스벨트 특별 요소

19.4 `<svelte:window>` 요소

동영상 강의 https://bit.ly/svelte_19-2

키워드 ▶▶▶ `<svelte:window>`, 속성바인딩, 이벤트추가

`<svelte:window>` 요소를 사용하면 컴포넌트가 삭제될 때 이벤트 리스너를 제거하거나, 서버 측 렌더링 시 창의 존재 여부를 확인할 필요 없이 창 개체에 이벤트 리스너를 추가할 수 있습니다. 간단히 말하자면 window 객체에 이벤트를 적용시킬 수 있습니다. `<svelte:self>`와 달리 이 요소는 컴포넌트의 최상위 수준에만 사용할 수 있으며, 블록이나 요소 안에서는 사용할 수 없습니다.

19.4.1 window 객체에 이벤트 추가

코드 19.9 `<svelte:window>` 기본 문법

```
<svelte:window on:이벤트명={이벤트핸들러} />
```

이번에는 창에서 키보드를 누르면, 창에 해당 키이름과 키코드를 반환하는 예제를 실습해보도록 하겠습니다.

코드 19.10 `<svelte:window>` 이벤트 관련 코드 — App.svelte   File src/Window.svelte

```svelte
<script>
  let key, keyCode;

  const handleKeydown = (e) => {
    key = e.key;
    keyCode = e.keyCode;
  }
</script>

<svelte:window on:keydown={handleKeydown} />
<div>
  {#if key}
    <kbd>{key === ' ' ? 'Space' : key}</kbd>
    <p>{keyCode}</p>
  {:else}
    <p>창을 클릭 후 키보드를 눌러 주세요.</p>
  {/if}
</div>

<style>
  div{
```

```
    display: flex; height: 100%;
    text-align: center; align-items: center;
    justify-content: center; flex-direction: column;
  }
  kbd{
    background-color: #eee; border-radius: 3px;
    border: 1px solid #b4b4b4;
    box-shadow: 0 1px 1px rgba(0, 0, 0, 0.2),
    0 2px 0 0 rgba(255, 255, 255, 0.7) inset;
    color: #333; display: inline-block;
    font-size: 0.85em; font-weight: 700;
    line-height: 1; padding: 0.2em 0.5em;
    font-size: 20px; white-space: nowrap;
  }
</style>
```

key는 키 값을 담는 변수고, keyCode는 키코드 값을 담을 변수입니다. handleKeydown 함수를 이용하여 각각의 값을 할당시켰습니다. `<svelte:window on:keydown={handleKeydown} />`는 컴포넌트의 최상위에 작성해야 하므로 부모 없이 제작했고, 이벤트도 할당했습니다. if 블록을 통해 해당 key가 있으면 키명과 키코드를 반환합니다. 이때 Spacebar를 누르면 공백이 발생하기 때문에 Space로 대체해두었습니다. 평소에 잘 볼 수 없었던 kbd 태그 요소를 작성했습니다. kbd 태그 요소는 키보드 입력, 음성 입력 등 임의의 장치를 사용한 사용자의 입력을 나타내도록 했습니다.

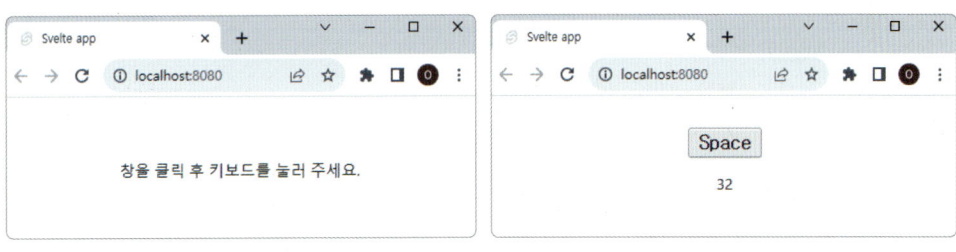

그림 19.6 초기 상태   그림 19.7 스페이스바를 입력한 상태

창을 클릭한 후 키보드를 누르면 해당 키 값과 키코드 값이 잘 반환되는 것을 확인할 수 있습니다.

19.4.1 window 객체에 속성 바인딩 처리

`<svelte:window>`를 통해 window 객체에 다음과 같은 속성들을 바인딩할 수 있습니다.

코드 19.11 `<svelte:window>` 속성 바인딩 기본 문법

```
<svelte:window bind:속성={값} />
```

표 19.1 <svelte:window> 속성 바인딩의 종류

속성명	설명
innerWidth	창의 가로 폭 속성입니다(스크롤바나 상태표시줄 등을 제외한 영역).
innerHeight	창의 가로 높이 속성입니다(스크롤바나 상태표시줄 등을 제외한 영역).
outerWidth	창의 가로 폭 속성입니다(스크롤바나 상태표시줄 등을 포함한 영역).
outerHeight	창의 가로 높이 속성입니다(스크롤바나 상태표시줄 등을 포함한 영역).
scrollX	가로 스크롤바의 좌측 좌표를 반환합니다.
scrollY	세로 스크롤바의 상단 좌표를 반환합니다.
onLine	window.navigator.onLine과 같습니다. 페이지가 인터넷에 연결되어 있는지를 확인합니다.
devicePixelRatio	현재 디스플레이 장치에 대한 '물리적 픽셀' 해상도와 'CSS 픽셀' 해상도의 비율을 반환합니다.

그럼 스크롤바 이동 시 좌푯값을 반환받는 예제를 실습해보겠습니다.

코드 19.12 <svelte:window> 속성 바인딩 예제 코드 — App.svelte   File src/WindowProps.svelte

```
<script>
  let y;
</script>

<svelte:window bind:scrollY={y} />
<div></div>
<h3>스크롤바 좌표 : { y }</h3>

<style>
  div{ height: 2000px; }
  h3{ position: fixed; left: 10px; top: 10px; }
</style>
```

y는 세로 스크롤바의 상단 좌푯값에 연결한 변수입니다. `<svelte:window bind:scrollY={y} />`를 통해 scrollY에 바인딩을 시켜줬습니다. h3 태그 요소에 좌푯값을 반환을 받습니다.

그림 19.8 초기 상태   그림 19.9 스크롤 이동 상태

스크롤바를 이동할 때마다 좌푯값이 변환되는 것을 확인할 수 있습니다.

19.5 <svelte:document> 요소

키워드 ▸▸▸ <svelte:document>, use: 지시문, 속성 바인딩

<svelte:document> 요소는 <svelte:window>와 사용법이 비슷합니다. 하지만 창에서 실행되지 않는 visiblechange와 같은 document 객체의 이벤트에 리스너를 추가할 수 있습니다. 또한 docuement에는 use: 지시문을 이용한 액션도 사용할 수 있습니다. <svelte:window>와 마찬가지로 <svelte:document> 요소는 구성 요소의 최상위 수준에만 사용할 수 있으며 블록이나 요소 내부에 있어서는 안 됩니다.

코드 19.13 <svelte:document> 속성 기본 문법

```
<svelte:document on:이벤트명={이벤트핸들러} use:액션명 />
<svelte:document bind:속성={값} />
```

바인딩되는 속성은 `fullscreenElement`와 `visibilityState`가 있습니다.

그럼 document가 갖고 있는 selectionchange 이벤트를 사용하여 마우스로 드래그한 글자를 반환하는 예제를 실습해보겠습니다. selectionchange 이벤트는 텍스트를 선택했을 때 발생합니다.

코드 19.14 <svelte:document> 예제 코드 — App.svelte  src/Document.svelte

```
<script>
  let selection = '';

  const handleSelectionChange = (e) => (selection = document.getSelection());
</script>

<svelte:document on:selectionchange={handleSelectionChange} />

<h3>이 글자를 선택하면 아래 그대로 반환됩니다.</h3>
<hr />
<p>선택된 글자: {selection}</p>
```

selection은 드래그한 글자를 담을 변수입니다. handleSelectionChange는 selectionchange 이벤트에 연결될 이벤트 함수입니다. getSelection() 메서드는 드래그한 객체를 반환합니다. h3 태그 요소는 드래그를 위한 텍스트를 제공하고, p 태그 요소에는 선택된 글자를 반환해보겠습니다.

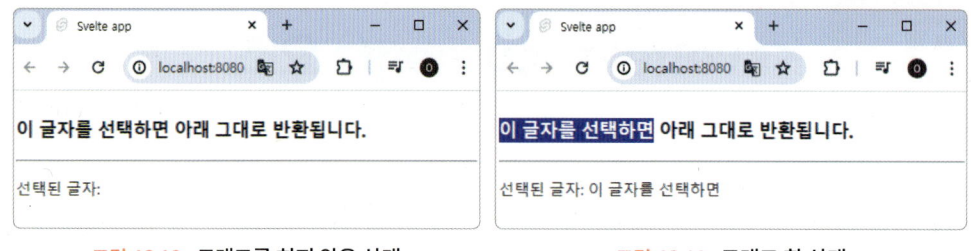

그림 19.10 드래그를 하지 않은 상태   그림 19.11 드래그 한 상태

드래그한 글자만큼 아래에 선택된 내용이 반환되는 것을 확인할 수 있습니다. 왼쪽에서 오른쪽으로 드래그하면 정방향으로 글자가 나오고, 오른쪽에서 왼쪽으로 드래그하면 역방향으로 글자가 나옵니다. 내용 자체가 뒤집히는 것은 아닙니다. 직접 확인해보세요.

19.6 `<svelte:body>` 요소

키워드 ▶▶▶ `<svelte:body>`

`<svelte:body>`는 `document.body`와 같은 요소입니다. `window`에서 실행되지 않는 `mouseenter` 및 `mouseleave`와 같은 `document.body`의 이벤트에 리스너를 추가할 수 있습니다. 또한 `use:` 지시자를 이용하여 액션을 사용할 수 있습니다. `<svelte:window>` 및 `<svelte:document>`와 마찬가지로 `<svelte:body>` 요소는 구성 요소의 최상위 수준에만 사용할 수 있으며 블록이나 요소 내부에는 배치할 수 없습니다.

코드 19.15 `<svelte:body>` 기본 문법

```svelte
<svelte:body on:이벤트명={이벤트핸들러} use:액션명 />
```

이번에는 글자를 초기에 보이지 않도록 가려놓고, `body` 태그 요소인 브라우저의 흰 문서 부분에 마우스를 올리면 글자가 보이고, 마우스를 내리면 다시 글자가 보이지 않게 처리하겠습니다.

코드 19.16 `<svelte:body>` 예제 코드 — App.svelte　　　　　　　　　　　　　　File src/Body.svelte

```svelte
<script>
  import { fade } from 'svelte/transition';

  let visible = false;

  const handleMouseenter = () => (visible = true);
  const handleMouseleave = () => (visible = false);
</script>

<svelte:body on:mouseenter={handleMouseenter} on:mouseleave={handleMouseleave} />
{#if visible}
  <div class="centered" out:fade>
    {#each 'SVELTE' as char, i}
      <span in:fade|global={{ delay: i * 150, duration: 800 }}>{char}</span>
    {/each}
  </div>
{/if}

<style>
  .centered {
    font-size: 20vw; position: absolute;
    left: 50%; top: 50%;
```

```
    transform: translate(-50%, -50%);
    font-family: 'Overpass';
    letter-spacing: 0.12em;
    color: #676778; font-weight: 400;
  }
  .centered span { will-change: filter; }
</style>
```

시간차를 두고 자연스럽게 처리하기 위해 `fade` 효과를 호출했습니다. `visible` 변수는 글자를 보이게 할지, 보이지 않게 할지 결정하는 값을 담겠습니다. 초깃값은 `false`로 처리하여 글자가 보이지 않게 처리하겠습니다.

`handleMouseenter` 이벤트 함수는 `mouseenter` 이벤트에 적용하여 `true`로 처리하고, `handleMouseleave` 이벤트 함수를 `mouseleave` 이벤트에 적용하여 `false`로 처리하겠습니다. `<svelte:body />`에 각각의 이벤트를 연결합니다.

`if` 블록을 통해 `visible`이 `true`면 `div` 태그 요소를 보이게 처리합니다. 재미를 위해 글자가 하나씩 나타나도록 `each` 블록을 사용했습니다. 나타날 때는 `fade` 효과를 각각의 글자를 담은 `span` 태그 요소에 `in:fade`로 처리하고, 사라질 때는 한꺼번에 사라지도록 `div` 태그 요소에 `out:fade`로 처리했습니다.

그림 19.12 마우스를 올린 상태　　　　　그림 19.13 마우스를 내린 상태

19.7 <svelte:head> 요소

동영상 강의 https://bit.ly/svelte_19-3

키워드 ▶▶▶ <svelte:head>

`<svelte:head>` 요소를 사용하면 `document.head`에 요소를 삽입할 수 있습니다. 서버 측 렌더링 중에 head 콘텐츠는 기본 HTML 콘텐츠에 별도로 노출됩니다. `<svelte:window>`와 마찬가지로 `<svelte:head>` 요소는 컴포넌트의 최상위 수준에만 사용할 수 있으며 블록이나 요소 내부에 있어서는 안 됩니다. 특히, 외부 CSS를 불러오거나, SEO 설정하거나, **파비콘**favicon[1]을 변경하는 것을 할 수 있습니다.

코드 19.17 dark-theme.css

```css
body{ background-color: #333; color: #fff; }
```

`dark-theme.css`는 `src` 폴더가 아닌 `public` 폴더 내부의 `build` 폴더 안에 작성해야 합니다. `build` 폴더 안에 생성하고 코드 19.17을 작성해주세요.

코드 19.18 <svelte:head> 예제 코드 — App.svelte

File src/Head.svelte

```svelte
<svelte:head>
  <title>Svelte 특수 요소</title>
  <link rel="stylesheet" href="build/dark-theme.css" />
  <link rel="icon" type="image/png" href="https://svelte.dev/favicon.png" />
</svelte:head>

<h1>Hello world!</h1>
```

코드 19.18의 두 번째 줄에는 `title` 태그 요소를 사용하여 홈페이지 제목을 변경했고, 세 번째 줄은 css 문서를 연결했고, 네 번째 줄에는 파비콘을 연결했습니다. 이렇게 컴포넌트에 기본적으로 처리할 수 없는 `head` 요소들을 작성하면 됩니다.

그림 19.14 코드 19.18 실행 결과

결과를 보면 홈페이지 제목, 파비콘, 스타일 전부 변경된 것을 확인할 수 있습니다.

---

[1] 웹사이트의 타이틀 옆에 붙는 아이콘. https://en.wikipedia.org/wiki/Favicon

19.8 <svelte:options> 요소

키워드 ▸▸▸ <svelte:options>, immutable={true}

`<svelte:options>`를 사용하면 컴포넌트에 지정된 컴파일 옵션을 지정할 수 있습니다.

코드 19.19 <svelte:options> 기본 문법

```
<svelte:options option={value} />
```

표 19.2 <svelte:options> 옵션의 종류

옵션명	설명
immutable={true}	변하지 않는 데이터를 사용할 것이라고 컴파일러에게 알려주는 옵션입니다. 컴파일러는 간단한 검사로 참조 값이 변경되었는지 검사합니다.
immutable={false}	기본값입니다. 좀 더 엄격하게 값이 변경되었는지 확인하는 옵션입니다.
accessors={true}	컴포넌트의 props에 getter와 setter를 추가합니다.
accessors={false}	기본값입니다. 컴포넌트의 props에 getter와 setter를 안 줍니다.
namespace:"..."	컴포넌트가 사용될 네임스페이스입니다. 일반적으로 svg에서 사용됩니다.
tag="..."	컴포넌트를 사용자가 정의한 요소로 컴파일할 때 사용되는 옵션입니다.

`immutable={true}`라는 옵션을 사용해보겠습니다. 이 옵션은 불필요한 렌더링을 막습니다. 컴포넌트는 재사용 가능한 UI로 설계되어 있기 때문에, 한 인스턴스에서 명령을 주었을 때 모든 인스턴스가 반응하게 되면 불필요한 렌더링이 발생하여 메모리를 과다하게 차지할 수 있습니다. 이를 방지하기 위해 `immutable` 옵션을 사용할 수 있습니다. 이 방법은 리액트에 있는 `useCallback()`, `React.memo()`를 사용하는 것과 유사한 개념입니다.

19.8.1 불필요한 렌더링이 발생

우선, 불필요한 렌더링이 발생되는 경우를 살펴보도록 하겠습니다. 버튼을 클릭하면 하트가 채워지거나, 비워지는 예제를 만들어보겠습니다.

코드 19.20 App.svelte 코드   File src/App03.svelte

```
<script>
  import Heart from "./Heart.svelte";

  let langs = [
```

```
    { id: 1, like: false, text: 'Svelte' },
    { id: 2, like: false, text: 'React' },
    { id: 3, like: false, text: 'Vue' }
  ];

  const toggle = id => {
    langs = langs.map(lang => {
      if(lang.id === id) {
        return {
          id: lang.id,
          like: !lang.like,
          text: lang.text
        };
      }
      return lang;
    });
  }
</script>

{#each langs as lang}
  <Heart lang={lang} on:click={() => toggle(lang.id)} />
{/each}
```

`Heart.svelte`는 자손 컴포넌트로 먼저 호출합니다. `langs`는 배열 데이터를 담도록 하겠습니다. `toggle` 이벤트 함수는 클릭 시 `like` 속성값만 현재 값의 반대로 변경합니다. `each` 블록을 통해 자손 컴포넌트인 `Heart`를 반복해서 반환합니다. 이때 배열 각각의 값인 `lang`은 props로 전달합니다. 그리고 클릭 이벤트에 `toggle` 함수를 처리합니다.

코드 19.21 **Heart.svelte 코드**

```
<script>
  import { afterUpdate } from 'svelte';

  export let lang;

  afterUpdate(() => {
    console.log(lang.text + ' : ' + lang.like);
  });
</script>

<button on:click>
  {#if lang.like}
    <span>♥</span>
  {:else}
    <span>♡</span>
```

```
        {/if}
        {lang.text}
</button>
```

라이프 사이클 함수인 `afterUpdate` 함수를 불러 오겠습니다. props로 받은 `lang`을 사용하기 위해 `export let lang;`를 작성합니다. `afterUpdate` 함수에는 콘솔 창에 `lang.text` 값과 `lang.like` 값을 출력해보도록 하겠습니다. 마크업 영역에는 `button` 태그 요소를 작성하고 이벤트를 상속받습니다. `lang.like` 값이 `true`면 채워진 하트를 처리하고, `false`면 빈 하트를 처리합니다.

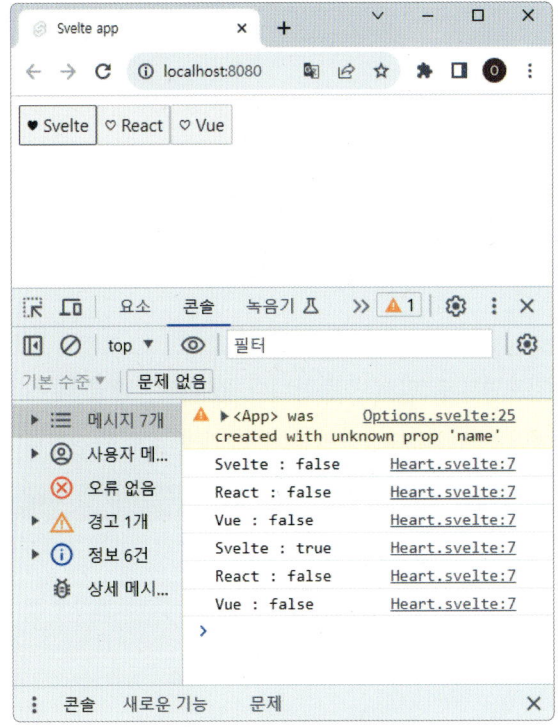

그림 19.15 코드 19.21 실행 결과

콘솔 창을 보면 각각의 언어에 대한 `like` 값을 반환합니다. 초기 실행 시 3개의 값이 출력되는 것은 정상입니다. 그리고 나서 [Svelte] 버튼을 눌러보세요. 화면에는 스벨트 버튼에 해당하는 하트만 채워진 모습을 확인할 수 있습니다. 그러나 콘솔 창에서는 여전히 3개의 값이 모두 출력되는 것을 확인할 수 있습니다. 같은 컴포넌트이기 때문에 모든 값이 출력되는 것입니다. 이런 식으로 명령이 발생될 때 사용하지 않은 컴포넌트도 명령이 실행됩니다. 지금과 같이 3개일 때는 문제가 되지 않지만, 100개, 1,000개, 그 이상의 컴포넌트를 반복해서 출력한다면 메모리 손실이 심각할 수 있습니다.

19.8.2 immutable={true} 사용

immutable={true}를 사용하여 메모리 사용을 절감해보도록 하겠습니다.

코드 19.22 **Heart.svelte 코드**　　　　　　　　　　　　　　　　　　　File　src/Heart.svelte

```
<svelte:options immutable={true} />

<script>
    //스크립트 영역도 코드 같음
</script>

//마크업 영역 코드 같음
```

Heart.svelte 코드의 첫 번째 줄에 `<svelte:options immutable={true} />`를 작성합니다. 이렇게만 작성하면 됩니다.

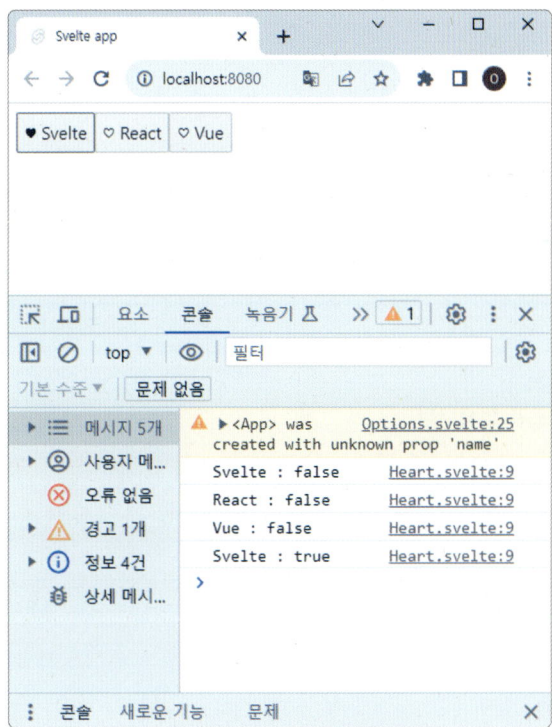

그림 19.16 코드 19.22 실행 결과

그림 19.16은 그림 19.15와 달리 스벨트 버튼을 클릭했을 때 변경된 값이 스벨트에만 출력되는 것을 확인할 수 있습니다. 이와 같은 방법으로 메모리 사용을 절감하고 불필요한 렌더링을 피할 수 있습니다.

19.9 <svelte:fragment> 요소

키워드 ▶▶▶ <svelte:fragment>, slot

slot으로 특정 컴포넌트를 재사용할 경우 slot의 `name`을 작성하려면 `div` 태그 요소 같은 기본 DOM 태그 요소를 사용하고, 그 안에 `slot name`을 작성해야 합니다. `<svelte:fragment>` 요소를 사용하면 DOM 요소를 작성하지 않고도 슬롯을 정의할 수 있습니다. 이를 통해 불필요한 태그로 인해 원하지 않는 스타일이 적용되는 문제를 피할 수 있어, 디자인 수정을 또 하는 불편함이 사라집니다.

우선 이미 작성했던 slot 코드를 살펴보도록 하겠습니다. 예전에 작성했던 11장의 코드 11.9~11.11입니다.

코드 11.9 Child03.svelte　　　　　　　　　　　　　　　　　　　　　File　src/Child03.svelte

```svelte
<div class="box">
  <h4>
    이름 :
    <slot name="name">
      전달받은 이름이 없습니다.
    </slot>
  </h4>
  <p>
    배포 년도 :
    <slot name="release">
      전달받은 배포 년도가 없습니다.
    </slot>
  </p>
</div>

<style>
  .box{
    width: 320px; padding: 10px;
    border: 2px solid black;
    margin-bottom: 20px;
  }
</style>
```

코드 11.10 **SlotParent03.svelte**

```svelte
<script>
  import Child03 from "./Child03.svelte";
</script>

<Child03>
  <span slot="name">스벨트(Svelte)</span>
  <span slot="release">2016</span>
</Child03>

<Child03>
  <span slot="name">리액트(React)</span>
  <span slot="release">2013</span>
</Child03>
<Child03></Child03>
```

코드 11.11 **App.svelte**　　　　　　　　　　　　　　　　　　　　　File src/App04.svelte

```svelte
<script>
  import SlotParent03 from "./SlotParent03.svelte";
</script>

<SlotParent03 />
```

`Child03.svelte`와 `App.svelte`는 변경할 것이 없습니다. `SlotParent03.svelte`만 변경해보도록 하겠습니다.

코드 19.23 **SlotParent03.svelte**　　　　　　　　　　　　　　　　　File src/SlotParent03.svelte

```svelte
<script>
  import Child03 from "./Child03.svelte";
</script>

<Child03>
  <svelte:fragment slot="name">스벨트(Svelte)</svelte:fragment>
  <svelte:fragment slot="release">2016</svelte:fragment>
</Child03>

<Child03>
  <svelte:fragment slot="name">리액트(React)</svelte:fragment>
  <svelte:fragment slot="release">2013</svelte:fragment>
</Child03>
<Child03></Child03>
```

예제 코드를 살펴보면 `span` 태그 요소만 `svelte:fragment`로 변경했습니다. 이렇게 하면 `span` 태그 요소에 다른 스타일이 적용되는 상황을 피할 수 있어, 태그 요소를 선정하는 데 고민할 필요가 없게 됩니다.

그림 19.17 코드 19.23 실행 결과

그림 19.17은 앞에서 확인했던 그림 11.3과 동일합니다. DOM 요소를 대체하여 사용하는 방식이라고 생각하면 이해하기 쉽습니다.

돌아보기

▶ 스벨트는 컴포넌트 구조로 된 마크업 영역 때문에 선택이 안 되는 HTML 요소를 선택할 수 있는 특별한 요소를 지원합니다.

▶ `<svelte:self>` 요소를 사용하면 컴포넌트가 자기 자신을 재귀적으로 포함할 수 있습니다.

▶ `<svelte:component>` 요소는 `this` 속성으로 지정된 컴포넌트 속성을 사용하여 컴포넌트를 동적으로 구현합니다.

▶ `<svelte:element>` 요소를 사용하면 동적으로 지정된 유형의 요소(태그)를 구현할 수 있습니다.

▶ `<svelte:window>` 요소를 사용하면 `window` 객체에 이벤트를 적용시킬 수 있습니다.

▶ `<svelte:document>` 요소는 `<svelte:window>`와 비슷하지만 창에서 실행되지 않는 `visiblechange`와 같은 `document` 객체의 이벤트에 리스너를 추가할 수 있습니다.

▶ `<svelte:body>`는 `document.body`와 같은 요소입니다.

▶ `<svelte:head>` 요소를 사용하면 `document.head`에 요소를 삽입할 수 있습니다.

▶ `<svelte:options>`를 사용하면 컴포넌트에 지정된 컴파일 옵션을 지정할 수 있습니다.

▶ `<svelte:fragment>` 요소는 slot 사용시 `name` 속성을 적기 위한 DOM 요소를 작성하지 않아도 됩니다.

쪽지시험

문제 1 _____ 요소를 사용하면 컴포넌트가 자기 자신을 재귀적으로 포함할 수 있습니다.

문제 2 `<svelte:component>` 요소는 _____ 속성으로 지정된 컴포넌트 속성을 사용하여 컴포넌트를 동적으로 구현합니다.

문제 3 `<svelte:window>`가 가진 바인딩 속성이 아닌 것은?
① `innerWidth` ② `outerWidth` ③ `scrollX` ④ `load`

문제 4 `<svelte:head>` 요소에 자손으로 추가할 수 있는 것이 아닌 것은?
① title 태그 요소 ② body 태그 요소 ③ 파비콘 ④ 외부 CSS 문서 연결

문제 5 `<svelte:options>`의 옵션 중 리액트의 `useCallback()`와 유사하며 불필요한 렌더링을 막는 것은?
① `immutable-{true}`
② `immutable={false}`
③ `accessors={true}`
④ `accessors={false}`

정답: 1. `<svelte:self>`, 2. this, 3. ④, 4. ②, 5. ①

MEMO

PART

심플 프로젝트

지금까지 배운 내용을 토대로 간단한 프로젝트들을 만들어보겠습니다. 이 과정에서 그동안 배운 내용을 복습하고 습득하는 시간을 갖도록 하겠습니다. 먼저 웹 프런트엔드에서 흔히 배우는 투두리스트TodoList를 응용하여 My Bucket List를 제작해보겠습니다. 또한, Best Tour라는 프로젝트를 통해 여행사의 여행 상품 리스트를 표시하는 예제도 실습하겠습니다.

My Bucket List 프로젝트에서는 상탯값과 props를 이용해 데이터를 관리하고, 그 과정에서 발생하는 문제점을 파악하겠습니다. 이후 스토어를 사용해 리팩터링하여 데이터를 더욱 효과적으로 관리하는 방법을 배웁니다. Best Tour 프로젝트는 처음부터 스토어를 이용하여 제작하는 방법을 실습해보겠습니다.

학습 포인트

- My Bucket List 페이지를 만들어봅니다.
- 간단하게 props방식으로 만들고 문제점을 확인해봅니다.
- props drilling을 통한 문제를 스토어로 해결해봅니다.

동영상 강의

https://bit.ly/svelte_20-3

https://bit.ly/svelte_20-5

https://bit.ly/svelte_20-4

https://bit.ly/svelte_20-6

https://bit.ly/svelte_20-7

CHAPTER 20
심플 프로젝트 1: My Bucket List

지금까지 배운 스벨트의 다양한 기능을 이용하여 My Bucket List를 제작해보겠습니다. 버킷 리스트는 인생에서 꼭 하고 싶은 목록을 정하는 것을 말합니다. 이 예제에서는 데이터 목록을 구현하고, 삭제, 수정, 추가하는 작업을 수행해볼 예정입니다. 이러한 패턴을 습득하면 다양한 예제를 만들 때 충분히 참고하고 응용할 수 있습니다. My Bucket List를 잘 만들어보면, 이를 바탕으로 수많은 예제를 만들 수 있을 정도로 실력이 향상될 것입니다.

20.1 프로젝트 생성 및 라이브러리 설치

키워드 ▶▶▶ Iconify, uuid

우선 버킷 리스트를 제작할 프로젝트를 먼저 생성해보겠습니다. 터미널을 열고 아래 코드를 작성해주세요.

```
npx degit sveltejs/template ch20_bucketlist
```

❹ 사용자 PC에 git이 설치된 상태여야 합니다.

그 후에 해당 폴더를 찾고, npm을 설치합니다.

```
cd ch20_bucketlist
npm install
npx svelte-migrate@latest svelte-4
```

사용할 라이브러리는 `Iconify`와 `uuid`입니다. 먼저 설치하고 세부 설명을 하겠습니다.

```
npm i @iconify/svelte
npm i uuid
```

20.1.1 Iconify

Iconify는 많은 무료 아이콘을 제공해주는 사이트입니다. 디자인 이미지를 직접적으로 받을 수도 있고, SVG 파일도 제공하며, 각각의 프런트엔드 언어에 맞게 사용법도 제공합니다.

코드 20.1 Iconify 기본 사용법

```
<script>
  import Icon from '@iconify/svelte';
<script>
<Icon icon="파일주제선정" /> //사이트에 복사해오기
```

> **전문가 TIP** 아이콘 파일 주제를 찾기 위한 사이트(https://icon-sets.iconify.design/)
>
> 사이트를 들어간 후 검색 창에 원하는 아이콘을 영어로 입력합니다. 그럼 많은 아이콘 목록을 확인할 수 있는데, 그중 원하는 아이콘을 클릭합니다. 아이콘 상세페이지에서 언어별로 구분하여 어떻게 입력해야 하는지 제공하니 선택하여 복사합니다. 특히, 웹 프런트엔드 언어인 리액트, Vue.js, 스벨트를 모두 지원하기 때문에 매우 유용한 사이트입니다.

20.1.2 uuid

`uuid`는 `id`값이 중복되지 않도록 처리합니다. 특히, 고유 식별자(`key`)를 요구하는 응용 예제에 매우 유용하게 사용됩니다. 또 컴포넌트를 재사용할 때 태그 요소에 직접 `id`값을 할당하면 충돌이 발생할 수 있는데, 이때 `uuid`를 통해 처리하면 문제가 발생하지 않습니다.

코드 20.2 uuid 기본 사용법

```
<script>
  import { v4 as uuidv4 } from 'uuid';
  //호출
  uuidv4();
<script>
```

> **전문가 TIP** uuid에 대한 설명을 제공하는 npm 페이지(https://www.npmjs.com/package/uuid/)
>
> 업데이트될 때마다 사용법이 다를 수 있으니, 적용이 안 된다면 위의 주소로 들어가서 사용법을 다시 확인해주세요.

> **전문가 TIP** Iconify와 uuid에 대해 더 자세히 알고 싶다면 다음 강의를 참고하세요.
>
> **Iconify 동영상 강의**
> https://bit.ly/svelte_iconify
>
>
> **uuid 동영상 강의**
> https://bit.ly/svelte_uuid
>

20.2 컴포넌트 생성

동영상 강의 https://bit.ly/svelte_20-3

키워드 ▶▶▶ 컴포넌트

src 폴더에 components 폴더를 생성하고, 사용할 4개의 컴포넌트를 생성합니다.

각각의 컴포넌트를 왜 제작하는지 알아보도록 하겠습니다.

- `BucketHeader.svelte`: 제목과 날짜, 할 일 개수를 표시할 컴포넌트
- `BucketList.svelte`: 버킷 리스트를 하나로 모아 표시할 컴포넌트(each 블록 사용)
- `BucketItem.svelte`: 버킷 리스트 한 개를 표시할 컴포넌트
- `BucketCreate.svelte`: 데이터 추가할 입력 폼과 버튼을 제공하는 컴포넌트

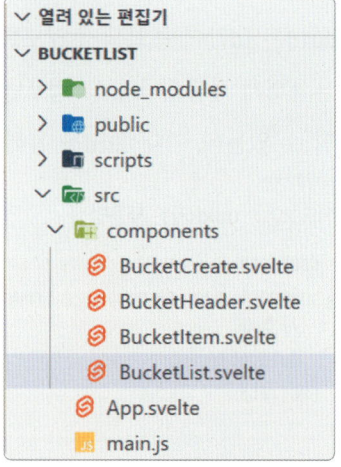

그림 20.1 프로젝트 컴포넌트 확인

그림 20.2를 보면 더 이해하기 쉬울 것입니다.

그림 20.2를 보면 ❶ 구역이 `BucketHeader.svelte`입니다. 제목, 오늘 날짜, 할 일 개수 등을 표시합니다. ❷ 구역은 `BucketList.svelte`가 표현되는 부분으로, 버킷 리스트들을 하나로 모아줄 컴포넌트입니다. ❸ 구역은 `BucketItem.svelte`가 표현되는 부분으로, 버킷 리스트 한 개를 표시하는 컴포넌트이고 이것을 재사용하여 전체 리스트들을 보여줍니다. ❹ 구역이 `BucketCreate.svelte`가 나타나는 부분으로, 처음에는 입력 폼이 나타나지 않고, 버튼을 클릭하면 입력 폼이 나타나게 구성하겠습니다.

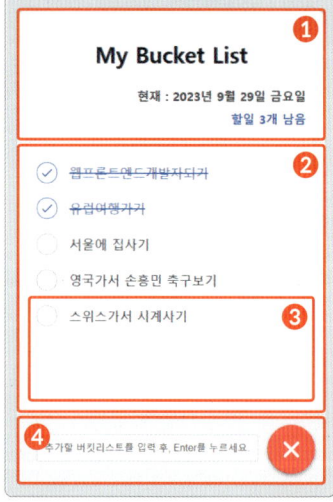

그림 20.2 My Bucket List 완성 예제

20.3 CSS 설정

키워드 ▶▶▶ CSS

프로젝트를 진행할 때 CSS 설정은 크게 네 가지 방식으로 나눌 수 있습니다. 첫 번째는 CSS 파일을 외부로 빼서 제작하는 방식입니다. 두 번째는 SCSS를 사용하여 외부 파일로 작성하는 방식입니다. 세 번째는 컴포넌트의 `style` 태그 안에 작성하여 컴포넌트별로 정리하는 방식입니다. 네 번째는 CSS in JS 라이브러리를 설치하여 스크립트 영역에서 스타일을 정의하는 방식입니다. 이렇게 네 가지 방식이 보통 많이 사용하는 방식입니다.

이번 심플 프로젝트는 `public` 폴더의 `global.css` 파일에 작성하는 방식으로 진행하겠습니다. 이 책의 주제는 스벨트이므로, CSS에 대한 설명을 줄이기 위해 이 방식으로 실습하겠습니다. 여러분은 제공하는 소스 코드에서 `global.css`를 복제하여 현재 프로젝트로 복사하여 진행하길 바랍니다.

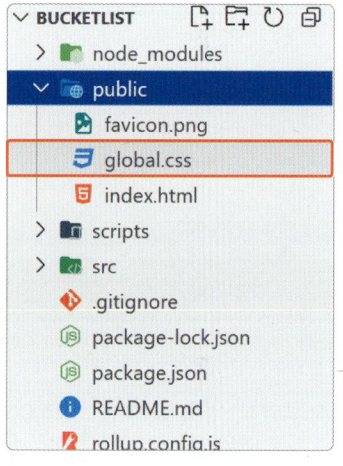

그림 20.3 global.css 파일 위치

코드 20.3 global.css 코드   File source/global.css

```css
/* --중략--*/
.createform.active{ transform: translateY(0); }
.createform.active + .circlebox{ /* 회전되서 빨간색X */
  background: #fa5252;
  transform: rotate(45deg); /* 회선처리 */
}
/* --중략--*/
```

코드 20.3의 CSS 코드는 모두 스타일을 적용하는 요소들로, 별도의 설명은 생략하겠습니다. 다만, 추후 스크립트에서 `true/false`에 따라 `.createform.active{ transform: translateY(0); }`이 적용되어 입력 폼이 보이거나 숨겨진다는 점만 기억하면 됩니다.

20.4 컴포넌트 구성

키워드 ▶▶▶ 컴포넌트

App.svelte에서 자손 컴포넌트들을 먼저 불러오겠습니다. 그리고 나머지 컴포넌트들은 마크업 요소들을 처리해보겠습니다. 기능 구현은 나중에 하고, 구성만 먼저 배치해보도록 하겠습니다.

코드 20.4 **App.svelte**　　　　　　　　　　　　　　　　　　　　File　basic/src/App.svelte

```svelte
<script>
  import BucketHeader from "./components/BucketHeader.svelte";
  import BucketList from "./components/BucketList.svelte";
  import BucketCreate from "./components/BucketCreate.svelte";
</script>

<svelte:head>
  <title>My Bucket List</title>
</svelte:head>
<div class="bucketbox">
  <BucketHeader />
  <BucketList />
  <BucketCreate />
</div>
```

스크립트 영역에 자손 컴포넌트인 `BucketHeader`, `BucketList`, `BucketCreate`를 불러왔습니다. `BucketItem`은 `BucketList`의 자손으로 처리할 것이기에 불러오지 않았습니다. 마크업 영역에는 브라우저의 타이틀 영역을 변경하기 위해 `<svelte:head><svelte:head>`를 작성했습니다. 내부에 `title` 태그를 통해 제목을 변경했습니다. `<div class="bucketbox"></div>` 부분은 자손 컴포넌트를 모아 배경색을 흰색으로 지정하며 중앙에 위치시키기 위해 CSS에서 작성한 클래스명을 적용한 태그 요소입니다.

코드 20.5 **BucketHeader.svelte**　　　　　　　　　　　File　basic/src/components/BucketHeader.svelte

```svelte
<script>
  const today = new Date(); //오늘의 날짜와 시간 담는 변수
  const week = ["일", "월", "화", "수", "목", "금", "토"]; //요일을 문자로 담는 변수

  //각각 년, 월, 일, 요일을 담는 객체
  const dateString = {
    year: today.getFullYear(),
    month: today.getMonth() + 1,
```

```
    date: today.getDate(),
    day: today.getDay()
  };

  //비구조화 할당 처리
  const { year, month, date, day } = dateString;
</script>

<div class="bucketheader">
  <h1>My Bucket List</h1>
  <h2>현재 : {year}년 {month}월 {date}일 {week[day]}요일</h2>
  <p>할 일 3개 남음</p>
</div>
```

스크립트 영역은 현재 날짜와 관련된 자바스크립트 구문이 포함되어 있습니다. 자바스크립트에 익숙한 분들이라면 쉽게 이해할 부분이므로 따로 설명하지 않겠습니다. 마크업 영역에는 `h1` 태그 요소로 제목을, `h2` 태그 요소에 오늘 날짜와 관련한 내용을 처리했습니다. `p` 태그 요소에는 남은 할 일을 표시할 건데, 숫자 3은 추후 버킷 리스트 체크 개수에 따라 동적으로 변경될 예정입니다.

코드 20.6 BucketList.svelte
<File> basic/src/components/BucketList.svelte

```
<script>
  import BucketItem from "./BucketItem.svelte";
</script>

<div class="bucketlist">
  <BucketItem />
</div>
```

스크립트 영역에 `BucketItem`을 자손으로 불러왔습니다. `<div class="bucketlist"></div>`는 CSS를 위해 처리한 부분인데 리스트가 많이 생기는 경우 스크롤바가 생기도록 했습니다. `<BucketItem />`는 현재 하나만 표시되지만, 추후 배열 데이터 개수에 따라 반복해서 표시하기 위해 `each` 블록을 사용할 예정입니다.

코드 20.7 BucketItem.svelte
<File> basic/src/components/BucketItem.svelte

```
<script>
  import Icon from '@iconify/svelte';
</script>

<div class="bucketitem">
  <input type="checkbox" id="chk" />
  <label for="chk" class="checkcircle">
```

```
    <Icon icon="ic:round-check" />
  </label>
  <p>버킷 리스트 적기</p>
  <button class="remove">
    <Icon icon="gridicons:trash" />
  </button>
</div>
```

스크립트 영역에는 `import Icon from '@iconify/svelte';`를 작성했는데, 아이콘을 처리하기 위한 Iconify 라이브러리를 사용합니다. 마크업 영역에서는 `<input type="checkbox" id="chk" />`과 `<label for="chk"></label>`은 이어져야 하는 요소여서 `id` 속성과 `for` 속성값을 동일하게 설정했습니다. 이는 사용자가 `label` 태그 요소를 클릭해도 체크박스가 체크되도록 하기 위한 것입니다. `label` 태그 요소의 자손으로는 체크표시 아이콘을 처리했습니다. 체크표시를 예쁘게 하기 위해 `label` 태그 요소를 사용한 것이기 때문에 `input`을 통한 체크박스는 화면에서 보이지 않도록 CSS로 숨겼습니다. `p` 태그 요소는 버킷 리스트 텍스트가 들어갈 예정이며, `button` 태그는 클릭 시 해당 버킷 리스트 항목을 삭제할 휴지통 아이콘으로 처리했습니다. 휴지통 아이콘은 리스트에 마우스를 올렸을 때만 보이도록 설정했습니다. 현재 상태에서 `label` 태그 요소를 클릭하면 체크표시가 나타나고, 텍스트에 취소선이 들어가도록 CSS도 처리했으니 확인해보세요.

코드 20.8 BucketCreate.svelte
File basic/src/components/BucketCreate.svelte

```
<script>
  import Icon from '@iconify/svelte';
</script>

<div class="bucketcreate">
  <div class="createform">
    <form>
      <input
        type="text"
        placeholder="추가할 버킷 리스트를 입력 후, Enter를 누르세요."
      />
    </form>
  </div>
  <button class="circlebox">
    <Icon icon="ic:round-add" />
  </button>
</div>
```

스크립트 영역에는 `import Icon from '@iconify/svelte';`를 작성했는데, 역시 아이콘을 처리하기 위한 `Iconify` 라이브러리를 사용합니다. 마크업 영역에서는 입력 폼 영역과 버튼 영역으로 나눠서 처리했습니다. 버튼 영역에는 더하기 아이콘을 처리했습니다.

코드 20.9 BucketCreate.svelte 활성

```
...
<div class="createform active">
...
```

코드 20.8 코드의 6행 부분에 `active` 클래스를 처리하면 입력 폼이 활성화되니 확인해보길 바랍니다.

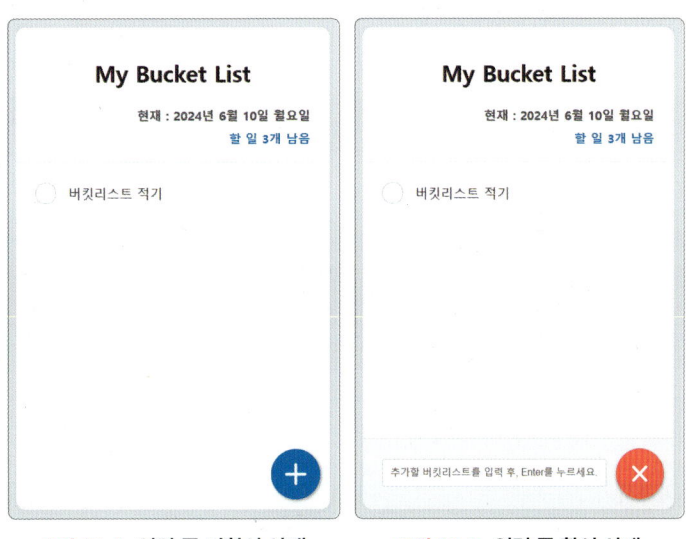

그림 20.4 입력 폼 비활성 상태   그림 20.5 입력 폼 활성 상태

여기까지 확인이 되었으면 `active` 클래스는 제거합니다. 이건 상태 관리를 통해 처리할 것입니다.

20.5 데이터 관리

키워드 ▶▶▶ 데이터

이번에는 버킷 리스트 데이터를 담을 파일을 제작하겠습니다. 이 파일은 컴포넌트가 아니라 자바스크립트 파일로 제작할 것이며, 파일명은 `bucketData.js`로 `App.svelte`와 같은 경로에 만들어줍니다.

내용이 많기 때문에 제공되는 파일에서 `global.css`처럼 복사해서 붙여넣고 시작하시기 바랍니다.

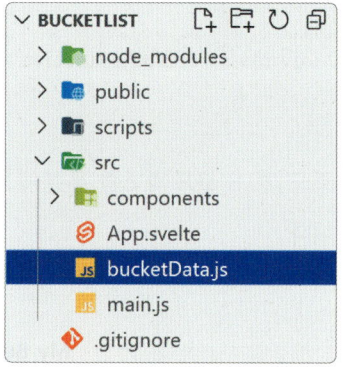

그림 20.6 bucketData.js 생성

코드 20.10 bucketData.js 데이터 코드　　　　　　　　　　📄 source/buckData.js

```js
const initialBuckets = [
  {
    id: 1,
    text: "웹 프런트엔드 개발자되기",
    chk: true
  },
  {
    id: 2,
    text: "유럽 여행하기",
    chk: true
  },
  {
    id: 3,
    text: "서울에 집 사기",
    chk: false
  },
  {
    id: 4,
    text: "영국가서 손흥민 축구 경기 보기",
    chk: false
  },
  {
    id: 5,
    text: "스위스 가서 시계 사기",
    chk: false
```

```
    }
  ];
  export { initialBuckets };
```

initialBuckets에 배열 데이터를 객체 형식으로 처리했습니다. 여기서 `id`는 데이터를 구분하는 `key`를 처리하기 위한 속성이고, `text`는 버킷 리스트의 텍스트, `chk`는 체크 여부를 `true/false`로 담는 속성입니다. 이 데이터를 App.svelte가 사용할 수 있도록 `export`를 통해 모듈화했습니다.

코드 20.11 App.svelte

```
<script>
  import BucketHeader from "./components/BucketHeader.svelte";
  import BucketList from "./components/BucketList.svelte";
  import BucketCreate from "./components/BucketCreate.svelte";
  import { initialBuckets } from "./bucketData"; //데이터 호출

  //버킷 리스트 데이터 전체를 관리하는 상태변수
  let buckets = initialBuckets;
</script>

<svelte:head>
  <title>My Bucket List</title>
</svelte:head>
<div class="bucketbox">
  <BucketHeader />
  <BucketList {buckets} /> <!-- props처리-->
  <BucketCreate />
</div>
```

변경되는 부분은 앞으로 주석을 통해 설명할 예정이니 잘 참고하길 바랍니다. 스크립트 부분에 `initialBuckets`를 불러온 후에 `buckets` 상태변수에 초깃값으로 설정합니다. 마크업 영역에서는 `<BucketList {buckets} />`로 `buckets` 데이터를 props로 전달합니다.

코드 20.12 BucketList.svelte

```
<script>
  import BucketItem from "./BucketItem.svelte";

  export let buckets; //props 받기
</script>

<div class="bucketlist">
  {#each buckets as bucket, index(bucket)}
```

```
      <BucketItem {bucket} /> <!--props로 각각 데이터 내려주기-->
  {/each}
</div>
```

스크립트 영역에서 부모 컴포넌트로부터 전달받은 props인 `export let buckets;`을 받아옵니다. 그리고 마크업 영역에서 `buckets`를 통해 `each` 블록을 사용하여 `<BucketItem />`을 배열 데이터 개수만큼 반복합니다. 이때 각각의 `<BucketItem />`은 해당하는 데이터를 받아야 하므로, 다시 props로 `bucket`을 전달합니다.

그림 20.7 반복된 <BucketItem /> 확인

데이터는 아직 처리되지 않았지만, 배열 데이터 개수인 5개만큼 반복되는 것을 확인할 수 있습니다.

코드 20.13 BucketItem.svelte — props처리

```
<script>
  import Icon from '@iconify/svelte';

  export let bucket; //props 내려받기
</script>

<div class="bucketitem">
  <!--chk 속성 바인딩-->
  <input
    type="checkbox" id="chk"
    bind:checked={bucket.chk}
  />
  <label for="chk" class="checkcircle">
```

```
      <Icon icon="ic:round-check" />
  </label>
  <!--text 속성 가져오기-->
    <p>{bucket.text}</p>
    <button class="remove">
      <Icon icon="gridicons:trash" />
    </button>
</div>
```

스크립트 영역에서는 `export let bucket;`을 통해 `bucket`을 전달받습니다. 그것을 통해 `bind:checked={bucket.chk}` 코드로 체크박스에 체크 상태를 바인딩합니다. p 태그 요소에는 기존 텍스트는 삭제하고 {bucket.text}로 배열 데이터 중 `text` 속성값을 처리합니다.

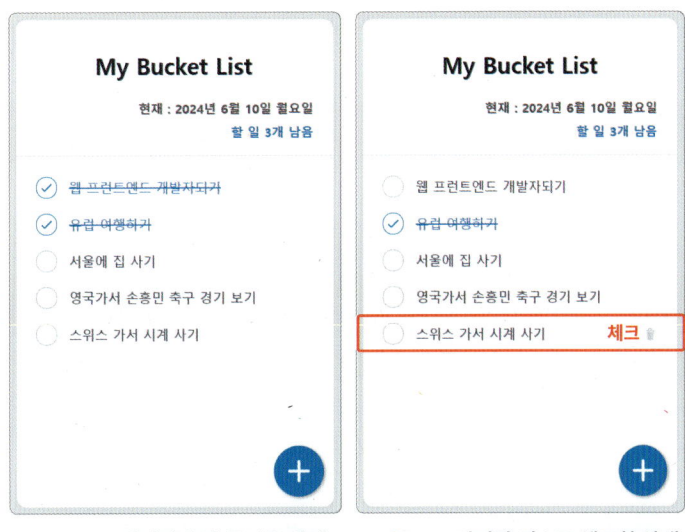

그림 20.8 데이터가 잘 들어온 상태   그림 20.9 마지막 리스트 체크한 상태

지금까지 작성한 코드를 실행하면 문제가 발생합니다. 어떠한 리스트를 체크하더라도 첫 번째 리스트의 체크 상태가 바뀝니다. 이것은 현재 체크박스의 태그 속성인 `id`값이 모두 `chk`로 동일하기 때문입니다. 컴포넌트는 5개로 복제가 되었는데, 아이디는 모두 같아서 이러한 문제가 일어납니다. 그렇다고 `id` 속성을 쓰지 않으면 `<label>` 태그 요소와 연결되지 않아 또 다른 문제가 발생합니다. 이를 해결하기 위해 `uuid` 라이브러리를 설치했습니다. 이것을 이용하면 각각의 컴포넌트에 고유한 `id`값을 처리할 수 있습니다.

코드 20.14 BucketItem.svelte — uuid처리

```svelte
<script>
  import Icon from '@iconify/svelte';
  import { v4 as uuidv4 } from 'uuid'; //uuid 호출

  //input 태그의 id 속성과 label 태그의 for 속성이 같이 사용할 id 처리
  let chkId = uuidv4();

  export let bucket;
</script>

<div class="bucketitem">
  <!--id값 연결 -->
  <input
    type="checkbox" id={chkId}
    bind:checked={bucket.chk}
  />
  <!--for값 연결-->
  <label
    for={chkId}
    class="checkcircle"
  >
    <Icon icon="ic:round-check" />
  </label>
  <p>{bucket.text}</p>
  <button class="remove">
    <Icon icon="gridicons:trash" />
  </button>
</div>
```

스크립트 영역에 `import { v4 as uuidv4 } from 'uuid';` 로 uuid를 호출합니다. 이때 `let chkId = uuidv4();`라는 상태변수를 작성했습니다. 주의할 점은, 태그 속성에 직접 `uuidv4()`를 사용하면 `input` 태그 요소와 `label` 태그 요소가 서로 다른 값을 받아 연결되지 않기 때문에 처리가 제대로 되지 않습니다. 따라서 `chkId` 상태변수를 각각의 `id`와 `for`의 속성값으로 연결합니다. 이제 브라우저에서 확인해보면, 각 리스트가 독립적으로 체크되는 것을 확인할 수 있습니다.

20.6 BucketItem 이벤트 관리

동영상 강의 https://bit.ly/svelte_20-5

키워드 ▶▶▶ onToggle, onRemove, onEditMode

지금까지 제작한 상황을 보면 체크를 해도 `BucketHeader` 영역의 할 일 개수가 변경되지 않습니다. 체크 관련 CSS만 처리되고 있기 때문으로, 이벤트 처리가 필요합니다.

`BucketItem`의 이벤트 함수는 크게 세 가지로 나뉩니다.

- `onToggle`: 체크 시 `bucket.chk` 값이 변경되도록 처리
- `onRemove`: 휴지통 아이콘 클릭 시 해당 리스트가 삭제되도록 처리
- `onEditMode`: 버킷 리스트 텍스트를 더블클릭 시 수정되도록 처리

이 세 가지 이벤트 함수는 결국 `buckets` 데이터가 변경됩니다. 그래서 `BucketItem.svelte`에서 직접 처리하는 것이 아니라, `App.svelte`에서 처리 후 props로 전달해야 합니다.

20.6.1 onToggle을 이용한 남은 할 일 개수 세기

우선 남은 할 일 개수를 세는 코드를 만들어보겠습니다.

코드 20.15 App.svelte

```svelte
<script>
  ...
  //체크 개수를 담은 반응성 변수 선언
  $: chkCount = buckets.filter((bucket) => !bucket.chk).length;

  //이벤트 함수
  //1. chk 속성값 변경 - CSS 변화가 된다고 값이 변경되지 않음
  const onToggle = (id) => {
    buckets = buckets.map((bucket) => {
      return bucket.id === id ? { ...bucket, chk: !bucket.chk } : bucket;
    });
  }
</script>

<svelte:head>
  <title>My Bucket List</title>
</svelte:head>
<div class="bucketbox">
  <BucketHeader {chkCount} /> <!-- props로 개수 관련 내려줌 -->
```

```
    <BucketList {buckets} {onToggle} /> <!-- props로 이벤트 함수 내려줌 -->
    <BucketCreate />
</div>
```

❶ 코드 내 '...' 부분은 기존 코드와 같고 추가되는 부분만 지면에 실었습니다.

스크립트 영역에서는 `$: chkCount`로 반응성 상태변수를 처리했습니다. 체크할 때마다 값이 변경되기 때문에 반응하여 값이 처리되어야 합니다. `$: chkCount`는 체크되지 않은 즉, `chk` 속성값이 `false`인 항목만 세도록 처리합니다. 마크업 영역의 `<BucketHeader />`에 `chkCount`를 props로 내려줍니다. `onToggle` 이벤트 함수를 통해 체크 시 기존 `chk` 속성값의 반댓값이 되도록 명령을 추가했습니다. 또한 `<BucketList />`에 props로 `onToggle`을 내려주었습니다.

코드 20.16 BucketHeader.svelte
File: props/src/components/BucketHeader.svelte

```svelte
<script>
  ...
  export let chkCount; //props로 내려받음
</script>

<div class="bucketheader">
  <h1>My Bucket List</h1>
  <h2>현재 : {year}년 {month}월 {date}일 {week[day]}요일</h2>
  <p>할 일 {chkCount}개 남음</p> <!-- 남은 할 일 개수 처리 -->
</div>
```

스크립트 영역에서는 `chkCount`를 props로 내려받습니다. 마크업 영역의 p 태그 요소에 `{chkCount}`를 작성하여 남은 할 일 개수를 처리합니다.

코드 20.17 BucketList.svelte

```svelte
<script>
  ...
  export let onToggle; //props로 내려받음
</script>

<div class="bucketlist">
  {#each buckets as bucket, index (bucket)}
    <BucketItem {bucket} {onToggle} /> <!-- props로 내려줌 -->
  {/each}
</div>
```

여기서는 `BucketItem`에 `onToggle`을 전달하는 중간 다리 역할을 합니다. 이 과정에서 props drilling이 발생하므로, 나중에 스토어로 리팩터링하는 것이 좋습니다.

코드 20.18 BucketItem.svelte

```svelte
<script>
  ...
  export let onToggle; //props로 내려받음
</script>

<div class="bucketitem">
  ...
  <label
    for={chkId} class="checkcircle"
    on:click={() => onToggle(bucket.id)}
    on:keydown={() => onToggle(bucket.id)}
    role="presentation"
  >
    <Icon icon="ic:round-check" />
  </label>
  ...
</div>
```

스크립트 영역에서는 `export let onToggle;`을 통해 props를 받습니다. 마크업 영역에서 `label` 태그 요소에 `on:click` 이벤트를 통해 `onToggle`을 처리합니다. 이때 해당 데이터인 `bucket.id`값을 매개변수로 전달합니다. 원래는 클릭 이벤트만 사용해도 되지만, `on:keydown`도 추가했습니다. 이는 실제 에러는 아니지만, VS Code에서 스벨트를 처리할 때 `label` 태그 요소는 클릭 이벤트를 받을 수 없는 요소로 인식되어 에러처럼 밑줄이 표시되기 때문입니다. `rolo="presentation"`도 실제 에러는 아니지만, ES Lint가 이벤트를 받을 수 없는 요소로 경고를 표시하므로 역할을 변경하여 에러를 없애기 위한 것입니다.

결과를 확인해보면 체크 개수에 따라 헤더 영역의 남은 할 일 개수가 변경되는 것을 확인할 수 있습니다.

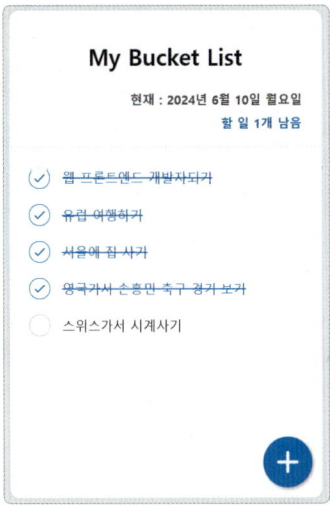

그림 20.10 체크 개수에 따른 결과

20.6.2 onRemove를 통한 삭제 처리

코드 20.19 App.svelte

```svelte
<script>
  ...
  //2. 휴지통아이콘 누르면 삭제
  const onRemove = (id) => {
    buckets = buckets.filter((bucket) => bucket.id !== id);
  };
</script>
...
<div class="bucketbox">
  <BucketHeader {chkCount} />
  <BucketList {buckets} {onToggle} {onRemove} /> <!-- props 내려줌 -->
  <BucketCreate />
</div>
```

스크립트 영역에 `onRemove`로 데이터 삭제 이벤트 함수를 만듭니다. 역시 해당되는 리스트만 삭제할 거라 `id`를 매개변수로 처리합니다. 해당 `id`값과 같지 않은 것만 필터링하여 `buckets`에 배열 데이터로 다시 설정합니다. 마크업 영역에서는 `<BucketList />`에 `onRemove`를 props로 전달합니다.

코드 20.20 BucketList.svelte

```svelte
<script>
  ...
  export let onRemove; //props를 받음
</script>

<div class="bucketlist">
  {#each buckets as bucket, index(bucket)}
    <BucketItem {bucket} {onToggle} {onRemove}/> <!-- 다시 props로 내려줌 -->
  {/each}
</div>
```

역시 `<BucketItem />`에 `onRemove`를 내려주는 중간 다리 역할을 합니다.

코드 20.21 BucketItem.svelte

```svelte
<script>
  ...
  export let onRemove; //props를 받음
</script>

<div class="bucketitem">
  ...
```

```
  <button class="remove" on:click={() => onRemove(bucket.id)}> <!-- 클릭 이벤트 처리 -->
    <Icon icon="gridicons:trash" />
  </button>
</div>
```

스크립트 영역에서 `onRemove`를 props로 전달받습니다. 마크업 영역에서는 `button` 태그 요소에 `on:click`으로 `onRemove`를 처리합니다. 결과를 확인해보면 리스트에 마우스 올렸을 때 나오는 휴지통 아이콘을 클릭하면 해당 리스트가 삭제되는 것을 확인할 수 있습니다.

20.6.3 onEditMode를 이용한 데이터 수정

이번에는 버킷 리스트의 텍스트 부분을 더블클릭하면 `<input type="text" />`로 요소가 변하면서 데이터를 수정하는 기능을 구현해보겠습니다. 이때는 `onEditMode`만으로는 부족합니다. 먼저 추가할 상태변수와 이벤트 함수를 살펴보도록 하겠습니다.

- `editMode`: 수정 상태로 만들지 여부를 지정하는 상태변수
- `onEditMode`: 텍스트를 수정 상태로 변경할 이벤트 함수
- `offEditMode`: 수정 상태를 끝내는 이벤트 함수
- `onEditItem`: 데이터를 수정한 값을 다시 `buckets`에 담아주는 이벤트 함수
- `onEditKeyup`: 입력 요소에서 엔터 키를 치면 데이터 수정하고 수정 상태를 완료하는 이벤트 함수

코드 20.22 App.svelte

```
<script>
  ...
  //editMode관련 상태관리
  let editMode = '';

  //3. 텍스트를 변경할지 지정하는 이벤트 함수
  const onEditMode = (id) => {
    editMode = id;
  }

  //4. 변경모드를 끝내는 이벤트 함수
  const offEditMode = () => {
    editMode = '';
  }
```

```
    //5. 데이터를 수정하는 이벤트 함수
    const onEditItem = (editBucket) => {
      buckets = buckets.map(bucket => {
        if(bucket.id === editBucket.id){
          bucket = editBucket
        }
        return bucket;
      });
      offEditMode();
    }

    //6. 데이터 수정 키보드 이벤트 함수
    const onEditKeyup = (e, editBucket) => {
      if(e.keyCode === 13){
        onEditItem(editBucket);
      }
    }
</script>

...
<div class="bucketbox">
  <BucketHeader {chkCount} />
  <!-- props 내려줌 -->
  <BucketList {buckets} {onToggle} {onRemove} {editMode} {onEditMode} {onEditKeyup} />
  <BucketCreate />
</div>
```

스크립트 영역에 `editMode` 상태변수를 선언합니다. 이 값이 비어 있으면 버킷 리스트가 수정 상태가 아니고, 값에 `id`가 들어가면 수정 상태를 의미합니다. 수정 상태로 변경하는 함수가 `onEditMode`고, 수정 상태를 완료하는 것이 `offEditMode`입니다. 추후 `<BucketItem />` 컴포넌트에서 `if` 블록을 통해 처리할 예정입니다. `onEditItem`은 데이터를 변경하는 함수로, props로 내려주지는 않지만 키보드 이벤트에 따라 호출되고, 새롭게 입력하는 데이터로 변경이 됩니다. `onEditKeyup`는 실제로 입력 요소에서 엔터 키를 눌렀을 때 `onEditItem` 함수를 실행하는 이벤트 함수입니다. 엔터 키의 키코드 값이 13이므로, 이를 조건문으로 처리했습니다. 마크업 영역에서는 `<BucketList />`에 props로 `{editMode} {onEditMode} {onEditKeyup}`를 내려줍니다.

코드 20.23 BucketList.svelte

```
<script>
    ...
    //props를 내려받음
    export let editMode;
```

```svelte
  export let onEditMode;
  export let onEditKeyup;
</script>

<div class="bucketlist">
  {#each buckets as bucket, index(bucket)}
    <!-- props로 내려줌 -->
    <BucketItem {bucket} {onToggle} {onRemove} {editMode} {onEditMode} {onEditKeyup} />
  {/each}
</div>
```

역시 `<BucketList />`에 내려줄 props를 처리합니다. 계속 하다 보니 정말 불편하죠?

코드 20.24 BucketItem.svelte   (File) props/src/components/BucketItem.svelte

```svelte
<script>
  ...
  //props 내려받음
  export let editMode;
  export let onEditMode;
  export let onEditKeyup;
</script>

<div class="bucketitem">
  ...
  <label ...>...</label>
  <!-- if 블록 처리 -->
  {#if editMode === bucket.id}
    <input
      type="text"
      bind:value={bucket.text}
      on:keyup={(e) => onEditKeyup(e, bucket)}
    />
  {:else}
    <p on:dblclick={() => onEditMode(bucket.id)}>{bucket.text}</p>
  {/if}
  <p>{bucket.text}</p>
  ...
</div>
```

스크립트 영역에서 `editMode`, `onEditMode`, `onEditKeyup`를 props로 내려받습니다. `label` 태그 요소 아래 `if` 블록을 사용하여 조건에 맞으면 `<input type="text" />`로 변경하여 값을 수정할 수 있도록 처리하고, 그렇지 않으면 다시 일반 텍스트로 표시하기 위해 p 태그 요소를 사용합니다. p 태그 요소를 더블클릭 시 수정 상태로 전환되도록 `onEditMode`를 처리합니다. `<input />` 요소는

bucket.text와 바인딩되어 데이터를 연결하며, 키보드 이벤트에 onEditKeyup를 처리하여 데이터 수정과 완료를 가능하게 합니다.

마지막 리스트에서 더블클릭하여 '스위스'를 '파리'로 바꾼 후 엔터 키를 누릅니다. 그럼 '파리 가서 시계 사기'로 변경되는 것을 확인할 수 있습니다.

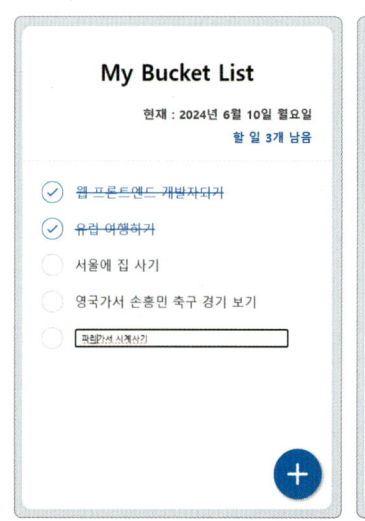 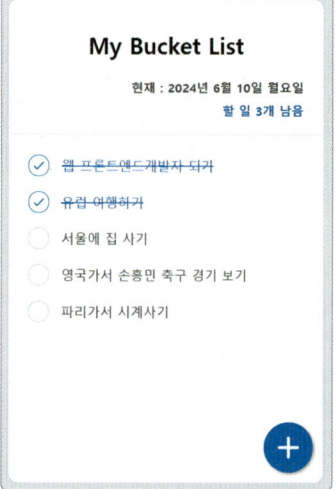

그림 20.11 더블클릭해서 변경하는 상태   그림 20.12 변경 완료한 상태

20.7 데이터 추가

키워드 ▶▶▶ 데이터 추가

이번에는 입력 폼을 보이게 한 후, 입력 상자에 텍스트를 입력하고 나서 엔터를 치면 버킷 리스트가 추가되는 기능을 구현하겠습니다.

코드 20.25 App.svelte ⟨File⟩ props/src/App.svelte

```svelte
<script>
  ...
  import { v4 as uuidv4 } from 'uuid'; //새로운 아이디 처리 위해 라이브러리 호출
  ...
  //버킷 텍스트를 담을 상태변수 - 추가될 때 처리
  let bucketText = '';

  //7. input의 change 이벤트 처리
  const onDataChange = (e) => {
    bucketText = e.target.value;
  }

  //8. 버킷 데이터 추가 - 전송 이벤트 처리
  const onSubmit = (e) => {
    e.preventDefault();

    if(bucketText){
      const bucket = {
        id: uuidv4(),
        text: bucketText,
        chk: false
      };
      buckets = [...buckets, bucket];
    }
    bucketText = '';
  }
</script>
...
<div class="bucketbox">
  ...
  <BucketCreate {bucketText} {onDataChange} {onSubmit} /> <!-- props로 내려줌 -->
</div>
```

우선 스크립트 영역 위쪽에 `import`를 통해 `uuid`를 호출합니다.

⚠ `import` 구문들은 항상 다른 코드보다 위쪽에 있어야 합니다.

bucketText는 입력 폼에서 작성하는 글자를 저장하는 상태변수로, 새로운 버킷 텍스트를 위한 것입니다. onDataChange는 입력 폼의 데이터가 변경될 때마다 호출되어 변경된 텍스트를 bucketText에 업데이트하는 이벤트 함수입니다. onSubmit는 `form` 태그의 데이터를 전송하는 이벤트 함수로, submit 이벤트는 `form` 태그에서만 발생합니다. 입력 상자가 하나인 경우, 엔터 키를 눌러도 데이터를 전송하게 되므로 `e.preventDefault();`를 사용하여 기본 이벤트 전송을 방지합니다. 이후 `if` 문을 통해 bucketText가 비어 있지 않다면 새로운 bucket 데이터를 생성하고, 기존의 buckets 배열에 추가합니다. 모두 처리가 완료되면 bucketText를 빈 문자열로 초기화합니다. 마크업 영역에서는 `<BucketCreate />` 컴포넌트에 새로 만든 상태변수와 이벤트 함수를 props로 전달합니다.

코드 20.26 BucketCreate.svelte File props/src/components/BucketCreate.svelte

```svelte
<script>
  import Icon from '@iconify/svelte';

  //props 내려받기
  export let bucketText;
  export let onDataChange;
  export let onSubmit;

  //오픈 관련 값을 담는 변수
  let open = false;

  //입력창 열기
  const onToggle = () => {
    open = !open
    if(!open){
      bucketText = '';
    }
  };

  //입력창 닫기
  const onClose = () => open = false;
</script>
<div class="bucketcreate">
  <div class={open ? "createform active" : "createform"}> <!-- open에 따라 active 클래스 추가 -->
    <form on:submit={(e) => { onSubmit(e); onClose(); }}> <!-- 전송 이벤트 처리 -->
      <input
        type="text"
        placeholder="추가할 버킷 리스트를 입력 후, Enter를 누르세요."
        bind:value={bucketText}
        on:change={(e) => onDataChange(e)}
      />
    </form>
  </div>
```

```
    <button class="circlebox" on:click={onToggle}> <!-- 클릭 이벤트 처리 -->
      <Icon icon="ic:round-add" />
    </button>
  </div>
```

스크립트 영역에서는 `bucketText`, `onDataChange`, `onSubmit`를 props로 받습니다. `open`은 입력 폼을 열거나 닫는 상태변수로, 초깃값은 닫힌 상태인 `false`입니다. `onToggle`은 입력 폼을 열거나 닫는 이벤트 함수로, 현재 값을 반대로 전환합니다. 이때 값이 `false`로 바뀌면 폼이 닫히는 것으로 간주하여 `bucketText`의 값을 빈 문자열로 초기화하여 입력 상자 데이터를 비웁니다. `onClose`는 입력 폼을 닫는 이벤트 함수입니다. `onSubmit`은 `open` 상태 처리가 불가능하여 데이터 전송은 하지만 입력 폼을 닫을 수 없으므로 별도로 처리했습니다.

마크업 영역에서는 `{open ? "createform active" : "createform"}`을 통해 `open`이 `true`일 때 `active` 클래스가 추가되어 입력 폼이 나타나도록 합니다. `form` 태그 요소에는 `on:submit` 이벤트를 통해 `onSubmit`으로 데이터를 추가하고, 데이터 추가 후에는 `onClose`를 호출하여 입력 폼이 닫히도록 합니다.

> 이벤트 함수를 두 개 적용할 때는 반드시 { } 표현식 내부에 콜백 함수를 처리해야 합니다.

`input` 태그 요소는 `bucketText`와 바인딩하고, `on:change` 이벤트를 통해 `onDataChange`를 처리하여 데이터 변경 시 실시간으로 `bucketText`에 담기도록 합니다. `button` 태그 요소에는 `on:click` 이벤트를 통해 `onToggle`을 사용하여 폼을 열거나 닫도록 처리합니다.

그럼 파란색 추가 버튼을 눌러서 버킷 리스트를 작성하고 엔터 키를 눌러봅니다. 그러면 리스트에 새로운 항목이 추가되는 것을 확인할 수 있습니다.

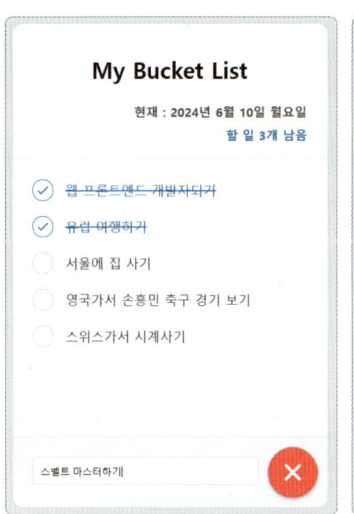

그림 20.13 입력 폼에 새로운 항목을 입력하는 상태

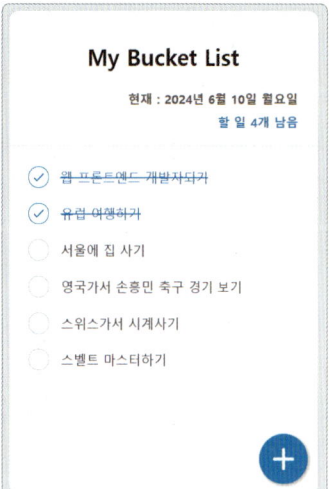

그림 20.14 추가 완료 상태

20.8 화면전환 효과 추가하기

키워드 ▸▸▸ **fade, slide, flip**

지금까지 제작한 것만으로도 My Bucket List 프로젝트는 충분히 작동할 만큼 완성했습니다. 하지만 심플 프로젝트는 여러 가지 기능들을 실습하면서 복습하는 예제이므로, 이번에는 화면전환 효과를 추가하도록 하겠습니다.

코드 20.27 **BucketList.svelte**   File props/src/components/BucketList.svelte

```svelte
<script>
  import { fade, slide } from "svelte/transition";
  import { flip } from "svelte/animate";
  import BucketItem from "./ BucketItem.svelte";
  ...
</script>

<div class="bucketlist">
  {#each buckets as bucket, index(bucket)}
    <div in:fade out:slide animate:flip> <!-- 전환효과 추가 -->
      <BucketItem {bucket} {onToggle} {onRemove} {editMode} {onEditMode} {onEditKeyup} />
    </div>
  {/each}
</div>
```

스크립트 위쪽에 `fade`, `slide`, `flip` 효과를 추가했습니다. 컴포넌트에는 전환 효과를 추가할 수 없기 때문에 `each` 블록 안에 `div` 태그 요소를 추가하여 전환 효과를 적용합니다. 새로운 버킷 리스트가 나타날 때는 `fade` 효과, 삭제 시에는 `slide` 효과, 체크나 미체크 시에는 `flip` 효과가 들어가도록 처리합니다. 브라우저에서 실습해보면 자연스게 효과가 나타나는 것을 확인할 수 있습니다.

20.9 스토어를 이용한 리팩터링

동영상 강의 https://bit.ly/svelte_20-7

키워드 ▸▸▸ **커스텀 스토어**

지금까지 버킷 리스트를 제작해보았습니다. 간단한 프로젝트에서는 상탯값과 props를 사용하여 컴포넌트를 제작하고 값을 전달해 처리해도 충분합니다. 하지만 프로젝트를 진행하면서 props drilling 작업이 반복되어 불편하지 않았나요? 프로젝트가 복잡해질수록 이러한 작업은 더욱 힘들어집니다. 이를 해결하기 위해 스토어를 생성하여 **리팩터링**refactoring을 해보겠습니다. 14장에서 배운 `writable`과 `derived`를 사용하여 커스텀 스토어를 생성해보도록 하겠습니다.

> 리팩터링이란 결과의 변경은 없이 코드의 구조를 변경하여 가독성을 높이고, 유지보수를 편하게 하는 것을 의미합니다.

20.9.1 스토어 파일 생성 및 큰 구조 처리

프로젝트가 있는 `src` 폴더에 `store.js`를 만들고 스토어 처리를 실습해보겠습니다.

프로젝트 전반에서 사용할 `store.js`를 제작했습니다.

우선 `App.svelte`에 사용되는 상태변수와 이벤트 함수들이 있었습니다. 이것을 `store`에 담아서 각각의 컴포넌트가 바로 가져다 쓸 수 있게 만들어야 합니다.

그럼 App.svelte에 있던 상태변수의 종류를 살펴보도록 하겠습니다.

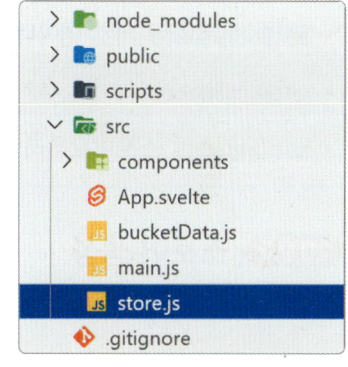

그림 20.15 **store.js를 생성**

- `buckets`: 사용할 버킷 리스트 데이터를 담는 변수
- `editMode`: BucketItem을 수정 모드로 변경할지 지정하는 변수
- `bucketText`: 입력 폼의 입력 상자에 `value`값을 담는 변수
- `chkCount`: 체크된 리스트의 개수를 담는 반응성 변수

위의 데이터를 보면 `buckets`과 `editMode`는 기존 데이터에서 관리하기 때문에 같이 묶어서 보겠습니다. `bucketText`는 `<BucketCreate />`만 사용하기 때문에 따로 관리해보겠습니다. `chkCount` 같은 경우는 `buckets` 데이터에서 파생되는 변수이므로 `derived store`를 사용하여 따로 제작해보겠습니다.

코드 20.28 store.js

```js
import { writable, derived } from "svelte/store";
import { initialBuckets } from "./bucketData";
import { v4 as uuidv4 } from "uuid";

//커스텀 스토어
const setBucketData = () => { }
const setFormBucket = () => { }
const setChkCount = () => { }

export const bucketText = setFormBucket();
export const buckets = setBucketData();
export const chkCount = setChkCount();
```

읽고 쓰기가 가능한 `writable`과 기존 스토어를 통해 파생되는 스토어를 관리할 `derived`를 사용하겠습니다. 데이터를 담고 있는 `initialBuckets` 초기 데이터를 불러왔습니다. 데이터 추가 시 새로운 `id`를 처리해야 하므로 `uuid`도 불러옵니다. 하단에 3개의 커스텀 스토어를 만들고 컴포넌트들이 언제든지 가져다 쓸 수 있도록 `export`를 이용해 내보냈습니다.

- `setBucketData`: 버킷 데이터와 관련한 스토어를 만들어 필요한 기능을 한 번에 리턴
- `setFormBucket`: 데이터 추가 시 사용될 텍스트를 스토어로 생성
- `setChkCount`: 스토어로부터 파생된 체크된 개수를 담는 새로운 스토어 생성

20.9.2 스토어 생성

먼저 스토어를 생성해보도록 하겠습니다.

코드 20.29 store.js

```js
...
const setBucketData = () => {
  let initBucketData = {
    buckets: initialBuckets,
    editMode: ''
  }
  let bucketData = {...initBucketData};
  const { subscribe, update } = writable(bucketData);
}

const setFormBucket = () => {
  let formText = '';
  const { subscribe, update, set } = writable(formText);
```

```
}
const setChkCount = () => {
  const count = derived(buckets, $buckets => {
    return $buckets.buckets.filter((bucket) => !bucket.chk).length;
  });
  return count;
}
...
```

`setBucketData`는 상태변수를 2개 사용하지만, `writable()` 함수에는 하나만 담을 수 있습니다. 따라서 `initBucketData`로 객체를 한 번에 처리하여 각각의 속성에 담아주도록 하겠습니다. 여기서는 값을 반응형으로 조회할 `subscribe`와 데이터를 변경할 `update` 메서드를 사용하겠습니다. `setFormBucket`는 상태변수를 `formText` 하나만 사용하도록 하겠습니다. 이 변수는 값을 조회하고 수정할 뿐만 아니라 초기화하는 기능도 필요하므로 `set` 메서드도 포함시킵니다. `setChkCount`는 `$buckets` 데이터 중 `buckets` 속성의 데이터만 확인 후 체크된 것의 개수를 반환합니다. `buckets`로부터 파생되는 새로운 스토어입니다.

20.9.3 각각의 커스텀 스토어 수정

먼저 간단하게 필요한 기능을 만들 수 있는 `setFormBucket`를 살펴보도록 하겠습니다.

코드 20.30 store.js

```
...
const setFormBucket = () => {
  let formText = '';
  const { subscribe, update, set } = writable(formText);

  //값을 초기화
  const resetFrom = () => {
    set('');
  }

  //필요한 기능을 한번에 리턴
  return {
    subscribe,
    set,
    resetFrom
  }
}
...
```

resetForm() 함수를 통해 값을 초기화시켰습니다. 필요한 기능을 한 번에 리턴합니다.

다음으로 제작할 setBucketData 커스텀 스토어는 명령을 처리할 이벤트 함수가 많습니다. 사실 App.svelte에서 만든 대부분의 이벤트 함수를 불러온다고 생각하면 됩니다. 그러나 기존에는 상 태값을 직접 변경했다면, 이제는 스토어의 데이터를 변경해야 하므로 update 메서드를 사용해야 합니다. 따라서 기존 코드를 update 메서드를 통해 처리하도록 변경하겠습니다.

예제 20.31 update메서드 사용법

```
update(datas => { //datas는 현재 writable의 데이터를 의미
  const setData = datas.메서드(); //수정된 데이터를 담는 변수
  datas = setData; //writable의 데이터를 수정된 데이터로 재할당
  return datas;
});
```

간단하게 onRemove 이벤트 함수로 비교하여 설명 후 한 번에 처리하도록 하겠습니다.

코드 20.32 onRemove를 변경

```
//기존 App.svelte에서의 코드
const onRemove = (id) => {
  buckets = buckets.filter((bucket) => bucket.id !== id);
};

//update 메서드로 변경한 코드
const onRemove = (id) => {
  update( datas => {
    const setDatas = datas.buckets.filter((bucket) => bucket.id !== id);
    datas.buckets = setDatas;
    return datas;
  });
};
```

datas에는 buckets과 editMode로 나뉘어 있기 때문에 다시 datas.buckets로 선택해야 합니다. 앞에서처럼 기존 App.svelte에 있던 이벤트 함수들을 변경하면 됩니다.

코드 20.33 store.js의 setBucketData 변경

```
...
const setBucketData = () => {
  let initBucketData = {
    buckets: initialBuckets,
    editMode: ''
  }
```

```javascript
let bucketData = {...initBucketData};
const { subscribe, update } = writable(bucketData);

const onToggle = (id) => {
  update(datas => {
    const setDatas = datas.buckets.map((bucket) => {
      return bucket.id === id ? { ...bucket, chk: !bucket.chk } : bucket;
    });
    datas.buckets = setDatas;
    return datas;
  });
}
const onRemove = (id) => {
  update(datas => {
    const setDatas = datas.buckets.filter((bucket) => bucket.id !== id);
    datas.buckets = setDatas;
    return datas;
  });
};
const onEditMode = (id) => {
  update(datas => {
    datas.editMode = id;
    return datas;
  });
}
const offEditMode = () => {
  update(datas => {
    datas.editMode = '';
    return datas;
  });
}
const onEditItem = (editBucket) => {
  update(datas => {
    const setDatas = datas.buckets.map(bucket => {
      if(bucket.id === editBucket.id){
        bucket = editBucket
      }
      return bucket;
    });
    datas.buckets = setDatas;
    return datas;
  });
}
const onSubmit = (bucketText) => {
  if(bucketText){
    const bucket = {
      id: uuidv4(),
      text: bucketText,
```

```
          chk: false
        };
      
        update(datas => {
          const setDatas = [...datas.buckets, bucket];
          datas.buckets = setDatas;
          return datas;
        });
      }
    }

    return { //필요한 기능을 한번에 리턴
      subscribe,
      onToggle,
      onRemove,
      onEditMode,
      offEditMode,
      onEditItem,
      onSubmit
    }
  }
  ...
```

App.svelte에서 사용했던 `onToggle`, `onRemove`, `onEditMode`, `onEditMode`, `offEditMode`, `onEditItem`, `onSubmit`를 update() 메서드에 처리하고, 필요한 기능으로 한 번에 `return{ }`으로 처리했습니다. `onEditKeyup`, `onDataChange`는 각각의 컴포넌트에서 따로 처리하도록 하겠습니다.

코드 20.34는 지금까지 만든 `store.js`를 전체적으로 보여드리도록 하겠습니다.

코드 20.34 store.js
_{File} store/src/store.js

```js
import { writable, derived } from "svelte/store";
import { initialBuckets } from "./bucketData";
import { v4 as uuidv4 } from "uuid";

const setBucketData = () => {
  let initBucketData = {
    buckets: initialBuckets,
    editMode: ''
  }
  let bucketData = {...initBucketData};
  const { subscribe, update } = writable(bucketData);

  const onToggle = (id) => {
    update(datas => {
```

```js
      const setDatas = datas.buckets.map((bucket) => {
        return bucket.id === id ? { ...bucket, chk: !bucket.chk } : bucket;
      });
      datas.buckets = setDatas;
      return datas;
    });
  }
  const onRemove = (id) => {
    update(datas => {
      const setDatas = datas.buckets.filter((bucket) => bucket.id !== id);
      datas.buckets = setDatas;
      return datas;
    });
  };
  const onEditMode = (id) => {
    update(datas => {
      datas.editMode = id;
      return datas;
    });
  }
  const offEditMode = () => {
    update(datas => {
      datas.editMode = '';
      return datas;
    });
  }
  const onEditItem = (editBucket) => {
    update(datas => {
      const setDatas = datas.buckets.map(bucket => {
        if(bucket.id === editBucket.id){
          bucket = editBucket
        }
        return bucket;
      });
      datas.buckets = setDatas;
      return datas;
    });
  }
  const onSubmit = (bucketText) => {
    if(bucketText){
      const bucket = {
        id: uuidv4(),
        text: bucketText,
        chk: false
      };
      update(datas => {
        const setDatas = [...datas.buckets, bucket];
        datas.buckets = setDatas;
```

```
      return datas;
    });
   }
  }
  return {
    subscribe,
    onToggle,
    onRemove,
    onEditMode,
    offEditMode,
    onEditItem,
    onSubmit
  }
}

const setFormBucket = () => {
  let formText = '';
  const { subscribe, update, set } = writable(formText);
  const resetFrom = () => {
    set('');
  }
  return {
    subscribe,
    set,
    resetFrom
  }
}

const setChkCount = () => {
  const count = derived(buckets, $buckets => {
    return $buckets.buckets.filter((bucket) => !bucket.chk).length;
  });
  return count;
}

export const bucketText = setFormBucket();
export const buckets = setBucketData();
export const chkCount = setChkCount();
```

코드 20.35 **App.svelte**　　　　　　　　　　　　　　　　　　　　File　store/src/App.svelte

```
<script>
  import BucketHeader from "./components/BucketHeader.svelte";
  import BucketList from "./components/BucketList.svelte";
  import BucketCreate from "./components/BucketCreate.svelte";
</script>
```

```
<svelte:head>
  <title>My Bucket List</title>
</svelte:head>
<div class="bucketbox">
  <BucketHeader />
  <BucketList />
  <BucketCreate />
</div>
```

`App.svelte`는 코드 20.35처럼 수정해주세요. 기존의 이벤트 코드나 상태변수가 없어지면서 정말 간단해졌습니다. 스토어에서 데이터를 각각 받기 때문에 props로 내려주는 것은 없습니다.

❹ 이렇게 스토어를 사용하면 불필요한 props drilling은 일어나지 않습니다.

20.9.4 각각의 컴포넌트에서 스토어로 접근하여 처리

그럼 `App.svelte`에서 내려받지 않은 데이터를 각각의 컴포넌트에는 어떻게 처리되는지 알아보도록 하겠습니다.

코드 20.36 BucketList.svelte   File store/src/components/BucketList.svelte

```
<script>
  import { buckets } from '../store'; //스토어 추가
  import { fade, slide } from "svelte/transition";
  import { flip } from "svelte/animate";
  import BucketItem from "./BucketItem.svelte";
</script>

<div class="bucketlist" >
  {#each $buckets.buckets as bucket, index(bucket) } <!-- 전체 데이터 변경 -->
    <div in:fade out:slide animate:flip>
      <BucketItem {bucket} />
    </div>
  {/each}
</div>
```

전체 데이터는 `BucketList.svelte`가 받아야 하므로, 스토어에서 `buckets` 데이터를 받습니다. 그리고 `each` 블록에서 반응성 데이터인 `$buckets`를 사용하며, 앞에 `$`를 붙이는 이유는 수정, 삭제, 추가 시에 데이터가 변경되어도 반응하여 버킷 리스트 데이터를 받아오기 위함입니다. `buckets` 데이터는 `buckets`과 `editMode`로 나뉘기 때문에 `$buckets.buckets`가 실제 버킷 리스트 데이터입니다. `<BucketItem />`에는 각각의 데이터를 props로 내려줍니다. 나머지 이벤트 함수는 `<BucketItem />`에서 직접 사용할 수 있으므로, props로 전달하지 않아도 됩니다. `{bucket}`은 반복되는 컴포넌트

가 각각의 값을 받아야 하기 때문에 props로 내려줘야 합니다. 스토어를 사용한다고 해서 컴포넌트가 상탯값과 props를 사용하지 않는 것은 아닙니다.

코드 20.37 **BucketItem.svelte**   File store/src/components/BucketItem.svelte

```svelte
<script>
  import { buckets } from '../store'; //스토어 추가
  import Icon from '@iconify/svelte';
  import { v4 as uuidv4 } from 'uuid';

  let chkId = uuidv4();
  export let bucket;

  //비구조화 할당을 통해 각각의 이벤트 함수를 변수에 처리
  const { onToggle, onRemove, onEditMode, offEditMode, onEditItem } = buckets;

  const onEditKeyup = (e) => { //엔터 입력 시 명령 처리
    if(e.keyCode === 13){
      onEditItem(bucket);
      offEditMode();
    }
  }
</script>

<div class="bucketitem">
  <input
    type="checkbox" id={chkId}
    bind:checked={bucket.chk}
  />
  <label
    for={chkId} class="checkcircle"
    on:click={() => onToggle(bucket.id)}
    on:keydown={() => onToggle(bucket.id)}
    role="presentation"
  >
    <Icon icon="ic:round-check" />
  </label>
  {#if $buckets.editMode === bucket.id} <!-- $buckets.editMode로 변경 -->
    <input
      type="text"
      bind:value={bucket.text}
      on:keyup={(e) => onEditKeyup(e, bucket)}
    />
  {:else}
    <p on:dblclick={() => onEditMode(bucket.id)}>{bucket.text}</p>
  {/if}
  <button
```

```
    class="remove"
    on:click={() => onRemove(bucket.id)}
  >
    <Icon icon="gridicons:trash" />
  </button>
</div>
```

스토어에서 `buckets`를 받아옵니다. 데이터뿐만 아니라 이벤트 함수도 모두 받아오는 것입니다. 사용할 이벤트 함수는 마크업 영역에서 수정하지 않기 위해 비구조화 할당을 통해 각각의 변수에 담습니다. `onEditKeyup` 이벤트 함수는 스토어에서 작성하지 않으므로 컴포넌트에서 다시 작성합니다. `onEditKeyup`에는 다른 이벤트 함수를 호출해야 하므로 컴포넌트 내에서 직접 작성합니다. 마크업 영역에서 수정한 부분은 주석으로 표시해두었는데, `editMode` 역시 스토어의 값으로 담았기 때문에 `$buckets.editMode`로 반응성 변수로 처리해야 합니다.

코드 20.38 BucketHeader.svelte　　　　　　　　　　　File　store/src/components/BucketHeader.svelte

```svelte
<script>
  import { chkCount } from '../store'; //스토어 추가
  const today = new Date(); //오늘의 날짜와 시간 담는 변수
  const week = ["일", "월", "화", "수", "목", "금", "토"]; //요일을 문자로 담는 변수
  const dateString = {
    year: today.getFullYear(),
    month: today.getMonth() + 1,
    date: today.getDate(),
    day: today.getDay()
  };
  const { year, month, date, day } = dateString;
</script>

<div class="bucketheader">
  <h1>My Bucket List</h1>
  <h2>현재 : {year}년 {month}월 {date}일 {week[day]}요일</h2>
  <p>할 일 {$chkCount}개 남음</p> <!--반응성 코드로 처리-->
</div>
```

이번 스토어는 체크 개수를 확인한 `chkCount`를 불러옵니다. 마크업 영역에는 다른 컴포넌트에서 이벤트를 통해 데이터가 변경되면, 함께 데이터가 바뀌어야 하기 때문에 `{$chkCount}`로 변경합니다.

코드 20.39 BucketCreate.svelte　　　　　　　　　　　File　store/src/components/BucketCreate.svelte

```svelte
<script>
  import { buckets, bucketText } from '../store';
  import Icon from '@iconify/svelte';
```

```
    let open = false;
    const onToggle = () => {
      open = !open
      bucketText.resetFrom();
    };
    const onClose = () => open = false;

    const onDataChange = (e) => { //데이터 변경 함수
      $bucketText = e.target.value;
    }

    const onSubmit = (e) => { //기본 이벤트를 제거하기 위해 다시 선언
      e.preventDefault();
      buckets.onSubmit($bucketText);
    }
</script>

<div class="bucketcreate">
  <div class={open ? "createform active" : "createform"}>
    <form on:submit={(e) => { onSubmit(e); onClose() }}>
      <input
        type="text"
        bind:value={$bucketText}
        on:change={(e) => onDataChange(e)}
        placeholder="추가할 버킷 리스트를 입력 후, Enter를 누르세요."
      />
    </form>
  </div>
  <button
    class="circlebox"
    on:click={onToggle}
  >
    <Icon icon="ic:round-add" />
  </button>
</div>
```

이번에는 마크업 영역은 동일하지만, 스크립트 영역이 변경됩니다. 스토어에서 `buckets`과 `bucketText`를 받아서 데이터를 추가합니다. 데이터 변경은 `onDataChange`에서 처리되며, 입력 상자의 값이 변경될 때마다 `$bucketText = e.target.value;`와 같이 반응성 변수를 업데이트합니다. 데이터는 `onSubmit`을 통해 추가되며, 이 과정에서 `e.preventDefault();`를 사용하여 기본 이벤트를 막습니다.

이제 My Bucket List가 완성되었습니다. 이번 심플 프로젝트에서는 스토어를 나중에 추가했지만, 이는 전체적인 복습을 위해 구현한 것입니다. 일반적인 프로젝트에서는 처음부터 스토어를 생성하고 제작하는 것이 나중에 리팩터링하는 것보다 더 효과적입니다. 다음 장에서는 스토어를 먼저 생성하여 프로젝트를 어떻게 작업하는지 배워보겠습니다.

학습 포인트
- 갤러리 형태의 Best Tour 페이지를 만들어봅니다.
- props 방식이 아닌 스토어 방식으로 만들어봅니다.

동영상 강의

https://bit.ly/svelte_21-1

https://bit.ly/svelte_21-2

https://bit.ly/svelte_21-3

심플 프로젝트 2: Best Tour

이번 심플 프로젝트에서는 여행사 웹사이트의 **Best Tour** 섹션을 제작해보겠습니다. 이번에는 My Bucket List처럼 props와 상탯값으로 코드를 작성한 후 리팩터링하는 것이 아니라, 처음부터 스토어를 생성하여 제작해보겠습니다. 또한 데이터 목록을 구현하고, 삭제 및 추가 기능도 함께 구현할 예정입니다.

21.1 프로젝트 생성 및 라이브러리 설치

키워드 ▶▶▶ Iconify, uuid

먼저 Best Tour를 제작할 프로젝트를 먼저 생성해보겠습니다. 터미널을 열고 아래 코드를 작성해주세요.

```
npx degit sveltejs/template ch21_besttour
```

그 후에 해당 폴더를 찾고, `npm`을 설치합니다.

```
cd ch21_besttour
npm install
npx svelte-migrate@latest svelte-4
```

사용할 라이브러리는 `Iconify`와 `uuid`입니다.

❹ Iconify와 uuid에 대한 설명이 필요하다면 286쪽을 참고하세요.

```
npm i @iconify/svelte
npm i uuid
```

21.2 컴포넌트 생성

`src` 폴더에 `components` 폴더를 생성하고, 사용할 4개의 컴포넌트를 생성합니다.

각각의 컴포넌트를 왜 제작하는지 알아보도록 하겠습니다.

- `Title.svelte`: 제목을 처리할 컴포넌트
- `BestList.svelte`: 여행 리스트를 하나로 모아 표시해줄 컴포넌트(each 블록 사용)
- `BestItem.svelte`: 여행 리스트 한 개를 표시할 컴포넌트
- `BestCreate.svelte`: 추가할 입력 폼과 버튼을 제공하는 컴포넌트

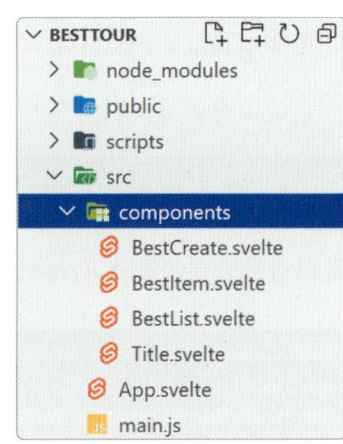

그림 21.1 프로젝트 컴포넌트 확인

그림 21.2를 보면 더 이해하기 쉬울 것입니다.

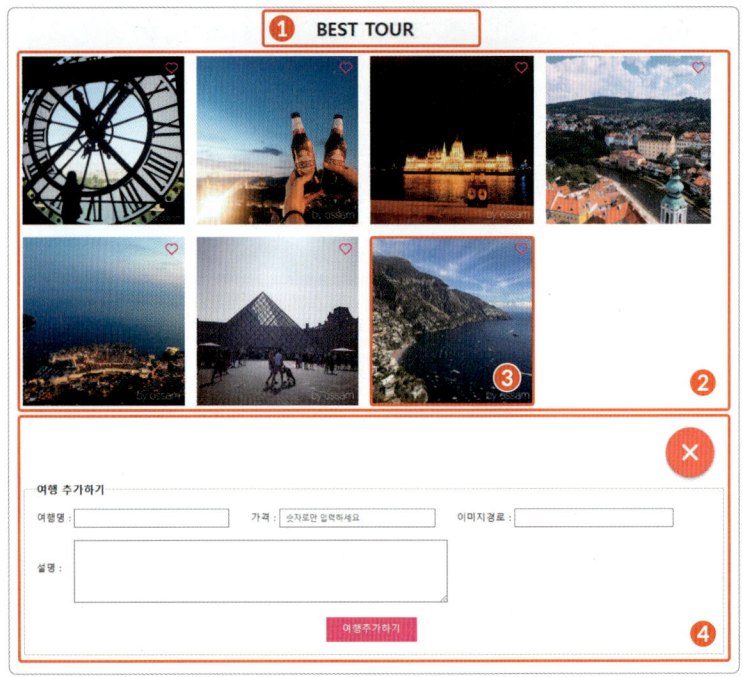

그림 21.2 프로젝트 완성 이미지

❶은 `Title.svelte` 구역으로, 제목을 표시하는 컴포넌트입니다. 보통 텍스트가 하나뿐이어서 굳이 컴포넌트로 만들지 않아도 되지만, 웹사이트에서 이런 타이틀이 자주 사용됩니다. 따라서, 컴포넌트로 만들고 props로 제목을 내려주면 편리하게 사용할 수 있습니다. ❷는 `BestList.svelte` 구역으로, 여행 리스트들을 하나로 모아주는 컴포넌트입니다. ❸은 `BestItem.svelte` 구역으로, 여행 리스트 하나를 표시하는 컴포넌트입니다. 이것을 재사용하여 전체 리스트를 보여줍니다. ❹는 `BestCreate.svelte` 구역으로, 입력 폼이 처음에는 보이지 않다가 버튼을 클릭하면 입력 폼이 나타나게 할 예정입니다. My Bucket List와는 달리 입력 상자가 여러 개라는 점에 주의해야 합니다.

21.3 CSS 설정

이번 심플 프로젝트의 CSS도 `public` 폴더의 `global.css` 파일에 모두 작성하는 방식을 사용하겠습니다. 제공하는 소스 코드에서 `global.css`를 복사하여 현재 프로젝트에 옮겨놓습니다.

코드 21.1 **global.css**　　　　　　　　　　　　　　　　　　　　　File　source/global.css

```css
/* --중략--*/
.createform.active{ transform: translateY(100%) scaleY(1); }
.createform.active + .circlebox{ /* 회전되서 빨간색 X */
  background: #fa5252;
  transform: rotate(45deg); /* 회전 처리 */
}
/* --중략--*/
```

CSS 코드에 대한 자세한 설명은 생략하겠습니다. 스크립트에서 `true/false`에 따라 `.createform.active{ ... }` 클래스가 적용되어 입력 폼이 활성화되거나 비활성화되는 것만 이해하고 넘어가면 됩니다.

21.4 데이터 관리

이번에는 처음부터 스토어를 생성하여 각 컴포넌트에 전달되도록 처리하겠습니다. 먼저, 여행 리스트 데이터를 담을 파일을 만들겠습니다. 이 파일은 컴포넌트가 아니므로 자바스크립트 파일로 새롭게 생성합니다. 파일명은 `bestData.js`로 하고, `App.svelte`와 같은 경로에 만들어줍니다.

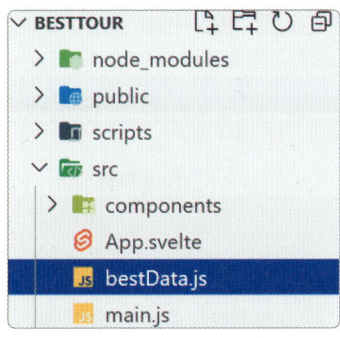

그림 21.3 bestData.js 생성

코드의 내용이 많기 때문에, 제공된 파일에서 `global.css`처럼 복사하여 붙여넣고 시작해주세요.

코드 21.2 bestData.js `File` source/bestData.js

```js
//배열 데이터만 담을 js 파일
const initialBests = [
  {
    id: 1,
    name: "[프랑스] 오르세 프리미엄투어[오후]",
    price: 20000,
    descript: "프랑스 3대 미술관 중 하나로 뽑히며, 반고흐, 마네, 모네 등의 작품을 감상",
    image:" https://img1.daumcdn.net/thumb/R1280x0/?scode=mtistory2&fname=https%3A%2F%2Fblog.kakaocdn.net%2Fdn%2FkQadz%2Fbtsydna0uHj%2F4FvY18FPiT0kSTa7FroRQk%2Fimg.jpg",
    like: false
  },
  
  ...
];

export { initialBests };
```

CHAPTER 21 심플 프로젝트 2: Best Tour

스토어에 데이터를 직접 담을 수도 있지만, 여러분이 직접 작성하지 않고 쉽게 연결할 수 있도록 따로 분리했습니다. 이제 `store.js` 파일을 `src` 폴더에 만들어봅니다.

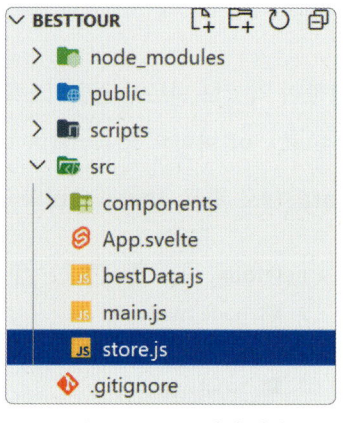

그림 21.4 store 파일 생성

코드 21.3 store.js

```js
import { writable } from "svelte/store";
import { initialBests } from "./bestData";
import { v4 as uuidv4 } from "uuid";

//커스텀 스토어
const setBestData = () => { //데이터 관련 함수를 스토어로 만들어 필요한 기능을 한 번에 리턴
  const { subscribe, update } = writable(initialBests);
  return {
    subscribe
  }
}

export const bests = setBestData();
```

이번에는 데이터를 읽고 쓸 **writable 스토어**를 사용하겠습니다. 앞에서 만든 `bestData.js`로부터 `initialBests` 데이터를 불러옵니다. 이번에도 커스텀 스토어를 제작할 예정입니다. 데이터와 이벤트 함수를 함께 반환하는 `setBestData`를 선언합니다. `const { subscribe, update } = writable(initialBests);`를 통해 반응성 데이터를 받아오는 `subscribe`와 이벤트 함수를 통해 데이터를 수정하는 `update`를 사용하겠습니다. `return { }` 구문에서 먼저 `subscribe`를 반환하도록 하겠습니다. 다른 컴포넌트가 데이터나 이벤트를 쉽게 사용하도록 `export`를 통해 내보냅니다.

21.5 컴포넌트 구성

먼저 `App.svelte`의 자손 컴포넌트로 필요한 컴포넌트들을 불러오겠습니다. 그런 다음, 나머지 컴포넌트들은 마크업 요소들만 처리해보겠습니다. 기능 구현 없이 구성과 데이터만 먼저 배치하도록 하겠습니다.

코드 21.4 App.svelte   File complete/src/App.svelte

```svelte
<script>
  import Title from "./components/Title.svelte";
  import BestList from "./components/BestList.svelte";
  import BestCreate from "./components/BestCreate.svelte";
</script>

<div class="bestbox">
  <Title name="BEST TOUR" />
  <BestList />
  <BestCreate />
</div>
```

`BestItem.svelte`는 `<BestList />`의 자손으로 불러올 것이므로 `App.svelte`에는 불러오지 않았습니다. `<Title />` 컴포넌트에는 `name`을 props로 전달합니다.

코드 21.5 Title.svelte   File complete/src/components/Title.svelte

```svelte
<script>
  export let name; //props 내려받기
</script>

<h2>{name}</h2>
```

전달받은 `name` props를 h2 태그 요소의 텍스트로 처리했습니다.

코드 21.6 BestList.svelte   File complete/src/components/BestList.svelte

```svelte
<script>
  import { bests } from '../store';
  import BestItem from './BestItem.svelte';
</script>
```

CHAPTER 21 심플 프로젝트 2: Best Tour

```svelte
<ul>
  {#each $bests as best, index(best) }
    <BestItem {best} />
  {/each}
</ul>
```

스크립트 영역에는 스토어로부터 `bests` 데이터를 불러옵니다. 또한, `BestItem` 컴포넌트도 자손으로 불러옵니다. 마크업 영역에서는 `ul` 태그를 작성한 후 `each` 블록을 통해 `bests` 배열 데이터의 개수만큼 반복되도록 처리합니다. 각 데이터를 `<BestItem {best} />`로 자손 컴포넌트에 전달합니다.

코드 21.7 BestItem.svelte

```svelte
<script>
  import Icon from '@iconify/svelte';

  export let best; //props 내려받기

  //props를 비구조화 할당
  const { id, name, price, descript, image, like } = best;
</script>

<li>
  <a href="#!">
    <img src={image} alt={name} />
    <button class="likebox">
      {#if like}
        <Icon icon="tdesign:heart-filled" />
      {:else}
        <Icon icon="tdesign:heart" />
      {/if}
    </button>
    <div class="box">
      <h4>{name}</h4>
      <h5>₩ {price.toString().replace(/\B(?=(\d{3})+(?!\d))/g, ",")}</h5>
      <p>{descript}</p>
      <button><Icon icon="gridicons:trash" /></button>
    </div>
  </a>
</li>
```

> 코드를 작성할 때 '₩' 기호가 입력되지 않으면, 특수문자 기능을 활용해 입력하세요. 윈도우에서는 ⒭+한자 키를 입력하면 나타납니다.

스크립트 영역에서는 `iconify`를 통해 아이콘을 가져오므로 `import Icon from '@iconify/svelte';`를 추가합니다. `best`를 props로 받아 비구조화 할당을 통해 각각의 변수에 담아줍니다.

마크업 영역에서는 각각의 데이터를 처리합니다. 특히, 하트 아이콘은 `like`값이 `true`면 채워진 하트를, `false`면 빈 하트를 표시하도록 `if` 블록을 처리합니다.

코드 21.8 BestCreate.svelte

```svelte
<script>
  import Icon from '@iconify/svelte';
  import { v4 as uuidv4 } from 'uuid';

  //입력 요소의 id를 독자적으로 처리
  const id01 = uuidv4();
  const id02 = uuidv4();
  const id03 = uuidv4();
  const id04 = uuidv4();
</script>
<div>
  <form class="createform active">
    <fieldset>
      <legend>여행 추가하기</legend>
      <label for={id01}>여행명 : </label>
      <input type="text" id={id01} name="name" required />
      <label for={id02}>가격 : </label>
      <input type="text" id={id02} placeholder="숫자로만 입력하세요" name="price" required />
      <label for={id03}>이미지 경로 : </label>
      <input type="text" id={id03} name="image" required />
      <br />
      <label for={id04} class="dlabel">설명 : </label>
      <textarea rows="5" id={id04} name="descript" required />
      <br />
      <button type="submit">여행 추가하기</button>
    </fieldset>
  </form>
  <button class="circlebox"><Icon icon="ic:round-add" /></button>
</div>
```

스크립트 영역에서는 중복된 `id`값이 발생할 수 있어서 `uuid`를 사용하여 처리했습니다. 마크업 영역에서는 입력 폼 부분을 작성했습니다. 여기서 중요한 점은 `input` 태그 요소와 `textarea`에 각각 `name` 속성을 추가했습니다. 이를 통해 추후 데이터 변경 시 요소들을 구분할 수 있습니다. `<form class="createform active">`에는 `active` 클래스를 추가하여 화면에 보이도록 처리했습니다.

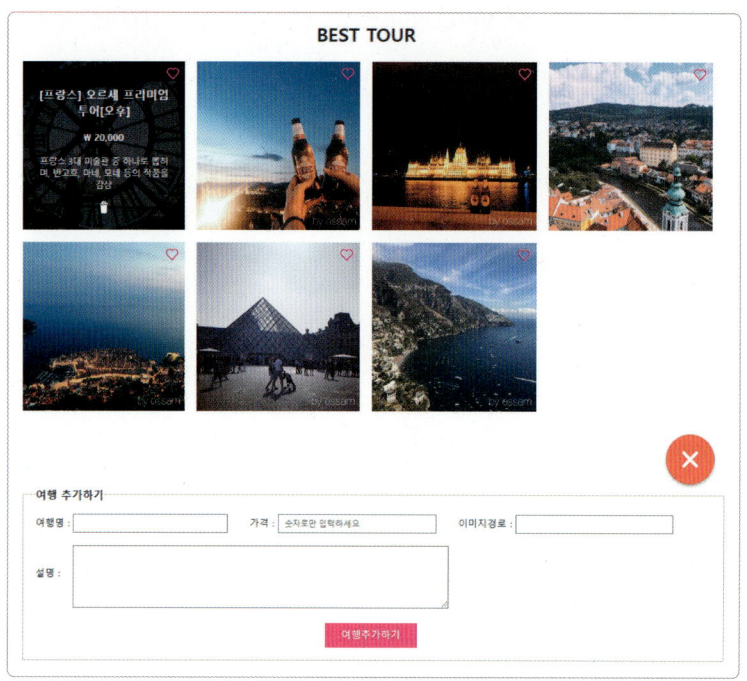

그림 21.5 컴포넌트 구성 완성 화면

브라우저에서는 그림 21.5와 같이 데이터들이 반복적으로 표시되어야 하고, 마우스를 올리면 세부 데이터를 볼 수 있어야 합니다. 그리고 하단에는 입력 폼이 표시되도록 구성해야 합니다.

21.6 BestItem 이벤트 관리

BestItem 컴포넌트의 이벤트 함수는 크게 두 가지로 나뉩니다.

- onToggle: 체크 시 best.like값이 변경되도록 처리(하트 관련 기능)
- onRemove: 휴지통 아이콘 클릭 시 해당 리스트가 삭제되도록 처리

두 이벤트 함수는 결국 bests 데이터를 변경합니다. 따라서 스토어에서 이벤트 함수를 처리하고, BestItem 컴포넌트에서 이를 직접 받아와야 합니다.

코드 21.9 store.js

```js
...
const setBestData = () => {
  const { subscribe, update } = writable(initialBests);

  const onToggle = (id) => { //하트 체크 관련 이벤트 함수
    update(datas => {
      const setDatas = datas.map((best) => {
        return best.id === id ? { ...best, like: !best.like } : best;
      });
      datas = setDatas;
      return datas;
    });
  }
  const onRemove = (id) => { //삭제 관련 이벤트 함수
    update(datas => {
      const setDatas = datas.filter((best) => best.id !== id);
      datas = setDatas;
      return datas;
    });
  };

  return {
    subscribe,
    onToggle,
    onRemove
  }
}
export const bests = setBestData();
```

하트 체크 관련 이벤트 함수인 `onToggle`과 삭제 관련 이벤트 함수인 `onRemove`에 대한 명령을 작성합니다. 이렇게 작성된 함수들은 `return{ }`을 통해 반환하여 컴포넌트들이 가져다 쓸 수 있게 처리합니다.

코드 21.10 BestItem.svelte　　　　　　　　　　　File complete/src/components/BestItem.svelte

```svelte
<script>
  import { bests } from "../store"; //스토어 불러오기
  import Icon from "@iconify/svelte";

  export let best;
  const { id, name, price, descript, image, like } = best;

  //스토어 이벤트 함수를 비구조화 할당
  const { onToggle, onRemove } = bests;
</script>

<li>
  <a href="#!">
    <img src={image} alt={name} />
    <button class="likebox" on:click={() => onToggle(id)}> <!-- 이벤트처리 -->
      {#if like}
        <Icon icon="tdesign:heart-filled" />
      {:else}
        <Icon icon="tdesign:heart" />
      {/if}
    </button>
    <div class="box">
      <h4>{name}</h4>
      <h5>₩ {price.toString().replace(/\B(?=(\d{3})+(?!\d))/g, ",")}</h5>
      <p>{descript}</p>
      <button on:click={() => onRemove(id)}> <!-- 이벤트 처리 -->
        <Icon icon="gridicons:trash" />
      </button>
    </div>
  </a>
</li>
```

스크립트 영역에서는 스토어에서 필요한 이벤트 함수를 불러와야 합니다. 각 함수를 처리하기 위해 비구조화 할당을 통해 변수에 담아줍니다. 그리고 `button` 태그 요소의 클릭 이벤트를 통해 이벤트 함수들을 적용합니다.

여기까지 작성을 마쳤다면 테스트를 진행합니다. 하트를 클릭하면 채워진 하트로 변경되고, 휴지통 아이콘을 클릭하면 해당 리스트가 삭제됩니다.

21.7 데이터 추가

키워드 ▶▶▶ 데이터 추가

이번에는 입력 폼을 표시한 후, 사용자가 입력 상자에 텍스트를 입력하고 엔터를 치면 여행 리스트가 추가되는 기능을 구현해보겠습니다. 이를 위해 스토어에서 데이터 추가와 관련된 코드를 작성하고, 새로 추가될 여행 리스트의 텍스트를 저장할 데이터를 준비합니다.

코드 21.11 store.js   File complete/src/store.js

```js
...
  //데이터 추가 시 사용할 이벤트 함수
  const onSubmit = (bestTexts) => { //bestTexts는 입력 폼에 입력되는 텍스트들
    if(bestTexts){
      const best = { //새롭게 추가되는 여행 리스트
        id: uuidv4(),
        name: bestTexts.name,
        price: bestTexts.price,
        descript: bestTexts.descript,
        image: bestTexts.image,
        like: false
      };
      update(datas => {
        const setDatas = [...datas, best];
        datas = setDatas;
        return datas;
      });
    }
  }

  return {
    subscribe,
    onToggle,
    onRemove,
    onSubmit
  }
}

//데이터 추가 시 사용될 텍스트를 store로 만들어 필요한 기능을 한 번에 리턴
const setFormBest = () => {
  let formText = {
    name: '',
    price: '',
    image: '',
```

```
    descript: ''
  };

  const { subscribe, update, set } = writable(formText);

  //값을 초기화
  const resetForm = () => {
    set('');
  }

  //필요한 기능을 한 번에 리턴
  return {
    subscribe,
    set,
    resetForm
  }
}

export const bestTexts = setFormBest(); //함수 내보내기
export const bests = setBestData();
```

❶ 새롭게 추가된 데이터 부분은 주석으로 표시했으니 확인해보세요.

`setBestData` 함수 내부에는 `onSubmit` 이벤트 함수를 선언하고, 데이터를 받기 위해 `setFormBest` 함수를 사용합니다. `formText`는 기본 값으로 빈 문자열로 처리하며, `writable(formText);`로 스토어 데이터로 설정합니다. `resetForm` 이벤트 함수는 데이터를 빈 문자열로 초기화합니다. 이 모든 기능을 한 번에 반환하고, `export`를 통해 함수를 내보내어 컴포넌트가 쉽게 사용할 수 있도록 처리합니다.

코드 21.12 BestCreate.svelte
File complete/src/components/BestCreate.svelte

```
<script>
  import { bests, bestTexts } from "../store";
  import Icon from "@iconify/svelte";
  import { v4 as uuidv4 } from "uuid";

  const id01 = uuidv4(); const id02 = uuidv4();
  const id03 = uuidv4(); const id04 = uuidv4();

  //입력창 오픈 관련 값을 담는 변수
  let open = false; //처음엔 열려있지 않아서 false

  //입력폼 열기
  const onToggle = () => {
    open = !open;
```

```
      if(!open){
        bestTexts.resetForm();
      }
    };

    //입력창 닫기
    const onClose = () => open = false;

    //입력 상자들의 데이터 변경 이벤트 함수
    const onDataChange = (e) => {
      //비구조화 할당
      const { name, value } = e.target;

      //state값 변경
      $bestTexts = {
        ...$bestTexts,
        [name]: value
      }
    }

    //데이터 추가 관련 이벤트 함수
    const onSubmit = (e) => {
      e.preventDefault();
      bests.onSubmit($bestTexts);
      bestTexts.resetForm();
    }
</script>
<div>
  <form
    class={open ? "createform active" : "createform"}
    on:submit={(e) => { onSubmit(e); onClose(); }}
  ><!--open에 따를 클래스 추가와 데이터 추가 이벤트 함수-->
    <fieldset>
      <legend>여행 추가하기</legend>
      <label for={id01}>여행명 : </label>
      <input type="text" id={id01} name="name" bind:value={$bestTexts.name} on:change={(e) => onDataChange(e)} required /> <!-- 바인딩과 체인징 이벤트 처리-->
      <label for={id02}>가격 : </label>
      <input type="text" id={id03} placeholder="숫자로만 입력하세요" name="price" bind:value={$bestTexts.price} on:change={(e) => onDataChange(e)} required /> <!-- 바인딩과 체인징 이벤트 처리-->
      <label for={id03}>이미지경로 : </label>
      <input type="text" id={id03} name="image" bind:value={$bestTexts.image} on:change={(e) => onDataChange(e)} required /> <!-- 바인딩과 체인징 이벤트 처리-->
      <br />
      <label for={id04} class="dlabel">설명 : </label>
      <textarea rows="5" id={id04} name="descript" bind:value={$bestTexts.descript} on:change={(e) => onDataChange(e)} required /> <!-- 바인딩과 체인징 이벤트 처리-->
```

```
      <br />
      <button type="submit">여행 추가하기</button>
    </fieldset>
  </form>
  <button class="circlebox" on:click={onToggle}> <!-- 토글 관련 이벤트 함수-->
    <Icon icon="ic:round-add" />
  </button>
</div>
```

❶ 변경된 부분은 주석을 처리했습니다.

스크립트 영역에 작성된 `open` 상태변수는 입력 창의 열림 상태를 담는 변수입니다. 초기에는 열려 있지 않으므로 `false`로 설정했습니다. `onToggle` 함수는 입력 폼을 열고 닫는 이벤트 함수입니다. 데이터를 추가한 후에 입력 폼이 자동으로 닫히지 않으므로 `onClose` 이벤트 함수도 추가합니다. `onDataChange` 함수는 입력 폼의 데이터가 변경될 때 값을 실시간으로 받기 위한 이벤트 함수입니다. 입력 폼은 4개이므로 각각의 데이터를 `e.target.name`과 `e.target.value`를 통해 처리합니다. `onSubmit` 이벤트는 기본 이벤트를 제거하기 위해 다시 선언하고, `bests.onSubmit($bestTexts);`를 통해 스토어로부터 받은 데이터를 처리합니다. 데이터를 추가한 후에는 입력 폼 데이터를 빈 문자열로 초기화하기 위해 `bestTexts.resetForm();`을 사용합니다.

마크업 영역에서는 `form` 태그 요소에 `open`값이 `true`일 때 `active` 클래스를 추가합니다. `form` 태그에서는 `on:submit` 이벤트를 통해 `onSubmit(e); onClose();`를 처리합니다. 나머지 `input` 태그 요소와 `textarea` 태그 요소에는 데이터를 바인딩하고, `on:change` 이벤트를 처리합니다. `circlebox` 클래스가 있는 `button` 태그 요소에는 클릭 이벤트로 `onToggle`을 처리합니다.

이렇게 입력 폼에 데이터를 추가하면 여행 리스트가 추가됩니다. 미리 제공된 `추가여행지텍스트.txt` 파일을 열어보면 여러 텍스트가 포함되어 있습니다. 이를 입력 폼에 추가하면 새로운 여행 리스트가 추가되는 것을 확인할 수 있습니다.

코드 21.13 추가여행지텍스트.txt   File source/추가여행지텍스트.txt

```
프라하 워킹 투어(~10/30)
20000
https://img1.daumcdn.net/thumb/R1280x0/?scode=mtistory2&fname=https%3A%2F%2Fblog.kakaocdn.net%2Fdn%2FXJYI8%2FbtsydVFJnso%2FdYXs4KKPGLjqEvO4fTtmHK%2Fimg.jpg
골목골목, 광장 곳곳마다 긴 이야기가 깃들어 있는 작지만 알찬 도시
```

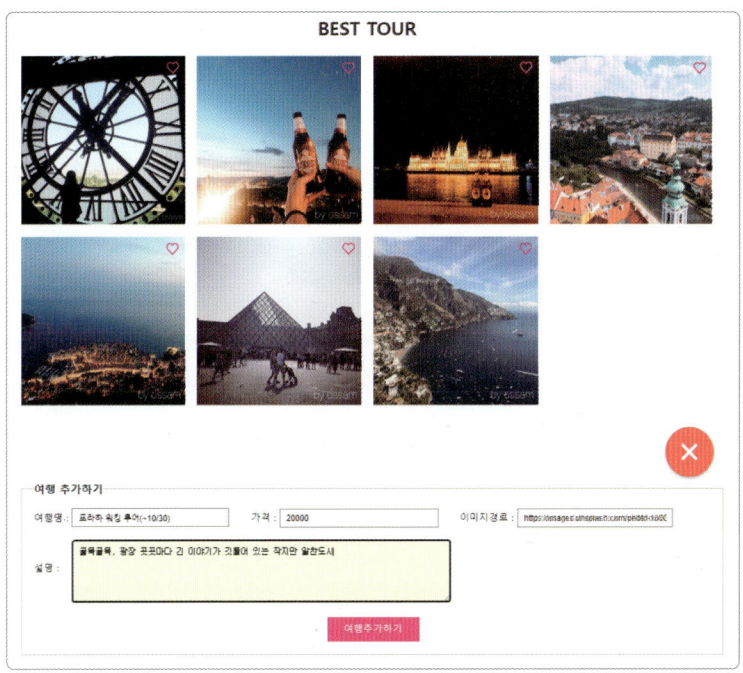

그림 21.6 입력 폼에 데이터 입력

그림 21.7 마지막에 여행 리스트가 추가된 화면

심플 프로젝트를 통해 앞에서 배운 스벨트 기능들을 모두 복습했습니다. 이 과정을 잘 이해했다면 간단한 웹 앱을 충분히 제작할 수 있을 것입니다. 다양한 사이트를 클론 코딩하면서 스벨트에 대한 자신감을 더욱 키워보는 것도 좋은 방법입니다.

MEMO

라우터 및
서버 데이터 통신

스벨트는 단일 페이지single-page application, SPA로 제작됩니다. 하지만 수많은 웹페이지들은 페이지 이동을 통해 사이트의 정보를 표시합니다. 그래서 라우터 기술을 통해 페이지가 이동하는 것을 알아보고자 합니다. 웹 앱에 표시하는 데이터들은 클라이언트 컴퓨터에 있는 데이터를 가지고 오진 않습니다. 그래서 서버와 통신하여 서버 데이터를 가져오는 것을 배우고, 비동기 작업을 통한 데이터를 구현해야 합니다. 6부에서는 스벨트 라이브러리인 라우터를 통해 페이지 이동을 하는 것과 서버 통신을 하는 `axios`, `await` 블록에 대해 확인해보고자 합니다.

학습 포인트
- svelte-routing의 기본 사용법
- svelte-routing의 파라미터와 쿼리스트링
- svelte-routing를 통한 서브페이지 제작해보기

동영상 강의

https://bit.ly/svelte_22-1

https://bit.ly/svelte_22-2

라우터

컴퓨터 기술 중에는 **라우팅**routing이라는 개념이 있습니다. 라우팅은 URL 주소에 따라 다른 페이지를 표시하는 기술이고, **라우터**router는 이를 구현하는 장치입니다. 라우터를 배우기 전에 먼저, **SPA** 개념을 이해해야 합니다. 기존 웹사이트는 a 태그 요소를 통해 경로를 설정하고, 여러 HTML 문서를 만들어 콘텐츠를 연결했지만, 스벨트와 같은 웹 프런트엔드 언어들은 SPA, 즉 단일 페이지로 구성합니다. 페이스북이나 인스타그램 같은 프로그램을 만들기 위한 웹 프런트엔드 프레임워크이기 때문입니다. 하지만 한 화면에 모든 정보를 나타내는 것은 쉽지 않으므로 라우터를 사용합니다. 기존 웹사이트와 다른 점은 페이지가 이동하는 것처럼 보이지만 실제로는 컴포넌트의 배치만 변경된다는 것입니다. 이로 인해 훨씬 빠른 페이지 변환이 가능해집니다. 사용자 입장에서는 페이지가 이동하는 것처럼 느껴지지만, 실제로는 한 페이지 안에서 컴포넌트가 변경됩니다. 22장에서는 스벨트가 제공하는 svelte-routing의 사용법을 배워보겠습니다.

실습 안내 아래 명령어를 터미널에 작성 후 실습을 진행해주세요.

```
npx degit sveltejs/template ch22_router-basic
cd ch22_router-basic
npm install
npx svelte-migrate@latest svelte-4
```

⚠ 브라우저 실행 후 문제가 생겨 터미널을 중단하고 싶다면 Ctrl + C 를 입력하면 됩니다.

22.1 svelte-routing의 기본 사용법

키워드 ▸▸▸ 라우팅, 라우터, svelte-routing, 파라미터, 쿼리스트링

스벨트에서 사용할 수 있는 라우터는 여러 종류가 있습니다. 대표적으로 `svelte-spa-router`, `svelte-routing`, `tinro` 등이 있습니다. 그림 22.1에서는 `svelte-spa-router`가 가장 인기가 많음을 알 수 있습니다. 그러나 `svelte-spa-router`는 경로에서 #을 제거할 수 없는 단점이 있습니다. 따라서 이 책에서는 두 번째로 많이 사용하는 `svelte-routing`으로 라우팅[1]을 구현해보겠습니다. `svelte-routing`은 리액트의 인기 있는 라우터 라이브러리인 `react-router-dom`과 사용법이 비슷합니다. 사실 대부분의 라우터 라이브러리는 사용법이 유사하며, 컴포넌트나 함수 등의 명칭이 다를 뿐입니다. 하나를 익히면 다른 라우터 라이브러리도 쉽게 사용할 수 있습니다.

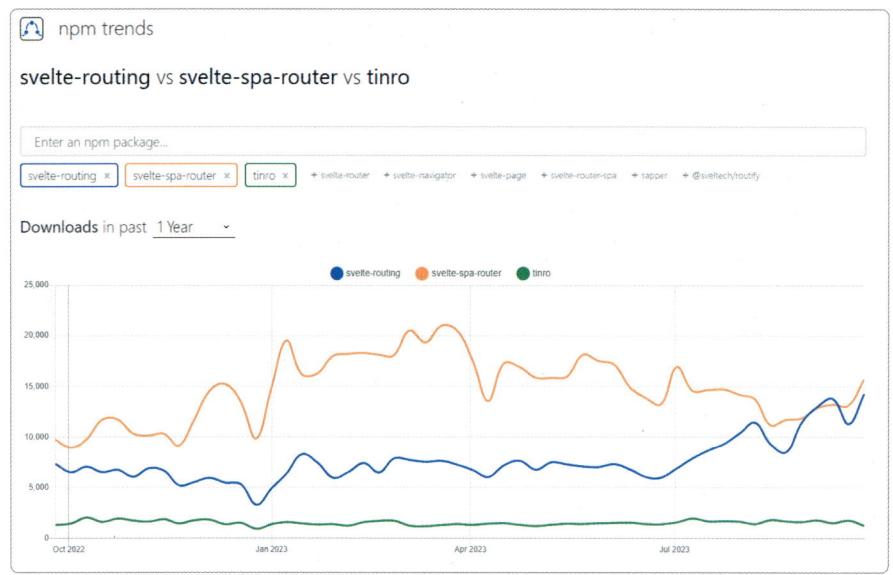

그림 22.1 svelte router 관련 npm trends(2023년 10월)

실습을 하기 위해 `svelte-routing`을 설치하겠습니다. 다음 명령어를 터미널에 입력하세요.

```
npm i svelte-routing
```

---

[1] 여러 네트워크 간에 트래픽 경로를 선택하는 프로세스입니다. https://en.wikipedia.org/wiki/Routing

> **전문가 TIP** **svelte-routing npm**
>
> ■ svelte-routing npm 라이브러리에 대한 자세한 기능 설명은 npm 페이지를 참고하세요.
> https://www.npmjs.com/package/svelte-routing

코드 22.1 svelte-routing 기본 문법

```
<script>
  import { Router, Link, Route } from "svelte-routing";
  //페이지가 변경될 자손 컴포넌트 호출

  export let url = ''; //props 내려받음
</script>

<고정컴포넌트 처리 />
<Router {url}>
  <Link to="바뀔경로">링크 텍스트</Link>
  <Route path="지정할경로" component={컴포넌트명}>
</Router>
<고정컴포넌트 처리 />
```

`svelte-routing`은 코드 22.1과 같은 형식으로 작성하면 됩니다. 컴포넌트와 속성을 조금 정리하고 실습하겠습니다.

- `Router`: 페이지 변환이 있는 컴포넌트들을 담아주는 부모 컴포넌트, `url` 속성 처리
- `Link`: 페이지 이동을 시켜주는 컴포넌트(a 태그와 유사), `to`는 이동될 경로 속성
- `Route`: 페이지 변환이 있는 각각 자손 컴포넌트를 담는 컴포넌트, `path`는 지정할 경로 속성, `component`는 해당 컴포넌트를 지정하는 속성

스크립트 영역에서는 `url`이라는 props를 지정했는데, 이는 라우터가 제공하는 props입니다. 보통 SSR_{Server-Side Rendering}에서 현재 `url`을 적용할 때 사용합니다. 이 부분이 이해하기 어렵다면, 최상위 컴포넌트에서는 빈 값으로 처리해도 충분합니다. `Link` 컴포넌트는 스타일이 적용되지 않아서 단순히 `a` 태그로 대체하겠습니다.

메인페이지, 회사소개 페이지, 오시는길 페이지로 구성된 웹 앱을 만든다고 가정해보겠습니다. 사이트는 일반적으로 헤더와 푸터 영역이 고정되어 있고, 가운데 콘텐츠 영역만 변경됩니다. 헤더 영역에는 주로 네비게이션 메뉴가 있습니다. 이 네비게이션을 통해 페이지 간 이동을 구현하고, 잘못된 경로로 접근했을 때 보여줄 페이지도 제작해보겠습니다.

그림 22.2에서 보이는 대로 웹 앱의 컴포넌트들을 제작해보겠습니다. 먼저 `src` 폴더에 `common`과 `pages`라는 폴더를 생성합니다. `common` 폴더에는 `Footer.svelte`와 `Header.svelte` 컴포넌트를 각각 생성합니다. `pages` 폴더에는 `Company.svelte`, `Main.svelte`, `Map.svelte`와 페이지를 찾을 수 없을 때의 컴포넌트인 `NotFound.svelte`를 생성합니다.

그림 22.2 컴포넌트 폴더 구조

코드 22.2 Main.svelte

`File` src/pages/Main.svelte

```svelte
<main>
    <h2>메인페이지입니다.</h2>
</main>

<style>
    h2{ background-color: pink; }
</style>
```

코드 22.3 Company.svelte

`File` src/pages/Company.svelte

```svelte
<setcion>
    <h2>회사소개 페이지입니다.</h2>
</setcion>

<style>
    h2{ background-color: lightblue; }
</style>
```

코드 22.4 Map.svelte

```svelte
<setcion>
    <h2>오시는길 페이지입니다.</h2>
</setcion>

<style>
    h2{ background-color: aquamarine; }
</style>
```

코드 22.5 **NotFound.svelte**   File src/pages/NotFound.svelte

```svelte
<setcion>
  <h2>페이지를 찾을 수 없습니다.</h2>
</setcion>

<style>
  h2{ background-color: lightgray; }
</style>
```

코드 22.6 **Footer.svelte**   File src/common/Footer.svelte

```svelte
<footer>
  <h3>푸터입니다.</h3>
</footer>
```

코드 22.7 **Header.svelte**

```svelte
<header>
  <h1>헤더입니다.</h1>
  <ul>
    <li><a href="#">HOME</a></li>
    <li><a href="#">회사소개</a></li>
    <li><a href="#">오시는길</a></li>
    <li><a href="#">제품소개</a></li>
  </ul>
</header>
```

Header.svelte에는 페이지 이동을 시킬 a 태그 요소를 작성했습니다. 스타일이 적용되지 않는 문제 때문에 Link 컴포넌트 대신 a 태그를 사용하는 것이 좋습니다. 현재는 페이지 URL이 정해지지 않았으므로 임시 링크로 #를 사용했습니다.

코드 22.8 **App.svelte**

```svelte
<script>
  import { Router, Route } from "svelte-routing"; //라우터 관련 컴포넌트 호출
  import Header from "./common/Header.svelte";
  import Main from "./pages/Main.svelte";
  import Map from "./pages/Map.svelte";
  import Company from "./pages/Company.svelte";
  import NotFound from "./pages/NotFound.svelte";
  import Footer from "./common/Footer.svelte";

  export let url = ''; //props 내려받음
</script>
```

```
<Header /> <!--고정 컴포넌트-->
<Router {url}> <!--라우터 기술을 쓰는 컴포넌트들 묶음-->
  <Route path="/" component={Main} /> <!-- path는 경로, component 지정 -->
  <Route path="/map" component={Map} />
  <Route path="/company" component={Company} />
  <Route path="*" component={NotFound} />
</Router>
<Footer /> <!--고정 컴포넌트-->
```

스크립트 영역에서는 `svelte-routing`에서 `Router`와 `Route` 컴포넌트만 불러옵니다. 필요한 모든 컴포넌트를 호출하여 URL을 props로 전달받습니다. 마크업 영역에서는 `<Header />`와 `<Footer />`를 고정 컴포넌트로 유지하여 페이지 이동 시 UI가 계속 보여지도록 구성합니다. 따라서 `<Router>` 컴포넌트 밖에서 사용되어야 합니다. `<Router>` 컴포넌트의 자손으로 각각의 페이지를 `<Route />` 컴포넌트로 처리합니다. 각 `<Router>` 컴포넌트는 `component` 속성에 컴포넌트 이름을 표현식으로 작성하고, `path` 속성에 해당 페이지의 경로를 지정합니다. 루트 경로는 `/`로 설정되며, 예를 들어 오시는길 페이지는 `/map`으로, 회사소개 페이지는 `/company`로 처리합니다. 지정되지 않은 모든 페이지는 `NotFound` 컴포넌트로 연결될 수 있도록 `path="*"`를 설정합니다.

이와 같이 설정하면 각 페이지의 경로가 지정되며, 이제 `Header.svelte`에서 `a` 태그 요소에도 해당 경로를 추가하여 페이지 이동 기술을 구현할 수 있습니다.

코드 22.9 Header.svelte

```
<script>
  import { link } from "svelte-routing"; //link 호출
</script>
<header>
  <h1>헤더입니다.</h1>
  <ul>
    <li><a use:link href="/">HOME</a></li> <!-- use:link 지시자와 경로 처리-->
    <li><a use:link href="/company">회사소개</a></li>
    <li><a use:link href="/map">오시는길</a></li>
    <li><a use:link href="/product">제품소개</a></li>
  </ul>
</header>
```

우선 `link`를 스크립트에서 호출하여 사용합니다. 이는 `Link` 컴포넌트와는 다르게 태그 요소에 `use:link` 지시자를 추가하여 `<Route />`에서 정의한 `path` 경로로 이동할 수 있습니다. 이 방법을 사용하면 추후 스타일을 적용하기도 쉽습니다. 각 링크 요소의 `href` 속성에는 `App.svelte`에서 생

성한 경로를 연결합니다. 마지막 a 태그 요소에만 앞에서 생성하지 않은 경로인 `href="/product"`를 연결했습니다. 그러면 해당 경로를 찾지 못하기 때문에 `<NotFound />` 컴포넌트로 이동합니다.

코드 22.10 Header.svelte – links로 변경

```
<script>
  import { links } from "svelte-routing";
</script>
<header>
  <h1>헤더입니다.</h1>
  <ul use:links>
    <li><a href="/">HOME</a></li>
    <li><a href="/company">회사소개</a></li>
    <li><a href="/map">오시는길</a></li>
    <li><a href="/product">제품소개</a></li>
  </ul>
</header>
```

`use:link`를 4번이나 작성하는 것은 비효율적입니다. 한 번만 작성할 방법을 알아보겠습니다. 먼저 스크립트에서는 `link`를 `links`로 변경하고, a 태그 요소를 감싸는 ul 태그 요소에 `use:links` 지시자를 처리합니다. 그리고 a 태그 요소 내부의 모든 `use:link` 지시자는 제거합니다. 이렇게 하면 `links` 작성은 편리하지만, 내부에 모든 a 태그는 라우터 기술을 사용한 페이지 이동만 가능하며, 외부 페이지 연결이나 다른 기능에는 사용할 수 없다는 점을 기억하세요.

그림 22.3 회사소개 페이지 선택   그림 22.4 제품소개 페이지 선택

이제 네비게이션을 클릭하면 페이지가 이동되며, 주소 표시줄에서 해당 경로가 변경되는 것을 확인할 수 있습니다. 그리고 마지막 [제품소개]를 클릭하면 '페이지를 찾을 수 없습니다'라고 메시지가 나타납니다. 이렇게 간단하게 `svelte-routing`을 사용하여 페이지 이동 기술을 구현해보았습니다.

22.2 svelte-routing의 파라미터

키워드 ▶▶▶ URL 파라미터

여기서 말하는 파라미터는 주소(URL) 뒤에 작성하는 문자열을 말합니다. URL 파라미터를 이용하면 수십 개에서 수천 개의 상세페이지를 손쉽게 만들어 낼 수 있습니다.

코드 22.11 파라미터 예시

```
<Route path="/경로/:파라미터명" component={컴포넌트명} />
```

코드 22.11과 같이 `path` 속성에 파라미터를 추가할 수 있습니다. 이를 통해 파라미터에 따라 다양한 페이지를 구현할 수 있습니다. 이해를 돕기 위해 앞의 예제를 이어서 진행해보겠습니다. '오시는 길' 페이지에 세 개의 지점을 추가하고 각각을 표시해보도록 하겠습니다.

코드 22.12 App.svelte   File src/App.svelte

```
<script>
  import { Router, Route } from "svelte-routing";
  import Header from './common/Header.svelte';
  import Main from './pages/Main.svelte';
  import Map from './pages/Map.svelte';
  import Company from './pages/Company.svelte';
  import NotFound from './pages/NotFound.svelte';
  import Footer from './common/Footer.svelte';

  export let url = '';
</script>

<Header />
<Router {url}>
  <Route path="/" component={Main} />
  <Route path="/map/:id" component={Map} /> <!-- 파라미터를 id로 처리 -->
  <Route path="/company" component={Company} />
  <Route path="*" component={NotFound} />
</Router>
<Footer />
```

먼저 `App.svelte`에서 `<Route />` 경로에 파라미터를 처리합니다.

> 코드가 변경된 부분에는 주석을 입력했으니, 확인하고 `path` 경로를 변경해주세요.

코드 22.13 Map.svelte

```svelte
<script>
  import { links } from "svelte-routing"; //지점별 링크 처리위해 작성
  export let id; //파라미터에서 내려준 id값을 props로 받기

  //지점별 세부 서브페이지를 만들기 위한 데이터
  const storeDatas = [
    {
      id: 1,
      name: '강남에비뉴점',
      addr: '서울특별시 서초구 서초대로77길 62'
    },
    {
      id: 2,
      name: '강남역신분당역사점',
      addr: '서울특별시 강남구 강남대로 396'
    },
    {
      id: 3,
      name: '강남우성점',
      addr: '서울특별시 강남구 강남대로 328'
    }
  ];
</script>

<setcion>
  <h2>오시는길 페이지입니다.</h2>
  <ul use:links>
    {#each storeDatas as storeData, index(storeData) }
      <li><a href={`/map/${storeData.id}`}>스토어{storeData.id}</a></li>
    {/each}
  </ul>
  <h3>{ storeDatas[id-1].name }</h3>
  <p>{ storeDatas[id-1].addr }</p>
  <img src="http://placehold.it/300x200" alt="" />
</setcion>

<style>
  h2{ background-color: aquamarine; }
</style>
```

스크립트 영역에서는 지점별 링크를 걸기 위해 `links`를 라우터에서 호출합니다. `id`는 부모 컴포넌트인 `App.svelte`가 경로에서 제공하는 파라미터로 내려준 값입니다. `storeDatas`는 각 지점의 정보를 담고 있는 배열 데이터이며, 이를 활용하여 마크업 영역에서 세부 서브페이지를 제작합니다.

마크업 영역에서 `ul` 태그 요소 내부의 각 `a` 태그는 모두 라우터를 이용한 페이지 이동 기술을 사용할 것이므로 `use:links` 지시자를 처리합니다. `each` 블록을 통해 데이터 개수만큼 `li` 태그 요소와 `a` 태그 요소를 반복 처리하며, `href` 속성은 템플릿 리터럴을 이용하여 동적으로 경로를 설정합니다. 예를 들어, `href="/map/1"`, `href="/map/2"`, `href="/map/3"`와 같이 설정됩니다.

아래 `h3`, `p` 태그 요소는 배열 데이터에 따라 파라미터 정보에 맞게 나타나도록 처리됩니다. 이미지는 예시 이미지로 처리했습니다. 현재 상태에서는 테스트 시 '오시는길' 페이지인 `http://localhost:8080/map` 페이지가 존재하지 않으며, 파라미터에 따라 `http://localhost:8080/map/1`까지 처리되어야 합니다. 이에 따라 모든 링크가 포함된 `Header.svelte`에서 경로를 변경해야 합니다.

코드 22.14 Header.svelte

```svelte
<script>
  import { links } from "svelte-routing";
</script>
<header>
  <h1>헤더입니다.</h1>
  <ul use:links>
    <li><a href="/">HOME</a></li>
    <li><a href="/company">회사소개</a></li>
    <li><a href="/map/1">오시는길</a></li> <!--파라미터인 /1까지 처리 -->
    <li><a href="/product">제품소개</a></li>
  </ul>
</header>
```

그래서 마크업 영역의 오시는길 경로부분을 `<a href="/map">`에서 `<a href="/map/1">`로 변경해야 합니다.

오시는길 페이지 아래의 [스토어1]부터 [스토어3]까지 클릭하면 데이터가 변경되는 것을 확인할 수 있습니다. 그리고 회사소개 페이지를 방문한 후 다시 오시는길 페이지로 돌아가면, 첫 번째 데이터인 스토어1이 표시되는 것을 확인할 수 있습니다.

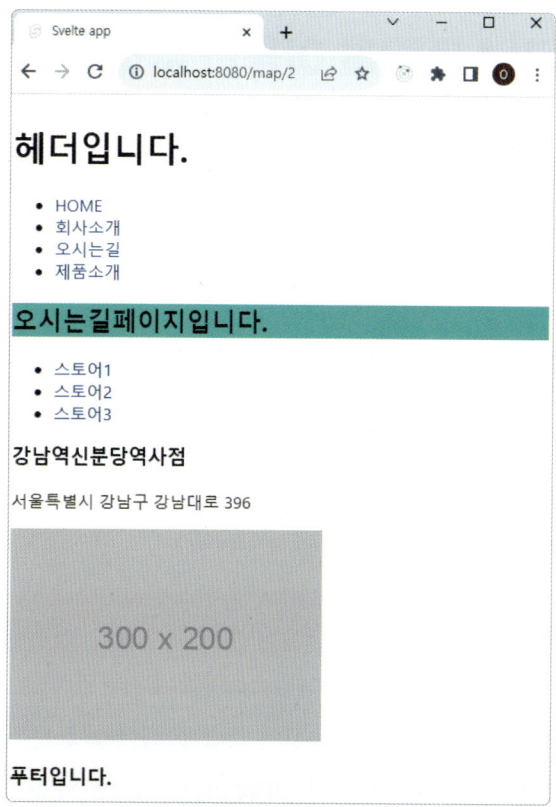

그림 22.5 파라미터 정보를 이용한 페이지 이동

22.3 쿼리스트링을 이용한 주소 처리

키워드 ▸▸▸ 쿼리스트링

쿼리스트링QueryString이란 사용자가 입력한 데이터를 전달하는 방법 중 하나로, URL 주소에 미리 협의된 데이터를 파라미터로 넘기는 것을 의미합니다.

코드 22.15 쿼리 스트링 문법

```
url?파라미터1=값&파라미터2=값
```

코드 22.16 유튜브 쿼리 스트링 예시

```
https://www.youtube.com/embed/iDjQSdN_ig8?autoplay=1&mute=1
```

유튜브를 `iframe` 태그 요소에 가져와서 동영상을 표시할 때, 단순히 주소를 `src` 속성에 붙이면 동영상이 삽입됩니다. 이때 추가적으로 ? 뒤에 쿼리스트링을 추가하면 특정 명령을 전달할 수 있습니다. 예를 들어 코드 22.16에서 보듯이, 주소 뒤에 `?autoplay=1&mute=1`와 같이 쿼리스트링을 붙이면 자동재생과 음소거 기능이 활성화됩니다. `autoplay`와 `mute`는 유튜브 개발자가 정의한 파라미터로, 1이면 활성화되고 0이면 비활성화됩니다.

자바스크립트에서도 URL의 쿼리스트링을 활용하여 데이터를 전달하고, 이를 통해 특정 동작을 제어할 수 있습니다. 하지만 `svelte-routing`에서는 URL에서 쿼리스트링을 간단히 추출하는 기능이 따로 없으므로, URL에서 쿼리스트링을 쉽게 추출하고 처리할 수 있는 라이브러리를 설치하고 사용해야 합니다.

여기서는 `query-string`을 설치하고 사용하겠습니다. 먼저 다음 명령어를 터미널에 입력하여 설치합니다.

```
npm i query-string
```

> **전문가 TIP query-string**
>
> - query-string 라이브러리를 사용하여 쿼리스트링을 가져올 수 있습니다. 자세한 설명은 다음 사이트를 참고하세요.
>   https://www.npmjs.com/package/query-string

코드 22.17 쿼리 스트링만 받아오는 문법

```
let parsed = queryString.parse(window.location.search);
```

코드 22.17을 작성하면 현재 주소의 쿼리스트링을 `parsed` 변수에 저장합니다. 코드 22.16에서와 같이 유튜브 주소를 예로 들면, 현재 주소에 있는 쿼리스트링이 `{ autoplay: 1, mute: 1 }`과 같은 객체로 반환됩니다. 이번에는 각 지점의 새로운 점포면 점포명 앞에 NEW를 추가하는 쿼리스트링을 시도해보겠습니다.

코드 22.18 Map.svelte　　　　　　　　　　　　　　　　　　　　　File src/pages/Map.svelte

```svelte
<script>
  import { afterUpdate } from 'svelte'; //컴포넌트가 업데이트 관련 메서드 호출
  import queryString from 'query-string'; //쿼리스트링 호출
  import { links } from "svelte-routing";

  export let id;

  //URL 쿼리 스트링값 담는 변수
  let parsed = queryString.parse(window.location.search);
  //업데이트될 때마다 주소가 바뀌므로 다시 처리
  afterUpdate(() => {
    parsed = queryString.parse(window.location.search);
  });

  const storeDatas = [
    {
      id: 1,
      name: '강남에비뉴점',
      addr: '서울특별시 서초구 서초대로77길 62',
      new: 'true' //new값 배정
    },
    {
      id: 2,
      name: '강남역신분당역사점',
      addr: '서울특별시 강남구 강남대로 396',
      new: 'false' //new값 배정
    },
    {
      id: 3,
      name: '강남우성점',
      addr: '서울특별시 강남구 강남대로 328',
      new: 'true' //new값 배정
    }
  ];
```

```
</script>

<setcion>
    <h2>오시는길 페이지입니다.</h2>
    <ul use:links>
        {#each storeDatas as storeData, index(storeData) }
            <!-- 클릭 시 주소에 쿼리스트링정보 처리 -->
            <li><a href={`/map/${storeData.id}?new=${storeData.new}`}>스토어{storeData.id}</a></li>
        {/each}
    </ul>
    <h3>
        <!-- 쿼리스트링 값이 true면 new 추가 -->
        {#if parsed.new === 'true'}
            <span style="color: red">NEW </span>
        {/if}
        { storeDatas[id-1].name }
    </h3>
    <p>{ storeDatas[id-1].addr }</p>
    <img src="http://placehold.it/300x200" alt="" />
</setcion>

<style>
    h2{ background-color: aquamarine; }
</style>;
```

스크립트 영역의 `storeDatas`에는 각 점포가 새로운 점포인지 여부를 나타내는 `new` 속성을 추가하여, `true` 혹은 `false`로 처리합니다. `afterUpdate`는 스벨트의 라이프 사이클 함수로, 컴포넌트가 업데이트될 때마다 주소의 쿼리스트링 값을 다시 받아오도록 호출했습니다. `queryString`은 URL의 쿼리스트링 값을 받을 수 있게 처리합니다. `parsed`는 초기 마운트 시부터 쿼리스트링 값을 받아오도록 초기화되며, 업데이트될 때마다 다시 받아올 수 있습니다.

마크업 영역에서는 `a` 태그를 클릭할 때마다 해당 스토어의 `new` 속성값을 URL 쿼리스트링으로 보내도록 코드를 작성합니다. `h3` 태그 요소에는 점포명이 표시되며, 이 안에 `if` 블록을 작성하여 `new` 값이 `true`면 `span` 태그 요소를 표시하게 처리합니다. 이때 주의할 점은 URL은 문자열이기 때문에 키워드로 사용하면 안 된다는 것입니다.

여기까지 작성하면 처음 오시는길 페이지에 진입 시에는 'NEW'라는 키워드가 표시되지 않습니다. 다른 페이지에서 오시는길 페이지로 네비게이션을 통해 접근할 때에만 이 키워드가 표시됩니다.

코드 22.19 Header.svelte　　　　　　　　　　　　　　　　　　　　　File　src/common/Header.svelte

```svelte
<script>
  import { links } from "svelte-routing";
</script>
<header>
  <h1>헤더입니다.</h1>
  <ul use:links>
    <li><a href="/">HOME</a></li>
    <li><a href="/company">회사소개</a></li>
    <li><a href="/map/1?new=true">오시는길</a></li> <!-- 쿼리스트링처리 -->
    <li><a href="/product">제품소개</a></li>
  </ul>
</header>
```

오시는길 페이지의 a 태그 요소에 `<a href="/map/1?new=true">`로 쿼리스트링 값도 함께 넘겨야 오시는길 페이지로 처음 이동할 때도 'NEW'가 처리됩니다.

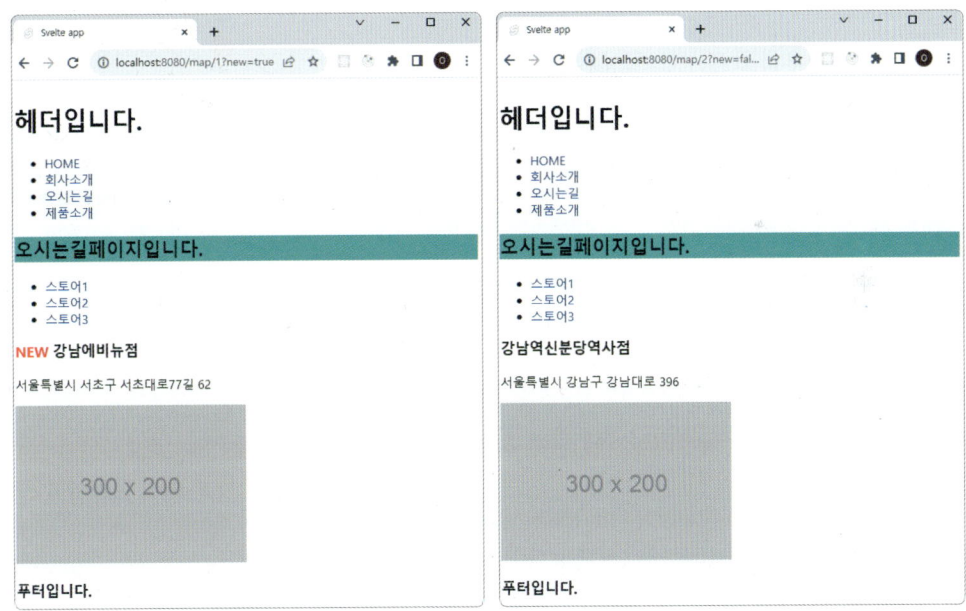

그림 22.6　오시는길 페이지 처음 화면　　　　그림 22.7　스토어2 클릭 시 화면

22.4 Best Tour 여행상품 세부 페이지 제작

키워드 ▶▶▶ svelte-routing

svelte-routing에 대한 간단한 원리는 모두 살펴봤습니다. 그럼 Best Tour를 통해 각각 여행상품의 서브페이지를 구현해보도록 하겠습니다. 지난 심플 프로젝트 2에서는 메인에 각각 여행상품을 표시했다면 이번에는 그 여행상품을 클릭하면 서브페이지로 이동하는 것을 해보도록 하겠습니다.

22.4.1 기본 파일 구성

Best Tour를 제작할 때 필요한 파일들을 확인해보겠습니다. 그림 22.8과 같은 구조로 파일을 만들면 되고 각 파일의 역할은 다음과 같습니다.

- `App.svelte`: 라우터를 구성할 최상위 컴포넌트
- `bestData.js`: 여행상품 배열 데이터를 담고 있는 자바스크립트 문서
- `store.js`: 여행상품 데이터를 스토어에 담는 자바스크립트 문서
- `global.css`: `public` 폴더에 있는 기본적인 CSS 파일
- `Title.svelte`: 타이틀을 구성하는 컴포넌트
- `BestListPage.svelte`: 메인페이지에 전체 리스트를 표시할 컴포넌트
- `BestPage.svelte`: 각각 서브페이지를 구성하는 컴포넌트

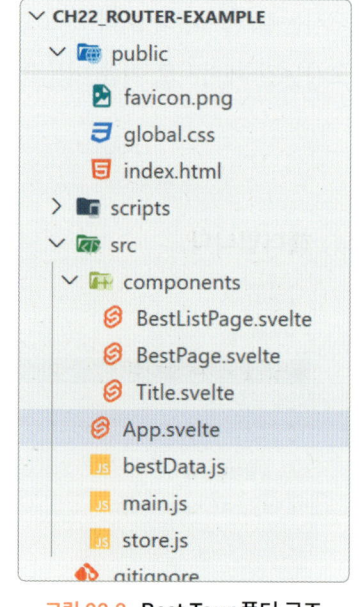

그림 22.8 Best Tour 폴더 구조

이제 Best Tour를 제작할 프로젝트를 먼저 생성해보도록 하겠습니다. 터미널을 열고 다음 코드를 작성해주세요.

```
npx degit sveltejs/template ch22_router-example
```

그 후에 해당 폴더를 찾고, npm을 설치합니다.

```
cd ch22_router-example
npm install
npx svelte-migrate@latest svelte-4
```

사용할 라이브러리는 `Iconify`와 `uuid`입니다.

> Iconify와 uuid에 대한 설명이 필요하다면 286쪽을 참고하세요.

```
npm i @iconify/svelte
npm i svelte-routing
npm i query-string
```

그리고 `bestData.js`와 `global.css` 파일은 제공하는 소스 코드에서 복사하여 현재 프로젝트에 붙여넣습니다.

> https://github.com/ossamstudy/svelte 저장소의 ch22_router-example/source 폴더를 참고하세요.

이제 스토어에 데이터를 담아보도록 하겠습니다. `src` 폴더에 `store.js` 문서를 생성해주세요.

코드 22.20 store.js 　　　　　　　　　　　　　　　　　　　　　File complete/src/store.js

```js
import { writable } from "svelte/store";
import { initialBests } from './bestData';
export const bests = writable(initialBests);
```

`writable`을 통해 읽고 쓰는 스토어로 처리하겠습니다. 물론 현재는 읽기만 하지만, 추후 데이터 변경이 있을 수 있기 때문에 `writable`을 사용하겠습니다. 그리고 `initialBests`로 `bestDats.js`의 배열 데이터를 불러오고, `bests` 변수에 담아 데이터를 내보냅니다.

22.4.2 라우터 구성

페이지를 구성하는 것은 `App.svelte`입니다. 여기에 라우터를 처리해보겠습니다.

코드 22.21 App.svelte 　　　　　　　　　　　　　　　　　　　　File complete/src/App.svelte

```svelte
<script>
  import { Router, Route } from "svelte-routing";
  import Title from "./components/Title.svelte";
  import BestListPage from "./components/BestListPage.svelte";
  import BestPage from "./components/BestPage.svelte";

  export let url = '';
</script>
```

```
<div class="bestbox">
  <Title name="BEST TOUR" />
  <Router {url}>
    <Route path="/" component={BestListPage} />
    <Route path="/:id" component={BestPage} />
  </Router>
</div>
```

svelte-routing를 통해 `Router`, `Route` 컴포넌트를 불러오고, 자손 컴포넌트인 `Title`, `BestListPage`, `BestPage`도 함께 불러옵니다. `Router` 컴포넌트는 처리할 `url`을 props로 전달받습니다. `Title` 컴포넌트에는 `name` 속성을 통해 타이틀 제목을 전달합니다. `Router` 컴포넌트를 설정하고, `Route` 컴포넌트를 사용해 `path` 속성을 통해 경로를 설정합니다. `BestListPage` 컴포넌트는 메인페이지로 설정하기 위해 루트 경로인 `"/"`로 처리합니다. `BestPage` 컴포넌트는 `/1`부터 `/7`까지 파라미터로 처리하기 위해 `"/:id"`로 설정하여 파라미터를 `id`값으로 처리합니다.

코드 22.22 Title.svelte
`File` complete/src/components/Title.svelte

```
<script>
  import { link } from "svelte-routing";
  export let name;
</script>

<h2><a use:link href="/">{name}</a></h2>
```

스크립트 영역에는 svelte-routing에서 `link`를 호출합니다. `App.svelte`로부터 받은 `name`을 props로 내려받습니다. 마크업 영역에는 `{name}`을 받아오고, 클릭 시 첫 페이지로 보낼 수 있도록 `<a use:link href="/">` 태그 요소를 처리합니다.

코드 22.23 BestListPage.svelte
`File` complete/src/components/BestListPage.svelte

```
<script>
  import { bests } from '../store';
  import { links } from "svelte-routing";
</script>

<ul use:links>
  {#each $bests as best, index(best)}
    <li>
      <a href={`/${best.id}?like=${best.like}`}>
        <img src={best.image} alt={best.name} />
        <div class="box">
          <h3>{best.name}</h3>
```

```
            </div>
        </a>
    </li>
    {/each}
</ul>
```

스크립트 영역에서는 스토어로부터 `bests` 데이터를 불러옵니다. `svelte-routing`에서는 `links`를 호출하는데, 모든 `a` 태그가 라우터로부터 페이지 링크를 구성하도록 합니다. 마크업 영역에서는 `<ul use:links></ul>` 내부의 모든 `a` 태그 경로가 라우터 `path`로 처리됩니다. `each` 블록을 통해 `$bests` 데이터를 반복하여 여행상품 리스트를 반환합니다. `a` 태그 요소의 `href` 속성에는 `` {`/${best.id}?like=${best.like}`} ``를 사용해 번호로 파라미터를 처리하고, 쿼리스트링에 `best.like` 값을 담습니다. 링크 안에는 이미지와 타이틀만 가져오겠습니다.

코드 22.24 BestPage.svelte   File complete/src/components/BestPage.svelte

```svelte
<script>
    import { bests } from '../store';
    import { afterUpdate } from 'svelte';
    import queryString from 'query-string';
    import Icon from '@iconify/svelte';

    export let id;

    const best = $bests[id - 1];
    const { name, price, descript, image, like } = best;

    let parsed = queryString.parse(window.location.search);
    afterUpdate(() => {
        parsed = queryString.parse(window.location.search);
    });
</script>

<div class="bestpage">
    <img src={image} alt={name} />
    <div class="textwrap">
        <h4>
            {#if parsed.like === 'true'}
                <Icon icon="tdesign:heart-filled" />
            {/if}
            {name}
        </h4>
        <p>{descript}</p>
        <span>₩ {price.toString().replace(/\B(?=(\d{3})+(?!\d))/g, ",")}</span>
        <button>신청하기</button>
```

```
        </div>
    </div>
```

스크립트 영역에서는 스토어의 `bests`를 가져옵니다. 주소 쿼리스트링이 업데이트될 때마다 주소를 다시 받을 수 있도록 `afterUpdate` 함수를 호출합니다. 주소 쿼리스트링을 받아야 하기에 `queryString`도 호출합니다. 또한, `iconify`를 통해 아이콘도 불러오겠습니다. `App.svelte`를 통해 `id`값을 props로 내려줍니다. 각 페이지 정보만 불러와야 하므로 `const best = $bests[id - 1];`로 데이터를 처리합니다. 각각의 데이터를 비구조화 할당을 통해 담습니다. `parsed` 변수에는 주소 쿼리스트링 값을 객체로 담습니다. `afterUpdate()` 함수를 통해 주소가 변경될 때마다 해당 주소 쿼리스트링 값을 다시 받아옵니다. 마크업 영역에서는 각 데이터를 요소들에 맞게 처리했습니다. `h4` 태그 요소는 `if` 블록을 통해 `like` 값이 `true`면 제목 앞에 하트를 채워주도록 설정했습니다.

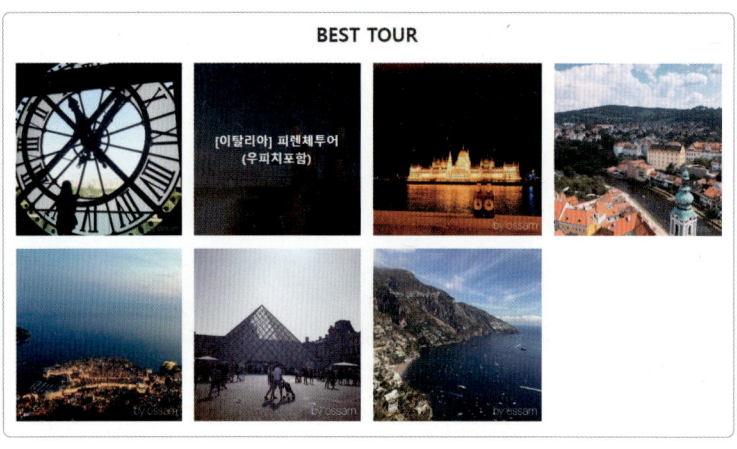

그림 22.9 메인 루트 페이지 완성

그림 22.10 서브페이지 완성

Best Tour의 서브페이지까지 제작했습니다. 각각의 여행상품 리스트를 클릭하면 해당 서브페이지가 나타납니다. 상단의 Best Tour 타이틀을 클릭하면 메인페이지로 다시 돌아갑니다. `svelte-routing`은 이외에도 파라미터 전달, 화면전환 효과 등 다양한 기능을 추가적으로 제공하고 있으니, 공식 페이지를 참고하여 다양하게 사용해보세요.

> `svelte-routing` 깃허브 페이지 주소는 https://github.com/EmilTholin/svelte-routing#readme입니다.

돌아보기

▶ 라우팅routing은 URL 주소에 따라 페이지를 표시하는 기술이고, 라우터router는 라우팅 기술을 구현하는 장치입니다.

▶ 스벨트와 같은 웹 프런트엔드 언어들은 SPA로, 단일 페이지로만 구성되어 있습니다. 그래서 페이지 이동을 하는 기술인 라우터를 사용해야 합니다.

▶ Svelte Routing는 스벨트에 페이지를 이동하는 기술을 지원하는 라이브러리 중 하나입니다.

▶ Router 컴포넌트는 페이지 변환이 있는 컴포넌트들을 담아주는 부모 컴포넌트, `url` 속성 처리합니다.

▶ Link 컴포넌트는 페이지 이동을 시켜주는 컴포넌트로 a 태그와 유사합니다. `to`는 이동될 경로 속성입니다.

▶ Route 컴포넌트는 페이지 변환이 있는 자손 컴포넌트를 담습니다. `path`는 지정할 경로 속성이고, `component`는 해당 컴포넌트를 지정하는 속성입니다.

▶ svelte-routing은 URL 파라미터를 이용하여 상세페이지를 많이 만들어 낼 수 있습니다.

▶ 쿼리스트링QueryString이란 사용자가 입력한 데이터를 전달하는 방법 중 하나로, URL 주소에 미리 협의된 데이터를 파라미터로 넘기는 것을 의미합니다. query-string을 설치해야 사용할 수 있습니다.

쪽지시험

문제 1 _____은/는 URL 주소에 따라 페이지를 표시하는 기술이고, _____은/는 라우팅 기술을 구현해 주는 장치입니다.

문제 2 스벨트와 같은 웹 프런트엔드 언어는 _____ 방식입니다.

문제 3 `svelte-routing` 라이브러리가 갖고 있는 컴포넌트가 아닌 것은?
① Routes
② Route
③ Router
④ Link

문제 4 svelte-routing가 사용하는 파라미터는 _____ 뒤에 작성하는 문자열입니다.

문제 5 스벨트에서 쿼리스트링을 사용하기 위해 라이브러리인 _____을/를 설치해야 합니다.

정답: 1. 라우팅(routing), 라우터(router), 2. 단일 페이지(single-page application, SPA), 3. ①, 4. 주소(url), 5. query-string

학습 포인트
- REST API
- axios 라이브러리
- await 블록을 이용한 통신 제어

동영상 강의

https://bit.ly/svelte_23

서버 데이터 통신

웹 앱 개발에서 서버와의 통신은 필수적인 기능 중 하나입니다. 데이터를 임의로 표현할 수 없기 때문에, 서버에서 데이터를 가져와 화면에 표시해야 합니다. 일반적으로 REST API를 통해 서버와 통신을 합니다. 자바스크립트에서는 기본적으로 제공되는 Fetch API를 사용할 수 있지만, 여기서는 axios 라이브러리를 이용해 설명하도록 하겠습니다. 또한, 스벨트가 제공하는 await 블록, 즉 {#await}를 사용하여 비동기적으로 데이터를 가져오는 방법도 살펴보겠습니다.

실습 안내 아래 명령어를 터미널에 작성 후 실습을 진행해주세요.

```
npx degit sveltejs/template ch23_server
cd ch23_server
npm install
npx svelte-migrate@latest svelte-4
```

❶ 브라우저 실행 후 문제가 생겨 터미널을 중단하고 싶다면 Ctrl + C를 입력하면 됩니다.

23.1 REST API

키워드 ▸▸▸ **REST API, POST, GET, PUT, DELETE**

REST API[1]는 웹 주소를 이용하여 서버와 통신하는 방법 중 하나입니다. 웹 주소를 입력하는 방법으로 데이터를 등록, 조회, 수정, 제거할 수 있습니다. 따라서 먼저 REST API의 4가지 함수를 살펴보도록 하겠습니다.

표 23.1 **REST API 함수**

함수	설명	주소 입력 방식
POST	데이터 등록	/test
GET	데이터 조회	/test 또는 /test/1
PUT	데이터 수정	/test/1
DELETE	데이터 제거	/test/1

표 23.1의 함수 이외에도 `PATCH`, `HEAD`와 같은 함수도 있습니다. 자바스크립트의 경우 Fetch API가 내장되어 있어 별도의 플러그인 설치 없이도 서버와의 통신이 가능합니다. 스벨트도 자바스크립트로부터 파생된 언어이므로 Fetch API의 사용이 가능합니다.

코드 23.1 **Fetch API 기본 문법**

```
fetch(url, options)
.then((response) => 데이터호출 성공시 명령)
.catch((error) => 데이터호출 에러시 명령);
```

코드 23.1에서 `options` 파트에 REST API 함수를 선택하여 데이터를 조회, 등록, 수정, 제거할지 지정합니다.

🔗 12장 '라이프 사이클'에서 자바스크립트의 Fetch API 설명을 참고하세요.

---

1 웹과 같은 인터넷 규모 분산 하이퍼미디어 시스템의 아키텍처가 어떻게 작동해야 하는지에 대한 일련의 제약 조건을 정의. https://en.wikipedia.org/wiki/REST

23.2 axios 라이브러리

키워드 ▶▶▶ axios, 서버 통신 라이브러리

스벨트에서 Fetch API만으로도 REST API 통신을 통해 서버 데이터를 관리할 수 있습니다. 하지만 `axios` 라이브러리를 설치하면 서버와의 통신을 더욱 편리하게 처리할 수 있습니다. 리액트에서도 많은 개발자들이 `axios`를 사용해 서버와 통신하므로 알아두는 것이 좋습니다.

터미널에서 다음 명령어를 입력하여 `axios` 라이브러리를 설치합니다.

```
npm i axios
```

> **전문가 TIP axios npm**
>
> `axios` 라이브러리 기능에 대한 자세한 설명은 다음 페이지를 참고하길 바랍니다.
> https://www.npmjs.com/package/axios

코드 23.2 axios 함수 문법 1

```
axios.get(url[,config]);
axios.post(url[,data[,config]]);
axios.put(url[,data[,config]]);
axios.delete(url[,config]);
```

코드 23.2와 같이 `axios`를 메서드로 사용하는 방법이 있습니다. 그러나 `axios`를 함수로 설정(config)을 직접 작성할 수도 있습니다.

코드 23.3 axios 함수 문법 2

```
axios({
  method: 'post', //REST API 함수 선언
  url: '/user/12345', //url
  data: { //변경될 데이터
    firstName: 'Fred',
    lastName: 'Flintstone'
  }
});
```

CHAPTER 23 서버 데이터 통신 **369**

앞에서 배운 코드 12.1을 `axios`로 변경해보겠습니다. 역시 **jsonplaceholder**라는 사이트에서 API 데이터를 가져오겠습니다.

코드 23.4 axios.get()을 통해 API 데이터 처리 — App.svelte   `File` src/Axios01.svelte

```svelte
<script>
  import { onMount } from 'svelte';
  import axios from 'axios'; //axios 호출

  let comments = [];

  onMount(async () => {
    const res = await axios.get(`https://jsonplaceholder.typicode.com/comments?_limit=21`); // axios.get() 처리
    comments = await res.data; //data 속성으로 배열 데이터 호출
  });
</script>

<h3>회원 정보</h3>
<div class="comments">
  {#each comments as comment}
    <article>
      <h4>이름 : {comment.name}</h4>
      <h4>이메일 주소 : {comment.email}</h4>
    </article>
  {:else} <!-- comments의 배열 데이터 개수가 0개인 경우(불러오는 중) -->
    <p>loading...</p>
  {/each}
</div>

<style>
  .comments {
    width: 100%; display: grid;
    grid-template-columns: repeat(3, 1fr); grid-gap: 8px;
  }
</style>
```

스크립트 영역에서는 컴포넌트에 마운트되었을 때 데이터를 가져오기 위해 `onMount` 함수를 불러옵니다. 서버 통신을 위해 `axios`도 불러옵니다. API로부터 가져올 배열 데이터를 담기 위해 `comments` 변수를 빈 배열로 선언합니다. onMount() 함수 내부에서 `axios.get()`을 사용하여 url 주소의 API 데이터를 받아옵니다. 이때 `data`만 받아오도록 처리합니다. Fetch API에서는 `comments = await res.json();`로 데이터를 가져오지만, axios에서는 `comments = await res.data;`로 데이터를 가져온다는 점을 기억하세요.

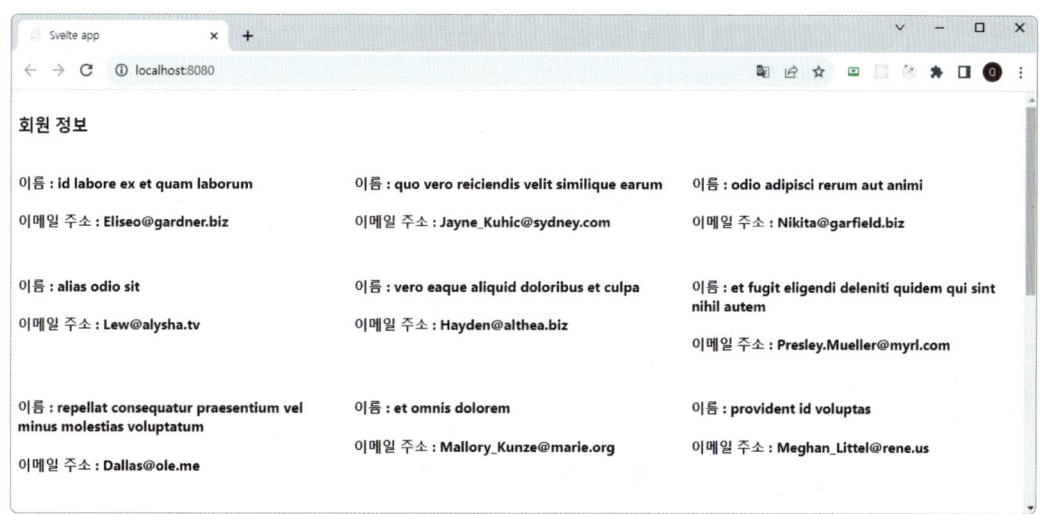

그림 23.1 코드 23.4 실행 결과

그림 21.1과 같이 API 데이터들이 잘 나오는 것을 확인할 수 있습니다.

23.3 await 블록을 이용한 통신 제어

키워드 ▸▸▸ await 블록, then, catch, promise

스벨트는 마크업 영역에서 비동기 처리를 위한 `await` 블록을 제공합니다. 서버에서 데이터를 받아오는 과정이 대표적인 비동기 예시입니다. 서버로 데이터를 요청할 때 인터넷 상태에 따라 대기시간이 발생할 수 있습니다. 빠르게 응답이 올 수도 있지만, 인터넷 속도가 느리면 오래 걸릴 수도 있습니다. `await` 블록은 이러한 대기시간을 처리하며 요청한 결과를 기다릴 때 사용하는 기능입니다. 23.2. axios **라이브러리**에서는 `each` 블록과 `else` 구문을 사용하여 비동기 방식을 처리했지만, `await` 블록을 사용하면 `each` 블록을 사용할 필요가 없습니다.

코드 23.5 await 블록 문법

```
{#await promise}
  <!-- 요청한 데이터를 기다리는 마크업 영역 -->
{:then result}
  <!-- 요청한 데이터를 가져오는 데 성공했을 때의 마크업 영역 -->
{:catch error}
  <!-- 요청한 데이터를 가져오는 데 실패했을 때의 마크업 영역 -->
{/await}
```

`promise`는 비동기 요청을 처리할 때 사용합니다. `result`는 요청이 성공했을 때의 결괏값을 나타내고, `error`는 요청이 실패했을 때의 에러 객체를 처리합니다. 리액트를 사용해본 분들이라면 `redux-thunk`를 통해 비동기 작업을 로딩 중, 성공, 실패를 나눠 작업했던 경험이 있을 것입니다. 스벨트에서는 이러한 비동기 작업을 `await` 블록을 사용해 훨씬 쉽게 제작할 수 있습니다.

이제 앞에서 제작한 코드 23.4를 `await` 블록을 사용하여 다시 작성해보겠습니다.

코드 23.6 await 블록과 axios를 이용한 API 데이터 요청 — App.svelte   File src/Await01.svelte

```
<script>
  import axios from 'axios';

  let comments = [];
  const getComments = async () => {
    try {
      const res = await axios.get(`https://jsonplaceholder.typicode.com/comments?_limit=21`);
      comments = await res.data;
      return res;
    }catch(error) {
```

```
      throw new Error(error);
    }
  };
  let promise = getComments();
</script>

<h3>회원 정보</h3>
<div class="comments">
  {#await promise}
    <p>로딩 중...</p>
  {:then}
    {#each comments as comment}
      <article>
        <h4>이름 : {comment.name}</h4>
        <h4>이메일 주소 : {comment.email}</h4>
      </article>
    {/each}
  {:catch error}
    <p>{error.message} : 에러가 발생되었습니다.</p>
  {/await}
</div>

<style>
  .comments {
    width: 100%; display: grid;
    grid-template-columns: repeat(3, 1fr); grid-gap: 8px;
  }
</style>
```

스크립트 영역에서의 `promise`는 비동기 요청을 담을 변수입니다. 전역변수로 지정해야 마크업 영역에서 가져다 쓸 수 있기 때문에 초기 상태에서 선언했습니다. `comments`는 API에서 가져올 배열 데이터를 담을 변수로 빈 배열로 선언했습니다. `getComments`는 비동기 작업을 수행하여 `promise`를 반환하는 함수입니다. 이 함수는 `try` 구문을 통해 데이터를 가져오고, 에러가 발생하면 `catch` 구문에서 에러를 처리합니다. 컴포넌트가 마운트되면 `promise` 변수에 `getComments`인 `promise` 함수를 할당합니다.

마크업 영역에서는 `{#await promise}` 블록을 사용하여 데이터를 기다리는 동안 `<p>로딩 중...</p>` 메시지를 표시하도록 작성했습니다. `{:then}`에서는 데이터 가져오기에 성공했을 때 `comment` 배열 데이터를 `each` 블록에서 사용할 예정입니다. `{#await}` 블록 안에 `{:then}`을 비워둔 이유는 데이터 배열을 `each` 블록에서 바로 처리하기 위함입니다. 마지막 부분에는 `{:catch error}`를 통해 에러 메시지와 함께 에러가 발생했다는 문구를 작성했습니다.

결과는 그림 21.1과 크게 다르지 않습니다. 코드가 작동하는 동안 `로딩중...`문구가 뜨는 것이 확인됩니다. 만약 스크립트 영역의 `axios.get()` 부분의 주소를 틀리게 작성한다면, 에러 문구가 뜨는 것도 확인할 수 있습니다.

코드 23.7 주소 부분에 에러가 발생하도록 작성

```
<script>
    ...
    const res = await axios.get(`https://jsonplaceholder.typicode.c/comments?_limit=21`);
    ...
</script>
```

코드 23.7은 의도적으로 URL을 `https://jsonplaceholder.typicode.c`로 'om' 글자를 뺐습니다. 이 코드를 실행하면 그림 23.2와 같이 에러 메시지가 나타납니다.

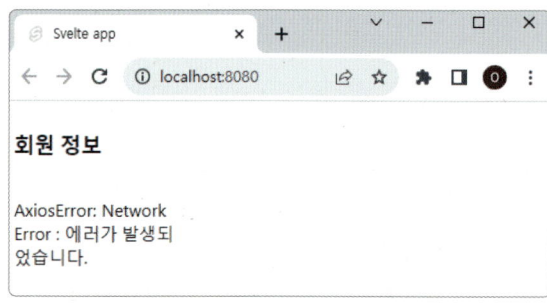

그림 23.2 코드 23.7 실행 결과

돌아보기

▶ REST API는 웹 주소를 이용하여 서버와의 통신하는 방법 중 하나로 데이터를 등록(`POST`), 조회(`GET`), 수정(`PUT`), 제거(`DELETE`)할 수 있습니다.

▶ 자바스크립트와 스벨트는 fetch API로 서버와의 통신이 가능합니다. fetch API는 내장되어 있기 때문에 별도의 플러그인 설치 없이도 가능합니다.

▶ 많은 개발자들이 `axios`라는 라이브러리를 통해 서버와의 통신을 하기 때문에 같이 알아두는 것이 좋습니다.

▶ 스벨트는 마크업 영역에서 비동기를 처리할 수 있는 `await` 블록을 제공합니다.

▶ `await` 블록은 비동기적으로 오는 데이터를 기다릴 때의 명령, 데이터를 받았을 때의 명령, 데이터가져오기를 실패 했을 때의 명령으로 3가지로 나뉩니다.

쪽지시험

문제 1 _____ 은/는 웹 주소를 이용하여 서버와의 통신하는 방법 중 하나입니다.

문제 2 다음 중 REST API의 함수가 아닌 것은?
① POST
② GET
③ UPDATE
④ DELETE

문제 3 _____ 은/는 자바스크립트 관련 언어들이 라이브러리를 통해 서버와의 통신을 하도록 돕습니다.

문제 4 스벨트는 마크업 영역에서 비동기를 처리할 수 있는 _____ 을/를 제공합니다.

문제 5 다음 중 await 블록 관련 키워드로 옳지 않은 것은?
① await
② then
③ catch
④ else

정답: 1. REST API, 2. ③, 3. axios, 4. await 블록, 5. ④

MEMO

실전 프로젝트

7부에서는 스벨트를 활용해 OTT 서비스인 무빙 사이트를 제작해보겠습니다. 웹 프런트엔드 언어는 대용량 데이터를 효율적으로 다루기 위해 탄생했으며, OTT 서비스는 이를 가장 잘 보여주는 예입니다. 이를 통해 실무에서 실제로 어떻게 웹 앱을 구축하는지 확인해보는 시간이 될 것입니다. 스벨트를 이용해 강력하고 매력적인 무빙 사이트를 함께 만들어봅시다.

학습 포인트

- TMDB 소개 및 회원가입
- TMDB API 활용

동영상 강의

https://bit.ly/svelte_24

CHAPTER 24
TMDB API

지난 23장에서 서버 데이터 통신에 대해 배웠습니다. 스벨트는 서버 사이드 렌더링 방식을 통해 서버 데이터를 가져와서 웹 앱을 구현합니다. 하지만 이 책에서는 서버 구현까지는 공부하진 않겠습니다. 그래서 오픈 API를 가져와서 API를 활용해보도록 하겠습니다. 24장에서는 TMDB API를 활용하는 방법을 알아보도록 하겠습니다.

실습 안내 아래 명령어를 터미널에 작성 후 실습을 진행해주세요.

```
npx degit sveltejs/template ch24_tmdb
cd ch24_tmdb
npm install
npx svelte-migrate@latest svelte-4
```

⚠ 브라우저 실행 후 문제가 생겨 터미널을 중단하고 싶다면 Ctrl + C 를 입력하면 됩니다.

24.1 TMDB 소개 및 회원가입

TMDBThe Movie Database는 영화나 TV 프로그램에 대한 정보를 제공하는 오픈 API 서비스 중 하나입니다. 이것 외에도 영화 관련 API는 많이 제공되고 있습니다.

- 영화진흥위원회 API: 영화진흥위원회 영화관입장권통합전산망에서 제공하는 오픈 API로 상업적 이용이 가능합니다.
- 네이버 오픈 API – 영화: 네이버에서 제공하는 영화 서비스인데 API 지원이 종료되었습니다.
- IMDB API: 아마존에서 운영하는 전 세계 최대 규모 영화 사이트지만 한글화가 미흡합니다.

TMDB API를 선택한 이유는 다음과 같습니다. 영화진흥위원회 API는 데이터가 미흡하고, 네이버 오픈 API는 종료되었으며, IMDB는 한글화가 미흡하기 때문입니다. TMDB는 영화뿐만 아니라 TV, 배우, 이미지 등 다양한 영상물 정보를 제공하여 많은 앱 개발에 유용하게 사용할 수 있습니다.

TMDB API를 사용하기 위해서는 회원가입 후 API 키를 발급받아야 하며, 기본적으로 무료이지만 상업적으로 사용하게 될 경우에는 추가 비용이 발생할 수 있습니다. API 이용약관을 꼭 준수하고, 상업적인 목적으로 사용할 때는 사이트와 상의하여 사용료를 지불해야 합니다. 트래픽 제한이 있기 때문에 웹 앱 개발 시 속도가 느려질 수 있으니 유의하여 개발하시기 바랍니다.

🔴 TMDB 공식 사이트 주소는 https://www.themoviedb.org/입니다.

TMDB 홈페이지에 접속하여 [회원가입] 버튼을 눌러줍니다. 이때 이메일 인증이 필요한데, 실제 사용하는 이메일로 가입해주세요.

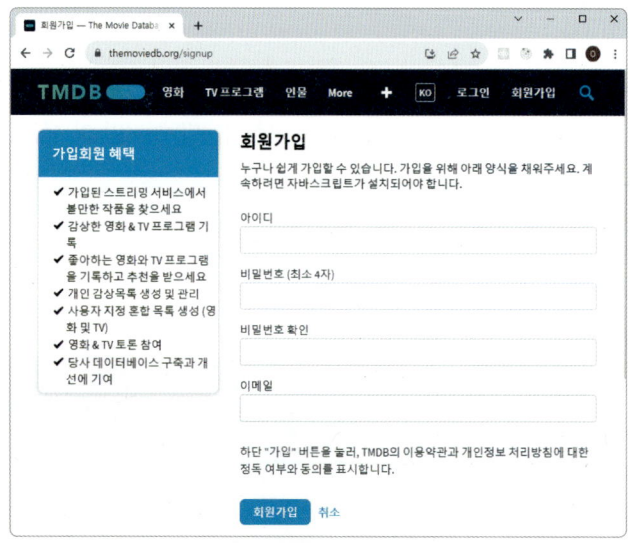

그림 24.1 TMDB 회원가입 화면

회원가입을 마쳤다면 로그인한 후 [프로필]의 [설정] 탭으로 이동합니다. 그러면 화면 좌측에 사이드 메뉴가 나타나고, [API]라는 카테고리가 있습니다. 그 항목을 클릭해주세요.

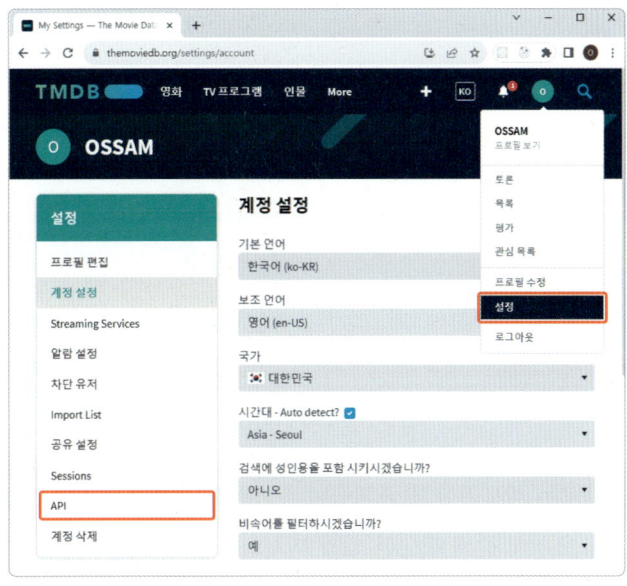

그림 24.2 계정 설명 화면

[API]를 클릭하면 그림 24.3과 같은 화면이 나타납니다. Developer와 Professional로 나뉘는데, 개인적으로 사용할 것이기 때문에 Developer를 선택합니다. 선택하면 약관 화면이 뜨고, 동의하고 다음 페이지로 이동합니다.

그림 24.3 API Key 등록 화면

다음 페이지는 API 신청서입니다. 신청서를 작성할 때는 목적에 맞게 세심하게 입력해야 합니다. 특히 '애플리케이션 개요' 부분은 상세히 작성해야 다음 단계로 넘어갈 수 있습니다. 포트폴리오로 사용할 독자 분들은 '애플리케이션 URL'에 호스팅한 웹 서버 주소나 **깃허브**GitHub에서 사용할 사이트 주소를 작성해야 인증을 받아 서버 업로드 시 데이터를 확인할 수 있습니다. 현재 서버가 없다면 http://localhost:8080/로 작성하여 로컬 환경에서 테스트할 수 있습니다.

그림 24.4 API 신청서

신청서를 제출하면 TMDB는 API 키를 발급해줍니다. API 키의 번호를 외울 필요는 없습니다. 데이터를 가져올 때마다 API 요청에 함께 필요한 키가 명시되어 있기 때문입니다.

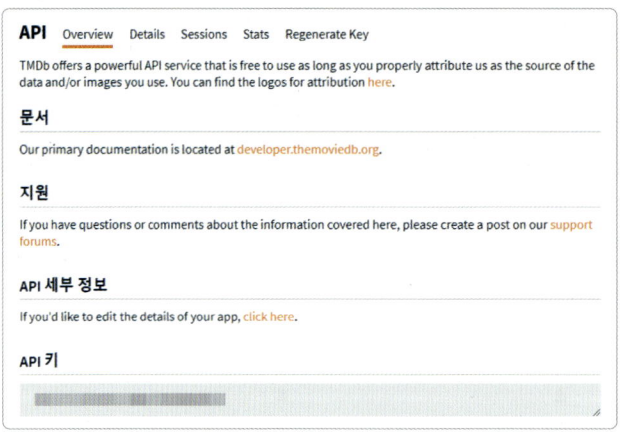

그림 24.5 API 키 확인 화면

24.2 TMDB API 활용

먼저 개발자 API 관련 페이지로 이동합니다. 아래 주소를 참고해도 되지만, 보통 하단 푸터 메뉴의 API를 누르면 개발자 페이지로 이동합니다. 거기서 [API Reference] 카테고리로 이동하세요.

◎ TMDB 개발자 API 사이트 https://developer.themoviedb.org/reference/intro/getting-started

시작할 때 사용할 언어와 KEY 제공방식을 선택해야 합니다. TMDB는 다양한 언어를 지원하는데, 스벨트는 자바스크립트 기반이므로 자바스크립트를 선택하는 것이 좋습니다. 인증방식은 Access Token Auth을 선택하는 것이 권장됩니다. 만약 Access Token Auth가 제대로 작동하지 않는 경우에는 API Key Auth를 선택할 수 있습니다. 이 설정은 각 API 요청에서도 필요에 따라 변경할 수 있습니다.

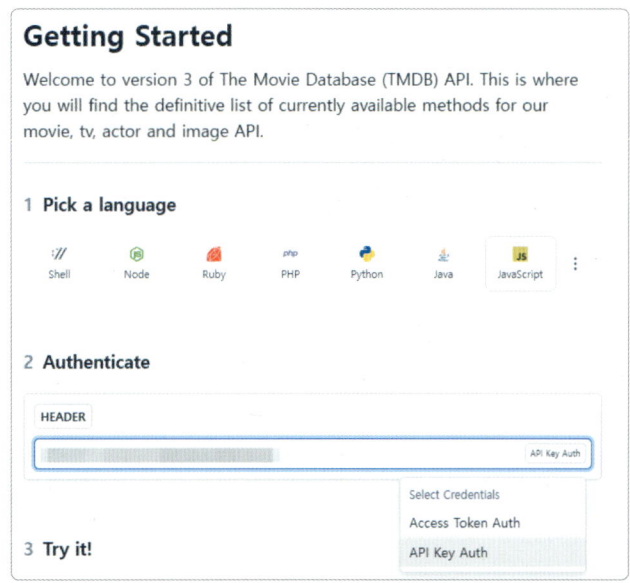

그림 24.6 언어와 인증 선택

자바스크립트 방식으로 서버 데이터를 가져오는 방법으로는 fetch, axios, jquery, XMLHttpRequest 등을 선택할 수 있습니다. TMDB는 다양한 방식으로 데이터를 제공하는 우수한 오픈 API입니다. 이 책에서는 axios를 사용하여 TMDB 데이터를 가져오는 방식을 사용하겠습니다.

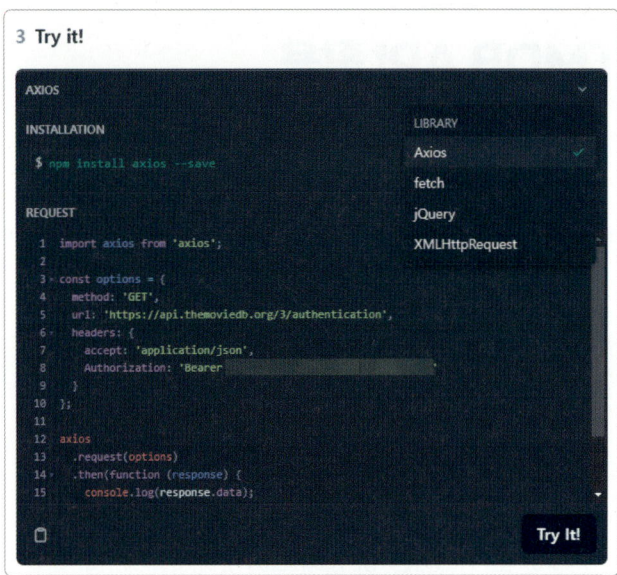

그림 24.7 라이브러리 선택

axios 코드를 복사하여 응용해 데이터를 가져오면 됩니다. TMDB는 다양한 데이터를 분류하여 제공합니다. 이 프로젝트에서는 그중에서 Movie 데이터의 Now Playing 카테고리를 가오겠습니다.

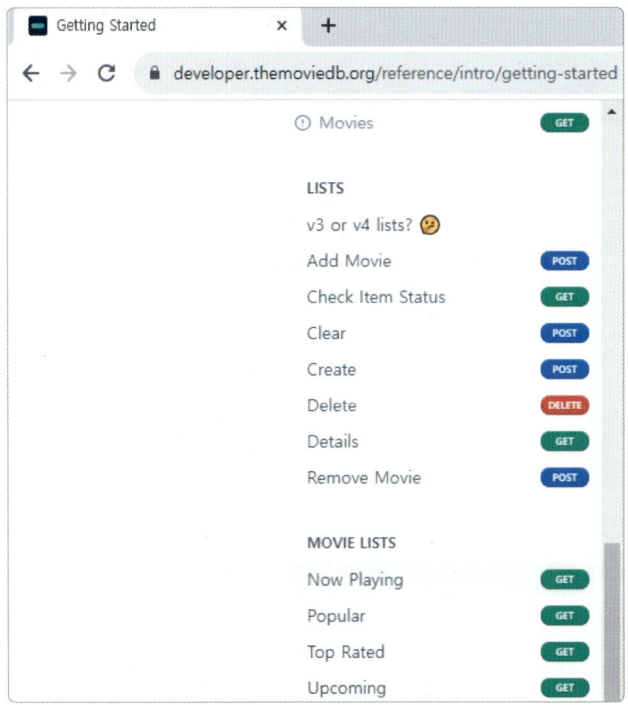

그림 24.8 카테고리 선택 화면

Now Playing의 데이터를 가져오기 위해 axios를 사용하려면 라이브러리를 설치해야 합니다. 프로젝트 폴더를 하나 만든 후 터미널에 다음 명령어를 이용해 설치해주세요.

```
npm i axios
```

코드 24.1 App.svelte에 TMDB 데이터 가져오기　　　　　　　　　　　　　File　src/App.svelte

```svelte
<script>
  import axios from 'axios'; //axios 호출

  const options = {
    method: 'GET',
    url: 'https://api.themoviedb.org/3/movie/now_playing', //카테고리 주소
    params: {language: 'ko', page: '1'},
    headers: {
      accept: 'application/json',
      Authorization: 'Bearer api키작성' //발급받은 api 키 작성
    }
  };

  let movies = [];

  const getMovies = async () => {
    try {
      const res = await axios.request(options);
      movies = await res.data.results; //results에 배열 데이터가 존재
      console.log(movies); //데이터를 확인해서 호출
      return res;
    }catch(error) {
      throw new Error(error);
    }
  };

  let promise = getMovies(); //로딩, 성공, 실패를 확인
</script>

{#await promise}
  <p>로딩중...</p>
{:then}
  {#each movies as movie}
    <article>
      <h3>영화명 : {movie.title}</h3>
      <p>설명 : {movie.overview}</p>
      <img src={`https://image.tmdb.org/t/p/w200${movie.poster_path}`} alt={movie.title} /><br />
    </article>
  {/each}
```

```
{:catch error}
  <p>에러가 발생되었습니다.</p>
{/await}

<style>
  article{
    width: 500px; border: 3px solid black;
    padding: 20px; margin-bottom: 20px;
  }
</style>
```

스크립트 영역에서는 먼저 `axios`를 불러옵니다. `options` 변수는 TMDB 사이트에서 복제해옵니다. 언어 파라미터는 미리 `ko`로 바꾼 후 복제해야 한글로 데이터를 받아올 수 있습니다. 이때 API 키는 복제할 때 같이 오게 됩니다. `movies`는 가져오는 데이터 중 실제 필요한 데이터를 담는 배열 데이터를 담습니다. `getMovies`는 `promise`를 통해 데이터를 가져올 함수입니다. 이 코드들은 **23장 서버 데이터 통신**에서 설명했습니다. 마크업 영역은 `promise`를 통해 `await` 블록을 사용합니다. 데이터를 로딩할 때, 성공적으로 가져올 때, 실패했을 때로 나눠서 표시했습니다. 실제 데이터가 어떻게 이루어져 있는지는 `console.log(movies);`로 확인할 수 있습니다.

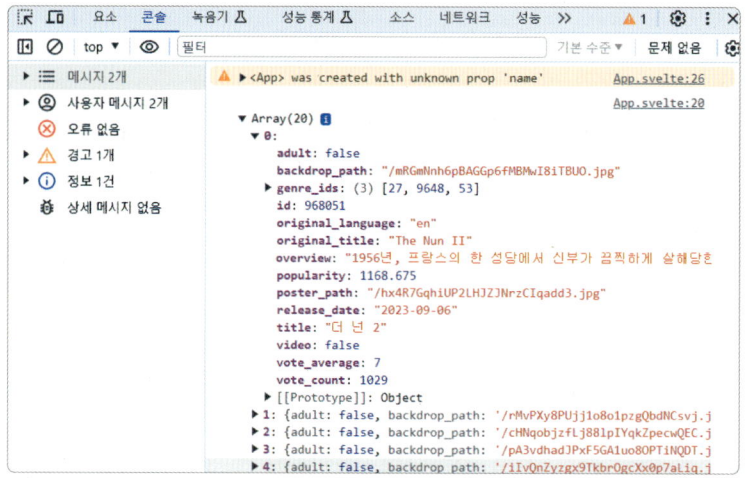

그림 24.9 브라우저 콘솔창 확인

콘솔 창을 확인해보면 `movies` 변수에는 20개의 배열 데이터가 담겨 있고, 각각의 객체 데이터로 `adult`, `backdrop_path` 등이 담겨 있습니다. 여기서 필요한 데이터를 가져오면 됩니다. 마크업 영역의 이미지를 가져올 때의 경로는 TMDB의 경로로 가져와야 합니다.

코드 24.2 TMDB 이미지 가져오기

`https://image.tmdb.org/t/p/<이미지 크기>/<이미지 파일명>`

이미지 크기는 `w200`으로 가로 폭을 200 픽셀로 지정한다는 것이고, `original`로 작성하면 원본 사이즈로 가져옵니다. 이미지 파일은 데이터에서 경로로 가져오면 됩니다.

그림 24.10 코드 24.1 실행 화면

① 그림 24.10은 최신 영화가 보여지기 때문에 실습하는 시기에 따라 화면이 다를 수 있습니다.

학습 포인트
- SwiperJS 소개 및 스벨트버전
- SwiperJS 활용예제

동영상 강의

https://bit.ly/svelte_25

CHAPTER 25

SwiperJS 라이브러리

SwiperJS는 현재 가장 유명한 Touch Slider 중 하나입니다. 특히, MIT 라이선스로 무료로 제공되어 많은 웹 앱에서 널리 사용되고 있습니다. 실무에서 매우 유용하며, 특히 OTT 서비스에서는 많은 영상 데이터를 효과적으로 표시하기 위해 슬라이더를 사용하는 것이 필수적입니다. 이번 장에서는 SwiperJS를 활용하는 방법을 자세히 알아보도록 하겠습니다.

실습 안내 아래 명령어를 터미널에 작성 후 실습을 진행해주세요.

```
npx degit sveltejs/template ch25_swiper
cd ch25_swiper
npm install
npx svelte-migrate@latest svelte-4
```

❗ 브라우저 실행 후 문제가 생겨 터미널을 중단하고 싶다면 Ctrl + C 를 입력하면 됩니다.

25.1 SwiperJS 소개 및 스벨트 버전

SwiperJS는 웹 프론트엔드에서 빠질 수 없는 플러그인으로, 가장 유명한 Mobile Touch Slider입니다. 바닐라 자바스크립트부터 리액트, Vue.js까지 다양한 프레임워크에서 사용할 수 있으며, 각 언어에 맞는 사용법을 제공합니다. 다양한 모듈과 API를 통해 다양한 형태의 슬라이더를 제작할 수 있어서 실무 웹사이트에서도 널리 사용됩니다.

> **전문가 TIP SwiperJS**
>
> SwiperJS의 공식 사이트(https://swiperjs.com/)에서 자세한 사용법과 API를 제공받을 수 있습니다. 현재 버전은 v11.1.4 (2024년 5월 30일 업데이트)입니다. 하지만 아쉽게도 스벨트는 리액트나 Vue.js와 같은 인기를 갖고 있지 않다 보니 9.x 버전부터는 빠지게 되었습니다. 활성화가 잘된다면 다시 추가될 것으로 보입니다.
>
> 하지만 SwiperJS는 과거 버전도 모두 제공하는 친절한 라이브러리입니다. 스벨트에서 사용하기 위해서는 8.x 버전을 설치하면 되고, 스벨트 사용법도 따로 페이지(https://v8.swiperjs.com/svelte)를 제공합니다. 그래서 npm 설치 시 꼭 버전을 입력하여 설치해야 합니다. 8.x 버전은 8.4.7까지 있고, 그중 가장 적합한 것으로 설치하면 됩니다.

터미널에 다음 명령어를 작성하여 8.3 버전을 설치합니다.

```
npm i swiper@8.3.0
```

⚠ 스벨트에서 사용하기 위해서는 8.x 버전으로 설치해야 합니다. `npm i swiper`만 입력하는 경우 최신 버전으로 설치됨에 유의하세요.

코드 25.1 Swiper 기본 구문

```svelte
<script>
  import { Swiper, SwiperSlide } from 'swiper/svelte'; //컴포넌트 호출
  import { Navigation, Pagination, ... } from 'swiper'; //사용모듈 호출

  //Swiper styles 호출
  import 'swiper/css';
  import 'swiper/css/navigation';
  import 'swiper/css/pagination'
</script>
<!--스와이퍼 전체 컨트롤 컴포넌트-->
<Swiper
  modules={[Navigation, Pagination]} <!--사용모듈 담기-->
  옵션="값"
  on:제공이벤트={() => {}}
>
```

```
    <SwiperSlide>Slide 1</SwiperSlide> <!--각각 슬라이드 컴포넌트-->
    <SwiperSlide>Slide 2</SwiperSlide>
    ...
</Swiper>
```

스크립트 영역에서는 먼저 필요한 컴포넌트들을 호출하고, 그 다음으로 SwiperJS에서 제공하는 모듈을 불러옵니다. 각 모듈에 맞는 스타일도 함께 호출하여 설정합니다.

마크업 영역에서는 SwiperJS가 제공하는 컴포넌트를 사용하여 슬라이더를 제작합니다. `<Swiper>` 컴포넌트에는 모듈, API 옵션, 이벤트를 속성으로 사용하며, 각 슬라이드를 나타내는 `<SwiperSlide>` 컴포넌트를 사용합니다.

❷ SwiperJS의 자세한 사용법은 공식 사이트의 데모를 참고하세요.

25.2 SwiperJS 활용 예제

지금부터 가장 많이 사용하는 형태들을 활용해보도록 하겠습니다.

25.2.1 기본 Swiper 예제

기본 Swiper는 버튼이 없습니다. Swipe라는 이벤트를 제공하기 때문에 마우스를 꾹 누르고 왼쪽이나 오른쪽으로 드래그하면 해당 방향으로 슬라이드 처리됩니다.

프로젝트 폴더를 생성하고 터미널에 SwiperJS를 설치합니다.

```
npm i swiper@8.3.0
```

코드 25.2 Swiper 기본 예제 코드 — App.svelte 　　　　　　　　File complete/src/Swiper01.svelte

```svelte
<script>
  import { Swiper, SwiperSlide } from 'swiper/svelte';

  import 'swiper/css';

  const urls = [
      'https://img1.daumcdn.net/thumb/R1280x0/?scode=mtistory2&fname=https%3A%2F%2Fblog.kakaocdn.net%2Fdn%2Fk0adz%2Fbtsydna0uHj%2F4EvYJ8EPiIOkSTazEroRQk%2Fimg.jpg',
      'https://img1.daumcdn.net/thumb/R1280x0/?scode=mtistory2&fname=https%3A%2F%2Fblog.kakaocdn.net%2Fdn%2Fbmakiu%2FbtsyenIDeD8%2FKGR5sLarN6EEcLBtAVLv80%2Fimg.jpg',
      'https://img1.daumcdn.net/thumb/R1280x0/?scode=mtistory2&fname=https%3A%2F%2Fblog.kakaocdn.net%2Fdn%2Fl6QZI%2FbtsynB6Vt9I%2Fq3tczSGTJaKyzPIiFlvM60%2Fimg.jpg',
      'https://img1.daumcdn.net/thumb/R1280x0/?scode=mtistory2&fname=https%3A%2F%2Fblog.kakaocdn.net%2Fdn%2FbaN3Yb%2FbtsypwK3WoE%2FNtZmJDEaG93iJhyKBnRMw1%2Fimg.jpg',
      'https://img1.daumcdn.net/thumb/R1280x0/?scode=mtistory2&fname=https%3A%2F%2Fblog.kakaocdn.net%2Fdn%2FcfnV8L%2FbtsyaUglYOD%2F3wDuGISkVsw106pjsn3KA0%2Fimg.jpg'
  ];
</script>

<div class="photo">
  <Swiper>
    {#each urls as url, i}
      <SwiperSlide>
        <img src={url} alt="여행이미지" width="300" />
      </SwiperSlide>
```

```
      {/each}
    </Swiper>
</div>

<style>
    .photo{ width: 300px; margin: 0 auto; }
</style>
```

스크립트 영역에서는 Swiper 컴포넌트들을 기본적으로 호출합니다. Swiper는 별도의 모듈이 없기 때문에 기본 스타일만 불러옵니다. 또한, 이미지 주소를 담은 배열을 처리할 `url` 변수도 선언합니다.

🔗 https://github.com/ossamstudy/svelte 저장소의 ch25_swiper/source/이미지url배열코드.txt 파일을 참고하세요.

마크업 영역에서는 브라우저 가운데 정렬될 `<div class="photo">`를 작성하고, 그 안에 `<Swiper>` 컴포넌트를 배치합니다. 이 예제에서는 기본적인 옵션이 사용되므로 옵션 설정은 따로 하지 않습니다. `<Swiper>` 컴포넌트 내부에서는 `each` 블록을 사용하여 `<SwiperSlide>` 컴포넌트와 `img` 태그 요소를 반복하여 출력합니다.

그림 25.1을 보면 결과 이미지가 잘 나옵니다. 이미지에서 마우스로 스와이프하면 이미지가 슬라이드하며 교체되는 것을 확인할 수 있습니다.

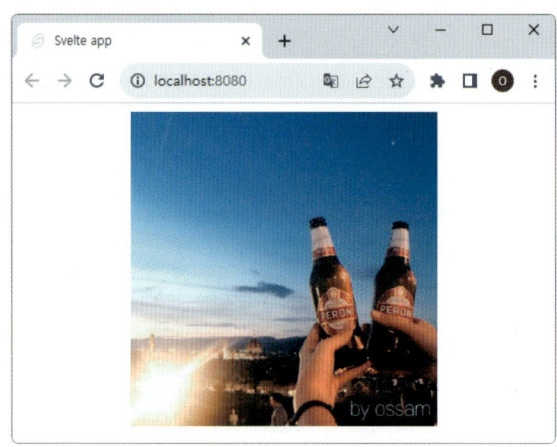

그림 25.1 코드 25.2 실행 화면

25.2.2 컨트롤 버튼 예제

이번에는 컨트롤 버튼을 처리해보겠습니다. Swiper는 이전과 다음 버튼을 Navigation 모듈로 사용하고, 원 버튼 형태의 컨트롤 버튼으로 Pagination을 사용합니다.

코드 25.3 Swiper 컨트롤 버튼 예제 코드 — App.svelte   📄 complete/src/Swiper02.svelte

```
<script>
    import { Swiper, SwiperSlide } from 'swiper/svelte';
    import { Navigation, Pagination } from 'swiper'; //모듈 추가
```

```svelte
  import 'swiper/css';
  import 'swiper/css/navigation'; //스타일 추가
  import 'swiper/css/pagination'; //스타일 추가

  const urls = [
    ...
  ];
</script>

<div class="photo">
  <!-- 모듈과 옵션 추가 -->
  <Swiper
    modules={[Navigation, Pagination]}
    navigation
    pagination={{ clickable: true }}
  >
    {#each urls as url, i}
      <SwiperSlide>
        <img src={url} alt="여행이미지" width="300" />
      </SwiperSlide>
    {/each}
  </Swiper>
</div>

<style>
  .photo{ width: 300px; margin: 0 auto; }
</style>
```

🔴 추가된 코드는 주석을 처리했습니다.

스크립트 영역에서는 모듈로 `Navigation, Pagination`를 호출하고, 해당 스타일로 불러옵니다. 마크업 영역에서는 `<Swiper>` 컴포넌트에 모듈과 옵션을 추가적으로 작성합니다. `pagination`이라는 옵션만 작성하면 원 버튼을 클릭할 수 없습니다. 그래서 `pagination={{ clickable: true }}`로 클릭할 수 있도록 처리합니다.

그림 25.2를 보면 사진 양 옆에 이전, 다음 버튼과 원 버튼이 추가된 것을 확인할 수 있습니다. 컴포넌트 내부에서는 스타일 변경이 불가능하므로, CSS를 변경하려면 `global.css` 또는 외부 스타일 문서에서 클래스를 선택하여 스타일을 수정해야 합니다.

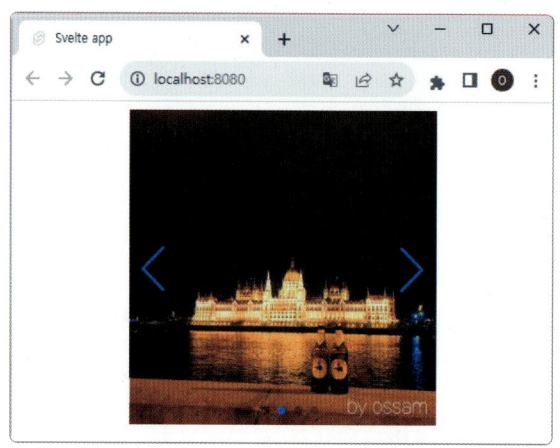

그림 25.2 코드 25.3 실행 화면

표 25.1 SwiperJS 주요 클래스

클래스 종류	설명
.swiper	<Swiper> 컴포넌트에 해당하는 클래스로 SwiperJS 전체를 담는 div 태그 요소 클래스
.swiper-slide	<SwiperSlide> 컴포넌트에 해당하는 각각 슬라이더 클래스
.swiper-slide-active	<SwiperSlide> 컴포넌트 중 실제 보이는 활성 컴포넌트 클래스
.swiper-button-prev	이전 버튼 클래스
.swiper-button-next	다음 버튼 클래스
.swiper-pagination	원 버튼 전체 묶음 클래스 — 위치 지정용
.swiper-pagination-bullet	원 버튼 한 개 클래스
.swiper-pagination-bullet-active	활성 원 버튼 클래스

25.2.3 여러 슬라이드 보이는 예제

앞에서 진행한 예제들은 슬라이드를 하나씩 나타내고 있습니다. 여러 슬라이드를 한 번에 나타나도록 처리할 때는 어떻게 하는지 알아보도록 하겠습니다.

코드 25.3 Swiper 여러 슬라이드 표시 예제 코드 — App.svelte   File complete/src/Swiper03.svelte

```
<script>
    ...
</script>

<div class="photo">
  <Swiper
    modules={[Navigation, Pagination]}
```

```
    navigation
    pagination={{ clickable: true }}
    spaceBetween={20} <!-- 옵션 추가 -->
    slidesPerView={3} <!-- 옵션 추가 -->
    loop={true} <!-- 옵션 추가 -->
  >
    {#each urls as url, i}
      <SwiperSlide>
        <img src={url} alt="여행이미지" /> <!-- 이미지 폭 제거 -->
      </SwiperSlide>
    {/each}
  </Swiper>
</div>

<style>
  .photo{ width: 900px; margin: 0 auto; } /* 전체 폭 지정 */
  .photo img{ display: block; width: 100%; } /* 가로폭 자동 지정 */
</style>
```

스크립트 영역에는 추가된 코드가 없습니다. 마크업 영역에는 `<Swiper>` 컴포넌트에 여러 옵션을 추가했습니다. `spaceBetween={20}`는 슬라이드 사이의 여백을 설정하고, `slidesPerView={3}`는 한 번에 보여질 슬라이드 개수를 지정합니다. `loop={true}`는 슬라이드가 무한 루프로 돌아가도록 설정합니다.

또한, `img` 태그 요소에서는 `width` 속성을 제거하여 이미지 폭을 유동적으로 조정합니다. 스타일 영역에서는 `.photo` 클래서의 폭을 `width: 900px`로 지정하고, `.photo img`는 슬라이드의 가로 폭에 따라 자동으로 지정되도록 `width: 100%`로 처리합니다.

그림 25.3 코드 25.3 실행 화면

그림 25.3을 보면 3개의 슬라이드가 보입니다. 양쪽 끝에 있는 이전, 다음 버튼을 눌러 계속 변화되는 것을 확인해보세요.

학습 포인트

- 프로젝트 구조 생성 및 라이브러리 설치
- 공통 컴포넌트 제작 및 서브페이지 생성
- TMDB에서 가져온 데이터를 Store에 담기
- Swiper를 통한 메인이미지 제작
- 서브페이지 리스트 컴포넌트 제작
- 서브페이지 리스트 별 상세페이지 제작
- 모든 서브페이지 제작

동영상 강의

https://bit.ly/svelte_26

CHAPTER 26
OTT 웹 앱 서비스 제작: 무빙

페이스북Facebook은 자체 애플리케이션과 인스타그램에서 대용량 데이터를 효과적으로 구현할 수 있는 언어가 필요했습니다. 이를 충족시키기 위해 리액트가 개발되었습니다. 리액트의 등장 이후 웹 프론트엔드 개발은 많은 변화가 일어났고, 그 후 Vue.js, 앵귤러, 스벨트 등 다양한 프레임워크와 프로그램 언어들이 등장하면서 대용량 데이터를 다루는 프로그램 개발이 용이해졌습니다. 이러한 도구들을 사용하면 넷플릭스, 디즈니플러스, 웨이브, 티빙과 같이 OTT 서비스를 쉽게 제작할 수 있게 되었습니다. 이러한 이유로 스벨트를 선택하여 OTT 서비스를 만들기로 결정했습니다. 이번 장에서는 스벨트의 다양한 기능을 활용하여 OTT 서비스인 무빙 웹 앱을 어떻게 제작하는지에 대해 알아보도록 하겠습니다.

26.1 프로젝트 구조 생성 및 라이브러리 설치

무빙 웹 앱을 제작하기 위해 프로젝트를 먼저 생성하겠습니다. 터미널을 열고 다음 명령어를 작성합니다. ch26_moving 폴더가 생성되면 해당 폴더 내부로 들어가 npm을 설치합니다.

```
npx degit sveltejs/template ch26_moving
cd ch26_moving
npm install
npx svelte-migrate@latest svelte-4
```

26.1.1 폴더 구조 만들기

제공된 예제 파일에서 `ch26_Moving/source` 폴더에 있는 `global.css`와 `favicon.png` 파일을 현재 프로젝트의 `public` 폴더에 복사하여 덮어씁니다. `global.css`에는 무빙 프로젝트에 필요한 모든 스타일이 포함되어 있습니다. 프로젝트 진행 시 스타일을 분리하여 사용하거나, Sass를 사용하는 방법도 있지만, 이 책은 스벨트를 실습하는 데 중점을 두고 있으므로 스타일에 대한 자세한 설명은 생략하고 파일로 대체했습니다. `favicon.png`은 브라우저 타이틀 옆에 들어가는 아이콘으로, 현재는 스벨트 아이콘으로 되어 있으니 무빙 파비콘으로 변경해주세요.

`public` 폴더에 `img`라는 새 폴더를 생성하고, 제공된 예제 파일 중 `moving_logo.svg`와 `main_loading.png`, `sns01.svg`부터 `sns04.svg`까지 모두 복사하여 `img` 폴더에 붙여넣습니다. 이러한 이미지는 프로젝트에서 이미지 사용법과 로컬 JSON 파일을 연결하는 법을 배우기 위해 따로 제공했습니다.

다음으로는 `src` 폴더에 새롭게 생성할 폴더들을 살펴보겠습니다.

- `components`: 재사용 가능한 UI를 표시하는 컴포넌트 모음 폴더
- `containers`: 스토어에서 데이터를 받아 로딩, 성공, 실패 등의 상태를 자손 컴포넌트에 전달하는 컴포넌트 모음 폴더
- `libs`: 스토어 파일, 로컬 JSON 파일, 리팩터링한 자바스크립트 문서 등을 모아놓은 폴더
- `pages`: 라우터를 통해 페이지를 처리하는 컴포넌트 모음 폴더

libs 폴더에는 제공된 예제 파일에 있는 sns.json 파일을 복사하여 붙여넣습니다. 리액트의 Redux를 경험해본 독자라면 components와 containers 폴더가 왜 구분되는지 이해할 수 있을 것입니다. Redux의 Ducks 패턴에서도 이 구분이 중요한데, 서버 사이드 렌더링, 즉 서버로부터 데이터를 가져온다면 promise를 사용하여 로딩, 성공, 실패로 나누어진 결과를 처리해야 합니다. 각 상태에 따라 화면을 다르게 구성해야 하지만, 이 세 가지 화면 구성은 하나의 페이지에서 조건에 따라 다르게 나타나는 것입니다. 따라서 containers 폴더에 위치하는 컴포넌트는 이 세 가지 상태를 모두 다루는 부모 컴포넌트 역할을 합니다. 반면 components 폴더는 로딩, 성공, 실패 시 구현되는 컴포넌트뿐만 아니라 공통으로 사용하는 컴포넌트들을 함께 모아두는 곳입니다.

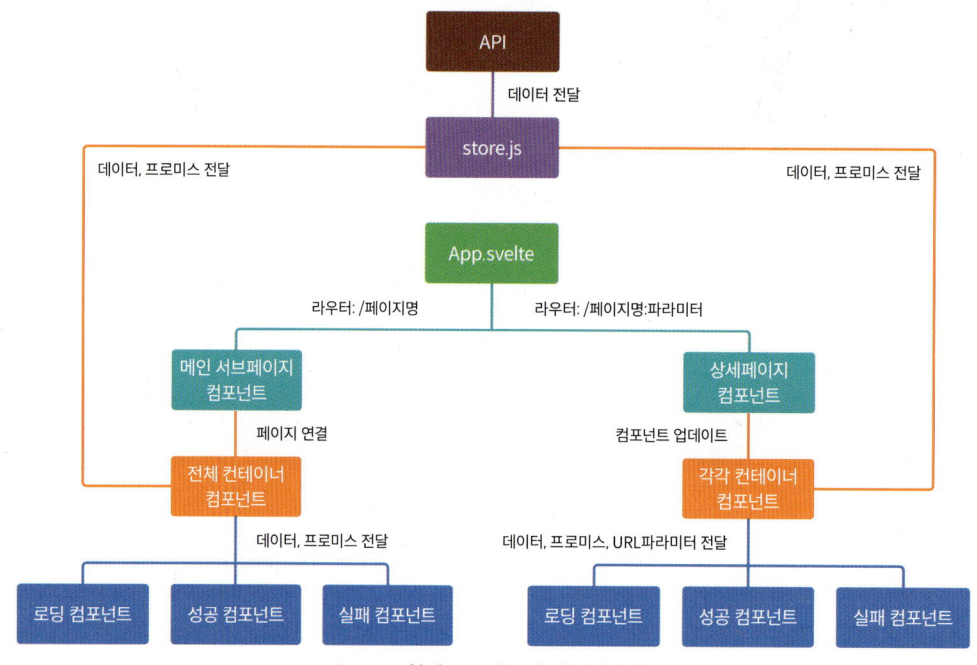

그림 26.1 현재 프로젝트의 데이터 흐름도

그림 26.1은 현재 프로젝트의 데이터 흐름을 한눈에 볼 수 있게 도식화한 것입니다. 페이지를 구성하는 컴포넌트는 pages 폴더에 위치시키겠습니다. 데이터를 스토어로부터 받아오는 **컨테이너** container 컴포넌트는 containers 폴더에 넣을 것입니다. 전체 컨테이너 컴포넌트는 한 페이지가 아닌 여러 페이지에 연결할 수 있으므로 별도로 작성됩니다. 각 컨테이너 컴포넌트는 페이지 컴포넌트로부터 URL 파라미터 정보를 받아와 해당 파라미터에 맞는 영화 정보 데이터를 성공 컴포넌트로 내려주는 역할을 합니다. 컨테이너 컴포넌트의 자손들인 **프레젠테이셔널** presentational 컴포넌트는 components 폴더에 담도록 하겠습니다. 프레젠테이셔널 컴포넌트는 실제 화면 UI를 구성하는

역할을 하며, 이 UI 구성은 로딩, 성공, 실패 상태에 따라 달라집니다.

components 폴더는 하위 폴더를 더 나누도록 하겠습니다.

- common: 모든 페이지에 공통적으로 사용할 컴포넌트 모음 폴더
- main: 메인페이지에만 표시하는 컴포넌트 모음 폴더
- sub: 서브페이지에 표시하는 컴포넌트 모음 폴더

common 폴더는 모든 페이지에 적용되는 헤더나 푸터 같은 컴포넌트를 담습니다. sub 폴더는 더 세부적으로 나눠도 되지만, 현재 프로젝트는 하나로 진행하겠습니다.

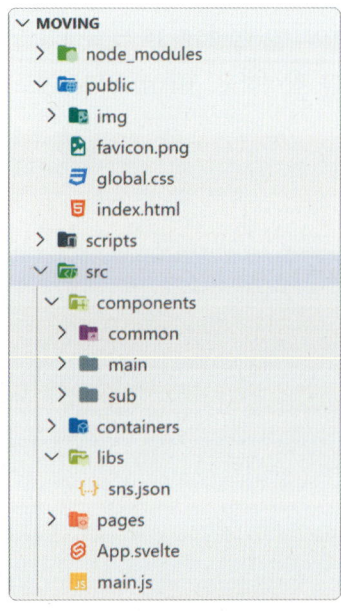

그림 26.2 프로젝트 폴더 구조

26.1.2 라이브러리 설치

프로젝트에 필요한 라이브러리 목록을 확인해보겠습니다.

- axios: 서버 통신을 위한 라이브러리
- svelte-routing: 페이지 이동을 위한 라우터 라이브러리
- rollup/plugin-json: 스벨트에 로컬 JSON을 사용하기 위한 라이브러리
- iconify: 아이콘을 불러오기 위한 라이브러리

- `loading-spinners`: 로딩 관련 컴포넌트를 불러오기 위한 라이브러리
- `swiperjs`: 슬라이더 기술을 사용하기 위한 라이브러리

다음 명령어들을 한 줄씩 터미널에 입력하여 설치합니다.

```
npm i axios
npm i svelte-routing
npm i @rollup/plugin-json --save-dev
npm i --save-dev @iconify/svelte
npm i svelte-loading-spinners
npm i swiper@8.3.0
```

로컬 JSON을 사용하기 위해서는 `rollup.config.js` 파일에서 추가적으로 변경해야 할 코드가 있습니다. 우선 상단에 `import` 구문을 작성하고, `plugins` 파트에도 코드를 추가합니다.

코드 26.1 rollup.config.js 코드 변경　　　　　　　　　　　　　　　　File complete/rollup.config.js

```js
//상단 부분
...
import json from '@rollup/plugin-json';
//plugin 부분
...
  json({
    compact: true
  }),
```

🔴 제공된 예제 코드를 참고하여 확인해주세요.

26.2 공통 컴포넌트 제작 및 서브페이지 생성

먼저 완성된 페이지를 보고 설명하겠습니다.

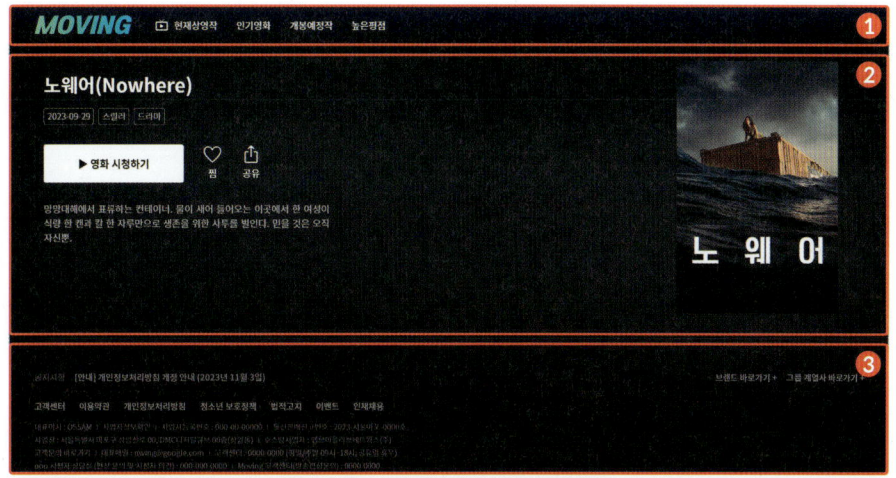

그림 26.3 무빙 상세페이지 화면

그림 26.3은 영화 한 편에 대한 상세페이지입니다. ❶ 구역은 헤더, ❸ 구역은 푸터입니다. 메인 페이지, 서브페이지, 그리고 상세페이지에도 공통적으로 적용될 컴포넌트입니다. 따라서 `Header.svelte`와 `Footer.svelte`는 `components` 폴더의 `common` 폴더에 새롭게 제작하겠습니다.

다음으로 페이지 관련 컴포넌트를 확인해보겠습니다. 페이지는 메인페이지와 서브페이지로 나뉘며, 서브페이지는 헤더의 네비게이션을 통해 확인할 수 있습니다. 서브페이지는 '현재상영작', '인기영화', '개봉예정작', '높은평점'으로 구성되어 있습니다. 이 네 가지 서브페이지 컴포넌트가 구성되어야 하고, 각 리스트에 맞는 상세페이지 컴포넌트도 각각 제작해야 합니다.

- `MainPage.svelte`: 메인페이지 컴포넌트 — 메인 이미지와 리스트를 담을 예정
- `NowPage.svelte`: 현재상영작 페이지 컴포넌트
- `NowSubPage.svelte`: 현재상영작 리스트의 상세페이지 컴포넌트
- `PopularPage.svelte`: 인기영화 페이지 컴포넌트
- `PopularSubPage.svelte`: 인기영화 리스트의 상세페이지 컴포넌트

- `UpcomingPage.svelte`: 개봉예정작 페이지 컴포넌트
- `UpcomingSubPage.svelte`: 개봉예정작 리스트의 상세페이지 컴포넌트
- `TopPage.svelte`: 높은평점 페이지 컴포넌트
- `TopSubPage.svelte`: 높은평점 리스트 상세페이지 컴포넌트

`xxxSubPage.svelte`로 되어 있는 컴포넌트는 라우터 기술을 이용해 파라미터값을 받아 자손 컴포넌트들에 내려줄 페이지 컴포넌트입니다. 제작을 꼭 해야 상세페이지를 리스트 개수만큼 반복하여 생성할 수 있습니다.

그림 26.4 **프로젝트 컴포넌트 생성 화면**

`pages` 폴더 내부에 그림 26.4의 svelte 문서들을 모두 생성해주세요.

26.2.1 라우터 처리

먼저 컴포넌트들을 구성해보도록 하겠습니다. 그리고 나서 라우터로 `App.svelte`에 연결해보겠습니다.

코드 26.2 **Header.svelte**

```svelte
<script>
  import { links } from "svelte-routing";
  import Icon from '@iconify/svelte';
</script>

<header use:links>
  <h1><a href="/"><img src="./img/moving_logo.svg" alt="무빙로고" /></a></h1>
  <ul>
    <li><a href="/now"><Icon icon="ic:round-live-tv" color="white" height="28" />현재상영작</a></li>
    <li><a href="/popular">인기영화</a></li>
    <li><a href="/upcoming">개봉예정작</a></li>
    <li><a href="/top">높은평점</a></li>
  </ul>
</header>
```

헤더 구역에는 페이지를 이동할 수 있는 네비게이션을 만들어야 합니다. 스크립트 영역에 `import { links } from "svelte-routing";`로 a 태그 요소의 `href` 경로를 라우터 경로로 설정합니다. '현재상영작' 옆에 아이콘을 처리하기 위해 `iconify`를 호출합니다. 마크업 영역에서는 `<header use:links>`를 이용하여 내부의 모든 링크를 라우터로 처리합니다. 로고에는 메인페이지로 이동하는 기능을 넣기 위해 `<a href="/">`를 작성합니다. 리스트에서는 각 서브페이지로 이동하는 경로를 작성합니다.

코드 26.3 **Footer.svelte**

```svelte
<script>
</script>
<footer>
  <h1>푸터 구역</h1>
</footer>
```

코드 26.4 **MainPage.svelte**

```svelte
<script>
</script>
<div>
  <h1>메인페이지 구역</h1>
</div>
```

코드 26.5 NowPage.svelte

```svelte
<script>
</script>
<div class="sub_page">
    <h1>현재상영작 페이지</h1>
</div>
```

코드 26.6 PopularPage.svelte

```svelte
<script>
</script>
<div class="sub_page">
    <h1>인기영화 페이지</h1>
</div>
```

코드 26.7 UpcomingPage.svelte

```svelte
<script>
</script>
<div class="sub_page">
    <h1>개봉예정작 페이지</h1>
</div>
```

코드 26.8 TopPage.svelte

```svelte
<script>
</script>
<div class="sub_page">
    <h1>높은평점 페이지</h1>
</div>
```

코드 26.9 App.svelte   `File` complete/src/App.svelte

```svelte
<script>
    import { Router, Route } from "svelte-routing";
    import Header from "./components/common/Header.svelte";
    import Footer from "./components/common/Footer.svelte";
    import MainPage from "./pages/MainPage.svelte";
    import NowPage from "./pages/NowPage.svelte";
    import PopularPage from "./pages/PopularPage.svelte";
    import TopPage from "./pages/TopPage.svelte";
    import UpcomingPage from "./pages/UpcomingPage.svelte";
    import NowSubPage from "./pages/NowSubPage.svelte";
    import PopularSubPage from "./pages/PopularSubPage.svelte";
    import UpcomingSubPage from "./pages/UpcomingSubPage.svelte";
    import TopSubPage from "./pages/TopSubPage.svelte";
```

```
    export let url = '';
</script>

<svelte:head>
  <title>MOVING</title>
</svelte:head>
<Header />
<Router {url}>
  <Route path="/" component={MainPage} />
  <!-- 서브페이지 -->
  <Route path="/now" component={NowPage} />
  <Route path="/popular" component={PopularPage} />
  <Route path="/top" component={TopPage} />
  <Route path="/upcoming" component={UpcomingPage} />
  <!-- 서브 상세페이지 -->
  <Route path="/now/:id" component={NowSubPage} />
  <Route path="/popular/:id" component={PopularSubPage} />
  <Route path="/upcoming/:id" component={UpcomingSubPage} />
  <Route path="/top/:id" component={TopSubPage} />
</Router>
<Footer />
```

스크립트 영역에서는 라우팅을 이용하여 `Router`, `Route` 컴포넌트를 불러옵니다. 그리고 고정 영역인 `Header.svelte`, `Footer.svelte`와 함께 `pages` 폴더에 있는 모든 컴포넌트를 불러옵니다.

마크업 영역에서는 `<svelte:head>`를 통해 타이틀을 변경합니다. `<Router>` 컴포넌트 밖에는 고정 영역으로 처리할 `<Header />`와 `<Footer />` 컴포넌트를 작성합니다. 페이지 이동이 있을 페이지 컴포넌트들은 `<Route />` 컴포넌트로 처리합니다. 서브페이지와 서브 상세페이지로 나눠서 처리합니다. 서브 상세페이지는 파라미터값을 받을 `:id`를 설정합니다.

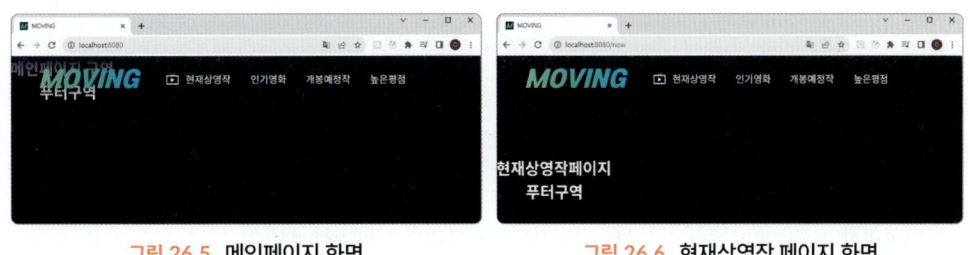

그림 26.5 메인페이지 화면   그림 26.6 현재상영작 페이지 화면

네비게이션을 클릭할 때마다 해당 페이지로 이동하고, 로고를 누르면 메인페이지로 이동하는 것을 확인할 수 있습니다.

26.2.2 푸터 콘텐츠 제작

공통 요소인 푸터 콘텐츠를 제작해보겠습니다. `Footer.svelte`에 텍스트로 쓸 배열들을 제공하는 예제 파일에 첨부했으니 `footer텍스트배열.txt` 파일을 열어 배열 데이터를 코드에 첨부합니다. 그리고 `libs` 폴더에 미리 작성해 놓은 로컬 JSON 파일인 `sns.json` 파일을 확인하겠습니다.

코드 26.10 sns.json 　　　　　　　　　　　　　　　　　　　　　File complete/src/libs/sns.json

```json
{
  "sns": [
    {
      "id": 1,
      "name": "youtube",
      "img": "./img/sns01.svg",
      "url": "https://www.youtube.com"
    },
    ...
  ]
}
```

모든 데이터를 서버에서 가져올 필요는 없습니다. 데이터가 유동적으로 변경되지 않지만, 데이터로 사용하면 편리한 경우는 JSON 파일이나 배열로 사용하면 좋습니다. 이를 공부하기 위해 JSON 파일과 텍스트 배열 데이터 모두 사용해봤습니다. 일일이 하드 코딩하는 것도 가능하지만 시간이 많이 걸립니다. 코드 26.10의 SNS 데이터는 이름, 이미지 주소, 경로로 이루어져 있습니다. 보통 SNS 아이콘은 해당 아이콘을 누르면 해당 SNS 페이지로 이동하게 됩니다. 이를 한 번에 처리하기 위해 JSON 파일로 만들어 사용했습니다.

코드 26.11 Footer.svelte 　　　　　　　　　　　File complete/src/components/common/Footer.svelte

```svelte
<script>
  import * as SNS from '../../libs/sns';

  //텍스트 배열 데이터
  const footerMenus = ['고객센터','이용약관','개인정보처리방침','청소년 보호정책','법적고지','이벤트','인재채용'];
  const footerTexts = [
    ['대표이사 : OSSAM','사업자정보확인','사업자등록번호 : 000-00-00000','통신판매신고번호 : 2023-서울마포-0000호'],
    ['사업장 : 서울특별시 마포구 상암산로 00, DMC디지털큐브 00층(상암동)','호스팅사업자 : 엠브이올리브네트웍스(주)'],
    ['고객문의 바로가기','대표메일 : moving@google.com','고객센터 : 0000-0000 (평일/주말 09시~18시, 공휴일 휴무)'],
    ['ooo 시청자 상담실 (편성 문의 및 시청자 의견) : 000-000-0000','Moving 고객센터(방송편성문의)
```

```
: 0000-0000']
  ];
</script>

<footer>
  <div class="f_top">
    <div class="notice">
      <h3>공지사항</h3>
      <a href="#!">[안내] 개인정보처리방침 개정 안내 (2023년 11월 3일)</a>
    </div>
    <div class="family">
      <ul>
        <li><a href="#!">브랜드 바로가기 +</a></li>
        <li><a href="#!">그룹 계열사 바로가기 +</a></li>
      </ul>
    </div>
  </div>
  <div class="f_bottom">
    <ul class="f_nav">
      {#each footerMenus as footerMenu, index(footerMenu)}
        <li><a href="#!">{footerMenu}</a></li>
      {/each}
    </ul>
    <div class="footer_text">
      {#each footerTexts as footerText, index(footerText)}
        <p>
          {#each footerText as text, index(text)}
            <span>{text}</span>
          {/each}
        </p>
      {/each}
    </div>
    <ul class="sns">
      {#each SNS.sns as sns, index(sns)}
        <li>
          <a href={sns.url} target="_blank">
            <img src={sns.img} alt={sns.name} />
          </a>
        </li>
      {/each}
    </ul>
    <p class="copy">Copyright © 주식회사 무빙 All right reserved.</p>
  </div>
</footer>
```

먼저, 스크립트 영역에서 로컬 JSON 파일을 호출합니다. 이때 JSON 데이터가 많을 수 있으므로 전체 데이터를 가져오는 것을 가정합니다. `import * as SNS from '../../libs/sns';`로 JSON 파일 데이터를 'SNS'라는 별칭으로 설정합니다. 그리고 제공된 텍스트 배열 데이터를 붙여줍니다.

마크업 영역의 공지사항과 패밀리 사이트 부분도 제작하면 좋겠지만, 여기서는 디자인 요소로만 사용하겠습니다. 푸터 메뉴 부분은 `footerMenus` 배열 데이터를 `each` 블록으로 반복해 처리합니다. 푸터 텍스트 부분은 `footerMenus` 배열 데이터를 반복하는데, 배열 안에 배열이 있으므로 `each` 블록을 두 번 사용해 이중 반복합니다. SNS 부분은 JSON 데이터를 가져와 `each` 블록을 통해 반복합니다. 이때 JSON의 SNS 데이터를 정확하게 선택하기 위해 `SNS.sns`로 선택해야 합니다.

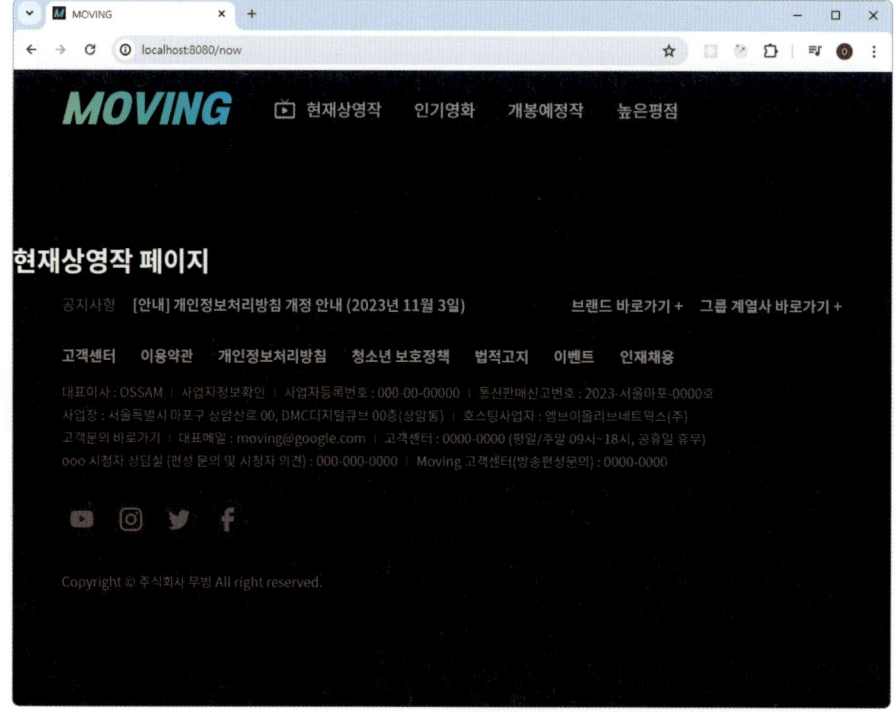

그림 26.7 푸터 완성 화면

26.3 TMDB에서 가져온 데이터를 스토어에 담기

libs 폴더에 store.js를 새롭게 생성하고, TMDB API를 가져오기 위해 TMDB 사이트에 로그인합니다.

> TMDB 개발자 API 사이트는 https://developer.themoviedb.org/reference/intro/getting-started입니다.

TMDB 데이터는 왼쪽의 카테고리 중 MOVIE LISTS의 데이터를 가져옵니다.

그림 26.8 TMDB MOVIE LISTS 카테고리

각 카테고리별로 데이터를 가져올 것입니다. 영화의 장르는 번호로 되어 있고, 데이터를 따로 제공하고 있기 때문에 GENRES 카테고리의 Movie List 데이터를 가져와야 합니다.

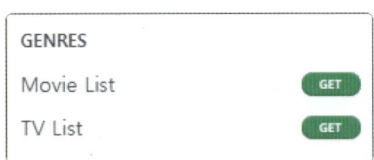

그림 26.9 TMDB GENRES의 Movie List 카테고리

각각의 카테고리를 클릭하면 오른쪽에 그림 26.10과 같은 코드가 나타납니다. Now Playing 카테고리를 예로 들어 설명하겠습니다.

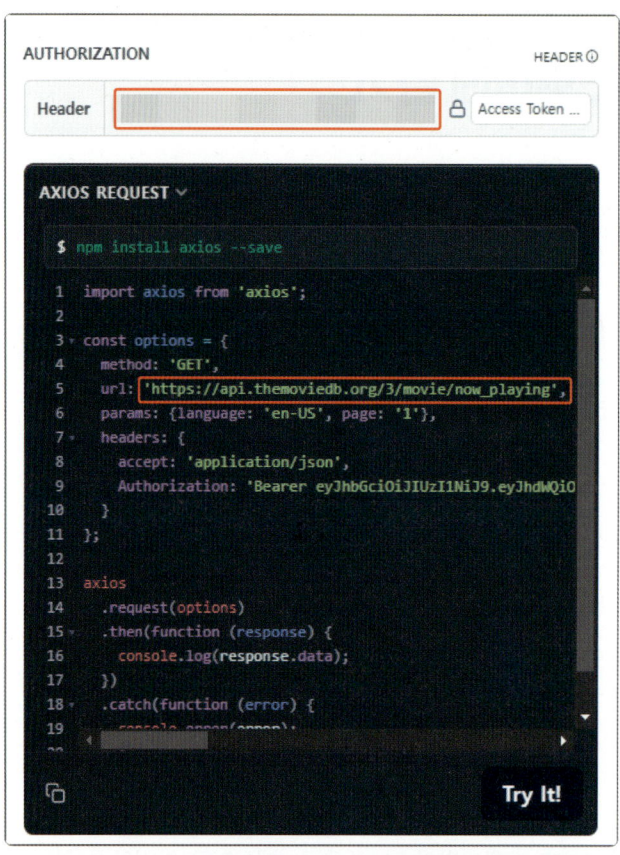

그림 26.10 Now Playing 카테고리의 오른쪽 코드표

사용자의 개별 인증 코드는 상단의 AUTHORIZATION에서 확인할 수 있습니다. 이를 복사하여 코드 26.12에서 'API인증키'라고 써진 세 곳에 모두 작성하면 됩니다. 혹은 직접 그림 26.10의 3번째 줄부터 11번째 줄까지 복사하여 붙여넣은 후 `url` 부분만 변수를 통해 변경하면 됩니다. 그림의 `url` 부분은 https://api.themoviedb.org/3/movie/now_playing인데, https://api.themoviedb.org/3/movie/까지는 모두 같아서 변수에 담을 예정입니다. 장르는 url 부분이 https://api.themoviedb.org/3/genre/movie/list로 다르기 때문에 따로 작성하겠습니다.

코드 26.12 store.js   File complete/src/libs/store.js

```js
import axios from 'axios';
import { writable } from "svelte/store";

//1. 프로미스
const setPromise = (url) => {
  const options = {
    method: 'GET',
```

```js
      url: url,
      params: {language: 'ko', page: '1'},
      headers: {
        accept: 'application/json',
        Authorization: 'Bearer API인증키'
      }
    };
    const getPromise = async () => {
      try {
        const res = await axios.request(options);
        return res;
      }catch(error) {
        throw new Error(error);
      }
    };

    const { subscribe } = writable(getPromise());
    return {
      subscribe,
    }
}

//2. 데이터
const setDatas = (url) => {
    const options = {
      method: 'GET',
      url: url,
      params: {language: 'ko', page: '1'},
      headers: {
        accept: 'application/json',
        Authorization: 'Bearer API인증키'
      }
    };
    const getDatas = async () => {
      try {
        const res = await axios.request(options);
        return res.data.results;
      }catch(error) {
        throw new Error(error);
      }
    };

    const { subscribe } = writable(getDatas());
    return {
      subscribe,
    }
}
```

```
//3. 장르
const setGenres = (url) => {
  const options = {
    method: 'GET',
    url: url,
    params: {language: 'ko'},
    headers: {
      accept: 'application/json',
      Authorization: 'Bearer API인증키'
    }
  };
  const getGenres = async () => {
    try {
      const res = await axios.request(options);
      return res.data.genres;
    }catch(error) {
      throw new Error(error);
    }
  };

  const { subscribe } = writable(getGenres());
  return {
    subscribe,
  }
}

//내보내기
const basicURL = 'https://api.themoviedb.org/3/movie/';
export const nowPromise = setPromise(`${basicURL}now_playing`);
export const nows = setDatas(`${basicURL}now_playing`);
export const genres = setGenres('https://api.themoviedb.org/3/genre/movie/list');
export const popularPromise = setPromise(`${basicURL}popular`);
export const populars = setDatas(`${basicURL}popular`);
export const upcomingPromise = setPromise(`${basicURL}upcoming`);
export const upcomings = setDatas(`${basicURL}upcoming`);
export const topPromise = setPromise(`${basicURL}top_rated`);
export const tops = setDatas(`${basicURL}top_rated`);
```

데이터는 TMDB 서버로부터 가져올 예정이므로 `axios`를 호출합니다. 현재 프로젝트에서는 데이터를 읽어오기만 하지만, 실제로는 데이터를 수정, 추가, 삭제도 해야 하므로 읽고 쓰기가 가능한 `writable`로 처리하겠습니다. 또한, 데이터를 많이 가져올 예정이므로 커스컴 스토어를 작성하여 페이지별로 반복 제작하지 않도록 함수로 구성하겠습니다.

`setPromise` 함수는 데이터를 로딩, 성공, 에러 상태로 표시해 추후 컴포넌트에서 `await` 블록을 통해 프로미스를 받을 수 있도록 사용합니다. `setDatas` 함수는 단순히 데이터를 받아오기 위해 사용됩니다. 프로미스에서 데이터를 받아올 수도 있지만, 스토어로 한 번에 불러와 반응성 코드와 같이 사용하기 위해 따로 처리합니다. `setGenres` 함수는 장르 데이터를 불러오기 위해 사용됩니다.

`options` 변수는 TMDB 사이트에서 그대로 복제해옵니다. 인증 키는 API Key Auth보다는 Access Token Auth가 코드가 길지만 오류는 덜 발생합니다. `setPromise` 함수는 `res`만 반환하여 프로미스 상태를 확인합니다. `setDatas`는 `res.data.results`로 반환하여 배열 데이터만 가져옵니다. `res.data`로 작성하면 불필요한 정보까지 반환되어 원하는 결과를 얻을 수 없습니다. `setGenres` 함수는 `res.data.genres`로 배열 데이터를 받아옵니다.

내보낼 때는 각 주소별로 처리하여 '현재상영작', '인기영화', '개봉예정작', '높은평점' 데이터를 각각 받기 위해 내보냅니다. https://api.themoviedb.org/3/movie/는 반복적으로 사용되므로 `basicURL` 변수에 담아 코드의 중복을 줄입니다.

26.4 Swiper를 통한 메인 이미지 제작

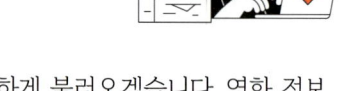

메인 이미지는 SwiperJS를 이용해 현재예정작 20개 중 5개를 랜덤하게 불러오겠습니다. 영화 정보에 대한 `results`를 먼저 확인하여 어떤 데이터를 쓸지 알아보겠습니다.

그림 26.11 브라우저 콘솔창 확인

그림 26.11은 24장 TMDB API 활용에서 미리 확인했던 배열 정보입니다. 일단 이미지는 포스터가 아닌 제공되는 배경 이미지를 사용하기 위해 `backdrop_path`를 사용하고, `title`과 `overview`를 사용하도록 하겠습니다.

메인 이미지를 제작하기 위한 컴포넌트 구성을 살펴보도록 하겠습니다.

- `MainListContainer.svelte`: 데이터를 받고, 로딩, 성공, 에러 컴포넌트를 담을 부모 컴포넌트
- `MainLoading.svelte`: 메인 이미지 데이터를 로딩할 때 화면 컴포넌트
- `MainList.svelte`: 메인 이미지 데이터를 가져오는 데 성공했을 때의 화면 컴포넌트
- `Error.svelte`: 메인 이미지 데이터를 가져오는 데 실패했을 때의 화면 컴포넌트

`MainListContainer.svelte`는 `containers` 폴더에 생성합니다. `MainList.svelte`는 `components` 폴더의 `main` 폴더에 생성합니다. 나머지는 `components` 폴더의 `common` 폴더에 생성합니다.

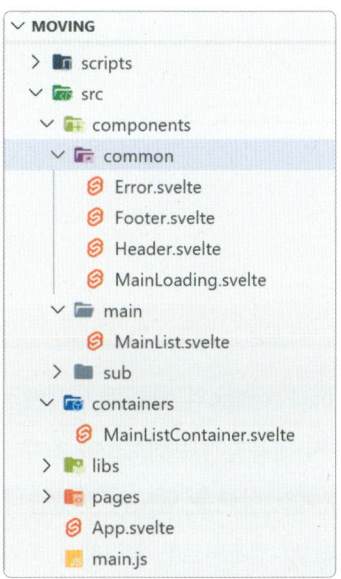

그림 26.12 메인 이미지 관련 컴포넌트 폴더 구조

26.4.1 메인 로딩화면 구현

현재 프로젝트는 필자가 `global.css`를 제공했지만, 실무에서는 개발자가 CSS도 작성해야 합니다. 그래서 화면으로 직접 보면서 코드를 작성하는 것이 좋습니다. `MainListContainer.svelte`를 `MainPage.svelte`로 불러 화면으로 확인하면서 제작해보세요.

코드 26.13 MainPage.svelte

```
<script>
  import MainListContainer from "../containers/MainListContainer.svelte";
</script>

<MainListContainer />
```

`<MainListContainer />`를 불러왔습니다.

코드 26.14 MainListContainer.svelte

```
<script>
  import { nowPromise } from '../libs/store';
  import { nows } from '../libs/store';
  import MainLoading from '../components/common/MainLoading.svelte';
  import MainList from '../components/main/MainList.svelte';
  import Error from '../components/common/Error.svelte';
```

```
    const promise = $nowPromise;
</script>

{#await promise}
    <div>로딩중</div>
{:then}
    <MainLoading />
{:catch error}
    <div>에러</div>
{/await}
```

스크립트 영역에는 스토어로부터 `nowPromise`와 `nows`로 현재예정작 관련 프로미스와 데이터를 불러옵니다. 그리고 로딩, 성공, 실패 시 적용할 컴포넌트들을 모두 자손으로 불러옵니다. `promise` 변수에는 `$nowPromise`를 담아 프로미스 상태를 담도록 하겠습니다. 마크업 영역에 원래 `{#await promise}` 다음 줄에 `<MainLoading />` 컴포넌트를 처리해야 하지만, 그러면 구현 상태를 볼 수 없기 때문에 `{:then}` 다음에 처리합니다.

코드 26.15 MainLoading.svelte　　　　　　　　File complete/src/components/common/MainLoading.svelte

```
<script>
    import { SyncLoader } from 'svelte-loading-spinners';
</script>

<main>
    <div class="loading_bar">
        <SyncLoader size="50" color="#01b4e4" unit="px" duration="1s" />
    </div>
    <img src="/img/main_loading.png" alt="메인로딩이미지" class="loading_img" />
</main>
```

스크립트 영역에서는 `svelte-loading-spinners`를 통해 로딩 컴포넌트를 구현해보겠습니다. `SyncLoader`는 로딩 컴포넌트 중 하나입니다. 로딩 스피너 사이트에 접속하여 종류를 선택하고 코드를 가져오면 됩니다. `<img />` 태그 요소는 로딩 컴포넌트가 구현될 때 뒤에 비추는 이미지로 사용했습니다.

> **전문가 TIP** **svelte-loading-spinners**
>
> svelte-loading-spinners의 자세한 설명과 예시는 https://schum123.github.io/svelte-loading-spinners/에서 확인할 수 있습니다. 공식 사이트에 접속하면 사용할 수 있는 많은 로딩 스피너 예시를 확인할 수 있고, 마음에 드는 것을 선택하여 컴포넌트명을 변경하여 사용하면 됩니다.

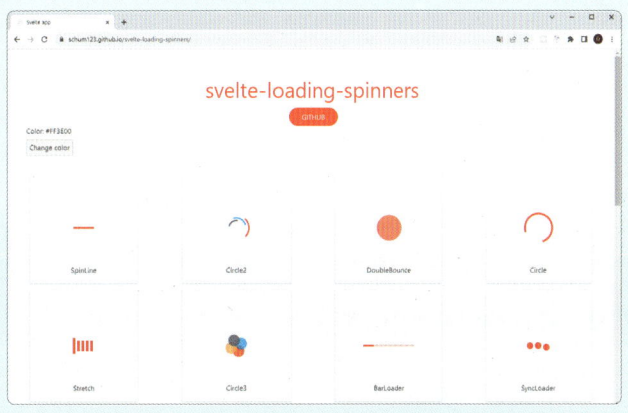

그림 26.13 svelte-loading-spinners 공식 사이트

그림 26.14를 보면 로딩 스피너가 계속 움직이고 있는 것이 보입니다. 이러한 라이브러리를 사용하면 페이지가 로딩되는 느낌을 더 생생하게 처리할 수 있습니다. 많은 예제가 있으니 개발하는 웹 앱에 어울리는 것으로 응용해보세요.

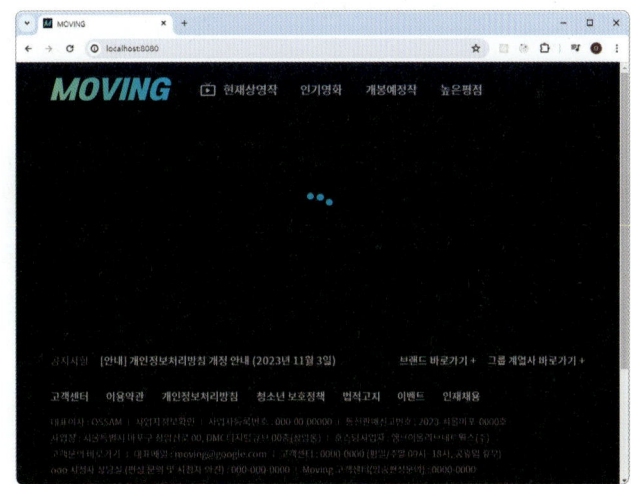

그림 26.14 로딩이 구현되고 있는 화면

26.4.2 에러 화면 구현

`<Error />` 컴포넌트는 다른 부분에서도 사용할 것이라 `common` 폴더에 생성했습니다. 일단 MainListContainer.svelte의 코드부터 변경해보겠습니다.

코드 26.16 MainListContainer.svelte

```
<script>
    ...
</script>
```

```
{#await promise}
  <MainLoading />
{:then}
  <Error />
{:catch error}
  <div>에러</div>
{/await}
```

스크립트 영역에서는 변경사항이 없어 표시하지 않았고, 마크업 영역에서는 `{#await promise}` 다음에 `<MainLoading />` 컴포넌트를 처리하고, `{:then}` 다음에 `<Error />` 컴포넌트를 처리하여 화면 구조를 만들어보겠습니다.

코드 26.17 Error.svelte
File complete/src/components/common/Error.svelte

```
<script>
  import { link } from "svelte-routing";
  import Icon from '@iconify/svelte';
</script>

<div class="error_box">
  <Icon icon="jam:alert" />
  <h3>죄송합니다. <span class="red">시스템 에러</span>입니다.</h3>
  <p class="basic_explain">
    현재 시스템 오류가 발생했습니다. <br />
    새로 고침 단추를 클릭하거나 나중에 다시 시도하십시오. <br />
    주소 표시줄에 페이지 주소를 입력하셨다면 올바르게 입력되었는지 확인하십시오.
  </p>
  <a href="#!">고객센터문의하기 &gt;</a>
  <p class="inquiry_explain">전화 : 0000-0000(평일 09시~18시) / 이메일 moving@gmail.com</p>
  <ul class="page_btn">
    <li><a href="/" use:link>메인페이지로 이동</a></li>
  </ul>
</div>
```

스크립트 영역에서 라우터 경로를 이용하여 페이지를 이동하기 위해 `import { link } from "svelte-routing";`를 불러왔습니다. 다른 페이지에서도 에러가 발생할 수 있어 메인페이지로 돌아가게 처리하려고 라우터 경로를 사용했습니다. 경고와 관련된 아이콘을 넣기 위해 `iconify`도 불러옵니다.

마크업 영역에서는 콘텐츠를 표시하고 있습니다. 마지막 메인페이지로 이동 부분에 라우터 경로를 사용하기 위해 `<a href="/" use:link>메인페이지로 이동</a>`를 작성했습니다.

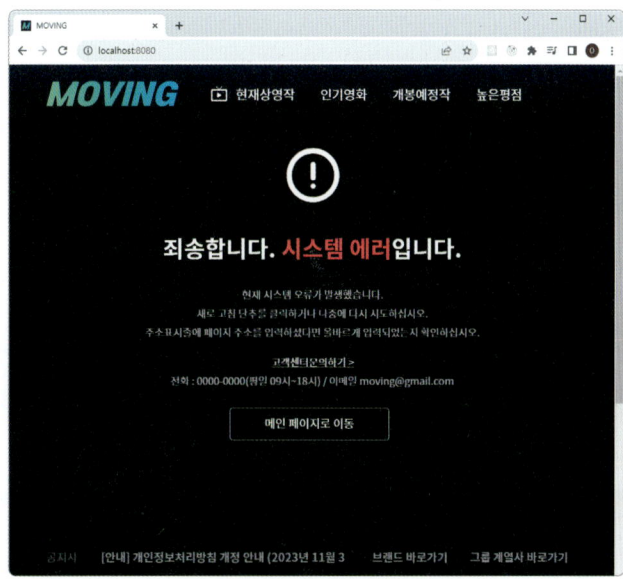

그림 26.15 에러 화면 구현

26.4.3 메인 이미지 로딩 성공 화면 구현

메인 이미지 데이터를 가져오는 데 성공했을 때 화면을 구현하겠습니다. 일단 `MainListContainer.svelte`의 코드부터 변경해보겠습니다.

코드 26.18 MainListContainer.svelte   (File) complete/src/containers/MainListContainer.svelte

```svelte
<script>
   ...
</script>

{#await promise}
  <MainLoading />
{:then}
  <MainList datas={$nows} />
{:catch error}
  <Error />
{/await}
```

마크업 영역에 `{:then}` 아래 부분에 `<MainList datas={$nows} />`를 처리합니다. 이때 데이터도 전달해야 하므로 datas라는 props에 $nows를 전달합니다.

코드 26.19 **MainList.svelte**   File complete/src/components/main/MainList.svelte

```svelte
<script>
  import { onMount } from 'svelte';
  import { link } from "svelte-routing";
  import { Autoplay, Pagination, EffectFade } from 'swiper';
  import { Swiper, SwiperSlide } from 'swiper/svelte';

  import 'swiper/css';
  import 'swiper/css/effect-fade';
  import 'swiper/css/pagination';

  export let datas;

  let mains = [];
  const random = Math.floor(Math.random() * 15);
  datas.then((value) => {
    mains = value.slice(random, random + 5);
  });

  //일시정지/재생 버튼 처리
  let swiper;
  let btnPause;
  let btnPlay;
  let cnt = false;

  //초기 실행 시 메인 이미지 스와이퍼를 담을 예정
  onMount(() => {
    //bind를 통해 선택해도 선택이 잘 안됨 => 아래와 같이 자바스크립트로 직접적으로 선택
    const swiperinstance = document.querySelector('.mainSwiper').swiper;
    swiper = swiperinstance;
  });

  //일시정지/재생 버튼 이벤트
  const onHandleClick = () => {
    if(cnt){ //일시정지 상태 => 재생 버튼이 보이는 상태
      btnPause.classList.remove('active');
      btnPlay.classList.add('active');
      swiper.autoplay.start(); //재실행
    }else{ //재생 상태
      btnPause.classList.add('active');
      btnPlay.classList.remove('active');
      swiper.autoplay.stop(); //일시정지
    }
    cnt = !cnt;
  }
</script>
<main>
```

```
<Swiper
  modules={[Autoplay, Pagination, EffectFade]}
  effect={'fade'}
  autoplay={{
    delay: 3000,
    ableOnInteraction: false,
  }}
  pagination={{
    clickable: true,
  }}
  bind:this={swiper}
  class="mainSwiper"
>
  {#each mains as main, index(main) }
    <SwiperSlide>
      <img src={`https://image.tmdb.org/t/p/original/${main.backdrop_path}`} alt={main.title} /><br />
      <h3>{main.title}</h3>
      <p>
        {#if main.overview === ''}
          새롭게 개봉한 [{main.title}]를 만나볼까요?
        {:else}
          {main.overview}
        {/if}
      </p>
      <a href={`/now/${main.id}`} use:link>자세히보기</a>
    </SwiperSlide>
  {/each}
</Swiper>
<!-- play/pause 처리 -->
<div class="swiper-playpause">
  <button
    class="btn_pause"
    bind:this={btnPause}
    on:click={onHandleClick}
  ></button>
  <button
    class="btn_play active"
    bind:this={btnPlay}
    on:click={onHandleClick}
  ></button>
</div>
</main>
```

스크립트 영역에서는 onMount를 불러옵니다. 일시정지와 재생 버튼 처리 시 bind만으로 처리되지 않는 부분이 있어서 불러옵니다. 메인 이미지 내부에 [자세히보기] 버튼을 만들어 해당 상세페이지로 이동하도록 `import { link } from "svelte-routing";`를 호출합니다. 그 다음에 `Swiper`에서 사용할 컴포넌트, 모듈, CSS를 불러옵니다. 이번에는 슬라이드 효과가 아닌 페이드 효과를 주겠습니다.

`props`로 받은 `datas`를 내려받습니다. 데이터에는 20개의 배열 데이터가 있는데, 그중 5개만 랜덤하게 받아오기 위해 `random` 변수를 0부터 15 사이의 숫자가 임의적으로 반환되도록 처리합니다. 페이지 이동 시마다 다른 이미지가 보이도록 하겠습니다. `mains`는 5개 배열 데이터만 담을 배열 변수입니다. `datas.then()`을 통해 데이터가 성공적으로 오면 배열 데이터 중 0~15번 사이의 랜덤한 시작점에서 5개만 `mains`에 반환되도록 설정합니다.

`swiper`는 `<Swiper>` 컴포넌트를 직접적으로 선택한 객체를 담는 변수입니다. `btnPause/btnPlay`도 일시정지와 재생 버튼을 `bind:this`로 직접 담는 변수입니다. `cnt`는 스위치 변수로 일시정지와 재생 버튼이 번갈아 보이도록 처리합니다. Swiper 모듈에는 일시정지/재생 버튼이 따로 없어서 직접 제작한 후, Swiper를 선택하여 메서드 명령을 내려야 합니다. `swiper.autoplay.start();`과 `swiper.autoplay.stop();`는 Swiper 사이트에서 API 제공 페이지를 찾아보면 나오는 메서드 명령입니다. 기본 모듈에 없는 명령은 대부분 API 제공 페이지에서 찾으면 속성과 메서드로 제공합니다. 여기서 중요한 것은 Swiper는 컴포넌트가 마운트된 후에 실행되기 때문에 바로 작성하면 명령이 적용되지 않습니다. 그래서 `onMount` 함수로 마운트한 후에 `swiper`를 담아야 합니다. `onHandleClick` 이벤트 함수는 일시정지/재생 버튼에 적용할 클릭 이벤트 명령입니다.

마크업 영역에는 `<Swiper>` 컴포넌트를 처리하고, `each` 블록을 통해 `mains`에 담긴 5개의 배열 데이터만큼만 `<SwiperSlide>` 컴포넌트를 반복하여 처리합니다. 이때 필요한 이미지, 타이틀, 설명을 불러옵니다. 그리고 상세페이지는 아직 제작하지 않았지만 파라미터 정보는 `App.svelte`에서 이미 전달되므로, `<a href={`/now/${main.id}`} use:link>자세히보기</a>`를 적용하여 해당 영화 상세 페이지로 이동할 수 있게 처리합니다. `button` 태그 요소에는 `bind:this`를 통해 요소를 직접적으로 선택합니다.

이제 메인 이미지가 나타나고 일정 시간마다 이미지가 변화합니다. 새로고침을 하거나 다른 페이지 방문 후 돌아와도 이미지가 교체되는 것을 확인할 수 있습니다. 페이지네이션 버튼이나 일시정지/재생 버튼도 잘 구현되는지 확인해보세요. [자세히보기] 버튼을 눌렀을 때 화면이 구현되진 않아도 주소 표시줄을 보면 `http://localhost:8080/now/762430` 형태로 파라미터 처리되는 것을 확인할 수 있습니다. 이 부분은 서브 상세페이지를 제작하면 바로 연결할 수 있습니다.

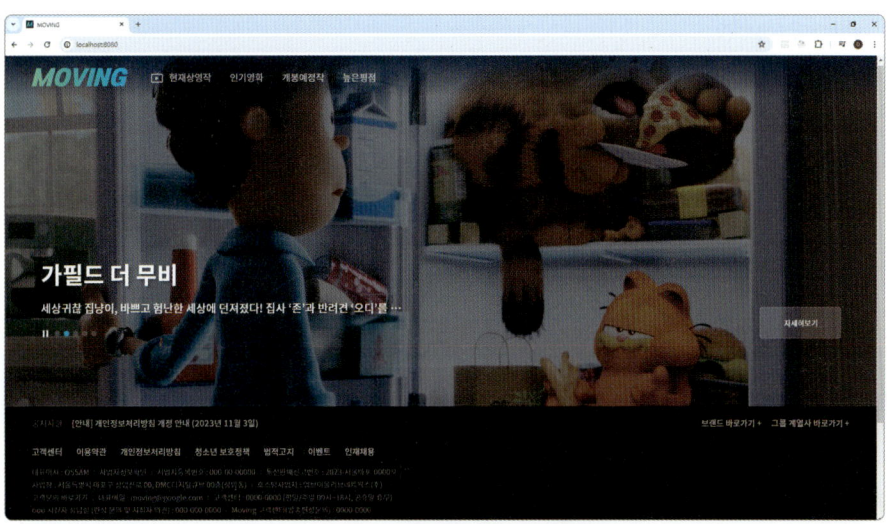

그림 26.16 메인 이미지 구현 화면

26.4.4 header active 처리

메인 이미지를 제작하면서 메인페이지 화면이 길어져 스크롤바가 생성되었습니다. 이때 스크롤바의 위치가 0보다 커질 때, 즉, 스크롤바를 내렸을 때 `header` 태그 요소에 배경색이 채워지는 것을 구현해보겠습니다. 이 부분은 `global.css`에 `active` 효과를 미리 첨부해두었습니다.

코드 26.20 global.css

```css
...
header{
  position: fixed; top: 0; left: 0; z-index: 5000;
  width: 100%; height: 90px; padding: 0 60px;
  background: linear-gradient(to bottom, rgba(13,37,63,0.9) 0%, rgba(13,37,63,0) 100%);
  display: flex; align-items: center;
  transition: background 0.3s;
}
header.active{ background: rgba(13,37,63,0.9); }
...
```

코드 26.20을 보면 `.header`는 기본적으로 배경색에 그레이디언트를 처리하여 아래 쪽에 배경색이 거의 없습니다. 하지만 `.active` 클래스를 받으면 배경색이 모두 채워지도록 했습니다. `Header.svelte`에 이 효과를 적용해보겠습니다.

코드 26.21 Header.svelte

```svelte
<script>
  import { links } from "svelte-routing";
  import Icon from '@iconify/svelte';
  import { onMount } from 'svelte'; //onMount 함수 추가

  //header 컴포넌트를 바인딩하는 변수
  let header;

  //스크롤 이벤트 함수
  const handleScroll = () => {
    let windowTop = window.scrollY;

    if(windowTop > 50){
      header.classList.add('active');
    }else{
      header.classList.remove('active');
    }
  }

  //스크롤 이벤트 무한 발생 제거
  onMount(() => {
    const timer = setInterval(()=>{
      window.addEventListener('scroll',handleScroll);
    },100);
    return () => {
      clearInterval(timer);
      window.removeEventListener('scroll',handleScroll);
    }
  });
</script>

<header use:links bind:this={header}> <!-- 바인딩 처리 -->
  <h1><a href="/"><img src="./img/moving_logo.svg" alt="무빙로고" /></a></h1>
  <ul>
    <li><a href="/now"><Icon icon="ic:round-live-tv" color="white" height="28" />현재상영작</a></li>
    <li><a href="/popular">인기영화</a></li>
    <li><a href="/upcoming">개봉예정작</a></li>
    <li><a href="/top">높은평점</a></li>
  </ul>
</header>
```

코드에 변화가 있는 부분은 주석을 달았으니 잘 확인하고 수정해주세요. onMount 함수는 스크롤 이벤트가 무한히 발생하는 것을 방지하기 위해 호출했습니다. onMount 함수 내부에서 스크롤 이벤

트를 연결한 후, 다시 제거하는 코드를 작성했습니다. `header` 변수는 `header` 태그 요소를 바인딩하기 위한 변수로, 컴포넌트는 재사용 가능한 UI이기 때문에 특정 DOM을 선택할 때 `bind:this`로 요소를 지정해야 합니다. 마크업 영역에서는 `bind:this={header}`만 추가했습니다. `handleScroll`은 스크롤 이벤트를 처리하는 함수로, `window` 객체가 받습니다. 따라서 `onMount` 작동 시에 이 함수가 실행되도록 설정했으며, 스크롤바의 상단 좌표가 50px보다 커지면 `active` 클래스를 추가하고, 그렇지 않으면 `active` 클래스를 제거하도록 구현했습니다. `classList`는 클래스 관련 속성을 제어하는 자바스크립트 속성입니다.

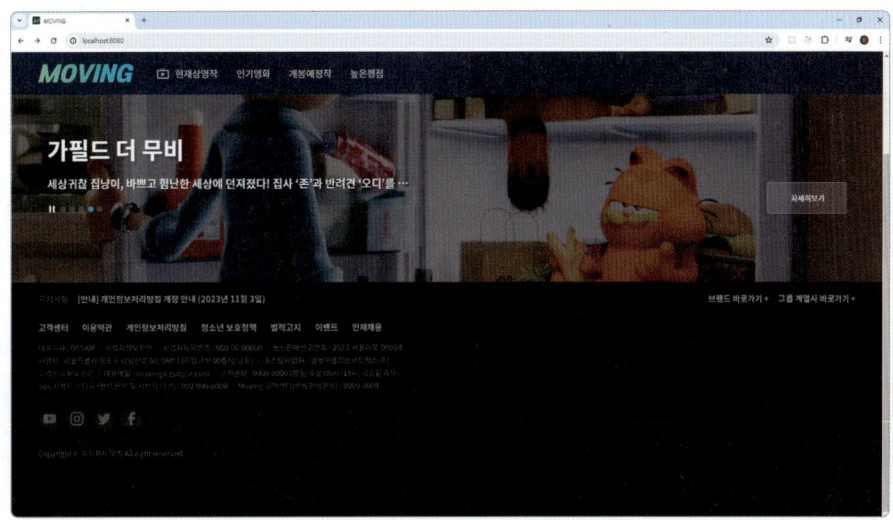

그림 26.17 스크롤바 내렸을 때의 화면

스크롤바를 내리면 헤더의 배경색이 남색으로 진하게 들어가고, 맨 위로 올리면 다시 그러데이션으로 들어가는 것이 확인됩니다.

26.4.5 헤더의 a 태그 활성화

이번에는 서브페이지로 이동했을 때 해당 네비게이션이 활성 표시가 되도록 제작해보겠습니다. `class:active` 지시자를 활용하면 됩니다. `global.css`에는 `active`를 미리 처리해놓았습니다.

코드 26.22 **global.css**   File complete/public/global.css

```css
...
header li svg path{ color: rgba(255,255,255,0.7); }
header li a{ color: rgba(255,255,255,0.7); }
header li a:hover{ color: rgba(255,255,255,1); }
header li a.active{ color: #01b4e4; }
```

```
header li a:hover svg path{ color: rgba(255,255,255,1); }
header li a.active svg path{ color: #01b4e4; }
...
```

마우스를 올렸을 때는 흰색이 선명해지도록 처리했습니다. `active` 클래스를 받았을 때 메인 컬러인 `#01b4e4`이 되도록 설정했습니다.

코드 26.23 **Header.svelte** File complete/src/components/common/Header.svelte

```
<script>
  ...
  //current : 해당 서브페이지 a 태그 활성화 처리 변수
  let current = '';
</script>

<header use:links bind:this={header}>
  <!-- a 태그에 class:active와 on:click 처리-->
  <h1><a href="/" class:active={current === ''} on:click={() => current = ''}><img src="./img/moving_logo.svg" alt="무빙로고" /></a></h1>
  <ul>
    <!-- a 태그에 class:active와 on:click 처리-->
    <li><a href="/now" class:active={current === 'now'} on:click={() => current = 'now'}><Icon icon="ic:round-live-tv" color="white" height="28" />현재상영작</a></li>
    <li><a href="/popular" class:active={current === 'popular'} on:click={() => current = 'popular'}>인기영화</a></li>
    <li><a href="/upcoming" class:active={current === 'upcoming'} on:click={() => current = 'upcoming'}>개봉예정작</a></li>
    <li><a href="/top" class:active={current === 'top'} on:click={() => current = 'top'}>높은평점</a></li>
  </ul>
</header>
```

스크립트 영역에서는 아래에 `current` 변수만 빈 문자열로 처리합니다. 이 `current` 변수는 해당 서브페이지에 들어갔을 때 `active` 클래스를 받도록 처리할 값을 담습니다. 마크업 영역에서는 모든 a 태그 요소에 `class:active` 지시자와 `on:click` 이벤트를 적용합니다. 이렇게 작성하면 해당 네비게이션을 클릭하면 해당 서브페이지로도 이동되고, a 태그 요소에도 `active` 클래스가 붙으면서 활성 처리가 됩니다.

그림 26.18을 보면 선택한 페이지의 해당 네비게이션이 활성화되는 것을 확인할 수 있습니다. 로고를 클릭하여 메인페이지로 이동하면 모든 네비게이션 활성 상태가 사라집니다. 다른 네비게이션도 클릭하며 확인해보세요.

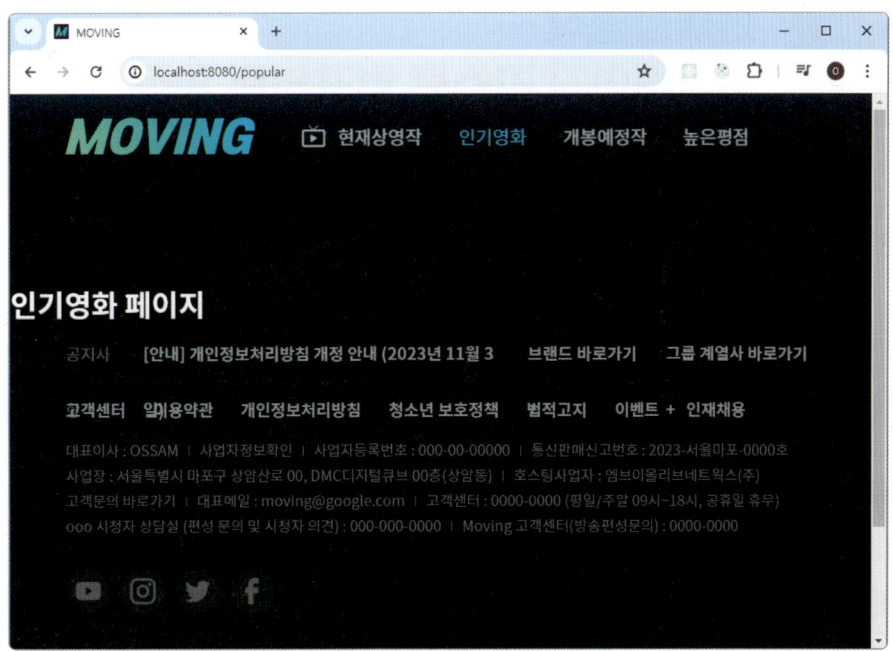

그림 26.18 인기영화 페이지 화면

26.5 현재상영작 — 서브페이지 리스트 컴포넌트 제작

이번에는 현재상영작의 서브페이지 리스트를 보여주는 컴포넌트들을 제작해보겠습니다. 서브페이지 리스트를 클릭하면 서브 상세페이지로 넘어가는데, 서브 상세페이지는 리스트를 먼저 제작 후 제작해야 합니다.

그럼 현재상영작 리스트 제작에 필요한 컴포넌트 구성을 살펴보겠습니다.

- `H2Title.svelte`: 리스트 타이틀을 작성할 컴포넌트
- `NowListContainer.svelte`: 리스트 데이터를 받아 로딩, 성공, 에러 컴포넌트를 담을 부모 컴포넌트
- `LoadingList.svelte`: 리스트 데이터가 로딩될 때 표시할 화면 컴포넌트
- `NowList.svelte`: 리스트 데이터 가져오는 것을 성공했을 때의 화면 컴포넌트
- `Error.svelte`: 리스트 데이터 가져오는 것을 실패했을 때의 화면 컴포넌트

`H2Title.svelte`는 components 폴더의 common 폴더에 새롭게 생성합니다. 타이틀은 다른 리스트들도 사용하여 컴포넌트로 따로 뺐습니다. `NowListContainer.svelte`는 containers 폴더에 새롭게 생성합니다. `LoadingList.svelte`도 다른 리스트들도 사용하기 때문에 components 폴더의 common 폴더에 새롭게 생성합니다. `NowList.svelte`는 서브페이지와 관련된 컴포넌트이기 때문에 components 폴더의 sub 폴더에 새롭게 생성합니다. `Error.svelte`는 기존에 제작한 것을 그대로 사용하겠습니다.

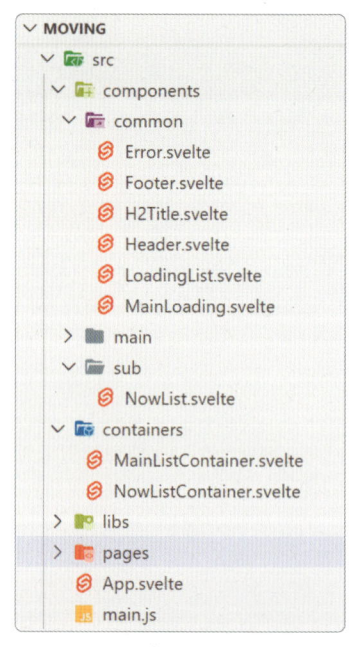

그림 26.19 현재상영작 리스트 관련 컴포넌트 구조

26.5.1 현재상영작 리스트 로딩 화면 구현

컴포넌트들을 보면서 작업하는 것이 좋기 때문에, NowListContainer.svelte를 MainPage.svelte 와 NowPage.svelte에 불러오겠습니다.

코드 26.24 **MainPage.svelte**

```svelte
<script>
  import MainListContainer from "../containers/MainListContainer.svelte";
  import NowListContainer from "../containers/NowListContainer.svelte";
</script>

<MainListContainer />
<NowListContainer />
```

코드 26.25 **NowPage.svelte** 　　　　　　　　　　　　　　　　　File complete/src/pages/NowPage.svelte

```svelte
<script>
  import NowListContainer from "../containers/NowListContainer.svelte";
</script>
<div class="sub_page">
  <NowListContainer />
</div>
```

`<NowListContainer />` 컴포넌트를 NowPage에 불러왔습니다.

코드 26.26 **NowListContainer.svelte**

```svelte
<script>
  import { nowPromise } from '../libs/store';
  import { nows } from '../libs/store';
  import LoadingList from '../components/common/LoadingList.svelte';
  import NowList from '../components/sub/NowList.svelte';
  import Error from '../components/common/Error.svelte';

  const promise = $nowPromise;
</script>

{#await promise}
  <div>로딩중</div>
{:then}
  <LoadingList />
{:catch error}
  <Error />
{/await}
```

CHAPTER 26 OTT 웹 앱 서비스 제작: 무빙

스크립트 영역에서는 스토어로부터 `nowPromise`와 `nows`로 현재예정작 관련 프로미스와 데이터를 가져옵니다. 그리고 로딩, 성공, 실패 시 적용할 컴포넌트들을 모두 자손으로 불러옵니다. `promise` 변수에는 `$nowPromise`를 담아 프로미스 상태를 저장하도록 하겠습니다.

마크업 영역에서는 원래 `{#await promise}` 다음 줄에 `<LoadingList />` 컴포넌트를 처리해야 하지만, 구현 상태를 볼 수 없기 때문에 `{:then}` 다음에 위치시킵니다.

코드 26.27 LoadingList.svelte 　　　　　　　　　　　File complete/src/components/common/LoadingList.svelte

```svelte
<script>
  import { Navigation } from 'swiper';
  import { Swiper, SwiperSlide } from 'swiper/svelte';

  import 'swiper/css';
  import 'swiper/css/navigation';

  //스와이퍼 20개 반복하기 위한 빈 배열
  let loadingArray = [];
  for(let i=0;i<20;i++){
    loadingArray.push('');
  }
</script>

<section class="list_box">
  <h2 class="ex">예시 타이틀</h2>
  <Swiper
    navigation={true}
    modules={[Navigation]}
    slidesPerView={7.2}
    spaceBetween={10}
  >
    {#each loadingArray as loading, i}
      <SwiperSlide>
        <figure class="ex">
          <div class="img_wrap"></div>
          <figcaption></figcaption>
        </figure>
      </SwiperSlide>
    {/each}
  </Swiper>
</section>
```

스크립트 영역에서는 Swiper를 처리할 컴포넌트, 모듈, CSS를 불러옵니다. 이번에는 데이터를 직접 가져오는 것이 아니라, `loadingArray` 배열 변수를 선언하여 여기에 반복적으로 빈 문자열 20개를 담습니다. `loadingArray` 배열은 데이터용이 아닌 each 블록을 20번 사용하기 위해 생성한 것입니다. for 문을 통해 20개의 빈 문자열을 배열에 추가합니다.

마크업 영역에서는 실제 제목도 들어가지 않기 때문에 직접 h2 태그 요소에 타이틀을 작성했습니다. CSS에서 글자는 숨기고 배경색만 어둡게 처리합니다. each 블록을 통해 `<SwiperSlide>` 컴포넌트를 20개 반복하여 표시합니다.

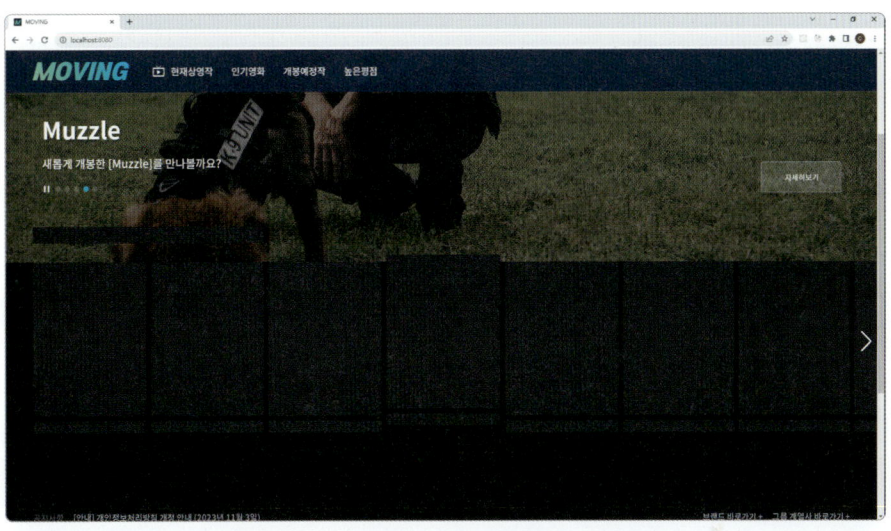

그림 26.20 메인페이지에서의 로딩 리스트 화면

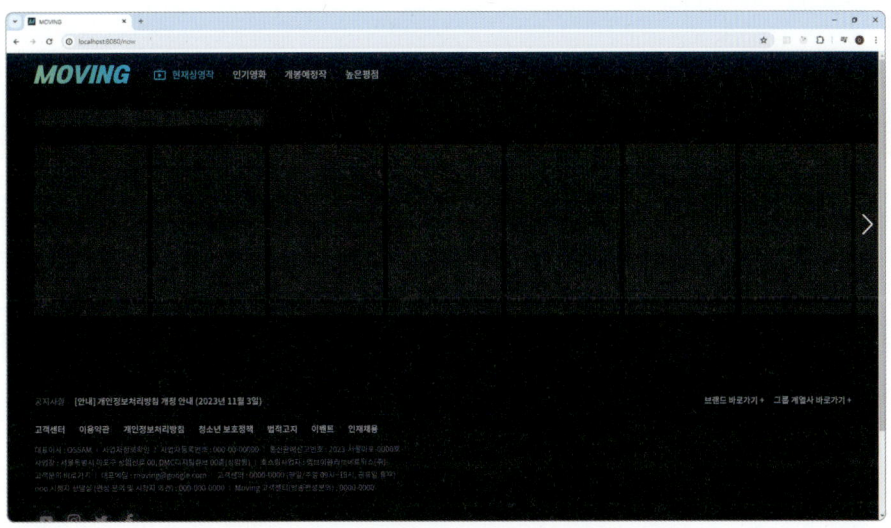

그림 26.2 현재상영작 페이지에서의 로딩 리스트 화면

그럼 데이터 없이 회색 배경색으로 리스트들이 표시됩니다. 서버로부터 데이터가 늦게 도착하는 경우, 화면이 깨지지 않도록 이 부분을 반드시 제작해야 합니다.

26.5.2 현재상영작 리스트 구현 페이지

이번에는 리스트 데이터가 성공했을 때의 화면을 구현하겠습니다. 데이터를 잘 받아와서 리스트가 모두 표시되어야 합니다. 먼저 `NowListContainer.svelte`에 컴포넌트 위치를 변경합니다.

코드 26.28 NowListContainer.svelte (File) complete/src/containers/NowListContainer.svelte

```
<script>
  ...
</script>

{#await promise}
  <LoadingList />
{:then}
  <NowList datas={$nows} />
{:catch error}
  <Error />
{/await}
```

마크업 영역에서 `{#await promise}` 아래에 `<LoadingList />` 컴포넌트를 작성합니다. `{:then}` 아래 부분에 `<NowList datas={$nows} />`를 처리합니다. 이때 데이터도 전달해야 하므로 `datas`라는 `props`에 `$nows`를 전달합니다.

코드 26.29 H2Title.svelte (File) complete/src/components/common/H2Title.svelte

```
<script>
  export let name;
</script>

<h2>{name}</h2>
```

스크립트 영역에서는 부모로부터 전달받은 `name`을 `props`를 내려받습니다. 마크업 영역에서 `h2` 태그 요소에 `{name}`을 반환합니다.

코드 26.30 NowList.svelte (File) complete/src/components/sub/NowList.svelte

```
<script>
  import { links } from "svelte-routing";
  import { Navigation } from 'swiper';
  import { Swiper, SwiperSlide } from 'swiper/svelte';
```

```svelte
  import H2Title from '../common/H2Title.svelte';

  import 'swiper/css';
  import 'swiper/css/navigation';

  export let datas;
  let nows = [];

  datas.then((value) => {
    nows = value;
  });
</script>

<section class="list_box" use:links>
  <H2Title name="새로 개봉한 현재 상영작" />
  <Swiper
    navigation={true}
    modules={[Navigation]}
    slidesPerView={7.2}
    spaceBetween={10}
  >
    {#each nows as now, index(now) }
      <SwiperSlide>
        <a href={`/now/${now.id}`}>
          <figure>
            <div class="img_wrap">
              <img src={`https://image.tmdb.org/t/p/original/${now.poster_path}`} alt={now.title} />
            </div>
            <figcaption>{now.title}</figcaption>
          </figure>
        </a>
      </SwiperSlide>
    {/each}
  </Swiper>
</section>
```

스크립트 영역에서는 `import { links } from "svelte-routing";`를 호출합니다. 리스트를 클릭하면 서브 상세페이지로 이동해야 하므로 라우터 경로를 호출합니다. 아래에는 Swiper 관련 컴포넌트, 모듈, CSS를 불러옵니다. 부모로부터 받은 props인 `datas`를 내려받습니다. `nows` 배열은 데이터 가져오기를 성공하면 현재상영작 데이터를 담을 빈 배열입니다.

마크업 영역에서는 `<H2Title name="새로 개봉한 현재 상영작" />`를 작성하여 `name`을 props에 제목 문자열을 처리합니다. `nows` 배열 데이터를 이용하여 `each` 블록으로 개수만큼 `<SwiperSlide>`

컴포넌트를 반복합니다. 이때 `<a href={`/now/${now.id}`}>`로 해당 `id`값을 URL 파라미터로 처리하여 페이지가 이동하도록 합니다. 리스트에는 포스터 경로, 타이틀을 가져와서 데이터를 활용합니다.

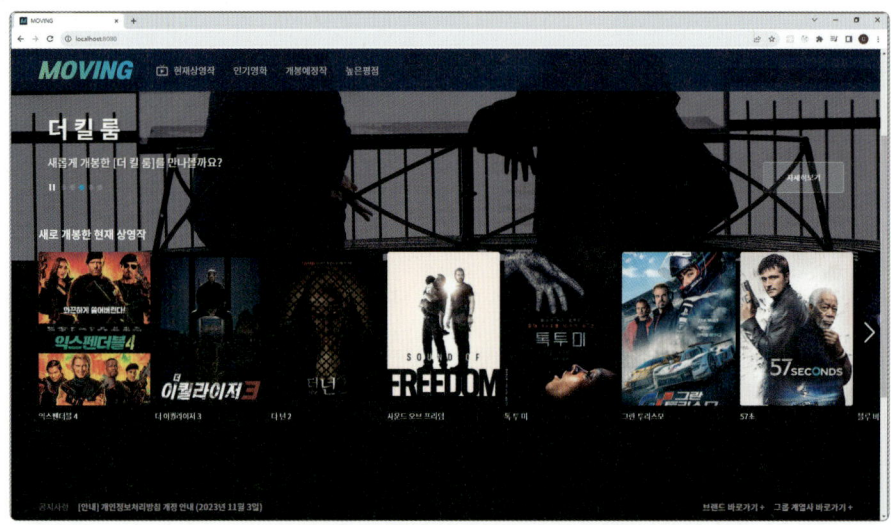

그림 26.22 현재상영작 리스트 구현 화면

메인페이지를 보면 현재상영작 리스트들이 잘 구현되어 있습니다. 현재상영작 서브페이지에서도 리스트는 잘 구현되어 있는 것을 확인할 수 있습니다.

26.6 현재상영작 — 리스트별 상세페이지 제작

이번에는 현재상영작의 리스트별 상세페이지를 제작해보겠습니다. 서브페이지 리스트에는 벌써 링크를 걸어두었습니다. 영화 리스트들의 `id`값으로부터 파라미터를 받아와서 상세 페이지를 제작해야 합니다.

그럼 현재상영작 리스트 제작에 필요한 컴포넌트 구성을 살펴보겠습니다.

- `NowContainer.svelte`: 리스트 데이터를 받아 상세페이지에 대한 로딩, 성공, 에러 컴포넌트를 담을 부모 컴포넌트
- `MainLoading.svelte`: 상세페이지가 로딩될 때 표시할 화면 컴포넌트
- `ListSub.svelte`: 상세페이지 데이터 가져오는 것을 성공했을 때의 화면 컴포넌트
- `Error.svelte`: 리스트 데이터를 가져오는 것에 실패했을 때의 화면 컴포넌트

그림 26.23 현재상영작 리스트 세부 페이지 폴더 구조

`MainLoading.svelte`와 `Error.svelte`는 기존에 제작한 파일을 그대로 사용할 예정이므로, 불러오기만 하면 됩니다. `NowContainer.svelte`는 `containers` 폴더에 새롭게 생성합니다. `ListSub.svelte`는 다른 서브 상세페이지 제작에도 그대로 사용할 것이므로, `components` 폴더의 `common` 폴더에 새롭게 생성하겠습니다.

라우터 기능을 사용하여 파라미터 정보를 내려받아야 합니다. 이를 통해 해당 `id` 값을 이용해 상세 서브페이지가 연동됩니다. `NowSubPage.svelte`에 `NowContainer.svelte`를 자손으로 불러와 `id` 값을 내려주겠습니다.

코드 26.31 NowSubPage.svelte   File complete/src/pages/NowSubPage.svelte

```svelte
<script>
  import NowContainer from "../containers/NowContainer.svelte";
  export let id;
</script>

<NowContainer id={parseInt(id,10)} />
```

`<NowContainer />` 컴포넌트를 불러옵니다. `App.svelte`에서 내려준 props인 `id`값을 내려받습니다. 그리고 `<NowContainer id={parseInt(id,10)} />`에 다시 props로 내려줍니다. 주소의 파라미터는 문자열이어서 `parseInt` 함수를 통해 10진법 숫자로 변경합니다.

코드 26.32 NowContainer.svelte   File complete/src/containers/NowContainer.svelte

```svelte
<script>
  import { nowPromise } from '../libs/store';
  import { nows } from '../libs/store';
  import { genres } from '../libs/store';
  import MainLoading from '../components/common/MainLoading.svelte';
  import ListSub from '../components/common/ListSub.svelte';
  import Error from '../components/common/Error.svelte';

  export let id;

  const promise = $nowPromise;
  let datas = [];
  let genresDatas = [];
  $nows.then(value => {
    datas = value;
  });
  $genres.then(value => {
    genresDatas = value;
  });
```

```
</script>
{#await promise}
  <MainLoading />
{:then}
  <ListSub id={id} datas={datas} genres={genresDatas} />
{:catch error}
  <Error />
{/await}
```

스크립트 영역에서는 `nowPromise`로 현재상영작의 프로미스 상태를 받고, `nows`를 통해 현재상영작 배열 데이터를 받아옵니다. `genres`는 `nows`에 장르 정보가 숫자로 반환되기 때문에 이를 한글로 변경하기 위한 데이터를 불러오는 데 사용됩니다. 로딩, 성공, 실패 시 적용할 자손 컴포넌트를 3개 불러오고, 부모로부터 받은 `id`값도 내려받습니다. `promise`는 `await` 블록에서 사용할 프로미스 상태를 담고, `datas`는 `nows` 데이터를 성공적으로 가져오면 채울 빈 배열 변수입니다. `genresDatas`도 마찬가지로, `genres` 데이터를 성공적으로 받아오면 채울 빈 배열 변수입니다.

마크업 영역에서는 로딩 중에 `<MainLoading />` 컴포넌트를 처리하고, 데이터를 가져오는 것이 실패하면 `<Error />` 컴포넌트를 처리합니다. 데이터를 성공적으로 가져오면 `<ListSub id={id} datas={datas} genres={genresDatas} />`를 처리하여 `id`와 `datas`와 `genres`를 props로 전달합니다.

코드 26.33 ListSub.svelte

File complete/src/components/common/ListSub.svelte

```
<script>
  import Icon from '@iconify/svelte';

  export let id;
  export let datas;
  export let genres;

  const data = datas.filter(data => {
    return data.id === id;
  });
  const { genre_ids, original_title, overview, poster_path, release_date, title } = data[0];

  let genre_ko_ids = [];
  for(let i in genre_ids){
    for(let j in genres){
      if(genre_ids[i] === genres[j].id){
        genre_ko_ids.push(genres[j].name);
      }
    }
  }
```

```
</script>
<div class="subpage_box">
  <img src={`https://image.tmdb.org/t/p/original/${poster_path}`} alt={title} class="contentsBg" />
  <div class="contents_wrap">
    <div class="contents_left">
      <h2>{title}({original_title})</h2>
      <ul class="info">
        {#if release_date}
          <li>{release_date}</li>
        {/if}
        {#each genre_ko_ids as genre_ko_id, i}
          <li>{genre_ko_id}</li>
        {/each}
      </ul>
      <ul class="btn">
        <li class="view_btn"><a href="#!">▶ 영화 시청하기</a></li>
        <li class="bookmark_btn">
          <a href="#!"><Icon icon="clarity:heart-line" />찜</a>
        </li>
        <li class="share_btn">
          <a href="#!"><Icon icon="octicon:share-24" />공유</a>
        </li>
      </ul>
      <p>
        {#if overview === ''}
          설명은 업데이트되면 추가하겠습니다.
        {:else}
          {overview}
        {/if}
      </p>
    </div>
    <div class="poster_wrap">
      <img src={`https://image.tmdb.org/t/p/original/${poster_path}`} alt={title} />
    </div>
  </div>
</div>
```

스크립트 영역에서는 아이콘이 사용될 것이므로 `iconify`를 호출합니다. 부모로부터 `id`, `datas`, `genres`를 내려받습니다. `datas`는 전체 배열 데이터이므로 `data` 변수에 `id`값과 같은 데이터만 반환하도록 `filter` 메서드를 처리합니다. `data[0]`에 담긴 객체 속성을 비구조화 할당을 통해 각각의 변수에 담습니다. `genre_ko_ids`는 해당 장르를 한글로 담을 배열입니다. `for` 문을 통해 각각의 장르를 담아줍니다. 마크업 영역에서는 비구조화 할당으로 받은 각각의 데이터를 태그 요소들에 적절히 담았습니다.

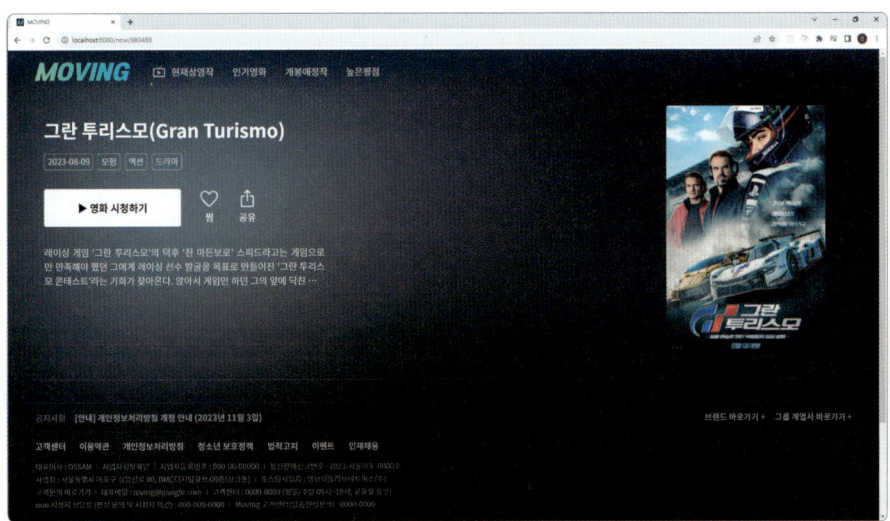

그림 26.24 리스트 상세페이지 구현 화면

리스트를 클릭하면 해당 영화에 대한 상세페이지가 구현되는 것을 확인할 수 있습니다. 다른 리스트들도 데이터가 잘 들어왔는지 확인해봅니다. 메인페이지의 자세히보기 버튼을 눌러도 상세페이지가 구현되는 것을 확인할 수 있습니다.

26.7 인기영화 페이지 제작

이번에는 인기영화 페이지를 제작해보겠습니다. 페이지 리스트와 리스트의 상세페이지까지 모두 한 번에 제작해보겠습니다.

먼저 새롭게 생성해야 할 컴포넌트 목록을 확인해보겠습니다.

- `PopularListContainer.svelte`: 리스트 데이터를 담아 리스트 목록에 대한 로딩, 성공, 에러 컴포넌트를 담을 부모 컴포넌트
- `PopularContainer.svelte`: 리스트 데이터를 받아 상세 페이지에 대한 로딩, 성공, 에러 컴포넌트를 담을 부모 컴포넌트
- `PopularList.svelte`: 리스트 데이터 가져오는 것을 성공했을 때의 목록을 표시할 화면 컴포넌트

`PopularListContainer.svelte`와 `PopularContainer.svelte`는 `containers` 폴더에 새롭게 생성합니다. `PopularList.svelte`는 `components` 폴더의 `sub` 폴더 내부에 새롭게 생성하면 됩니다. `PopularList.svelte` 같은 경우 디자인이나 구현 방법이 같았다면 공통적으로 만들어서 사용해도 됩니다. 이 프로젝트에서는 '인기영화'와 '높은평점'은 순위를 표시하고 마우스 오버 시 데이터가 보이게 처리하여 화면 구현을 각각 다르게 처리하겠습니다.

26.7.1 인기영화 리스트 목록 구현

`PopularListContainer.svelte`는 메인페이지와 인기영화 페이지에 모두 리스트를 표시할 것입니다.

코드 26.34 MainPage.svelte

```svelte
<script>
    import MainListContainer from "../containers/MainListContainer.svelte";
    import NowListContainer from "../containers/NowListContainer.svelte";
    import PopularListContainer from "../containers/PopularListContainer.svelte";
</script>

<MainListContainer />
<NowListContainer />
<PopularListContainer />
```

코드 26.35 **PopularPage.svelte** 　　　　　　　　　　 File complete/src/pages/PopularPage.svelte

```svelte
<script>
  import PopularListContainer from "../containers/PopularListContainer.svelte";
</script>

<div class="sub_page">
  <PopularListContainer />
</div>
```

`<PopularListContainer />` 컴포넌트를 2개 페이지에 모두 불러왔습니다.

코드 26.36 **PopularListContainer.svelte** 　　 File complete/src/containers/PopularListContainer.svelte

```svelte
<script>
  import { popularPromise } from '../libs/store';
  import { populars } from '../libs/store';
  import LoadingList from '../components/common/LoadingList.svelte';
  import PopularList from '../components/sub/PopularList.svelte';
  import Error from '../components/common/Error.svelte';

  const promise = $popularPromise;
</script>

{#await promise}
  <LoadingList />
{:then}
  <PopularList datas={$populars} />
{:catch error}
  <Error />
{/await}
```

스크립트 영역에서는 스토어로부터 `popularPromise`와 `populars`로 '인기영화' 관련 프로미스와 데이터를 불러옵니다. 그리고 로딩, 성공, 실패 시 적용할 컴포넌트들을 모두 자손으로 불러옵니다. `promise` 변수에는 `$popularPromise`를 담아 프로미스 상태를 담도록 하겠습니다.

마크업 영역에서는 로딩, 성공, 에러 관련 컴포넌트를 직접적으로 작성하겠습니다. `<PopularList datas={$populars} />`에는 `datas`로 props를 내려줍니다.

코드 26.37 **PopularList.svelte** 　　　　　　 File complete/src/components/sub/PopularList.svelte

```svelte
<script>
  import { links } from "svelte-routing";
  import { Navigation } from 'swiper';
  import { Swiper, SwiperSlide } from 'swiper/svelte';
```

```svelte
  import H2Title from '../common/H2Title.svelte';

  import 'swiper/css';
  import 'swiper/css/navigation';

  export let datas;
  let populars = [];

  datas.then((value) => {
    populars = value;
  });
</script>

<section class="list_box" use:links>
  <H2Title name="현재 가장 인기 있는 영화" />
  <Swiper
    navigation={true}
    modules={[Navigation]}
    slidesPerView={7.2}
    spaceBetween={10}
  >
    {#each populars as popular, i }
      <SwiperSlide>
        <a href={`/popular/${popular.id}`}>
          <figure>
            <div class="img_wrap">
              <img src={`https://image.tmdb.org/t/p/original/${popular.poster_path}`} alt={popular.title} />
            </div>
            {#if i < 9}
              <figcaption class="lanking_title">{popular.title}</figcaption>
            {:else}
              <figcaption class="lanking_title2">{popular.title}</figcaption>
            {/if}
          </figure>
          <div class="hover_box">
            <h3>{popular.title}</h3>
            <p class="type">평점 : {popular.vote_average * 10}</p>
            {#if popular.overview === ''}
              <p class="explain">설명은 업데이트되면 추가하겠습니다.</p>
            {:else}
              <p class="explain">{popular.overview}</p>
            {/if}
          </div>
          <span class="lanking">{i + 1}</span>
        </a>
      </SwiperSlide>
    {/each}
```

```
        </Swiper>
    </section>
```

이 코드는 코드 26.30 `NowList.svelte`와 크게 다르진 않습니다. 데이터를 받아서 Swiper처리를 한 것입니다. 대신 마크업 영역에서 `<div class="hover_box"></div>`로 마우스 오버 시 보일 콘텐츠를 추가했습니다. `<span class="lanking">{i + 1}</span>`를 통해 순위를 리스트에 표시합니다.

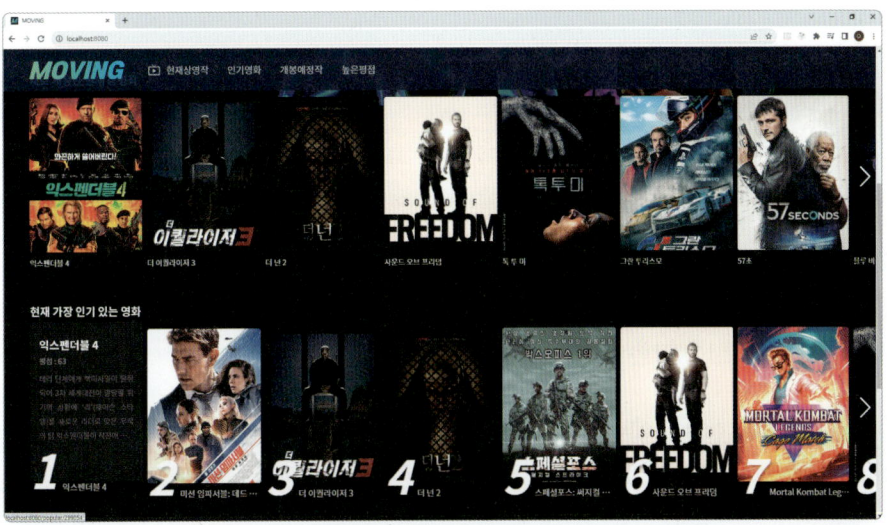

그림 26.25 메인페이지에 구현된 인기영화 리스트 목록 화면

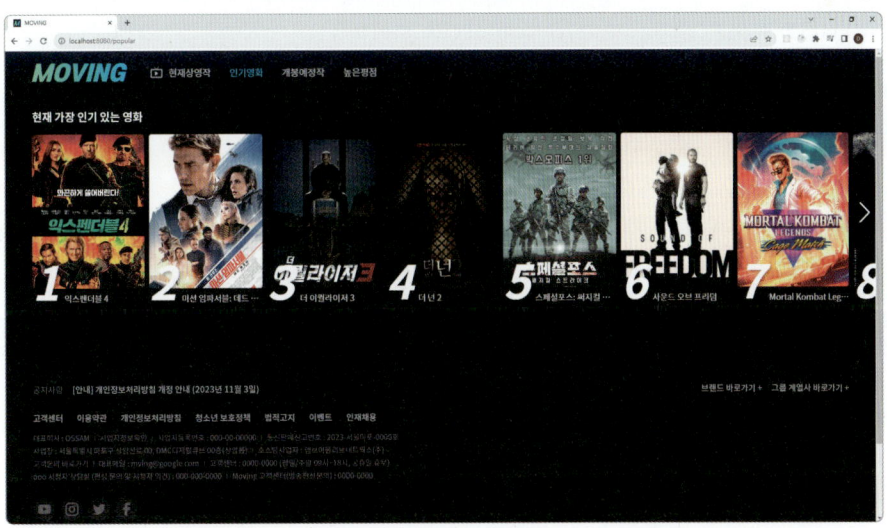

그림 26.26 인기영화 페이지에 구현된 리스트 목록 화면

결과를 보면 리스트 목록에 순위가 숫자로 있고, 마우스 오버 시 상세 설명이 보입니다. TMDB 데이터를 실시간으로 가져오기 때문에 보이는 페이지나 순위는 페이지를 열 때마다 바뀔 수 있습니다.

26.7.2 인기영화 리스트 상세 페이지 구현

리스트 목록을 모두 구현했으므로 상세 페이지를 구현해보겠습니다. 일단 파라미터 정보를 받아와야 하기 때문에 `PopularSubPage.svelte`를 먼저 수정합니다.

코드 26.38 PopularSubPage.svelte   File complete/src/pages/PopularSubPage.svelte

```svelte
<script>
  import PopularContainer from "../containers/PopularContainer.svelte";
  export let id;
</script>

<PopularContainer id={parseInt(id,10)} />
```

파라미터로 내려받은 `id`를 자손 컴포넌트에 props로 내려줍니다.

코드 26.39 PopularContainer.svelte   File complete/src/containers/PopularContainer.svelte

```svelte
<script>
  import { popularPromise } from '../libs/store';
  import { populars } from '../libs/store';
  import { genres } from '../libs/store';
  import MainLoading from '../components/common/MainLoading.svelte';
  import ListSub from '../components/common/ListSub.svelte';
  import Error from '../components/common/Error.svelte';

  export let id;

  const promise = $popularPromise;
  let datas = [];
  let genresDatas = [];
  $populars.then(value => {
    datas = value;
  });
  $genres.then(value => {
    genresDatas = value;
  });
</script>

{#await promise}
  <MainLoading />
{:then}
```

```
    <ListSub id={id} datas={datas} genres={genresDatas} />
{:catch error}
    <Error />
{/await}
```

이 코드는 역시 코드 26.32 NowContainer.svelte와 크게 다르지 않습니다. '인기영화' 데이터를 <ListSub /> 컴포넌트에 내려준다는 점만 다릅니다. 컴포넌트를 재사용하기 때문에 쉽게 구현이 되는 것을 확인할 수 있습니다. 리스트 목록을 클릭하면 상세페이지로 이동되는 것을 확인할 수 있습니다.

26.8 개봉예정작 페이지 제작

이번에는 '개봉예정작' 페이지를 제작해보겠습니다. 페이지 리스트와 각 리스트의 상세페이지까지 모두 한 번에 제작해보겠습니다.

먼저 새롭게 생성해야 할 컴포넌트 목록을 확인해보겠습니다.

- `UpcomingListContainer.svelte`: 리스트 데이터를 담아 리스트 목록에 대한 로딩, 성공, 에러 컴포넌트를 담을 부모 컴포넌트
- `UpcomingContainer.svelte`: 리스트 데이터를 받아 상세페이지에 대한 로딩, 성공, 에러 컴포넌트를 담을 부모 컴포넌트
- `UpcomingList.svelte`: 리스트 데이터 가져오는 것을 성공했을 때의 목록을 표시할 화면 컴포넌트

`UpcomingListContainer.svelte`와 `UpcomingContainer.svelte`는 `containers` 폴더에 새롭게 생성합니다. `UpcomingList.svelte`는 `components` 폴더의 `sub` 폴더 내부에 새롭게 생성하면 됩니다. '개봉예정작'과 '높은평점' 페이지는 이제 반복적인 내용이 될 것입니다.

26.8.1 개봉예정작 리스트 목록 구현

`UpcomingListContainer.svelte`는 메인페이지와 개봉예정작 페이지에 모두 리스트를 표시할 것입니다.

코드 26.40 **MainPage.svelte**

```svelte
<script>
  import MainListContainer from "../containers/MainListContainer.svelte";
  import NowListContainer from "../containers/NowListContainer.svelte";
  import PopularListContainer from "../containers/PopularListContainer.svelte";
  import UpcomingListContainer from "../containers/UpcomingListContainer.svelte";
</script>

<MainListContainer />
<NowListContainer />
<PopularListContainer />
<UpcomingListContainer />
```

코드 26.41 UpcomingPage.svelte   `File` complete/src/pages/UpcomingPage.svelte

```svelte
<script>
  import UpcomingListContainer from "../containers/UpcomingListContainer.svelte";
</script>

<div class="sub_page">
  <UpcomingListContainer />
</div>
```

`<UpcomingListContainer />` 컴포넌트를 2개 페이지에 모두 불러왔습니다.

코드 26.42 UpcomingListContainer.svelte   `File` complete/src/containers/UpcomingListContainer.svelte

```svelte
<script>
  import { upcomingPromise } from '../libs/store';
  import { upcomings } from '../libs/store';
  import LoadingList from '../components/common/LoadingList.svelte';
  import UpcomingList from '../components/sub/UpcomingList.svelte';
  import Error from '../components/common/Error.svelte';

  const promise = $upcomingPromise;
</script>

{#await promise}
  <LoadingList />
{:then}
  <UpcomingList datas={$upcomings} />
{:catch error}
  <Error />
{/await}
```

스크립트 영역에서는 스토어로부터 `upcomingPromise`와 `upcomings`로 개봉예정작 관련 프로미스와 데이터를 불러옵니다. 그리고 로딩, 성공, 실패 시 적용할 컴포넌트들을 모두 자손으로 불러옵니다. `promise` 변수에는 `$upcomingPromise`를 담아 프로미스 상태를 담도록 하겠습니다.

마크업 영역에서는 로딩, 성공, 에러 관련 컴포넌트를 각각 작성하며, `<UpcomingList datas={$upcomings} />`에는 datas로 props를 전달합니다.

코드 26.43 UpcomingList.svelte   `File` complete/src/components/sub/UpcomingList.svelte

```svelte
<script>
  import { links } from "svelte-routing";
  import { Navigation } from 'swiper';
  import { Swiper, SwiperSlide } from 'swiper/svelte';
```

```svelte
  import H2Title from '../common/H2Title.svelte';

  import 'swiper/css';
  import 'swiper/css/navigation';

  export let datas;
  let upcomings = [];

  datas.then((value) => {
    upcomings = value;
  });
</script>

<section class="list_box" use:links>
  <H2Title name="곧 개봉할 흥미로운 예정작" />
  <Swiper
    navigation={true}
    modules={[Navigation]}
    slidesPerView={7.2}
    spaceBetween={10}
  >
    {#each upcomings as upcoming, index(upcoming) }
      <SwiperSlide>
        <a href={`/upcoming/${upcoming.id}`}>
          <figure>
            <div class="img_wrap">
              <img src={`https://image.tmdb.org/t/p/original/${upcoming.poster_path}`} alt={upcoming.title} />
            </div>
            <figcaption>{upcoming.title}</figcaption>
          </figure>
        </a>
      </SwiperSlide>
    {/each}
  </Swiper>
</section>
```

코드 26.43은 코드 26.30 `NowList.svelte`와 크게 다르진 않습니다. 데이터를 받아서 Swiper 처리를 한 것입니다.

리스트 결과가 메인페이지와 개봉예정작 페이지에 구현된 것을 확인할 수 있습니다.

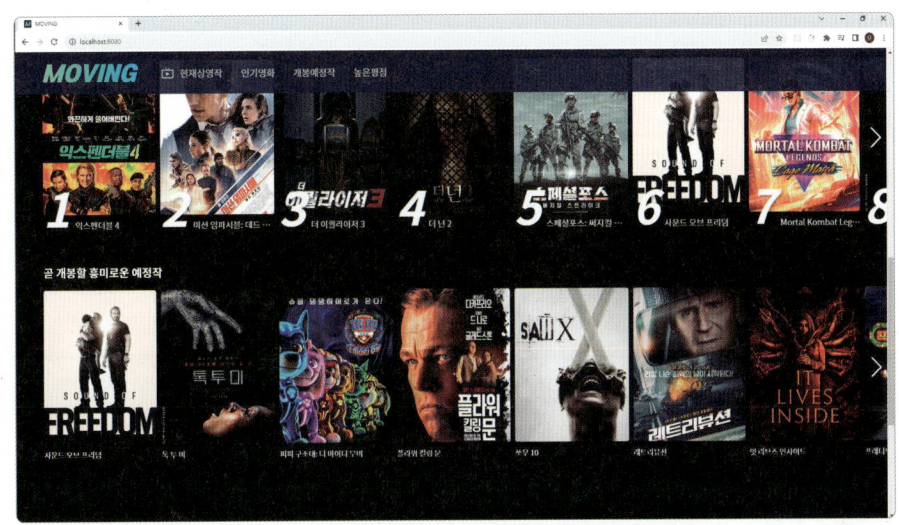

그림 26.27 메인페이지의 개봉예정작 리스트 목록 구현

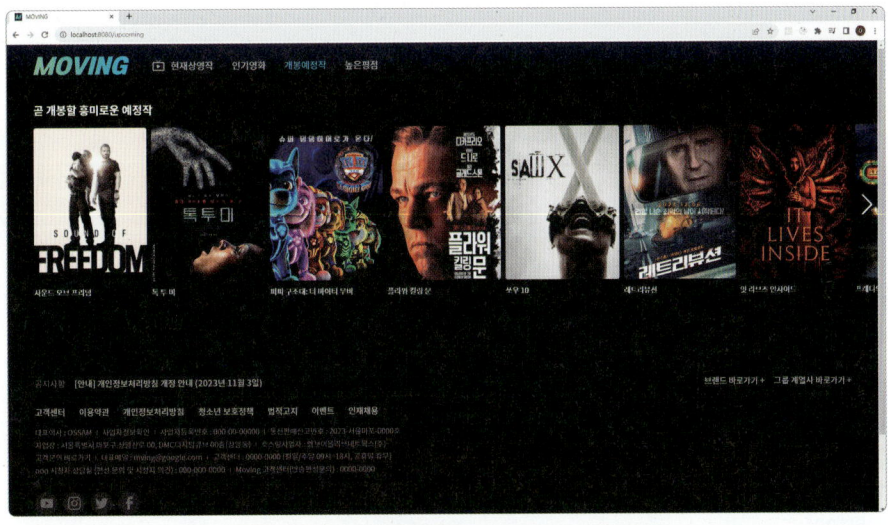

그림 26.28 개봉예정작 페이지의 리스트 목록 구현

26.8.2 개봉예정작 리스트 상세 페이지 구현

리스트 목록을 모두 구현했으므로 상세 페이지를 구현해보겠습니다. 일단 파라미터 정보를 받아와야 하기 때문에 `UpcomingSubPage.svelte`를 먼저 수정합니다.

코드 26.44 UpcomingSubPage.svelte   File complete/src/pages/UpcomingSubPage.svelte

```
<script>
  import UpcomingContainer from "../containers/UpcomingContainer.svelte";
```

```svelte
  export let id;
</script>

<UpcomingContainer id={parseInt(id,10)} />
```

파라미터로 내려받은 `id`를 자손 컴포넌트에 props로 내려줍니다.

코드 26.45 UpcomingContainer.svelte
_{File} complete/src/containers/UpcomingContainer.svelte

```svelte
<script>
  import { upcomingPromise } from '../libs/store';
  import { upcomings } from '../libs/store';
  import { genres } from '../libs/store';
  import MainLoading from '../components/common/MainLoading.svelte';
  import ListSub from '../components/common/ListSub.svelte';
  import Error from '../components/common/Error.svelte';

  export let id;

  const promise = $upcomingPromise;
  let datas = [];
  let genresDatas = [];
  $upcomings.then(value => {
    datas = value;
  });
  $genres.then(value => {
    genresDatas = value;
  });
</script>

{#await promise}
  <MainLoading />
{:then}
  <ListSub id={id} datas={datas} genres={genresDatas} />
{:catch error}
  <Error />
{/await}
```

이 코드는 역시 예제 26.32 `NowContainer.svelte`와 크게 다르지 않습니다. 개봉예정작 데이터를 `<ListSub />` 컴포넌트에 내려준다는 점만 다릅니다. 컴포넌트를 재사용하기 때문에 쉽게 구현이 되는 것을 확인할 수 있습니다. 리스트 목록을 클릭하면 상세 페이지로 이동되는 것을 확인할 수 있습니다.

26.9 높은평점 페이지 제작

이번에는 '높은평점' 페이지를 제작해보겠습니다. 페이지 리스트와 리스트 상세페이지까지 모두 한 번에 제작해보겠습니다.

먼저 새롭게 생성해야 할 컴포넌트 목록을 확인해보겠습니다.

- `TopListContainer.svelte`: 리스트 데이터를 담아 리스트 목록에 대한 로딩, 성공, 에러 컴포넌트를 담을 부모 컴포넌트
- `TopContainer.svelte`: 리스트 데이터를 받아 상세 페이지에 대한 로딩, 성공, 에러 컴포넌트를 담을 부모 컴포넌트
- `TopList.svelte`: 리스트 데이터 가져오는 것을 성공했을 때의 목록을 표시할 화면 컴포넌트

`TopListContainer.svelte`와 `TopContainer.svelte`는 `containers` 폴더에 새롭게 생성합니다. `TopList.svelte`는 `components` 폴더의 `sub` 폴더 내부에 새롭게 생성해주면 됩니다.

26.9.1 높은평점 리스트 목록 구현

`TopListContainer.svelte`는 메인페이지와 높은평점 페이지에 모두 리스트를 표시할 것입니다.

코드 26.46 **MainPage.svelte** File complete/src/pages/MainPage.svelte

```svelte
<script>
  import MainListContainer from "../containers/MainListContainer.svelte";
  import NowListContainer from "../containers/NowListContainer.svelte";
  import PopularListContainer from "../containers/PopularListContainer.svelte";
  import UpcomingListContainer from "../containers/UpcomingListContainer.svelte";
  import TopListContainer from "../containers/TopListContainer.svelte";
</script>

<MainListContainer />
<NowListContainer />
<PopularListContainer />
<UpcomingListContainer />
<TopListContainer />
```

코드 26.47 **TopPage.svelte**　　　　　　　　　　　　　[File] complete/src/pages/TopPage.svelte

```svelte
<script>
  import TopListContainer from "../containers/TopListContainer.svelte";
</script>

<div class="sub_page">
  <TopListContainer />
</div>
```

`<TopListContainer />` 컴포넌트를 2개 페이지에 모두 불러왔습니다.

코드 26.48 **TopListContainer.svelte**　　　　　　　[File] complete/src/containers/TopListContainer.svelte

```svelte
<script>
  import { topPromise } from '../libs/store';
  import { tops } from '../libs/store';
  import LoadingList from '../components/common/LoadingList.svelte';
  import TopList from '../components/sub/TopList.svelte';
  import Error from '../components/common/Error.svelte';

  const promise = $topPromise;
</script>

{#await promise}
  <LoadingList />
{:then}
  <TopList datas={$tops} />
{:catch error}
  <Error />
{/await}
```

스크립트 영역에서는 스토어로부터 `topPromise`와 `tops`로 인기영화 관련 프로미스와 데이터를 불러옵니다. 그리고 로딩, 성공, 실패 시 적용할 컴포넌트들을 모두 자손으로 불러옵니다. `promise` 변수에는 `$topPromise`를 담아 프로미스 상태를 담도록 하겠습니다.

마크업 영역에서는 로딩, 성공, 에러 관련 컴포넌트를 직접적으로 작성하겠습니다. `<TopList datas={$tops} />`에는 datas로 props를 내려줍니다.

코드 26.49 **TopList.svelte**　　　　　　　　　　　　[File] complete/src/components/sub/TopList.svelte

```svelte
<script>
  import { links } from "svelte-routing";
  import { Navigation } from 'swiper';
  import { Swiper, SwiperSlide } from 'swiper/svelte';
```

```svelte
	import H2Title from '../common/H2Title.svelte';

	import 'swiper/css';
	import 'swiper/css/navigation';

	export let datas;
	let tops = [];

	datas.then((value) => {
		tops = value;
	});
</script>

<section class="list_box" use:links>
	<H2Title name="클래스는 영원하다! 높은 평점 영화" />
	<Swiper
		navigation={true}
		modules={[Navigation]}
		slidesPerView={7.2}
		spaceBetween={10}
	>
		{#each tops as top, i }
			<SwiperSlide>
				<a href={`/top/${top.id}`}>
					<figure>
						<div class="img_wrap">
							<img src={`https://image.tmdb.org/t/p/original/${top.poster_path}`} alt={top.title} />
						</div>
						{#if i < 9}
							<figcaption class="lanking_title">{top.title}</figcaption>
						{:else}
							<figcaption class="lanking_title2">{top.title}</figcaption>
						{/if}
					</figure>
					<div class="hover_box">
						<h3>{top.title}</h3>
						<p class="type">평점 : {top.vote_average * 10}</p>
						{#if top.overview === ''}
							<p class="explain">설명은 업데이트되면 추가하겠습니다.</p>
						{:else}
							<p class="explain">{top.overview}</p>
						{/if}
					</div>
					<span class="lanking">{i + 1}</span>
				</a>
			</SwiperSlide>
		{/each}
	</Swiper>
</section>
```

이 코드는 코드 26.30 `NowList.svelte`와 크게 다르진 않습니다. 데이터를 받아서 Swiper 처리를 한 것입니다. 대신 마크업 영역에 `<div class="hover_box"></div>`로 마우스 오버 시 보일 콘텐츠를 추가했습니다. `<span class="lanking">{i + 1}</span>`를 통해 순위를 리스트에 표시합니다.

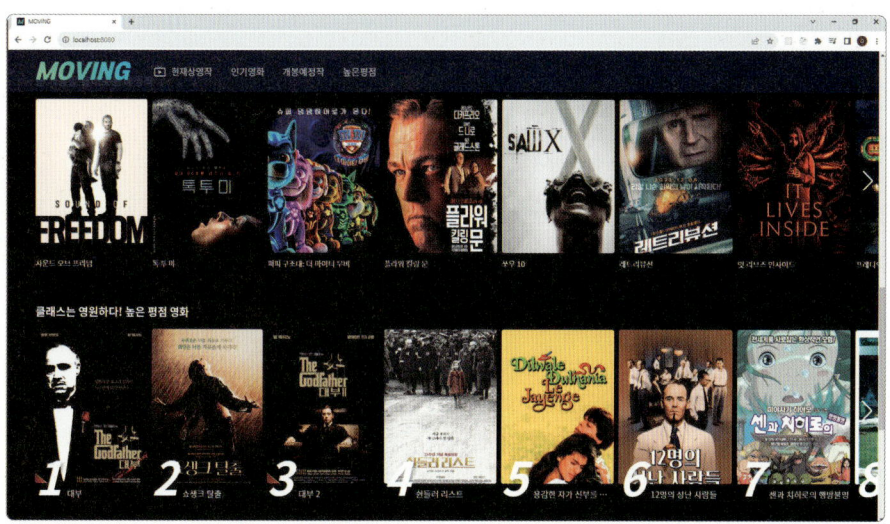

그림 26.29　메인페이지의 높은 평점 리스트 목록 구현

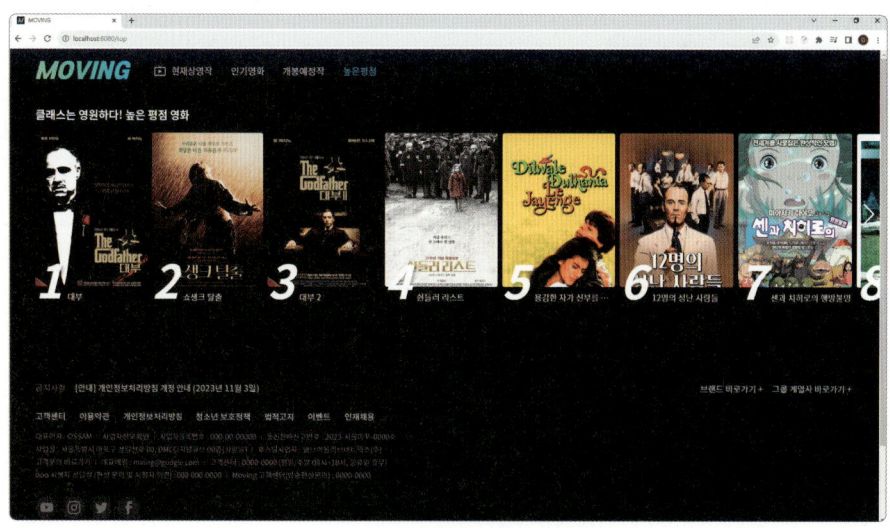

그림 26.30　높은평점 페이지의 리스트 목록 구현

26.9.2 높은평점 리스트 상세페이지 구현

리스트 목록을 모두 구현했으므로 상세페이지를 구현해보겠습니다. 일단 파라미터 정보를 받아와야 하기 때문에 `TopSubPage.svelte`를 먼저 수정합니다.

코드 26.50 **TopSubPage.svelte** `File` complete/src/pages/TopSubPage.svelte

```svelte
<script>
  import TopContainer from "../containers/TopContainer.svelte";
  export let id;
</script>

<TopContainer id={parseInt(id,10)} />
```

파라미터로 내려받은 `id`를 자손 컴포넌트에 props로 내려줍니다.

코드 26.51 **TopContainer.svelte** `File` complete/src/containers/TopContainer.svelte

```svelte
<script>
  import { topPromise } from '../libs/store';
  import { tops } from '../libs/store';
  import { genres } from '../libs/store';
  import MainLoading from '../components/common/MainLoading.svelte';
  import ListSub from '../components/common/ListSub.svelte';
  import Error from '../components/common/Error.svelte';

  export let id;

  const promise = $topPromise;
  let datas = [];
  let genresDatas = [];
  $tops.then(value => {
    datas = value;
  });
  $genres.then(value => {
    genresDatas = value;
  });
</script>

{#await promise}
  <MainLoading />
{:then}
  <ListSub id={id} datas={datas} genres={genresDatas} />
{:catch error}
  <Error />
{/await}
```

이 코드는 코드 26.32 `NowContainer.svelte`와 크게 다르지 않습니다. 주요 차이점은 높은평점 데이터를 `<ListSub />` 컴포넌트에 전달하는 부분입니다. 컴포넌트를 재사용하기 때문에 쉽게 구현할 수 있으며, 리스트 목록을 클릭하면 상세페이지로 이동되는 것을 확인할 수 있습니다.

이로써 무빙 웹 앱 프로젝트를 모두 구현했습니다. 세부적으로 더 제작해보고 싶은 분들은 기존 OTT 서비스를 참고하여 추가 기능을 구현해보세요. 만약 TMDB에 가입한 후 애플리케이션 URL을 작성했다면, 배포를 통해 데이터를 받아 페이지를 완성할 수 있습니다.

터미널에서 Ctrl + C 를 눌러 실행에서 빠져 나옵니다.

```
npm run build
```

터미널에서 빌드 명령어를 입력하면, 지금까지 구현한 내용이 `public` 폴더에 빌드됩니다. 이 폴더 내부의 모든 파일을 깃이나 FTP를 사용하여 서버에 배포하면 됩니다.

26.10 깃허브 Pages에 배포

> 키워드 ▸▸▸ 깃허브 Pages, 배포

스벨트로 빌드한 파일을 깃허브 Pages에 배포해보겠습니다. 깃허브 Pages는 복잡한 서버 설정 없이도 깃허브 서버에 파일을 올려 페이지를 실행할 수 있도록 해줍니다. 실무에서는 회사의 프로세스에 맞춰 웹 서버에 파일을 배포하지만, 취업 준비생이나 서버 개발이 어려운 경우 카페24 같은 호스팅 업체를 이용하거나 깃허브 Pages를 사용하여 배포할 수 있습니다.

깃허브는 원래 협업을 위한 버전 관리 저장소를 제공하는 사이트지만, 개인이 쉽게 무료로 홈페이지를 만들 수 있는 기능도 지원합니다.

26.10.1 깃허브 사이트 가입하기

브라우저에서 깃허브(https://github.com/) 페이지에 접속하여 우측 상단의 [Sign up] 버튼을 눌러 회원가입을 합니다(그림 26.31).

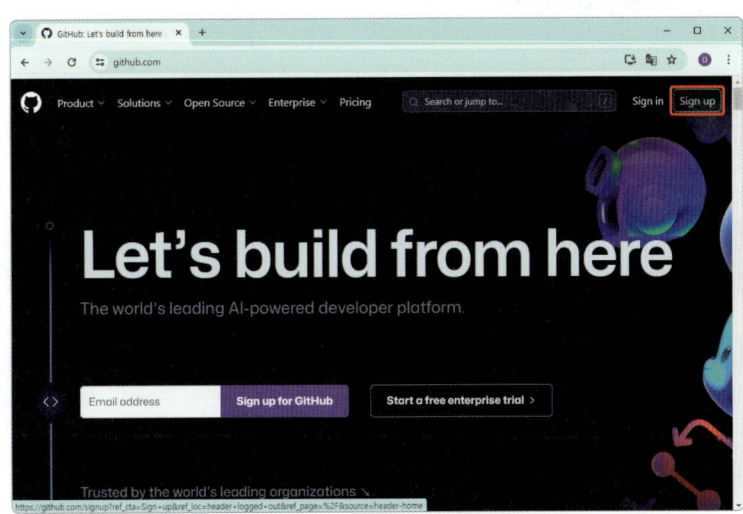

그림 26.31 깃허브 사이트 첫화면

26.10.2 깃허브 저장소 만들기

회원가입을 마치고 로그인을 하면 그림 26.32와 같은 화면이 나타납니다.

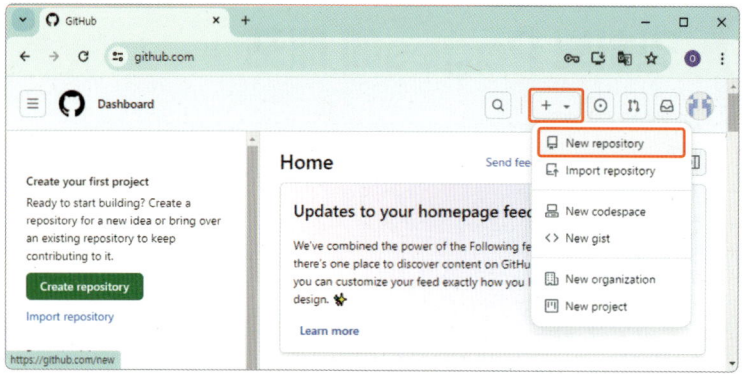

그림 26.32 깃허브 로그인 첫 화면

우측 상단의 [+] 아이콘을 클릭하면 아래에 드롭다운 메뉴가 뜨는데, 그중 첫 번째인 [New reopsitory]라는 메뉴를 눌러 새로운 저장소를 만듭니다.

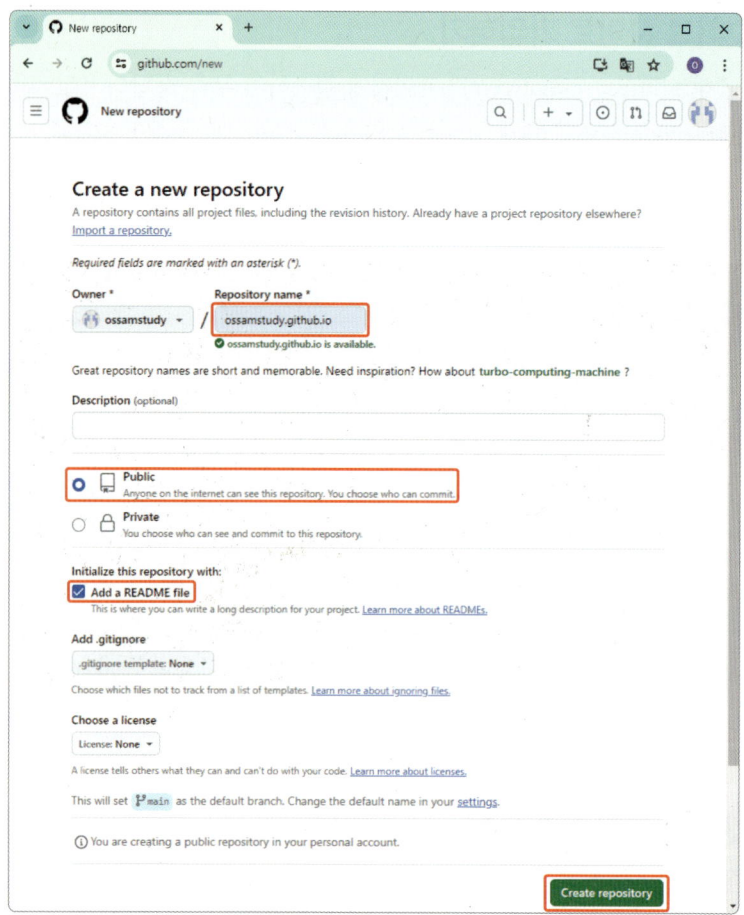

그림 26.33 새 저장소를 만드는 화면

새로운 저장소를 만들 때 가장 중요한 것은 Repository name입니다. '깃허브계정.github.io'로 만들어야 깃허브에서 사이트를 지원합니다. 배포할 페이지는 보통 공개하기 때문에 [Public]을 선택합니다. 사이트가 잘 나오는지 확인하기 위해 README 파일을 생성합니다. [Add a README file]을 꼭 체크해주세요. 마지막으로 우측 하단에 있는 [Create repository] 버튼을 클릭합니다.

26.10.3 깃허브 Pages 설정하기

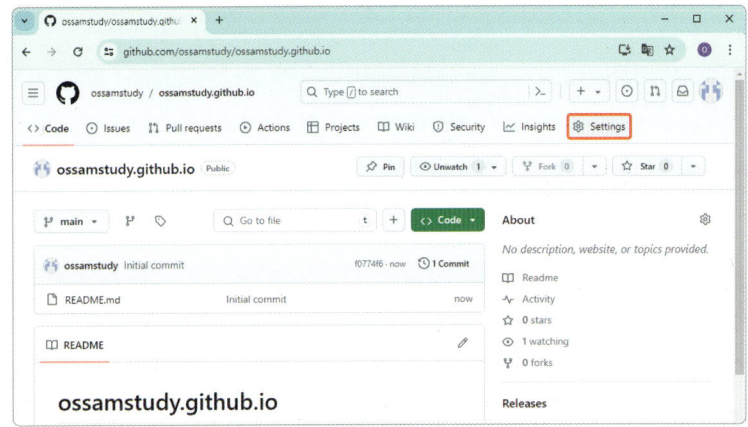

그림 26.34 새 저장소의 첫 화면

새로운 저장소를 생성하면 그림 26.34와 같은 화면이 나타납니다. 여기서 우측 상단 부분의 [Settings] 버튼을 클릭해서 설정 화면으로 들어갑니다.

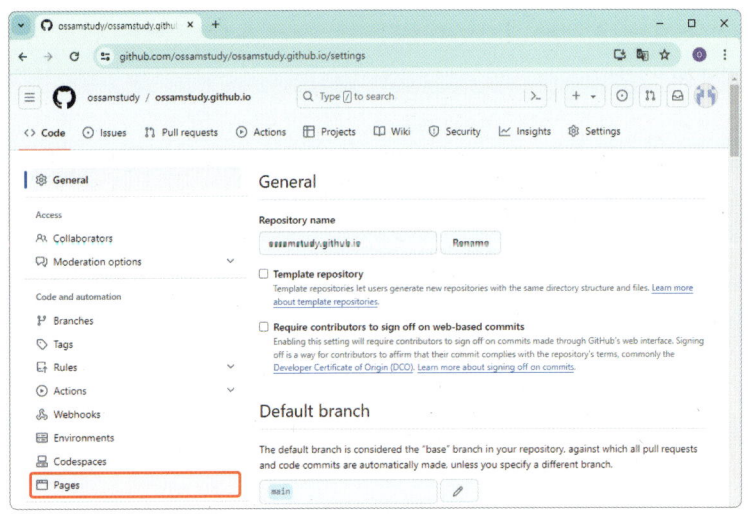

그림 26.35 Pages 카테고리 선택화면

[Settings] 버튼을 누르면 왼쪽에 설정 관련 카테고리가 나옵니다. 그중 [Pages] 카테고리를 선택합니다.

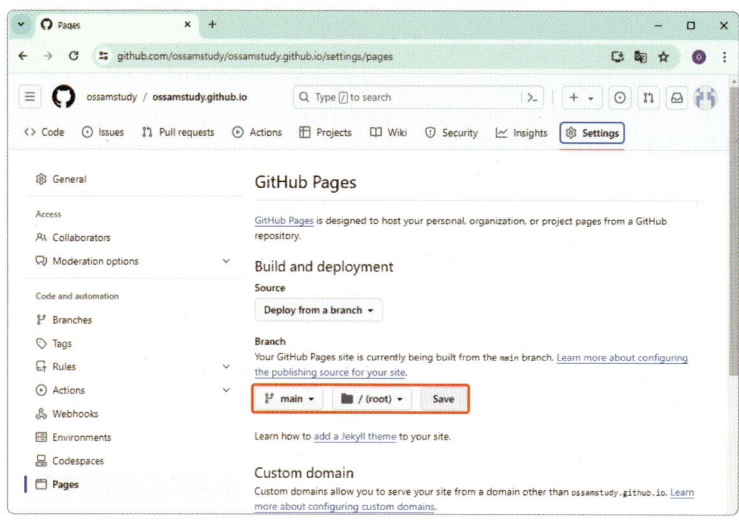

그림 26.36 Pages 설정 화면

생성되는 페이지의 기준이 되는 브랜치를 선택하고 [Save] 버튼을 누릅니다. main 브랜치는 저장소를 처음 만들면 생기는 브랜치로, 우선 main을 선택하고 저장합니다.

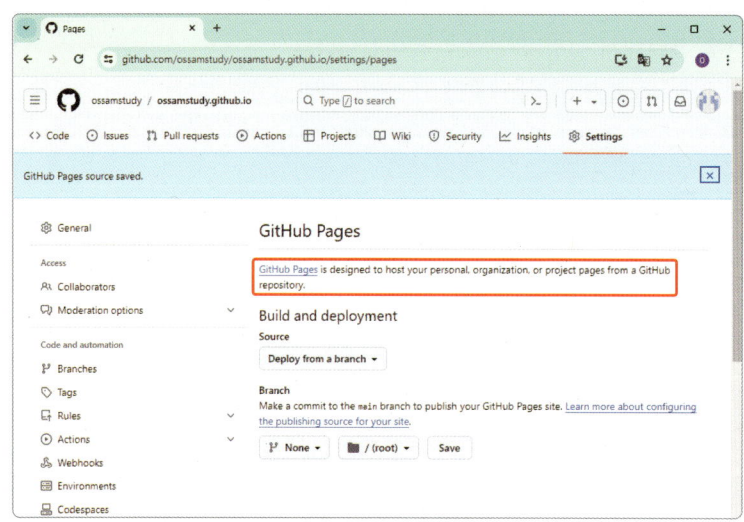

그림 26.37 Pages 저장된 화면

처음에는 페이지 주소가 나타나지 않는데, 이는 페이지로 인식할 파일이 올라가 있지 않기 때문입니다. `index.html` 파일 등을 업로드하면 그림 26.37의 표시된 부분에 주소가 나타날 것인데, 뒤에서 실습해보겠습니다.

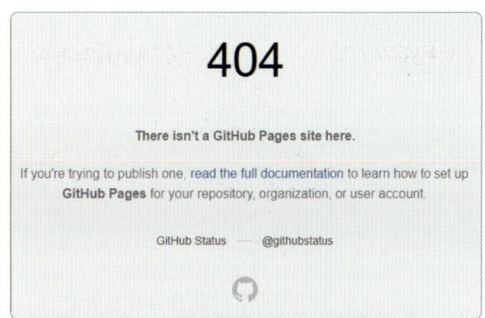

그림 26.38 브라우저 404 에러 화면

이 상태에서 `https://아이디.github.io/`에 접속하면 그림 26.38처럼 404 에러가 나타납니다.

26.10.4 깃허브 Pages 테스트하기

앞에서 페이지가 생성되었는지 확인하기 위해 URL로 접속했습니다. 404 에러가 나타나면 오류가 난 것으로 보이기 때문에 수정해보겠습니다.

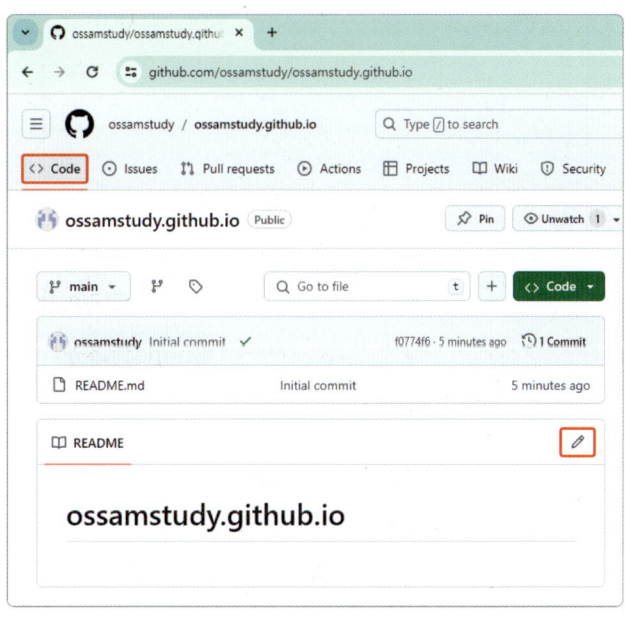

그림 26.39 README 파일 수정 화면

좌측 상단의 [Code] 버튼을 누르고 README에 있는 [연필] 아이콘을 눌러 내용을 수정하면 첫페이지로 처리가 됩니다.

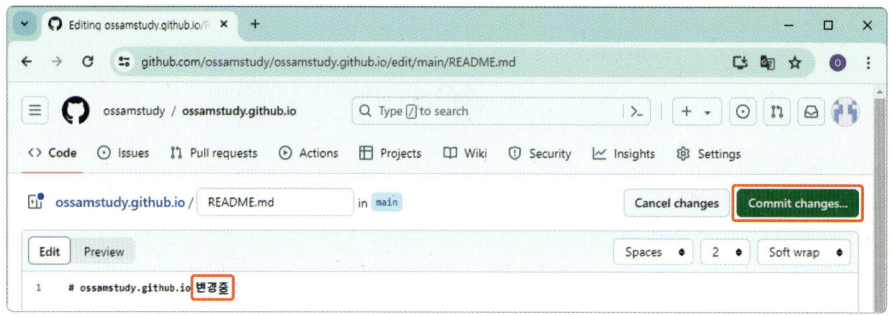

그림 26.40 README 파일 수정하는 화면

편집할 수 있는 Edit 창이 뜨는데 '변경 중'이라는 글자를 추가했습니다. 수정이 끝나면 [Commit changes]라는 버튼을 클릭합니다.

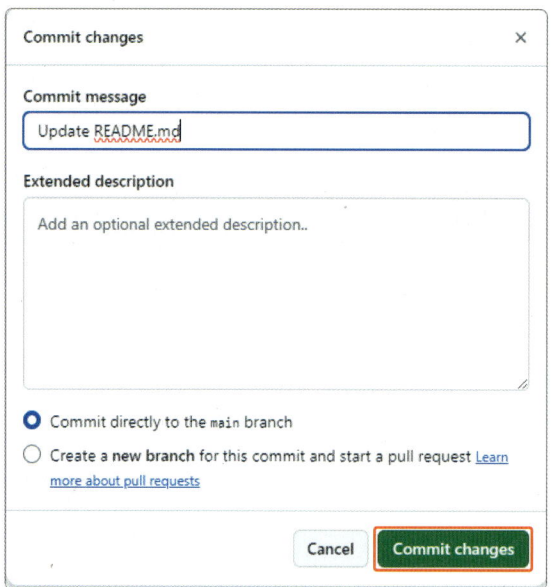

그림 26.41 Commit changes 화면

그럼 Commit Changes 팝업창이 뜨는데, 변경 없이 [Commit Changes] 버튼을 클릭합니다.

❹ 변경된 내용이 적용되는데 시간이 필요하므로 1~5분 정도 기다린 후 페이지를 확인해보세요.

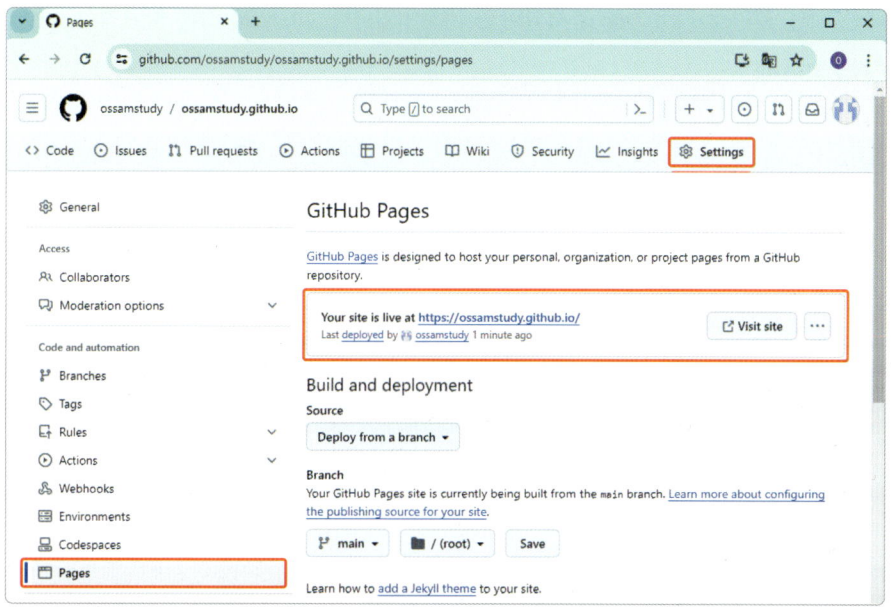

그림 26.42 주소가 생성된 깃허브 Pages 화면

일정 시간을 기다린 후 [Settings] 버튼을 누르고, [Pages] 카테고리로 이동하면 사용자의 사이트 주소가 나타나며, 이를 클릭하면 페이지로 연결됩니다.

그림 26.43 README파일로 변경된 브라우저 화면

주소에 다시 접속해보면 README 파일에서 수정했던 내용이 그대로 나타나는 것을 확인할 수 있습니다.

26.10.5 Visual Studio Code에서 배포하기

이제 깃허브 Pages에 무빙 사이트를 배포해보도록 하겠습니다. ch26_moving 폴더의 터미널에서 github와 연결하면 됩니다. Visual Studio Code의 터미널에서 깃관련 명령어를 바로 작성하려면 컴퓨터에 git이 설치되어 있어야 합니다. https://www.git-scm.com/ 사이트에 접속해서 git을 설치해주세요.

`git init`는 해당 폴더에 저장소를 초기화하는 명령어입니다. `ch26_moving` 폴더에서 git을 사용하기 위해 작성합니다.

```
git init
```

다음으로 git을 연결하겠습니다. 먼저 사용자 이름과 이메일을 설정합니다. 따옴표 안에 깃허브에 가입한 이름과 이메일을 입력합니다.

```
git config --global user.name "이름"
git config --global user.email "이메일"
```

해당 깃허브에 저장소가 여러 개일 수 있습니다. 따라서 연결할 저장소 주소를 입력해야 합니다.

```
git remote add origin 저장소주소
```

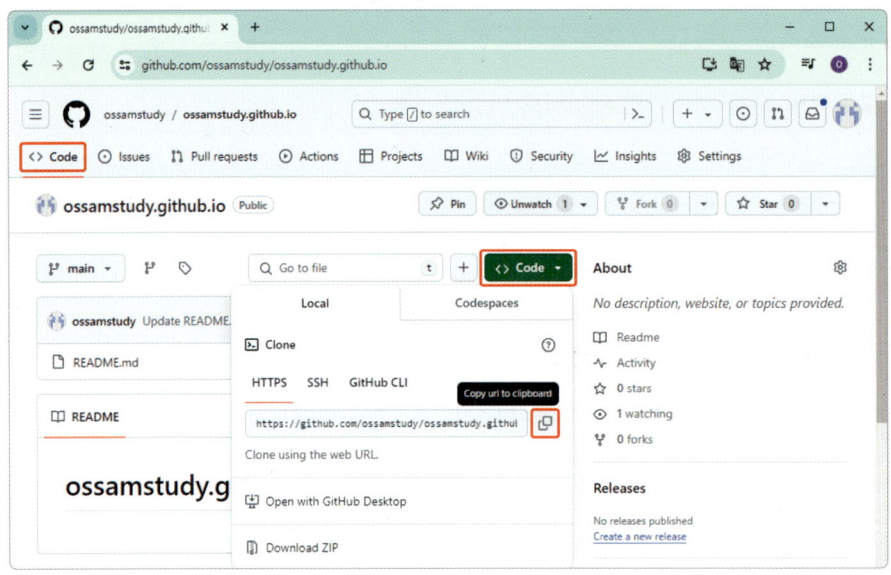

그림 26.44 저장소 주소 확인하는 화면

혹시 저장소 주소를 모른다면 그림 26.44처럼 확인합니다. 우측 상단의 [Code] 버튼을 누르고, 중앙의 녹색의 [Code] 버튼이 누르면 HTTPS 관련 주소가 나타납니다. 주소를 복제한 후 `git remote add origin` 명령어 뒤에 붙이면 됩니다.

gh_pages 라이브러리는 깃허브 Pages에 쉽게 연결하도록 도와주는 라이브러리입니다. gh_pages를 설치합니다.

```
npm install gh-pages
```

코드 26.52 package.json

```json
{
  ...
  "scripts": {
    "build": "rollup -c",
    "dev": "rollup -c -w",
    "start": "sirv public --no-clear",
    "deploy": "gh-pages -d public" //추가
  },
  "homepage": "배포할 Github Pages 주소",
  ...
}
```

package.json에서도 gh_pages 라이브러리를 사용하기 위해 코드를 변경합니다. script 부분에 deploy를 추가합니다. gh_pages라고 쓴 부분은 새로운 브랜치를 만들기 위해 작성한 것으로, 다른 이름을 사용할 수도 있습니다. 기존 main 브랜치는 변경 내용을 처리하는 브랜치이므로 배포용 브랜치로 사용할 수 없으며, 새로운 브랜치를 설정하는 것이 중요합니다. public은 스벨트에서 빌드한 파일이 존재하는 폴더를 가리키며, homepage에는 그림 26.43에서 복사해온 주소를 입력합니다.

```
npm run deploy
```

터미널에서 `npm run deploy`를 실행하면 깃허브 Pages에 배포가 시작됩니다. 배포 과정에서 문제가 발생하는 경우에는 주로 깃허브 저장소 이름, 아이디, 주소가 올바르게 연결되지 않아서 발생할 수 있으니, 설정을 다시 한번 확인해보는 것이 좋습니다.

```
> svelte-app@1.0.0 deploy
> gh-pages -d public

Published
```

처리가 잘 된 경우에는 터미널에 위와 같은 메시지가 나타납니다.

26.10.6 브랜치 변경하여 배포 확인하기

main 브랜치에는 `public` 폴더의 파일들이 올라가 있지 않습니다. 새롭게 만든 브랜치인 `gh_pages`에 올라가 있기 때문에 깃허브 Pages에서 브랜치를 변경합니다.

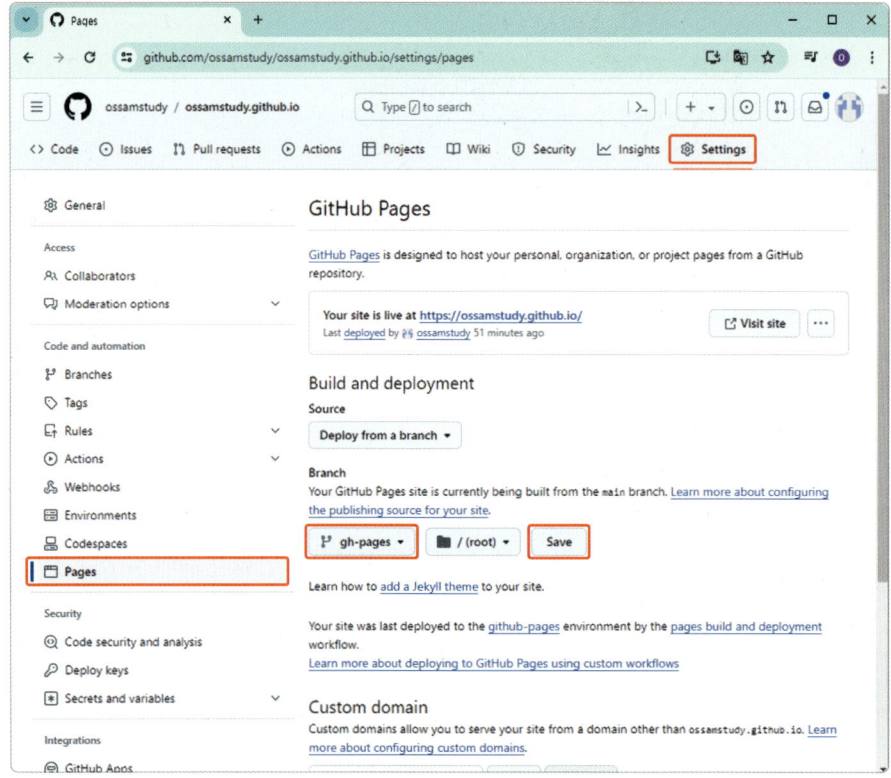

그림 26.45 브랜치 변경하는 화면

[Settings] 아이콘을 누르고 [Pages] 카테고리를 선택합니다. main 브랜치를 [gh_pages] 브랜치로 변경한 후에 [Save] 버튼을 눌러 저장합니다.

> 깃허브 Page에 적용되는 데 시간이 필요하므로 1~5분의 여유를 두고 사이트에 접속하여 확인해보세요.

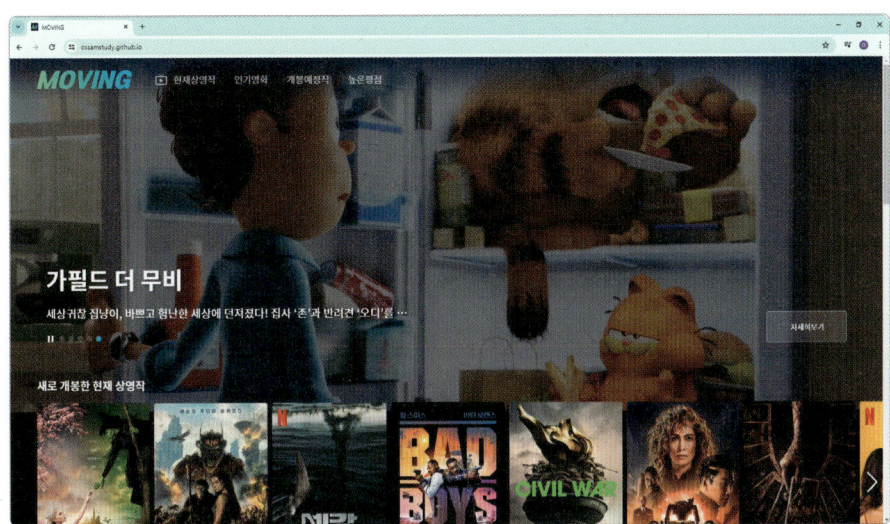

그림 26.46 깃허브 Pages에 배포된 무빙 화면

무빙 프로젝트가 깃허브 Pages에 성공적으로 배포된 것을 확인할 수 있습니다. 개발자가 git 명령어에 익숙하다면 앞에서 설명한 방법으로 배포를 진행하면 됩니다. 그러나 git 명령어를 잘 모른다면 'Github Desktop'이라는 프로그램을 사용할 수도 있고, 깃허브 사이트의 저장소 페이지에서 `public` 폴더의 파일들을 직접 업로드하는 방법도 가능합니다. 어떤 방법을 선택할지는 독자 여러분의 편의에 따라 결정하면 됩니다.

진솔한 서평을 올려주세요!

이 책 또는 이미 읽은 제이펍의 책이 있다면, 장단점을 잘 보여주는 솔직한 서평을 올려주세요.
매월 최대 5건의 우수 서평을 선별하여 원하는 제이펍 도서를 1권씩 드립니다!

- **서평 이벤트 참여 방법**
  1. 제이펍 책을 읽고 자신의 블로그나 SNS, 각 인터넷 서점 리뷰란에 서평을 올린다.
  2. 서평이 작성된 URL과 함께 review@jpub.kr로 메일을 보내 응모한다.

- **서평 당선자 발표**

  매월 첫째 주 제이펍 홈페이지(www.jpub.kr)에 공지하고, 해당 당선자에게는 메일로 연락을 드립니다.
  단, 서평단에 선정되어 작성한 서평은 응모 대상에서 제외합니다.

독자 여러분의 응원과 채찍질을 받아 더 나은 책을 만들 수 있도록 도와주시기 바랍니다.

특별
부록

스벨트킷

스벨트킷은 스벨트를 사용하여 강력하고 성능이 뛰어난 웹 애플리케이션을 빠르게 개발하기 위한 프레임워크입니다. 리액트의 Next.js, Vue.js의 Nuxt.js와 유사하게 스벨트킷은 서버사이드 렌더링을 추가적으로 처리하기 위해 만들어졌습니다. 기존 웹 프런트엔드 프레임워크를 체계화한 패키지 템플릿으로, 라우터 같은 기본 기능부터 고급 기능까지 내장하고 있습니다. 또한 스벨트와 Vite를 결합하여 더 빠른 구축을 지원합니다. 이번 특별부록에서는 스벨트킷에 대해 자세히 살펴보겠습니다.

학습 포인트

♥ 스벨트킷 소개
♥ 프로젝트 만들기
♥ 프로젝트 구조

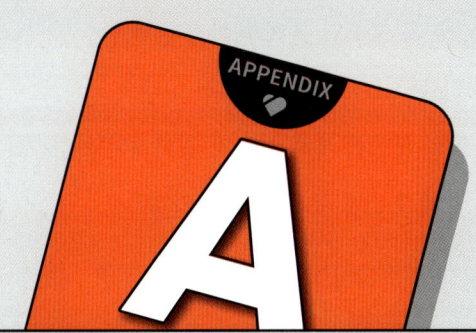

스벨트킷 프로젝트

스벨트는 사용자 인터페이스 구성 요소를 작성하고 브라우저에서 상호작용할 수 있는 방법을 제공합니다. 스벨트만으로도 이러한 구성 요소를 구성하고 전체 페이지를 렌더링할 수 있지만, 전체 웹 앱을 작성하려면 추가적인 것이 필요합니다. **스벨트킷**SvelteKit은 **서버 사이드 렌더링**Server-side Rendering, SSR을 통해 서버에서 사전 렌더링을 수행하여 웹 앱의 다양한 부분을 처리할 수 있게 해 줍니다. 실제로 웹 앱이 구동될 때 클라이언트 측면만으로는 한계가 있기 때문에, 서버 사이드 렌더링이 반드시 필요합니다. 스벨트에서도 라이브러리나 추가 기능을 통해 이를 구현할 수 있지만, 스벨트킷은 이를 더 편리하게 패키지화하여 제공합니다. 특별부록에서는 스벨트킷을 사용하여 간단한 프로젝트를 만들어보겠습니다.

A.1 스벨트킷 소개

먼저, 스벨트킷을 통해 어떤 것을 제작할 수 있는지 알아보도록 하겠습니다. 스벨트킷은 다양한 애플리케이션을 만드는 데 사용할 수 있습니다. 기본적으로 스벨트킷은 다음과 같은 여러 기능을 지원합니다.

- **로드**load 기능과 API Routes가 포함된 동적 페이지 콘텐츠
- 서버 사이드 렌더링을 사용한 SEO 친화적인 동적 콘텐츠
- 서버 사이드 렌더링 및 양식 작업을 통해 사용자 친화적이고 점진적으로 강화된 대화형 페이지
- Node.js 백엔드를 갖춘 자체 호스팅 동적 웹 애플리케이션

물론, 서버 사이드 렌더링을 지원하려면 Node.js나 Deno 기반 서버, 서버리스 기능, 엣지 기능 등 자바스크립트 백엔드가 필요합니다. 이러한 다양한 기능을 제공하기 때문에 스벨트킷을 사용하면 더 편리하게 웹 앱을 제작할 수 있습니다.

A.2 프로젝트 만들기

스벨트킷은 **Vite**와 함께 사용됩니다. Vite는 프랑스어로 '빠르다'는 뜻을 가지며, Webpack과 같은 빌드 툴로서 속도가 빠르기 때문에 리액트나 Vue.js 개발자들에게도 선호받는 툴입니다. 스벨트도 **Vite**와 함께 사용 가능하며, 속도가 매우 빨라 프런트엔드 개발자들이 그저 '빛'이라고 칭송하기도 합니다. Vite는 기본적으로 **개발 서버**Dev Server를 제공하고, 빌드를 도와 배포를 쉽게 해주는 기능을 업그레이드한 툴입니다.

스벨트킷은 Vite를 기본 내장하고 있어 HMR도 기본적으로 지원합니다. **HMR**Hot Module Replacement은 모듈 전체를 다시 로드하지 않고 애플리케이션이 실행되는 동안 교환, 추가 또는 제거할 수 있게 합니다. 간단히 말하자면, 입력 폼에서 저장 버튼을 누르는 순간 페이지가 새로고침된 것과 같은 효과를 줍니다.

이렇게 Vite와 함께 사용되기 때문에, 스벨트킷 프로젝트를 생성하는 방법은 기존 스벨트와 약간 다릅니다. 집필 기준 스벨트킷은 5 버전과 6 버전에서 사용이 가능합니다. 이 책에서는 안정성이 높은 5 버전으로 실습하겠습니다. 다음 명령어를 입력하여 5.1.1 버전으로 설치합니다.

```
npm create svelte@5.1.1 my-app
```

❶ 최신 버전으로 설치하려면 다음 명령어를 입력하면 됩니다. 'npm create svelte@latest my-app'

설치 명령어를 입력하면 다음과 같은 문구가 나타나며, 이것은 스벨트킷 패키지를 설치하겠다는 의미이며 버전을 표시하고 있습니다. 계속 진행할거면 y를 누르라고 나오고, [y]를 누르면 설치가 진행됩니다.

```
Need to install the following packages:
  create-svelte@5.1.1
Ok to proceed? (y)
```

그럼 다음과 같은 문구가 뜹니다. 첫 번째는 어떤 템플릿을 선택할지 물어봅니다. 스벨트가 제공하는 데모 템플릿도 있지만, 여기서는 빈 템플릿인 `Skelecton project`를 선택합니다. **키보드 아래 방향키**를 누르면 선택이 가능합니다. 선택하고 [엔터] 키를 입력합니다.

```
Welcome to SvelteKit!
|
◆ Which Svelte app template?
| ○ SvelteKit demo app (A demo app showcasing someof the features of SvelteKit - play a word
  guessinggame that works without JavaScript!)
|   ● Skeleton project
|   ○ Library project
```

그러면 타입스크립트_{TypeScript}를 쓰겠냐고 묻습니다. 첫 번째 선택이 자바스크립트도 사용하므로 바로 **[엔터]** 키를 입력하면 됩니다. 타입스크립트는 자바스크립트 변수에 타입을 정확히 지정하는 언어로 이 책에서는 자바스크립트로만 설명했기 때문에 자바스크립트로 프로젝트를 진행하겠습니다.

```
Add type checking with TypeScript?
|   ● Yes, using JavaScript with JSDoc comments
|   ○ Yes, using TypeScript syntax
|   ○ No
```

그러고 나면 추가적인 옵션을 선택하라는 메시지가 표시됩니다. **키보드 방향키**를 사용해 선택할 항목으로 이동하고, 선택할 경우 **[스페이스바]**를 누릅니다. 첫 번째 ESLINT는 자바스크립트 구문에 대한 오류를 확인해줍니다. 사용할 경우 체크합니다. 두 번째 Prettier는 코드의 형식을 정돈해주는 역할을 합니다. 역시 사용할 경우 체크합니다. 세 번째는 browser testing인데 간단한 예제를 실습할 때는 선택하지 않아도 됩니다. 네 번째는 unit testing인데 선택하지 않겠습니다. 현재 실습은 전부 선택하지 않고 진행하겠습니다.

```
Select additional options (use arrow keys/space
bar)
|   ▫ Add ESLint for code linting
|   ▫ Add Prettier for code formatting
|   ▫ Add Playwright for browser testing
|   ▫ Add Vitest for unit testing
```

그럼 다음 실행할 구문들을 보여주고 `my-app` 폴더가 생성됩니다. 폴더가 생성되었기 때문에 터미널에서 해당 폴더에 들어간 후 npm을 설치합니다. 그러고 프로젝트를 시작하면 됩니다.

```
cd my-app
npm install
npm run dev
```

그럼 최종적으로 프로젝트를 실행하면 다음과 같은 메시지가 나타납니다. 스벨트킷의 로컬 호스트는 5173번으로 처리가 되는 것이 보통입니다. 주소 부분인 http://localhost:5173/를 Ctrl 누르고 클릭하면 프로젝트 브라우저로 열립니다.

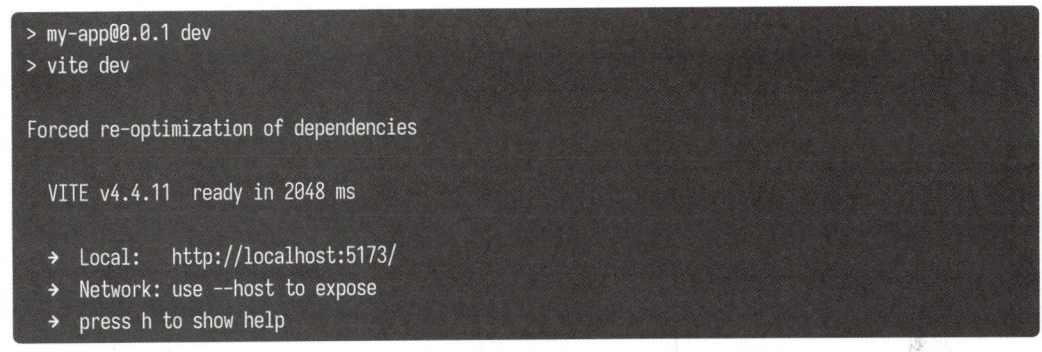

그럼 프로젝트가 실행됩니다.

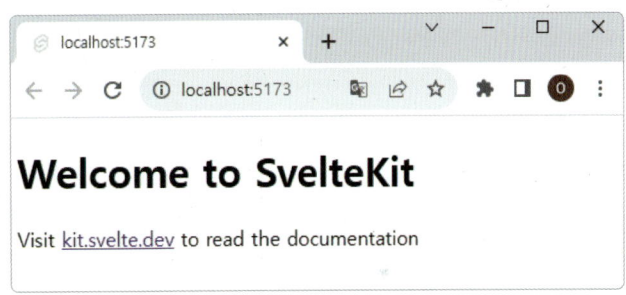

그림 A.1 스벨트킷 실행 브라우저 화면

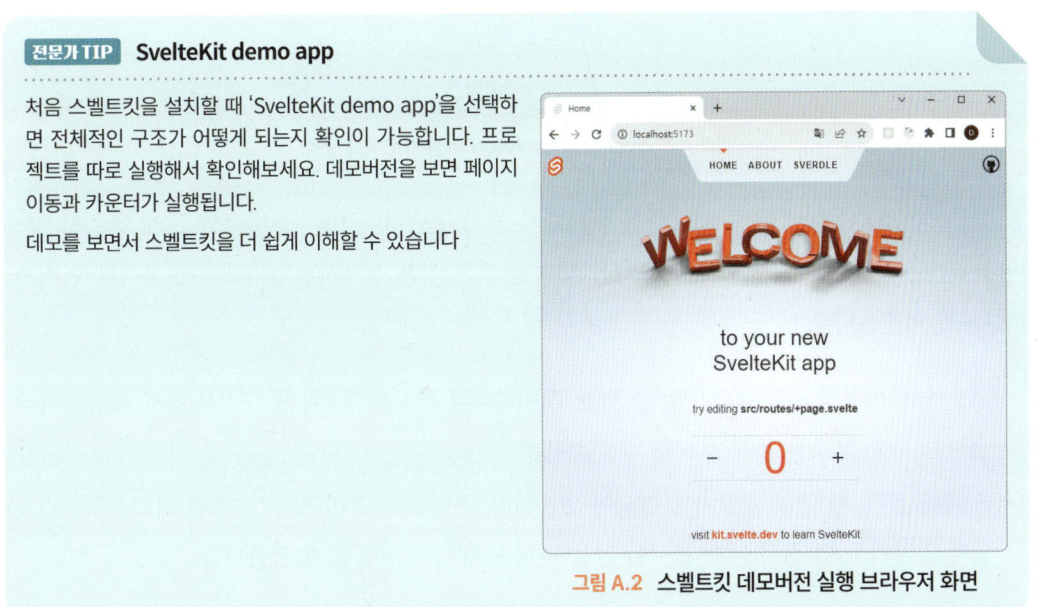

전문가 TIP SvelteKit demo app

처음 스벨트킷을 설치할 때 'SvelteKit demo app'을 선택하면 전체적인 구조가 어떻게 되는지 확인이 가능합니다. 프로젝트를 따로 실행해서 확인해보세요. 데모버전을 보면 페이지 이동과 카운터가 실행됩니다.

데모를 보면서 스벨트킷을 더 쉽게 이해할 수 있습니다

그림 A.2 스벨트킷 데모버전 실행 브라우저 화면

A.3 프로젝트 구조 확인

기존 스벨트와는 프로젝트 구조부터 많이 다르기 때문에 먼저 구조를 확인해보겠습니다.

그림 A.3 SvelteKit Skeleton 버전 프로젝트 구조

폴더를 보면 `src` 폴더에 프로젝트 핵심 문서들이 들어 있습니다. 이는 스벨트와 크게 다르지 않습니다. `src/routes` 폴더와 `src/app.html`을 제외한 모든 것은 선택사항입니다. `src` 폴더를 먼저 살펴보도록 하겠습니다.

- `lib` 폴더: 배포용으로 패키지할 수 있는 라이브러리 코드(유틸리티 및 구성요소)가 포함되어 있습니다. 보통 `$lib`를 통해 경로를 설정합니다.
- `routes` 폴더: 웹 앱의 경로가 포함되어 있습니다. 스벨트와 같이 라우터 관련 라이브러리를 설치하지 않아도 이 폴더 내에 문서를 만들어 바로 페이지 처리할 수 있습니다.

- `app.html`: 기본 페이지 템플릿으로 자리 표시자들을 포함하는 HTML 문서입니다.

이때 `app.html` 문서에는 `%문구%`로 이루어지는 자리 표시자를 작성합니다. 자리 표시자들도 확인을 해보겠습니다.

표 A.1 app.html의 자리표시자 종류

종류	설명
`%sveltekit.head%`	head파트에 작성할 자리표시자. `<link>`태그와 `<script>`태그, `<svelte:head>`를 표시합니다.
`%sveltekit.body%`	렌더링된 페이지의 마크업을 표시. app.html에 `<body>`의 자손인 `<div>`태그 내부에 작성되며, 다른 요소의 내부에 들어가면 개발 중 경고로 처리
`%sveltekit.assets%`	경로에 사용되는 자리표시자
`%sveltekit.nonce%`	수동으로 포함된 링크 및 스크립트에 대한 CSP nonce(사용된 경우만 발생)
`%sveltekit.env.[NAME]%`	렌더링시 [NAME]으로 시작하는 환경 변수로 대체. 일치하지 않는 경우만 대체 처리

그 외의 `src` 폴더 밖에 있는 문서들도 확인해보겠습니다.

- `package.json`: 이 파일에는 @sveltejs/kit, 스벨트와 Vite에 처리되는 의존성 관련 내용(라이브러리 등)이 반드시 포함되어야 합니다.
- `svelte.config.js`: 이 파일에는 스벨트 및 스벨트킷 구성이 포함되어 있습니다.
- `app.html` : 기본 페이지 템플릿으로 자리 표시자들을 포함하는 HTML 문서입니다.
- `vite.config.js`: 스벨트킷 프로젝트는 실제로 다른 Vite 구성과 함께 플러그인을 사용하는 Vite 프로젝트입니다.
- `.svelte-kit` 폴더: 프로젝트를 개발하고 빌드할 때 스벨트킷은 `.svelte-kit` 폴더에 파일을 생성합니다. 빌드하면 먼저 생성된 내용은 삭제하고 파일이 새로 생성됩니다.
- `static` 폴더: 그대로 제공되어야 하는 모든 정적 소스(`favicon.png`, `robots.txt` 등)를 담는 폴더입니다.

이런 식으로 구성되어 있는 스벨트킷 프로젝트 구조를 확인해봤습니다.

학습 포인트
- 기본 라우팅
- 레이아웃
- 동적 라우팅
- 스토어 페이지

핵심 개념: 라우팅

스벨트킷은 라이브러리 설치 없이 라우팅 기술이 적용되어 페이지 이동을 간편하게 처리할 수 있습니다. 라우팅 외에도 많은 핵심 기술을 가지고 있지만, 서버와 관련된 내용을 공부해야 습득하기 쉽기 때문에 여기서는 라우팅과 관련된 부분만 맛보기로 살펴보도록 하겠습니다. 이번 부록 B에서는 스벨트킷의 핵심 개념인 라우팅을 알아봅니다.

B.1 기본 라우팅 처리

스벨트킷의 핵심은 파일 시스템 기반 라우터입니다. 웹 앱의 경로, 즉 사용자가 액세스할 수 있는 URL은 코드베이스의 디렉터리(폴더)에 의해 정의됩니다. `src/routes` 폴더 내부에 새로운 폴더를 생성하고, 그 안에 `+page.svelte`를 통해 페이지를 정의합니다. 부록 A에서 생성한 폴더 구조를 확인하고 `about` 폴더를 생성하면 됩니다.

코드 B.1 routes 폴더 구조 정리

```
routes
├── about
│   └── +page.svelte    //path: /about
└── +page.svelte        //path: /
```

`routes` 폴더 내부에 바로 있는 `+page.svelte`의 경로는 루트인 `/`로 처리되고, `about` 폴더에 있는 `+page.svelte`의 경로는 `/about`으로 처리됩니다.

기본적인 라우팅을 통해 페이지 이동을 시도해보겠습니다. 간단한 메인 'home'과 'about' 페이지를 만들어 페이지 이동을 구현할 예정입니다. 기본적으로 `src/routes` 폴더 내부에는 `+page.svelte`가 있습니다. 해당 파일을 열어 내부 내용을 삭제하고 코드 B.2의 내용을 작성해주세요.

코드 B.2 routes 폴더(루트)의 +page.svelte　　　　　📄 File　s02_basicrouting/src/routes/+page.svelte

```svelte
<nav>
  <a href="/" class="active">home</a>
  <a href="/about">about</a>
</nav>

<h1>Homo</h1>
<p>여기는 홈인 메인 페이지입니다.</p>

<style>
  nav{
    position: relative; background: #e0e6eb;
    display: flex; gap: 1em; padding: 1em;
    margin: 0 0 1em 0; border-radius: 5px;
  }
  nav a{
```

APPENDIX B 핵심 개념: 라우팅　479

```
    color: #333; text-decoration: none;
    text-transform: uppercase;
  }
  nav a:hover{ color: blue; text-decoration: underline; }
  nav a.active{ text-decoration: underline; }
</style>
```

마크업 영역에서는 네비게이션 처리를 위해 `nav` 태그를 썼고, 현재 페이지가 메인페이지임을 표시합니다. `nav` 태그 내부에는 `home`과 `about`을 통해 페이지 이동을 구현할 예정입니다. 페이지 이동은 `a` 태그의 `href` 속성을 사용하여 간단히 설정할 수 있습니다. `home`에는 루트(/)를 작성하고 `about`은 /about으로 경로를 설정합니다.

그 다음에는 그림 B.1과 같이 `about` 폴더를 생성 후 `+page.svelte`를 새롭게 제작합니다.

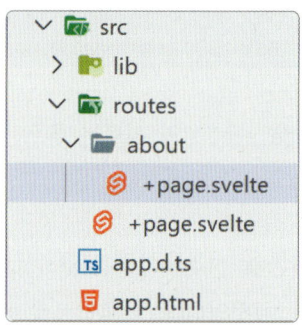

그림 B.1 src 폴더 구조

코드 B.3 about 폴더의 +page.svelte (File) s02_basicrouting/src/routes/about/+page.svelte

```
<nav>
  <a href="/">home</a>
  <a href="/about" class="active">about</a>
</nav>

<h1>About</h1>
<p>여기는 about 페이지입니다.</p>

<style>
  nav{
    position: relative; background: #e0e6eb;
    display: flex; gap: 1em; padding: 1em;
    margin: 0 0 1em 0; border-radius: 5px;
  }
  nav a{
    color: #333; text-decoration: none;
```

```
    text-transform: uppercase;
  }
  nav a:hover{ color: blue; text-decoration: underline; }
  nav a.active{ text-decoration: underline; }
</style>
```

마크업 영역에서는 about 페이지임을 표시하기 위해 `active` 클래스 위치가 다르게 설정되어 있습니다. 스타일 영역은 동일하지만, 주의 깊게 살펴보면 같은 `nav` 태그 요소가 계속 반복되고 있음을 확인할 수 있습니다. 이 경우, `+layout.svelte`를 이용하여 한 번에 적용할 수도 있습니다.

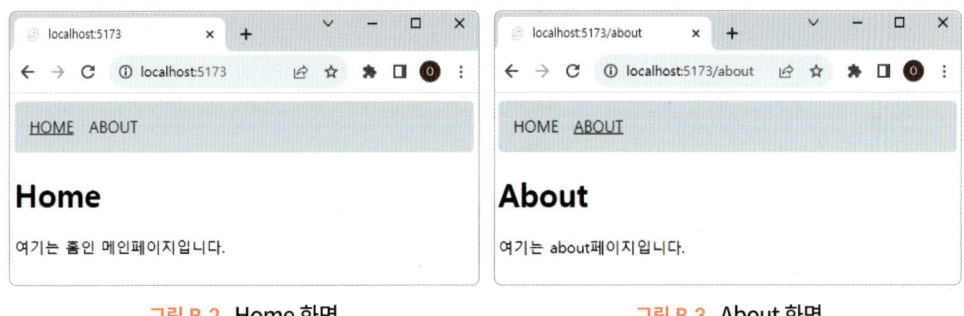

그림 B.2 Home 화면   그림 B.3 About 화면

네비게이션에서 [ABOUT]을 클릭하면 About 페이지로 이동하는 것을 확인할 수 있습니다. 상단의 주소 표시줄에서 URL이 `http://localhost:5173/about`로 `/about`이 추가된 것이 확인됩니다.

이처럼 특별한 설치 없이 페이지 이동이 간단하게 처리되는 것을 확인할 수 있습니다. 다음 절에서는 레이아웃에 대해 살펴보겠습니다.

B.2 레이아웃

모든 페이지에 적용되는 레이아웃을 생성하려면 `src/routes/+layout.svelte`라는 파일을 생성합니다. 그리고 하위 폴더의 `+page.svelte`들을 자손 컴포넌트로 사용하기 위해 `<slot />`을 사용합니다.

그림 B.4 src 폴더 구조

먼저 `src/routes` 폴더에 `+layout.svelte`를 생성합니다.

코드 B.4 +layout.svelte　　　　　　　　　　　　　　　File s03_layout/src/routes/+layout.svelte

```svelte
<script>
  let current = 'home';
</script>

<nav>
  <a href="/" class:active={current === 'home'} on:click={() => current = 'home'}>home</a>
  <a href="/about" class:active={current === 'about'} on:click={() => current = 'about'}>about</a>
</nav>
<slot />

<style>
  nav{
    position: relative; background: #e0e6eb;
    display: flex; gap: 1em; padding: 1em;
    margin: 0 0 1em 0; border-radius: 5px;
  }
  nav a{
    color: #333; text-decoration: none;
```

```
    text-transform: uppercase;
  }
  nav a:hover{ color: blue; text-decoration: underline; }
  nav a.active{ text-decoration: underline; }
</style>
```

스크립트 영역에서 `current` 변수를 선언하고, 그 값을 `home` 문자열로 처리합니다. 마크업 영역에서는 모든 페이지에 반복되는 `nav` 태그 요소를 작성합니다. 이때 `active` 클래스는 루트 페이지인 `home`에 적용되기 때문에 `current`의 기본 값을 `home`으로 설정합니다. `class:active` 지시자를 사용하여 `current` 값에 따라 `active` 처리를 다르게 합니다. 또한, `on:click`을 통해 `current` 값을 변경할 수 있도록 합니다. 마지막으로 `<slot />`을 통해 자손으로 들어올 `+page.svelte`의 내용들을 불러오는 것입니다. 스타일은 코드 B.3과 같습니다.

코드 B.5 routes 폴더의 +page.svelte   (File) s03_layout/src/routes/+page.svelte

```
<h1>Home</h1>
<p>여기는 홈인 메인 페이지입니다.</p>
```

기존 `nav` 태그와 `style` 태그는 삭제합니다. 코드가 매우 간단해지죠?

코드 B.6 about폴더의 +page.svelte   (File) s03_layout/src/routes/about/+page.svelte

```
<h1>About</h1>
<p>여기는 about 페이지입니다.</p>
```

역시 기존 `nav` 태그와 `style` 태그는 삭제합니다. `+layout.svelte`에서 `<slot />`을 통해 해당 요소들을 자손 컴포넌트로 처리하고 라우팅을 통해 페이지 이동이 될 때 알아서 변경됩니다. 결과는 기본 라우팅의 결과와 같으므로 따로 표시하지 않겠습니다.

B.3 동적 라우팅

이번에는 라우터에서 파라미터를 처리하여 동적으로 페이지가 변경되는 것을 실습하겠습니다. 파라미터값을 받아 데이터를 표시할 컴포넌트를 담는 폴더는 `[폴더명]`으로 처리합니다. 이번에는 `map` 폴더를 만들고 '오시는길' 페이지를 제작하겠습니다. 오시는길 페이지에는 스토어1부터 스토어3까지 데이터를 불러올 수 있는 중첩 서브페이지를 제작해보겠습니다.

일단 `map` 폴더를 제작하고, 폴더 안에 `+page.svelte` 파일을 생성합니다. 그리고 동적 라우팅을 처리하기 위한 `[id]` 폴더를 하위 폴더로 생성합니다.

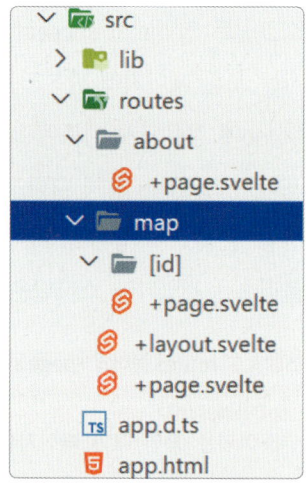

그림 B.5 src 폴더 구조

코드 B.7 map 폴더의 +page.svelte   (File) s04_route_parameters/src/routes/map/+page.svelte

```
<h1>Map</h1>
<p>여기는 오시는길 페이지입니다.</p>
<ul>
  <li><a href="/map/1">스토어1</a></li>
  <li><a href="/map/2">스토어2</a></li>
  <li><a href="/map/3">스토어3</a></li>
</ul>
```

a 태그에 `/map/1`부터 `/map/3`까지 처리하여 파라미터값을 경로로 설정합니다.

코드 B.8 routes 폴더의 +layout.svelte   (File) s04_route_parameters/src/routes/+layout.svelte

```
...
<nav>
  <a href="/" class:active={current === 'home'} on:click={() => current = 'home'}>home</a>
  <a href="/about" class:active={current === 'about'} on:click={() => current = 'about'}>about</a>
  <a href="/map" class:active={current === 'map'} on:click={() => current = 'map'}>map</a>
</nav>
...
```

+layout.svelte 문서의 nav 요소에 map 관련 a 태그를 추가합니다.

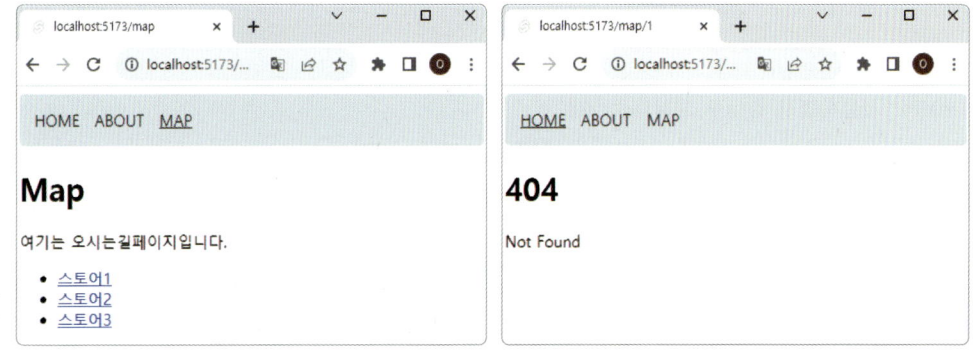

그림 B.6 Map 화면   그림 B.7 스토어1 클릭 시 화면

아직 파라미터 정보를 받는 코드를 작성하지 않았기 때문에 페이지가 존재하지 않습니다. 이로 인해 404 에러 페이지가 나타나며, 이는 스벨트킷이 자동으로 처리하는 페이지 오류 표시입니다.

이제 데이터를 불러오는 작업을 실습해보겠습니다. 스토어는 배열 데이터로 받아올 예정이므로, map 폴더에 data.js를 새로 만들어 스토어 배열 데이터를 담겠습니다. 그 후, 스크립트 명령을 담을 +page.server.js 파일을 생성합니다. 웹 앱의 모든 페이지는 스크립트 문서와 함께 데이터를 로드할 수 있는 load 함수를 선언해야 합니다. 스크립트 문서는 +page.server.js 혹은 +page.js로 제작하는데, 이 둘의 차이는 서버와 클라이언트 측 탐색입니다. 이 책에서는 +page.server.js로 제작하겠습니다. 마지막으로, [id] 폴더에서 각각의 스토어 페이지를 표시할 컴포넌트인 +page.svelte로 생성해주세요.

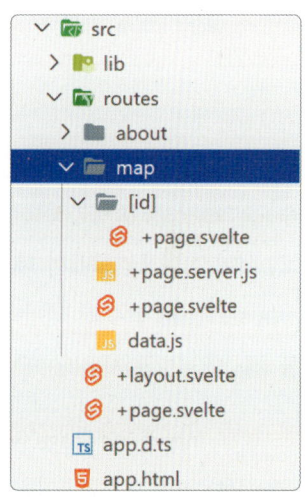

그림 B.8 src 폴더 구조

코드 B.9 map 폴더의 data.js   File s04_route_parameters/src/routes/map/data.js

```js
export const stores = [
  {
    id: 1,
    name: '강남에비뉴점',
    addr: '서울특별시 서초구 서초대로77길 62'
  },
  {
    id: 2,
    name: '강남역신분당역사점',
```

```
      addr: '서울특별시 강남구 강남대로 396'
    },
    {
      id: 3,
      name: '강남우성점',
      addr: '서울특별시 강남구 강남대로 328'
    }
];
```

`data.js`에는 지점별로 처리할 데이터를 배열로 작성했습니다.

코드 B.10 map 폴더의 +page.server.js
File s04_route_parameters/src/routes/map/+page.server.js

```js
import { stores } from './data.js';
export const load = () => {
  return {
    stores: stores.map((store) => ({
      id: store.id,
      name: store.name,
      addr: store.addr
    }))
  };
}
```

`+page.server.js`에는 `stores` 배열 데이터를 불러옵니다. 그리고 `load` 함수를 선언하여 내보내고, 페이지 컴포넌트에서 데이터를 로드할 수 있도록 처리합니다. 페이지 컴포넌트에서 `data`라는 props로 `load` 함수의 데이터를 받을 수 있습니다. 따라서 코드 B.10에서는 각각의 `stores` 데이터를 `map` 메서드를 사용해 개별 객체값으로 받도록 반환했습니다.

코드 B.11 map 폴더의 +page.svelte
File s04_route_parameters/src/routes/map/+page.svelte

```svelte
<script>
  export let data;
</script>
<h1>Map</h1>
<p>여기는 오시는길페이지입니다.</p>
<ul>
  {#each data.stores as { id, name }}
    <li><a href="/map/{id}">{name}</a></li>
  {/each}
</ul>
```

코드 B.7에서는 일일이 리스트를 작성했지만, 배열 데이터가 많을 경우 `each` 블록을 통해 반복하는 것이 더 효율적입니다. 스크립트 영역을 보면 같은 경로에 위치한 `+page.server.js`는 `import`로 불러오지 않아도 props로 `data`에 값을 바로 내려받을 수 있습니다. 마크업 영역의 `ul` 태그 요소의 자손으로 `each` 블록을 사용하여 `stores` 데이터의 `id`와 `name` 속성값을 이용해 경로를 생성하고, 해당 텍스트를 적용합니다.

코드 B.12 [id] 폴더의 +page.svelte   `File` s04_route_parameters/src/routes/map/[id]/+page.svelte

```svelte
<script>
  import { page } from '$app/stores';
  import { stores } from '../data.js';
  const id= Number($page.params.id);
</script>

<h2>점포별 오시는길 안내</h2>
<h3>{ stores[id-1].name }</h3>
<p>{ stores[id-1].addr }</p>
```

`[id]` 폴더에 있는 `+page.svelte`는 각각의 `id`별 페이지를 생성합니다. 스벨트킷이 내장하고 있는 `page`와 `stores` 데이터를 불러옵니다. `id` 변수를 선언하여 `page`가 갖고 있는 파라미터 정보 중 `id` 값을 담습니다. 마크업 영역에는 점포별 데이터를 불러오는데, 배열 데이터는 순번이 0부터 시작하므로 `stores[id-1]`로 `id`값에서 1을 빼도록 합니다.

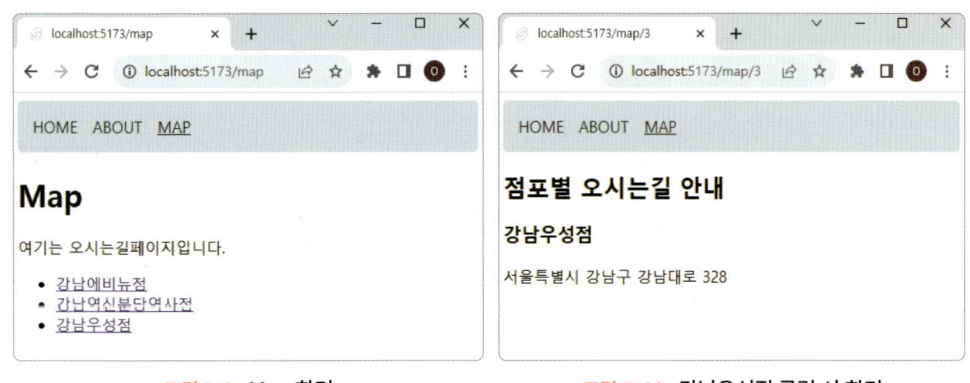

그림 B.9 Map 화면   **그림 B.10** 강남우성점 클릭 시 화면

그림 'Map'을 클릭하면 각각의 리스트가 `name` 속성값으로 표시되고, 해당 리스트를 클릭하면 각 페이지로 이동하는 것을 확인할 수 있습니다. URL을 확인해보면 `http://localhost:5173/map/3` 으로 변경되는 것을 확인할 수 있습니다.

B.4 스토어 페이지

코드 B.11에서 본 스벨트킷 스토어가 갖고 있는 세부적인 **page**에 대해서 더 자세히 살펴보도록 하겠습니다. 스토어는 크게 **page**, **navigating**, **updated**를 내장하고 있습니다. 그중에서 page는 `import { page } from '$app/stores';`로 불러옵니다. 그럼 page가 제공하는 속성들을 자세히 알아보도록 하겠습니다.

표 B.1 page 속성

속성	설명
url	현재 페이지의 URL, pathname 같은 하위 속성을 갖고 있음
params	현재 페이지의 파라미터 정보, 뒤에 속성으로 세부 파라미터 선택
route	현재 경로를 나타내는 id 속성을 가진 객체
status	현재 페이지의 HTTP 상태 코드
error	현재 페이지의 오류 객체(있는 경우)
data	모든 로드 함수의 반환 값을 결합한 현재 페이지의 데이터
form	폼 작업에서 반환된 데이터

앞에서 제작한 라우팅 예제를 page 스토어 모듈을 사용해 변경해보겠습니다.

page를 이용하여 현재 페이지 경로를 확인하고 네비게이션에 밑줄을 표시해보겠습니다. 앞에서 제작한 라우팅 예제는 `class:active` 지시자를 이용하여 활성 상태를 바꾸었고, 클릭 이벤트까지 처리했습니다. 하지만 page를 이용하면 코드가 간단해집니다.

코드 B.13 +layout.svelte   (File) s05_store_page/src/routes/+layout.svelte

```svelte
<script>
  import { page } from '$app/stores'; //스토어 호출
</script>

<nav>
  <!-- aria-current 속성 처리-->
  <a href="/" aria-current={$page.url.pathname === '/'}>home</a>
  <a href="/about" aria-current={$page.url.pathname === '/about'}>about</a>
  <a href="/map" aria-current={Number($page.url.pathname.indexOf('/map')) !== -1}>map</a>
</nav>
<slot />
```

```
<style>
  nav{
    position: relative; background: #e0e6eb;
    display: flex; gap: 1em; padding: 1em;
    margin: 0 0 1em 0; border-radius: 5px;
  }
  nav a{
    color: #333; text-decoration: none;
    text-transform: uppercase;
  }
  nav a:hover{ color: blue; text-decoration: underline; }
  nav a[aria-current="true"]{ text-decoration: underline; } /* 속성 선택자로 변경 */
</style>
```

❹ 변경한 부분은 주석으로 표시했으니 확인하고 수정해보세요.

스크립트 영역에서는 먼저 스토어를 통해 `page`를 호출했습니다. 더 이상 사용하지 않는 `current` 변수는 삭제했습니다. 마크업 영역에서는 `class:active` 지시자와 `on:click` 이벤트를 제거하고, `aria-current={$page.url.pathname === '경로'}`를 사용하여 현재 URL 경로와 문자열 값이 일치하면 현재 값으로 처리하도록 했습니다. 마지막 링크의 경우 '/map'이라는 글자가 포함된다면 밑줄이 들어가게 처리합니다. 스타일 영역에서는 `nav a.active{}`를 `nav a[aria-current="true"]{}`로 변경하여 스타일을 적용할 수 있습니다. 이렇게 작성하면 각 페이지에 따라 네비게이션에서 밑줄이 들어가는 것을 확인할 수 있습니다.

스벨트킷은 라우팅 기술 외에도 다양한 템플릿을 제공합니다. 스벨트킷에 대해 자세히 설명하자면 책 한 권을 더 집필해야 할 정도입니다. 따라서 이 책에서는 기본적으로 프런트엔드 측면으로 이해가 쉬운 라우팅 기술만 다루겠습니다. 스벨트를 알고 있어야 스벨트킷도 사용할 수 있습니다. 스벨트 공식 사이트에서는 스벨트킷에 대한 문서를 제공하므로, 스벨트를 충분히 학습한 후 스벨트킷을 공부하길 권장합니다.

찾아보기

기호

\<svelte:body\> 요소   271
\<svelte:component\> 요소   262
\<svelte:document\> 요소   269
\<svelte:element\> 요소   264
\<svelte:fragment\> 요소   279
\<svelte:head\> 요소   273
\<svelte:options\> 요소   275
\<svelte:self\> 요소   260
\<svelte:window\> 요소   266

A

action   248
afterUpdate 함수   152
amount   209
async   159
await   159, 372
axios 라이브러리   369

B

backtick   63
beforeUpdate 함수   152
binding   96
blur   203, 208
build   10
bundler   198
bundling   10

C

capture   65
class: 지시문   194
click   61
clone   21
compontent   30
container   398
Context API   163, 166
crossfade   219
CSS   192

D

degit   19
delay   205, 209, 236, 241
derived 스토어   182
destory 함수   253
dispatch   169
DOM (Document Object Model)   9
draw   203, 217
duration   205, 209, 236, 241

E

each 블록   45, 87
each 블록 바인딩   110
easing   205, 209, 236, 241
elizabot   153
else 블록   83
else if 블록   84
event   60
event bubbling   169
event capturing   169

F

fade   203, 204
fallback slot   133
flip   236
fly   203, 215
framework   5

G H I

getContext   166
HMR (Hot Module Replacement)   473
Iconify   286, 325
if 블록   82
index   87
instance   30
interpolate   241
introend   230
introstart   230

K L

keydown   61
keyup   61
library   5
life cycle   146

M

modifier   65, 232
mouseenter   61
mouseleave   61
mousemove   61

O

once   65
onDestroy 함수   150
onEditMode   303
onMount 함수   147
onRemove   302
onToggle   299
opacity   209
outroend   230
outrostart   230

P

passive   65
Playground   14
presentational   398
preventDefault   65, 66
props   70
props drilling   163

Q R

QueryString   356
reactivity   50
read and write   116
readable 스토어   180
readonly   116
refactoring   311
resize   61

REST API 368
rollup 198
router 345
routing 345

S
Sass 198, 200
scale 203, 213
scroll 61
self 65
Server-side Rendering (SSR) 149, 471
setContext 166
slide 203, 211
slot 131
slot props 138
SPA (Single Page Application) 345
special element 259
spread operator 76
spring 함수 243
state 38
stopPropagation 65
store 173
style 태그 192
subscribe 174, 184
svelte-dnd-actions 라이브러리 256
svelte-preprocess-sass 198
svelte-routing 346
SvelteKit 22
SwiperJS 389

T
tick 함수 156, 227
TMDB 380
tooltip 60
transition event 230
transition: 지시문 203
tweened 함수 241

U
update 함수 253
URL 파라미터 352
user interface (UI) 29
uuid 287, 325

V W
virtual DOM 9
Visual Studio Code (VS Code) 16
webpack 10, 198
writable 스토어 174, 186

ㄱ
가상 DOM 9
공간 바인딩 119
그리기 효과 217
깃허브 Pages 457

ㄴㄷㄹ
논리 로직 82
단방향 바인딩 96
라우터 345
라우팅 345
라이브러리 5
라이프 사이클 146
리팩터링 311

ㅁ
멀티미디어 요소 바인딩 116
모션 235, 241, 243
문서 객체 모델(DOM) 9

ㅂ
바인딩 96
반복 로직 86
반응성 10, 50
백틱 63
번들러 198
번들링 10

복제 21
블러 효과 208
비주얼 스튜디오 코드(VS Code) 16
빌드 10

ㅅ
사용자 인터페이스(UI) 29
삼항 연산자 51
상탯값 38
서버 사이드 렌더링(SSR) 149, 471
수식어 65, 232
스벨트킷 22
스케일 효과 213
스토어 173
스토어 바인딩 186
스프레드 오퍼레이터 76
스프레드 props 76
슬라이드 효과 211
슬롯 131

ㅇ
애니메이션 효과 235, 236
액션 248
양방향 바인딩 96
웹팩 10, 198
이벤트 60
이벤트 버블링 169
이벤트 캡처링 169
인덱스 87
인라인 이벤트 62
인스턴스 30
읽고 쓰기 116
읽기 전용 116

ㅈ
자바스크립트 모듈화 33
자바스크립트 배열 메서드 113
자바스크립트 템플릿 리터럴 64
자바스크립트 화살표 함수 42

찾아보기

자바스크립트 async/await 160
자바스크립트 CustomEvent 171
자바스크립트 Fetch API 149
자바스크립트 Promise 159

ㅋ
커스텀 스토어 184
커스텀 애니메이션 239
커스텀 트랜지션 225
컨테이너 398

컴포넌트 30
컴포넌트 바인딩 126
쿼리스트링 356
크로스페이드 효과 219

ㅌ
툴팁 60
트랜지션 이벤트 230
특별 요소 259
틸트 연산자 228

ㅍ ㅎ
페이드 효과 204
프레임워크 5
프레젠테이셔널 398
플라이 효과 215
화면전환 202